W0228435

Bildquellennachweis

dpa: S. 104, 105, 159 oben, 166 oben, 168 mitte, 168 unten, 169, 205
Regine Esser: S. 110 unten
Peter Grohmann: S. 33, 34, 125 oben, 163, 164
Jürgen Henschel: S. 114, 115, 125 unten
Jürgen Holtfreter: S. 20, 109, 155 mitte rechts, 158 oben, 165, 184 links, 206
Familie Huster: S. 90
Landesbildstelle Berlin: S. 64 oben links, 64 oben rechts, 107, 108, 116, 117, 126, 127, 131, 138, 142, 175, 177 mitte, 177 unten
A. v. Meysenburg: S. 6, 8
Jochen Moll: S. 177 oben
Helga Reidemeister: S. 190
Michael Ruetz: S. 3, 133 unten, 134 oben links, 180 unten, 197 rechts, 176, 207 unten rechts
Hanno Scheffer: S. 162
Michael Scholz: S. 35, 154
Eckhard Siepmann: S. 63, 159 unten, 197
Stiftung Deutsche Kinemathek: S. 65, 66, 67, 68, 69 unten, 99, 100
Toni Tripp (TT Bilderdienst): S. 25, 36, 37, 39, 40/41, 43 mitte, 44, 47, 166 unten, 181 unten
Ullstein Bilderdienst: S. 145, 155 oben links, 155 mitte rechts, 158 unten, 168 oben, 179
Jupp Wolter: S. 99 oben
Archiv Zielinski: S. 50–61
Günther Zint: S. 1, 23, 137, 139 oben, 150, 180 oben

Alle sonstigen Abbildungen: Archive Elefanten Press, Holtfreter und Werkbund Archiv.

Aufgrund der Fülle des Bild- und Dokumentationsmaterials war es uns nicht immer möglich, alle Copyright-Fragen gänzlich zu klären. Wir bitten um Entschuldigung!

© ELEFANTEN PRESS VERLAG GmbH, 1984
Alle Nachdrucke sowie die Verwendung in Funk und Fernsehen und sonstige Verwertungen sind honorarpflichtig.
Alle Rechte vorbehalten.

Redaktion: Eckhard Siepmann, Irene Lusk, Jürgen Holtfreter, Maruta Schmidt, Gabi Dietz
Layout und Umschlag: Jürgen Holtfreter
Satz: VA Peter Großhaus, Asslar-Werdorf
Lithographie: Spönemann, Berlin, und Iller, Köln

EP 60
1. Auflage, Berlin (West) 1984
Printed in the Federal Republic of Germany
ISBN 3-88520-060-0

ELEFANTEN PRESS, Zossener Str. 32, 1000 Berlin 61

CIP-Kurztitelaufnahme der Deutschen Bibliothek

Che, Schah, Shit: d. Sechziger zwischen
Cocktail u. Molotow / [Red.: Eckhard
Siepmann...]. – 1. Aufl. – Berlin (West):
Elefanten Press, 1984.
  (EP; 60)
  ISBN 3-88520-060-0
NE: Siepmann, Eckhard [Red.]; GT

Der Text von Ulrich Chaussy ist dem Buch »Die drei Leben des Rudi Dutschke. Eine Biographie«, © 1983 by Hermann Luchterhand Verlag, Darmstadt und Neuwied, entnommen. Ulrike Meinhofs Aufsatz »Vietnam und Deutschland« findet sich in dem Band »Die Würde des Menschen ist antastbar«, © R. u. B. Röhl / Wagenbach Verlag 1980; die »Vietnam Chronik« und das Gedicht von Erich Fried »Gleichheit Brüderlichkeit« in »und Vietnam und«, © Wagenbach Verlag 1966.
Die Fotos von Michael Ruetz stammen aus: Michael Ruetz, »Ihr müßt diesen Typen nur ins Gesicht sehen, APO Berlin 1966–1969«.
Das Lied von F. J. Degenhardt ist dem Buch »Kommt an den Tisch unter Pflaumenbäumen« entnommen, © C. Bertelsmann Verlag, München.
Wir danken Heinrich Albertz, Franz Josef Degenhardt, Lützel Jeman, A. v. Meysenburg, Michael Ruetz, dem Verlag Kiepenheuer & Witsch, Köln, (© »Drei Kugeln auf Rudi Dutschke« von Wolf Biermann, aus »Nachlaß« 1, 1977) sowie allen anderen genannten Verlagen für Ihre Abdruckgenehmigungen.

CheSchahShit

DIE SECHZIGER JAHRE ZWISCHEN COCKTAIL UND MOLOTOW

ELEFANTEN PRESS

Autoren- und Fotografenverzeichnis

Heinrich Albertz * 1915 in Breslau, Pfarrer im Ruhestand, veröffentlichte u.a. »Blumen für Stukenbrock«, Stuttgart 1981; in den Sechzigern Innensenator und Regierender Bürgermeister von Berlin (West), trat 1967 zurück, als die wahren Hintergründe des Todes von Benno Ohnesorg bekannt wurden.

Michael Ben * 1946 in Altenburg/Thüringen, Publizist, schreibt für DVZ, Konkret, Funk etc.; besuchte in den 60ern die Kunstakademie, die Bundeswehr, die Schauspielschule und widmete sich der Theaterarbeit (in Wien, wesentlich Brecht und Peter Weiss).

Bazon Brock * 1936 in Stolp/Pommern, ordentlicher Professor für Ästhetik/Gestaltungstheorie an der Bergischen Universität-Gesamthochschule Wuppertal, publizierte u.a. »Ästhetik als Vermittlung. Arbeitsbiographie eines Generalisten«, Köln 1977. Einige seiner Aktivitäten in den Sechzigern sind in seinem Beitrag vermerkt.

Ulrich Chaussy * 1952, studierte Germanistik und Soziologie und begab sich Anfang der achtziger Jahre auf die Suche nach der Person Rudi Dutschkes und den Ereignissen der späten sechziger Jahre.

Gabi Dietz * 1956 in Burg bei Magdeburg, Mitarbeiterin der ELEFANTEN PRESS.

Sibylla Flügge * 1950 in Clausthal-Zellerfeld, Rechtsanwältin, veröffentlichte Beiträge in »Ledige Mütter«, Frankfurt/M. 1976, und »Mutterlust/Mutterfrust«, Frankfurt/M. 1980.

Peter Grohmann * 1937 in Breslau, Schriftsteller, Schriftsetzer, Kabarettist, machte in den Sechzigern alles, manchmal selbst.

Klaus Gürtler * 1950 in Hannover, Germanist und Historiker, lebt immer noch in Hannover, z.Zt. als Journalist eines Stadtmagazins, machte in den 60er Jahren Abitur und Ärger als Mitglied im »Zentralrat« der hannoverschen »Schülerbasisgruppe im SDS«.

Klaus Hartung * 1940 in Olbernhau/DDR, Journalist, veröffentlichte u.a. »Die neuen Kleider der Psychiatrie«, Berlin 1980, in den sechziger Jahren SDSler in Berlin.

Jürgen Henschel * 1923 in Berlin, Fotoreporter, publizierte u.a. den Bildband »Unterwegs«, machte in den Sechzigern Friedensarbeit und Fotos, und das schließlich beruflich.

Jürgen Holtfreter * 1937 in Rostock, Schriftsetzer, Fotomonteur, Grafiker, ELEFANTEN PRESSer. In den 60ern Ostermarschierer, 1961 Gründungsmitglied der Deutschen Friedensunion, in der APO-Zeit SDSler in Berlin, dazwischen Gammlerjahre im Nahen Osten und rund ums Mittelmeer.

Agner Hüfner, Dr. * 1943 in Recklinghausen, Kulturredakteurin, publizierte »Brecht in Frankreich«, hat in den Sechzigern studiert, promoviert und Agitpropverse geschrieben.

Gabriele Huster * 1953 in Essen, Kunsthistorikerin, erträumte und zeichnete seinerzeit Mick Jagger.

Reinhard Krüger * 1951 in Berlin, studierte Chemie, Romanische Literatur und Geschichte, veröffentlichte Aufsätze zur Ästhetik sowie Rezensionen, stritt in den 60ern mit den Eltern über die Länge der Haare, mit Freunden darüber, wer besser sei, die Stones oder die Beatles, und mit denen, die nie selbst aktiv wurden, aber über die Studenten meckerten.

Anke Kuckuck * 1954 in Bünde/NRW, Journalistin, hat in den Sechzigern Minis getragen, protestiert, Jungs kennengelernt, sich häßlich gefunden und gehofft, bald erwachsen zu sein.

Günter Langer * 1946 in Berlin, in den Sechzigern SDSler.

Udo Lindenberg * 1946 in Gronau, Rockmusiker, in den Sechzigern verschiedenste Trommel- und Studienversuche, '68 nach Hamburg getrampt mit 100,– und Karriereträumen, mit Trommelstöcken in den Taschen auf St. Pauli rumgerannt und Job gesucht. Wollte schon als Seemann anheuern, da traf er die »City Preachers«, die gerade einen neuen Trommler suchten. 1969 erste eigene Band.

Irene Lusk * 1945 eigentlich in Berlin/Kreuzberg, Kunsthistorikerin, veröffentlichte »Montagen ins Blaue«, Gießen 1980, Mitherausgeberin von »Bikini«, Elefanten Press 1981. Ist in den 60er Jahren sitzengeblieben, hat sich das erste Mal ernsthaft verliebt, Abitur gemacht, ist von den Eltern weggezogen, es folgten Hochzeit, Uni, Führerschein, hat demonstriert, die Mao-Bibel gekauft, auf dem Kudamm gesessen und ist naß geworden...

Ulrike Marie Meinhof * 1934 in Oldenburg, Studium der Philosophie, Pädagogik und Germanistik in Marburg, Münster, Hamburg; von 1959 bis 1969 Mitarbeiterin von »Konkret«, von 1962–64 als Chefredakteurin. Ab 1968 freie Journalistin und Lehrbeauftragte an der FU Berlin, nach der Befreiung des Kaufhausbrandstifters Andreas Baader im Untergrund.
† Mai 1976 im Gefängnis Stuttgart-Stammheim.

Detlef Michel * 1944 in Türkheim/Elsaß, Schriftsteller, schreibt Filme und Theaterstücke, u.a. »Eine linke Geschichte« (zus. mit V. Ludwig), in den Sechzigern Studium in Tübingen, München, Berlin. War Mitglied im Berliner SDS, in der Anfangsphase auch in der Kommune 1, in der Roten Zelle Germanistik und beteiligte sich am Springer-Tribunal.

Thomas Til Radevagen * 1944 in Guben/Niederlausitz, verbrachte die sechziger Jahre überwiegend im Kino.

Witich Roßmann * 1951 in Wolfsburg, studierte Politik und Geschichte, ist wissenschaftlicher Mitarbeiter am Institut für Politikwissenschaft Marburg, veröffentlichte »Wirtschaftskrise, Faschismus und Gewerkschaften«, Köln 1981 (zus. mit F. Deppe), in den Sechzigern aktiv in der Schülerbewegung und in der gewerkschaftlichen Jugendbildungsarbeit.

Michael Ruetz * 1940 in Berlin, Fotograf, veröffentlichte ab 1966 in Zeit, Time und Stern.

Helke Sander * 1937 in Berlin, Regisseurin (z.B. »Der subjektive Faktor«) und Professorin, machte in den Sechzigern Theater und Filme, zog ein Kind auf, war SDS-Mitglied, engagierte sich im »Aktionsrat für die Befreiung der Frauen« und in der Schülerladenbewegung.

Manfred Scholz * 1934 in Essen, Bildjournalist, veröffentlichte Fotos in Zeitungen, Zeitschriften, Büchern und Bildbänden, Ausstellungen im In- und Ausland.

Maruta Schmidt * 1944 in Liberec/Tschechoslowakei (unterwegs aus Lettland), Kunstwissenschaftlerin, Mitarbeiterin bei ELEFANTEN PRESS, Mitherausgeberin von »FrauenBilder-LeseBuch« und »Frauen unterm Hakenkreuz« (Elefanten Press). In den 60ern mehrfach schrecklich verliebt, hat Kunst für den Sinn des Lebens gehalten, Tomas Schmit geheiratet, ist nach Berlin gezogen, als es noch die Tabak- und Alkoholpräferenz gab (»Zitterprämie«), hat studiert, angefangen Marx zu lesen, wegen Vietnam nicht mehr an die Amis geglaubt und einen Tag nach dem 2. Juni '67 ihre Kommilitonin Irene Lusk zum ersten Mal geduzt – so war das damals.

Eckhard Siepmann * 1942 in Schwelm, Lumpensammler, studierte Philosophie und Kunstwissenschaft, veröffentlichte verschiedene Bücher, lebt seit 1966 in Berlin und war seinerzeit Mitglied im SDS.

Ingeborg Simon * 1939 in Oldenburg, Apothekerin, Vertrauensfrau der Fachgruppe Apotheken in der ÖTV Berlin, publizierte »Arzneimittelbroschüre für Verbraucher«, Bonn 1979, und »Das 2. Arzneimittelgesetz« in »Bankrott der Gesundheitsindustrie«, Berlin-West 1981. Hat in den sechziger Jahren viel Contergan verkauft und erst gegen Ende des Jahrzehnts (»Basisgruppe Pharmazie Berlin«) angefangen, über Contergan und seine Macher nachzudenken.

Michael Sonntag * 1951 in Bremerhaven, Diplom-Psychologe, war in den 60ern Schüler (an der berühmt-berüchtigten Lessingschule, Bremerhaven) und beendete diese Ära 1969 mit dem Abitur.

Toni Tripp * 1911 in Essen, lebt in Düsseldorf, selbständiger Fotograf, seit 1947 Journalist, Mitglied der Deutschen Journalisten Union. Eigenes Redaktionsbüro mit Bilderdienst Rhein-Ruhr. War in den Sechzigern mit mit der Kamera unterwegs.

Rändi Warwel * 1952 in Berlin-Spandau, Journalist und Grafiker, Veröffentlichungen in verschiedenen Zeitschriften und z.B. in »Stadtfront« (Elefanten Press).

Sabine Weißler * 1958 in Groß-Umstadt/Odenwald, Diplom-Politologin, publizierte diverse Zeitschriften- und Katalogbeiträge, Redaktion von »Die Zwanziger Jahre des Deutschen Werkbunds«. In den sechziger Jahren eigenen Aussagen zufolge ein dickes, häßliches Kind mit Zahnspange, verzweifelt über die Zustände an ihrer Schule und in ihren kleinen Bruder verliebt.

Lutz von Werder, Prof. Dr. * 1939 in Berlin, Hochschullehrer, Soziologe, Pädagoge, Kulturarbeiter in Berlin-Schöneberg, veröffentlichte »Schwarze Landschaft« (1979), »Aufbruch nach Kythera« (1982). War in den Sechzigern in der Kinderladenarbeit und im proletarischen Kinderclub aktiv und gab Schriften zur sozialistischen Erziehung heraus.

Siegfried Zielinski * 1951 in Butzbach/Hessen, Medienwissenschaftler, publizierte »Veit Harlan« (1981) und »Holocaust zur Unterhaltung« (1982). Ging in den Sechzigern vor allem zur Schule, fing an zu studieren und ließ das Jahrzehnt mit der Verweigerung des Kriegsdienstes ausklingen.

Günter Zint * 1941 in Fulda, Fotojournalist, gründete und betreibt mit Inge Kramer die Agentur Pan-Foto, veröffentlichte »Republik Freies Wendland – Gegen den Atomstaat« u.a. Bücher. War in den Sechzigern Fotograf in England und Schweden und von 1965 bis 1979 beim Spiegel. Aktiv im SDS und Mitglied der Presse-Kommune APO-Press in Hamburg.

Inhalt

Bazon Brock

Haben wir gelebt?

Op, Pop und Hopp auf dem Laufsteg
durch die Wohnlandschaft
der sechziger Jahre

I. Wegwerfen auf Kredit

Hopp war der aus Ex- und Hopp, der halb burschikosen, halb martialischen Typisierung unseres Verbraucherverhaltens; Teilnehmer an den Verkaufsschlachten. Er hatte als Hoppla die zwanziger Jahre mitgemacht! Jenny Lenia artikulierte »Hoppla«, wenn die Lebewelt der Dekadenz sich an ihrem eigenen Ende berauschte. In ihrer Kindheit hatten die Herrschaften noch Hoppe-Hoppe auf Papas befracktem Knie gemacht — so lernten sie frühzeitig, wie schön lustvoll der Schrei der Fallenden sein kann.

Dann machte Hopp, der spätere Heros der Wegwerfkultur, ein anderes Training mit, bei dem zumeist gelangweilt und wie selbstverständlich »Ex« konstatiert wurde, ganz so, wie über Generationen hin der Befehl zum Saufen an Akademiker ausgegeben wurde. Nun trank die Erde, soff die See »Ex« das Blut der Säufer.

Aber dann das strahlende konsumimperative »Ex- und Hopp«: auslutschen, abkauen, wegwerfen. Immer raus aus den Bullaugen bei voller Fahrt, rein in den Bach aus allen Fabrikrohren. Ins Badewasser oder gar die Becken der öffentlichen Schwimmhalle zu pinkeln, galt als Ausgeburt des Asozialen.

Gewisse Wörter.... durfte man nicht mit der Kneifzange anfassen, sie waren dreckig. Andere wurden erst dreckig durch menschliche Berührung: Vaterland und Heimat! Ex und Hopp. Ich gab damals Flüchtlingsausweise an Westdeutsche aus, damit sie rechtzeitig merken sollten, daß ihnen gerade (mit freilich anderen Methoden) so die Heimat genommen wurde, wie zuvor uns Ostflüchtlingen. Ausgereizt der Grund und Boden auf Kredit, und ohne dafür Steuern zahlen zu müssen (das taten ja zwangsweise genügend viele Kleinstverdiener); also Ex — und Hopp, raus aus der Wohnung, raus aus der Kasse, ausgesteuert, ausgepowert. Ex und Hopp! Doch Milch macht's — ein kräftigendes halbes Literchen für die Kohlenstaub- und Bleivergifteten, und Hopp mit der Einwegflasche, die im Straßengraben auf einigen zerschlissenen Taschenbüchern landete. Das Buch zum Wegwerfen! Zehn Jahre früher als Bildungsgut für Minderbemittelte eingeführt. Jetzt hatten die Armen endlich auch den Standard wahrer Bildung erreicht, Bücher nämlich nicht zu lesen, sondern vorzuzeigen. Wer mag schon Ex-Bücher vorzeigen, mickrig, vom Gilb entstellt, mit abgefressenen Rändern. Alles halb Angekaute, nicht ganz Gefällige, Angeschubste, Eingedrückte wurde in den Müll gedonnert.

Wegwerfen! Die entscheidendste Veränderung im kulturellen Verhalten der Deutschen während der sechziger Jahre. Waren die Schlager der fünfziger Jahre verständlicherweise noch Hemden aus Kunstfasern, die selbst von Panzerketten (Wochenschaubeispiele) nicht zerstört werden konnten, so galt nun das Hemd als einzig zeitgemäß, das garantiert nur einmal getragen werden konnte. Übrigens ist Papier ja nicht nur geduldig, sondern hat den Vorzug, umstandsloser als jeder andere Stoff beseitigbar zu sein. Man denke: Tageszeitungen aus einem Material, das sich nur schwer zerstören ließe; eine Katastrophe.

Es war die Zeit, da der industrielle Fortschritt auf denkwürdige Weise die Konsumpflicht des Bürgers rechtfertigte. Die Güter durften gar nicht lange halten, weil ihr Besitzer oder Gebraucher sonst womöglich jahrelang auf die inzwischen eingeführten Neuerungen verzichten müßte. Aber schlagend waren andere Argumente, für die Hopp Parade laufen konnte. Man stelle sich den Fortgang der Massenproduktion in erwartbarerweise noch auf Jahre (exponentiell gesteigert) vor. Und? Die Welt wäre vollgestopft mit Gütern, so daß sich die Frage, wohin mit dem

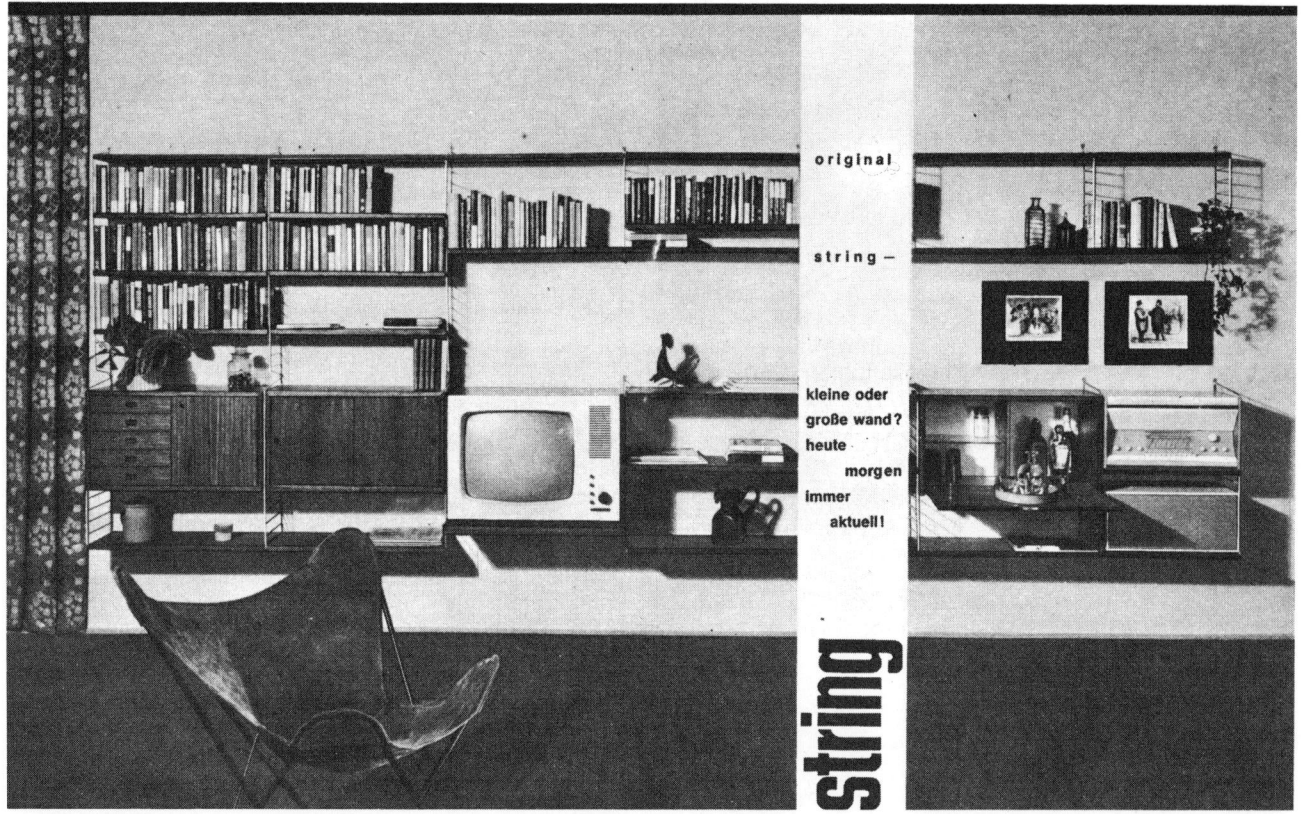

original

string —

kleine oder
große wand?
heute
morgen
immer
aktuell!

string

ganzen Zeug, gar nicht mehr stellen ließe, denn wohin immer man das Zeug hätte bringen wollen, dort wäre eben auch schon viel Zeug. Früher schreckten solche Vorstellungen nicht. Zum einen lebte man ja früher in einer Mangelgesellschaft, zum anderen konnte man sich trotz einhundert Jahren Abrüstungskonferenzen und »Nieder mit den Waffen« darauf verlassen, daß regelmäßig und bedarfsweise Kriege veranstaltet würden, in denen man durch Zerstörung alles loswerden konnte, was einen daran hätte hindern können, so fortzufahren wie bisher.

Freilich wurden ja in den sechziger Jahren in anderen Weltgegenden kraftvolle, zerstörungspotente Kriege geführt. Lohnte es sich für uns nicht, unsere überschüssige Konsumproduktion mit Flugzeugen etwa überm Vietcong abzuwerfen, wie ich das damals vorschlug? Es ist gegen die Vorschrift und deshalb verboten: »Keine Gegenstände aus dem Fenster des Zuges werfen«, geschweige denn aus Flugzeugen. Im übrigen wäre das ja gerade nicht Krieg gewesen, sondern eben auch bloß »wegwerfen«. Krieg ist, wenn man Dinge benutzt, um andere Dinge zu zerstören. Das ist ein Opfer! Frieden ist, wenn man Dinge verbraucht, indem man sie wegwirft. Das ist Freiheit! Aber wehe dem, der zum Beispiel weggeworfene Altbauten aufhebt. Das ist gesellschaftsschädlich, unhygienisch, freiheitsfeindlich. Da wird Konsum zum Krieg mit der Pflicht zum Opfer, also zum Zerstören.

Beseitigen und Platz schaffen. Volk ohne Raum sind Konsumenten ohne leere Stellflächen.

Da wußten selbst die keinen Rat mehr, die aus dem Generalstab nahtlos in die »Stäbe« der Firmen überwechselten, um dort nun Marktstrategien zu entwerfen. Sie hatten in den Sechzigern ihre Erfolgsorgasmen. Doch der geplante Verschleiß war alles, was ihnen einfiel.

Mir fiel mehr ein. Ich empfahl zum Beispiel auf dem Hinterhof von Kempinski, Berlin-West, Wegwerfübungen zu trainieren – aber als Gymnastik gegen das Habenwollen.

Das war meine Strategie, die der affirmativen Praxis: den Feind kann man nur mit seinen eigenen Waffen schlagen. Gegen Paragraph 218 hilft nur massenhafte Selbstanzeige, gegen Naschhaftigkeit nur Schokoladefressen bis man kotzt, gegen schlechte Arbeitsbedingungen hilft nur Dienst nach Vorschrift. Eulenspiegel, Nietzsche, Schwejk – lange her und immer falsch verstanden. Wir Popartisten, Happenisten, Action-teacher verstanden das nur allzu gut. Blieben aber »Hofnarren des Kapitalismus, Clowns, willfährige Werkzeuge in der Hand des Klassenfeindes«, während die Herren Linksschwenkmarsch sich von eben den Kapitalisten einen Kulturpreis nach dem anderen abholten. Sie übten nur wegwerfende Handbewegungen, nachdem sie kräftig eingesackt hatten, diese selbstgefälligen Mafiosi des untergründigen Fortschritts in der Geschichte.

Aber es gab noch eine weitere schlagwörtliche Rechtfertigung für die hohe kulturelle Wertigkeit, die in den sechziger Jahren dem Wegwerfen zuwuchs. Nicht nur Wegwerfen als Immunisierung gegen das Raffen, sondern gegen das Behalten. Die fünfziger Jahre über hatte man ja alles auf altväterliche Weise behalten, was einem tausend Jahre lang hoch und heilig gewesen war. »Es darf nichts weggeworfen werden«, sagte die alte Tante aus dem BDM und wandte ihre Untermenschenkenntnisse nun wieder staatsschützend gegenüber Kommunisten an. Es wäre ja nicht nur unmenschlich gewesen, auf die Mitarbeit der Generation von Globke und Co. zu verzichten, zumal die alle nur ihre Pflicht getan hatten. Vor allem wäre das Vergeudung gewesen. Nun, in den Sechzigern, konnte man sich langsam mehr und mehr Verzicht und Vergeudung leisten, man traute sich schon mal, alte Auffassungen von der deutschen Einheit, vom Deutschen Reich, von Bismarck als Gottgesalbtem und Hitler als Auserwähltem wegzuwerfen. Zu reparieren war da eh nichts mehr; eine neue Einheit wäre in jedem Falle billiger und besser geworden als die alte.

Auch das ein Verfahren der Marktwirtschaft, die frei-

Warum rasieren wir uns so gern mit der Rotbart Rostfrei?

RB 1465

Die Antwort: Die Rotbart Rostfrei bietet uns
* viele, viele Rasuren
* seidenweiche Rasuren
* gründliche Rasuren

für nur 30 Pfg.

Wichtig: Die Rotbart Rostfrei wird aus hochlegiertem schwedischem Chromstahl hergestellt, dreifach geschliffen und dann noch spezialbeschichtet!

Die Rotbart Rostfrei gibt es im 3er-Päckchen zu 90 Pfennig oder im praktischen 5-Klingenspender zu DM 1,50.

Autor Brock als Rotbart-Rostfrei-Modell

macht: der Neukauf eines Gutes muß billiger sein als die Reparatur, damit man neukauft. Schließlich ging man auch in der Chirurgie damals dazu über, nicht mehr hier zu schnippeln und da zu kleckern; Totalausräumung im Unterleib wie im Oberstübchen. Jawohl, auch bei den Ideologien, den Theorien, den Heilsempfehlungen und den Wahrheitsbeweisen. Positivismusstreit und Dialektik der Aufklärung – es konnte da keine Sieger geben! Wie schon der Münzkopf Max Planck festgestellt hatte, können echte Wissenschaftler nicht durch bessere Argumente zur Aufgabe ihrer Theorien veranlaßt werden. Nur weil sie ihre Wahrheiten mit ins Grab nehmen, hört der alte Unsinn zugunsten des neuen auf. Nun, in den Sechzigern, erklären sich zum ersten Mal gestandene Wissenschaftler bereit, ihre Überzeugungen aus Pflichtgefühl zu wechseln! Gehorsam gegenüber dem Fortschritt: Öfter mal was Neues, nicht immer nur neue Waffen erdenken, auch mal dran denken, wie man auf neuem Wege mehr Geld beschafft. Nur die Militärforschung garantierte so recht die Freiheit der Wissenschaft, sie erhielt unbürokratisch und unkonventionell viel freies Geld. Wo Absatzschlachten geschlagen werden, bringt Konsumforschung möglicherweise auch Geld, sogar doppelt, wenn man die Kritik an diesem Konzept auch gleich als Warenästhetik mitliefert. Der Kunde weiß dann, daß die Wissenschaftler wirklich an alles und auch ans Gegenteil denken. Also – und das ist wirklich vergessen worden, Prof. Erhard war ja Wissenschaftler – schuf man die Glaubensvoraussetzungen für eine völlig neue Auffassung von Kredit.

Die alle anderen Tendenzen dominierende Wegwerfverpflichtung aus Konsumgehorsam mußte schließlich finanziert werden. Daß man Geld nicht einfach zum Fenster rauswerfen darf, braucht man niemand zu sagen, der es verdienen muß. Aber der, welcher Kredit hat, kauft gerne all das, was ohnehin nur wert ist, rasch weggeworfen zu werden. Angst vor Armut essen Seele auf – Kredit essen bloß Zukunft, und davon hatte man ja eine Menge. Denn die Zukunft ließ sich ja machen. Zukunft konnte man herstellen in beliebigen Dimensionen. Die Zukunft bot sich unmittelbar in den Kaufhäusern an, auch das als Angebot an die dafür kaufkräftig gemachten Massen, eine alles bewegende Neuerung der sechziger Jahre: »Wenden Sie sich vertrauensvoll an unser Kreditbüro, günstigste Teilzahlungsbedingungen für jedermann, ohne Bürgschaft, Verdienstbescheinigung genügt.« Die Finanzierungskosten trugen die Rohstoffproduzenten der dritten Welt, na also! Man war nicht undankbar, denn bei jeder sich bietenden Gelegenheit wurde dazu aufgefordert, doch auch der armen Menschen in der dritten Welt zu gedenken: »Die Armen, sie leben hoch, hoch, hoch!« Und dann wurde getwistet. Und mit den Goldklunkern gerasselt, wie Beatle Paul das seinen Zuhörerinnen empfahl.

Sorglose Synthetiks
Eine viertel Million europäischer Caravaner sind mehr als zufrieden

Profit macht Spass

knick und iss

Werden Sie Mitglied der Rost-frei-society.
...besser Becher von Bellaplast

8

II. Op und Pop
am Leib und in der Bude

Sex und Hopp – kam die Pille eigentlich vor dem Minirock oder umgekehrt? »Die wirft sich selbst weg«, hieß die Standardbezichtigung für kaiserlich-republikanische Kleinbürgermädchen. Unter A.H. galt das nur noch für Judenliebchen. »Ich bin am Ort das größte Schwein und laß mich nur mit Juden ein«, höhnten die abgeblitzten Laufkunden, die nichts gegen lockende Liebschaft hatten – aber diese Rassenschande!

Mit der Pille wurde alles anders. Wer die Zeit des Übergangs vom Terror des Wenn-falles zum wohlig verantwortungsfreien »Wie es Euch gefällt« nicht miterlebt hat, kann sich nicht einmal annähernd vorstellen, was die Einführung der Pille bedeutete. Auch die heutigen Pillenverächter können sich das nicht vorstellen, weil es damals keinerlei (außer der kriminalisierten) Gelegenheit zum Schwangerschaftsabbruch gegeben hat. Ganz davon zu schweigen, daß sich die Leibestechniken und ihr Genuß fundamental veränderten. Es gab nur eine Einschränkung, nämlich die penetrant vorgetragene Meinung, daß Freizügigkeit schnell die Sinne abstumpfe. Dagegen konnte dann nur die Erhöhung der Reize helfen: totale Beinfreiheit im Minirock. Die Gezeiten des Rocksaumes waren immer schon in Beziehung auf die Veränderungen der Moral und des Einkommens, der Aggressionspotentiale und der Gesundheitsvorstellungen gesehen und gewertet worden. Aber stets waren die gesellschaftlich führenden Schichten auch in diesen Fragen tonangebend gewesen. Mit Mary Quant setzte zum ersten Mal die Unterschicht ihre Modevorstellungen gegenüber den ansonsten immer noch aristokratisch verbrämten und distanzierten Oberschichten der westlichen Welt durch.

Das englische Ladenmädchen aus den Industrievorstädten als Modekönigin – das war doch wohl nur möglich, weil die Entscheidung für den Minirock endlich sanktionierte, was den höheren Herren so gut wie den Kumpels immer schon Ausdruck jeder modischen Masche gewesen ist. Nämlich Erhöhung der Attraktivität, das heißt der Anziehungskraft der Frauen. Am anziehendsten war seit Großvaters Zeiten jene handbreite, nacktfleischige Zone zwischen Strumpfband und Höschenansatz, die nach Einführung des Strumpfhalters von den legendären Strapsen jeweils paarig überbrückt wurde.

Der Strapsenapparat, obwohl seinerzeit – vor siebzig Jahren – als Gesundheitsreformwäsche eingeführt, hinderte in der Freiheit jener Bewegungen, die der Mini gewähren sollte. Außerdem irritierte der unverstellte Dauereinblick in Vorhof und Arkanum der Miniträgerinnen. Ohne wenigstens teilweise Verhüllung kein Enthüllungseffekt! So fand denn eine eigentlich typische Schreibtischkonstruktion der Strumpfwirker sofort reißenden Absatz: die Strumpfhose. Der Strumpfhalter schien damit so gut wie erledigt – leider auch jene Reizzone an den Oberschenkelhälsen. Aber dieser Verlust konnte vielleicht dadurch aufgefangen werden, daß man ein interessant gestaltetes Sichthöschen (neue Umsatzquelle zudem) über die Strumpfhose zog. Das ging nicht ganz so problemlos, sonst hätte es ja wohl damals nicht die ausdauernde Erörterung der Frage gegeben, ob man nun gegen alle hygienischen Argumente und gegen medizinische, wie auch gegen Argumente des Wohlbefindens die Strumpfhose tatsächlich unter dem Höschen tragen dürfe oder ob nicht vielmehr etc...

Diese gewichtigen Probleme wurden damals nicht nur in Frauenzeitschriften abgehandelt; ich selbst durfte im

Durchscheinen ist alles: Thomas Bayrles Plastikmantel

Feuilleton der ZEIT mich ausführlich ins Unterzeug legen. Auch bildeten sich damals die ersten Clubs gegen die Wegrationalisierung der Strapse. Dieser Widerstandsbewegung gehören ja heute sogar junge Leute an, die aus Jahrgangsgründen dem Straps nicht einfach bloß nostalgisch verbunden sein können. Eine euro-anthropologische Konstante, auf welcher schon der Strumpfbandorden und das Strumpfband als Unterpfand der Liebe basierten?

Die Frage, ob der Mini die Pille erzwang oder die Pille den Mini ermöglichte, muß also suspendiert werden: Zumindest wirkte die Strumpfhose stark reizmindernd, ja desillusionierend – welcher Effekt offenbar auch durch die Überführung des Sichthöschens vom Tennisplatz ins Büro nicht ausgeglichen werden konnte.

Ins Umfeld des Problems gehörten in den 60ern die Dauerthemen »Pille und Krebs, Pille für den Mann, die Pille und der Partnertausch, die Pille und das Ende der gewerbs-

Brigitte Bardot 1967 im Op-Art-Kleidchen mit Op-Art-Ball und Op-Art-Tier

mäßigen Prostitution, die Pille und die Freigabe der Pornografie«. (Bevor es soweit war, bevor man also die sozialhygienische Funktion der Pornografie insofern anerkannte und die Pornografie nach skandinavischem Vorbild freigab, vermochten die monatlichen Ausklappseiten des »Playboy« manche sonst vielleicht kriminell ausagierten Energien zu dämpfen.) Langsam, langsam wagten es die Kioskbesitzer, ihrer Umsatzerwartung durch entsprechende Plazierung der Magazine im öffentlichen Sichtfeld nachzuhelfen.

Zwar hielt sich auch der Playboy noch über weite Strecken an die Vermutung, daß nackte Mädchen erst durch Künstlerhand wahrhaft ansehenswert werden. Vargas, der exklusiv bei Playboy unter Vertrag stand, war natürlich ein erstrangiger Zeichner, der auf einige Popmaler auch entsprechenden Einfluß hatte.

Auch übten die ersten Nacktfotografen ihre künstlerische Freiheit ganz in der Tradition der Aktmalerei aus. Aber mit dem Aufkommen der billigen Farbfilme und Kameras verloren die Künstler das Monopol auf die Darstellung des nackten Körpers. Millionen Knipser zeigten sich und ihren Lieben wechselseitig, was das Objektiv von ihnen scharf mitbekommen hatte. Da bedurfte es der Künstler nicht mehr – erstens war die ständige Rechtfertigung aufreizender Darstellungen durch den Kunstvorbehalt nicht mehr nötig, zweitens ermöglichte das Objektiv An- und Einsichten der Leiber, die dem glänzendsten Künstlerauge unzugänglich blieben. Aber das ist ein Kapitel für sich. Die Künstler vermochten einen Teil ihrer Privilegien nur noch als Comiczeichner zu retten, natürlich mehr oder weniger weicher Pornocomics. Mitte der 60er feierte dieses Genre einen ersten Höhepunkt mit Guy Peellaert/Pierre Bartier. »Die Abenteuer der Jodelle«: Nackt und bloß und mit allem Drum und Dran kämpft das zeitlose Großstadtmädchen Jodelle gegen die Usurpatoren der Macht des Weibes und gegen die Vorherrschaft der Waffen der Männlichkeit. Wie die zur gleichen Zeit sich rasant durchsetzenden Asterixcomics sind auch die Jodelle-Abenteuer überdeutlich auf die Analogie zwischen römischer und amerikanischer Weltmachtgier ausgerichtet. Im Kino trat Jodelle als Barbarella auf; erfolgreich dargestellt von Jane Fonda, die später eine der bekanntesten Antivietnamkämpferinnen Amerikas wird. Die Kostüme der Barbarella schienen alle von der Kunststoffindustrie aus Werbegründen gestiftet worden zu sein: nackte Brüste oder Hintern, aber gerahmt von Klarsichtfolie, unter der die Fonda selbst in heftigster Bewegung nicht zu schwitzen schien. Kunststoffkleidung, Plastikplastiken auf lebenden Ständern! Ausdruck der Keimfreiheit und Sterilität wie Sex im Operationssaal? Oder eine zeitgemäße Form des Schleiers, den Cranach seinen Nackten aufhauchte? Der durchsichtige Regenschirm war aber wenigstens akzeptabel, weil sinnvoll – weniger Karambolagen auf Trottoirs.

Eine wirklich philosophische Durchdringung des neuen Materials gelang erst Rudi Gernreich, dem Pariser aus Wien. Er kreierte den NOBRA, den Nichtbüstenhalter. Die Dialektik von Verhüllen und Aufreizen – das Spiel um Durchsichtigkeit und Verschleierung – machte er sinnvoll mit seinem Büstenhalter, der zwar seiner Funktion nach einer ist, aber nicht wie einer aussieht. Sein BH ist hauchdünn und fast unsichtbar vor Durchsichtigkeit. Und er formt doch, aber nur als Unterstützung der natürlichen Brustformen. Aus der Position von Omas Massiv-BH und deren Negation im Oben-ohne, vorgetragen von vielen Emanzipierten, denen der BH als eine vom Manne verordnete Zwangsjacke vorkam, entbarg Gernreich mit seinem NOBRA die Negation der Negation: zwar BH, aber dennoch nackt. These: BH ist aus ästhetischen und medizinischen Gründen geboten; Antithese: BH ist abzulehnen, weil er entscheidend dazu beiträgt, die Frau zum Sexobjekt zu formen; Synthese: NOBRA unterstützt die natürlichen Formen und hindert dennoch den Blickkontakt und die Bewegung kaum. Natürlich blieb das nicht der einzige Rückgriff auf den jungen Marx in den 60er Jahren.

Unsicher ist bis heute, ob Gernreich zu Recht auch die Erfindung des Körperstrumpfs zugesprochen wird: sozusagen eines Büstenhalters für den ganzen Leib oder eines Strumpfes vom Zeh bis zum Hals. Er hat sich jedenfalls, das ist sicher, nicht durchgesetzt.

Ganz anders versuchten Paco Rabanne und Courrèges zwischen Nacktheit und Bekleidung zu vermitteln, also dem Problem neue Facetten abzugewinnen, wie man sich anzieht, um ausgezogen zu werden. Die tektonische Lösung, Kleider aus Metallplättchen wie Häuser zu bauen, deren Türen und Fenster sich bequem öffnen und schließen lassen, wollte nicht recht überzeugen. Auch die Einarbeitung von vielen Lüftungs- bzw. Sichtschlitzen zeigte nur sinnenfällende Resultate, wenn die Trägerin ziemlich stark nach vorne gebeugt stand oder ging, was schließlich nicht über längere Zeit möglich war.

Immerhin verwandelten die Entwürfe von Courrèges und Rabanne die Angezogenen in Gestalten der Zukunft. Science-fiction-Attitüden zeichnen sie aus; denn nüchterne Geometrisierung oder apparative Strenge verliehen der Frau eine Distanziertheit, die auch als Unabhängigkeit vom Zugriff männlichen Begehrens interpretiert werden konnte.

Manchem erschienen die Courrègesfrauen eher den Gedanken an das Ein- und Ausschalten von Apparaten nahezulegen. In jedem Fall: Selbst die Kleider mit Avantgardeanspruch waren vergleichsweise billig und wurden (leider) nur allzu schnell weggeworfen.

Die Meister in der Nachfolge Diors kämpften recht angestrengt dagegen an, daß sich in den 60ern langsam das eine Modezentrum der Welt − Paris − in viele Zentren zerlegte: Tokio, London, New York, Florenz, Mailand, Rom, Berlin. Sie rangen sich dazu durch, die Entwürfe der Haute Couture auch den Fabrikanten von Massenkonfektion zu verkaufen. Die gleichen Exklusivmodelle würden, selbst in Millionenauflagen über die ganze Welt verstreut, nach den Gesetzen der Wahrscheinlichkeit sich nur höchst selten an einem Ort begegnen − und die Angst davor war ja schließlich der einzige Grund für den Kauf von Haute Couture Modellen; andere Gründe gab es nicht mehr, nachdem es möglich geworden war, rationell und doch identisch Schnitt und Verarbeitung praktisch unbeschränkt zu kopieren. Einen mittleren Weg zwischen Kaufhaus und Haute Couture beschritten die Boutiquen, die innerhalb kürzester Zeit der bestexpandierende Geschäftstypus wurden.

Die Mode wird − durch ihre Auffälligkeit dafür prädestiniert − in den 60ern von allen Konsum- und Kulturkritikern heftig angenommen. Sie bleibt skandalträchtig, weil sie sich jeder Art von Vorhersage entzieht, ganz gleich, ob man sich für die Vorhersage auf den Bauch der Kundenkenner oder auf die ausgetüfteltsten wissenschaftlichen Methoden beruft. Die tatsächlichen Entwicklungen der zumeist kurzfristigen Trends bleiben ein reines Rätsel und damit ein Dorn im Auge der Kapitalisten (auch Millioneneinsatz für Werbung kann eine gewünschte Mode nicht lancieren) wie der Kapitalismuskritiker (Geld und Marktmacht scheinen doch nicht unbeschränkt; die Vitalitätsreserven des Systems kommen aus Eigentümlichkeiten des sozialen Verhaltens, die man weder als viehische Dummheit noch als Gehirnwäsche abtun kann). Das emanzipatorische Potential von Mode und Massenkonsum ist eben

Für Angélique-Darstellerin Michèle Mercier entwarf Paco Rabanne ein Kettenkleid mit passendem Kopfschmuck

11

Andy Warhols Campbell's Soup 1964

doch sehr viel höher zu veranschlagen als die nicht ganz unbegründete Furcht, der Warenfetischismus führe die einzelnen wie die Masse zurück auf die Stufe bloß dressierter Haustiere des Kapitalismus. Jedenfalls war das eines der damals wichtigsten Themen der kultur- und gesellschaftspolitischen Diskussionen.

Wenn die Verteidiger des emanzipativen Effekts von Massenkonsum recht hatten, dann war auch zu verstehen, warum die Kapitalisten versuchten, ihre Vormachtstellung durch Kriege wie den in Vietnam zu verteidigen. Fürchteten die Kapitalisten die Konsequenzen ihres Systems selber? Massenkonsum ohne Auswahlfreiheit ist undenkbar − und Auswahlfreiheit ist immerhin eine Freiheit, die höhere Freiheitsansprüche ermutigt. Bezwang die Freiheit, die Eigentum der Kapitalisten geworden zu sein schien, womöglich gerade ihre Herren? War der Vietnamkrieg doch ein Freiheitskrieg auf beiden Seiten?

Aber daß die USA den Krieg gewinnen könnten, wenn sie nur kräftig und ohne Rücksicht auf die humanitäre Selbstbeschränkung draufhauen würden, glaubten nur wenige Leutchen nicht. Ich glaubte es zum Beispiel deshalb nicht, weil die USA es unterließen, gleiche Kampfbedingungen für sich und den Vietcong herzustellen. Meine Empfehlung, dem Vietcong zunächst einmal die gleichen Waffen zu schenken, mit denen man selber kämpfte, konnte nur als unsinnige Einmischung von Künstlern ins harte Geschäft der Macht eingeschätzt werden. Als typische Popmanier oder als typischer Happeningsklamauk. Daß dieser Klamauk Methode hatte, ging damals kaum einem ernsthaft um Erhellung der Zeitabläufe bemühten Wissenschaftler, Politiker oder Journalisten auf. Freilich konnten sich diese Zeitgenossen dann auch nicht recht klarmachen, warum die Popartisten, die Happenisten und Fluxusflieger so versessen darauf zu sein schienen, im Museumsbereich nur zu wiederholen, was überall sonst, im Stadtbild und in den Wohnstuben des Westens, auf den Fernsehschirmen und in den Illustrierten ohnehin schon ablief − und zwar vor aller Augen und ohne besonderen Anlaß, es sei denn aus Gründen der Unterhaltung und der Werbung, die aber auch eigentlich nur eine Form von Unterhaltung zu schein schien. Bestenfalls verstand man, daß die Künstler einer merkwürdigen Faszination durch Trivialmythen unterlagen − also der Entdeckung neuer Mythen im Alltagsleben der Massenkonsumenten und der Medienwelt.

Die Kinder von HAMBURGER und COCACOLA hatten offensichtlich das Bedürfnis, sich ihr Leben wenigstens in einigen lyrischen Fetzen und halbironischen Stereotypen zu überhöhen. Zunächst gingen sie bloß gemeinsam in die Kinos, um von Westernhelden und Indianern Zuspruch zu erhalten. Dann versuchten sie auch zusammen zu leben, sich gleich oder ähnlich ungleich anzuziehen und zu verhalten. Blumenkinder, Kommunarden; Hippies und Freaks; Stadtstreicher und Waldläufer wurden gerade durch die Mythisierung ihrer Existenz gesellschaftlich tonangebende Klatschgrößen; sie agierten wie das Personal eines uralten Mythos, dessen Erzähler jedoch mit der Erzählung nicht beginnen konnte, weil es ihn noch nicht oder überhaupt nicht mehr geben durfte. Ein schönes Durcheinander, ein farbiges Erscheinungsbild andauernder Folkloreveranstaltungen.

Aber auch in der Musik der Beatles steckte mehr Kraft der Emanzipation, als sich die Veranstalter von Teenagerfestivals wünschen mochten. Daß lange Haare Widerstandskraft signalisieren, war schon biblische Legende. Vor allem ebnen lange Haare Geschlechtsunterschiede ein, soweit man die am Aussehen von Menschen festzumachen vermag. Unisexuell eingeebnete Gestalten waren vor

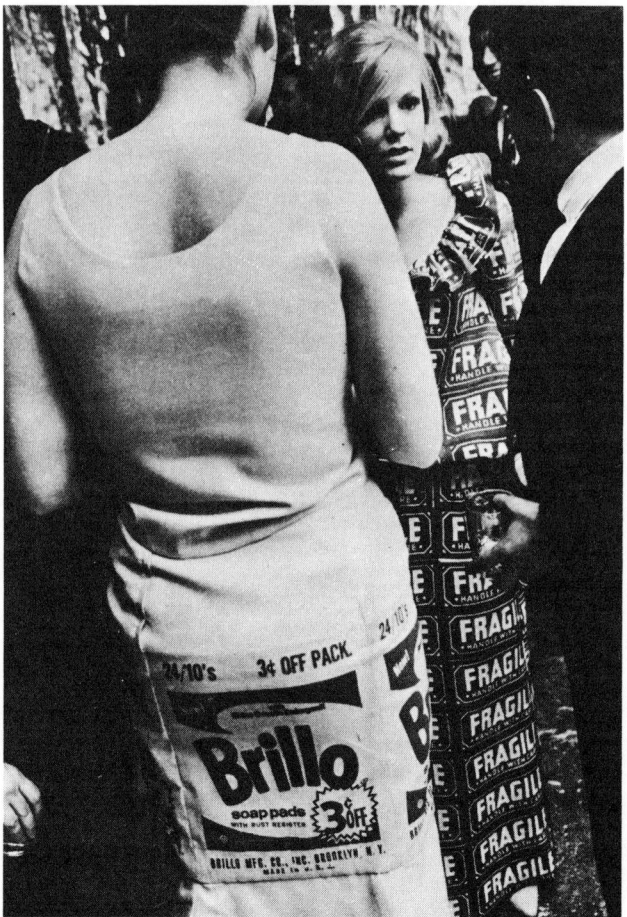

Damen der New Yorker Society in »Brillo«- und »Fragile«-Kleidern

FLUXUS

Composition 1960 #3

Announce to the audience when the piece will begin and end if there is a limit on duration. It may be of any duration.

Then announce that everyone may do whatever he wishes for the duration of the composition.

(La Monte Young
5.14.60

Tomas Schmit, »Zyklus für Wassereimer (oder Flaschen)«, Amsterdam 1963
»der interpret steht in einem kreis von 10–30 wassereimern (oder flaschen). ein eimer (eine flasche) ist mit wasser gefüllt, die anderen sind leer. der interpret nimmt den gefüllten eimer (die gefüllte flasche), gießt dessen (deren) inhalt in den im uhrzeigersinn nächsten eimer (die nächste flasche) und setzt jenen (jene) wieder an seinen (ihren) platz. er nimmt den jetzt gefüllten zweiten eimer (die zweite flasche) und gießt ihn (sie) wieder in den nächsten (die nächste) aus etc. . . . . bis alles wasser verdunstet oder verspritzt ist.«

Wolf Vostell:
In Ulm, um Ulm und um Ulm herum.
Happening aus 24 verwischten Ereignissen
(Die Überlebenden des nackten Einkaufspreises)
Einmalige Aufführung am 7. November 1964 an 24 Stellen der Stadt Ulm.
»Für die Mithilfe bei der Organisation der vielen Schauplätze sei den Ulmer Behörden, den Privatleuten, die uns ihre Grundstücke und Gebäude überließen, und den Firmen, besonders Bayer Leverkusen für das gestiftete Moltopren, herzlich gedankt.«
. . . sowie der Bundeswehr, die vor dem staunenden Happening-Publikum als musikalisches Element die Motoren mehrerer Düsenjäger aufheulen ließ (Bild).

na aber was ist denn fluxus?:ich huete mich,es zu definieren.das waere un-
moeglich und unangebracht.das folgende verstehe man als anmerkung:
wollte man all das fluxus nennen,was seit 62 unter der leitung von maciunas
geschehen ist,oder das,was sich fluxus nennt,haette man einen diffusen hau-
fen von grossartigem und klaeglichem,gutem und schlechtem vor sich,der jeder
aesthetischen einordnung sich widersetzte.leute wie stockhausen,mon,harry
kramer muussten beruecksichtigt werden...-begrenzt man indes die fluxuszeit
auf die jahre 62,63&64 und zaehlt zu fluxus nur die 7½ europaeischen festivals,die meisten der fluxuspublikationen dieser zeit und das damalige werk
von leuten wie maciunas,lamonteyoung,george brecht,emmett williams,ben
patterson,paik,koepcke,robin page,ben vautier,jackson maclow,dick higgins,
yoko ono,alison knowles,robert watts und tomas schmit,ist der materialhaufen
halbwegs geschlossen,durchaus einzigartig und beschreibbar.in ein paar groben
stichworten:conception art;konkretes;nichtexpressionistisches;nichtsymboli-
stisches;erststufiges;nichtformales(extrem simples);abbau der ueberlieferten
praesentationsformen;sinnliches,unsinniges;etc.-

denkt man an (etwa im vergleich mit dem george brecht des 'water yam')ja
durchaus expressionistoide leute wie paik,beuys oder vautier,ist es ihre
konkrete,sinnliche direktheit,die ihnen die zugehoerigkeit zu fluxus im
engeren sinne sichert.---denkt man an expressionisten wie knizak,faellt es
schwer,denkt man an friedman,faellt es sehr schwer,sie zu fluxus zu rechnen.
denkt man an den aesthetisch akademischen(und da ja auch recht guten),
rituellen symboliker vostell,kann man nicht auch an fluxus denken! ---

13

»Zwei Mönche kamen an einen Fluß. Der eine war Hindu, der andere Zen. Der Inder schickte sich an, den Fluß zu überqueren, indem er auf dem Wasser wandelte. Das regte den Japaner auf, und er rief den Inder zurück. ›Was ist los‹, fragte der. Der Zenbuddhist sagte: ›Das ist nicht die Art, wie man einen Fluß überquert. Folge mir.‹ Er führte ihn zu einer seichten Stelle, und sie wateten hindurch.«

(aus: John Cage, A Year from Monday, 1967)

allem für Polizisten ein Problem, die ja doch immerhin Frauen gegenüber ritterliche Instinkte nicht ganz zurückhalten können. Da nahmen manche Demonstranten über das Verfälschen ihrer Geschlechterzugehörigkeit Hemmungsappelle für sich in Anspruch, die männlichen Lebewesen vor der Polizei nicht zustehen. Das wurde dann 1968 auch anders. Nämlich fast wie früher. Früher, also vor der Entfaltung der Pop-Programmatik. Zwar hat diese Programmatik starke Wirkungen gezeigt, aber verstanden wurde sie kaum. Die Pop-Programmatik empfiehlt eine künstlerische Haltung, die sich nicht mehr aus der offenen Konfrontation mit den herrschenden Unsinnigkeiten der Konsumwelt, der Massengesellschaft, mit Hollywood und Fernsehschmonzes entwickeln sollte; die sich nicht mehr die Produktion von bloßem Widerspruch gegen alles das abverlangen läßt, was sich durch diesen Widerspruch erst recht demokratisch kritisiert und deshalb legitimiert darstellen kann. Die Pop-Programmatik empfiehlt nicht mehr, gegen die Zumutungen von Zuckerbrot und brutalen Spielen die Kulturweihwedel der hohen, hehren, ewigen Werte ins Feld zu führen. Die Pop-Programmatik empfiehlt Zustimmung als schärfste Kritik — empfiehlt, sich immer erst einmal auf irgendwelche unausweichlichen Rechtfertigungen für Machtpositionen einzulassen, diese Positionen dann beim Wort zu nehmen, sie bis zum Äußersten zu radikalisieren und sie durch die inakzeptablen Konsequenzen jeglichen Anspruchs auf absolute Geltung auszuhebeln. Also: anstatt lang und erfolglos gegen die Kaninchenstall- oder KZ-Architektur der Nachkriegsneustädte zu polemisieren, jene Haltung vorzuführen, der sich diese Architektur verdankte: Abräummentalität, die die grauenvollen Luftangriffe des zweiten Weltkriegs herzlich begrüßte, weil so die alten deutschen Städte endlich modernisiert werden konnten. Also erbat ich »Glückliche Bomben auf die deutsche Pissoirhausarchitektur«, als die Frankfurter Nordweststadt als eines der ersten Retortenmonster entstand. Andy Warhol formulierte die Tendenz der Programmatik wahrhaft meisterlich: »Das Schönste an New York ist McDonalds. Das Schönste an Paris ist McDonalds. Das Schönste an Berlin ist McDonalds. In Moskau gibt es noch nichts Schönstes.« Es wäre ja auch allzu lächerlich gewesen, sich als pinselschwingender Künstler den Milliarden bewegenden Konsummaschinen entgegenstemmen zu wollen. Campbells Suppendosen mußten ihren Anspruch auch in die hohe Welt der Kultur tragen, wenn sie schon die ganze Welt besetzten. Da durfte auf keinen Fall so getan werden, als sei die Kultur etwas anderes als Kaufhausangebot. Die einzige Möglichkeit, Veränderungen herbeizuführen, mochte vielleicht darin bestehen, den Leuten möglichst total und radikal die Konsequenzen ihrer Verhaltensweisen vor Auge zu führen — sie möglichst schnell mit der ersehnten Schokolade so voll zu stopfen, daß sie kotzen mußten.

Kurz, die Pop-Programmatik war affirmativ. Dummerweise hatte der alte Marcuse das noch nicht mitgekriegt und versuchte immer noch, den jungen Leuten jenen Typus von Kulturkritik nahezulegen, den er als junger Mann in den 20er Jahren kennengelernt hatte. Und Marcuse veröffentlichte einen alten Aufsatz, in dem er den affirmativen Charakter der Kultur geißelte. Da galt »affirmativ« als positiv rechtfertigend und zustimmend. Davon konnte in der Popart keine Rede sein, obwohl es natürlich genügend Künstler gab, die seelig zu sein schienen über die Gelegenheit, mit dem Talent von Plakatmalern und der Haltung von Werbefritzen ins Allerheiligste der Malereigeschichte vordringen zu können: ins Pantheon der allgemeinen Akklamation durch Herr und Gott. Marcuses platte Begriffshülse »affirmativ« stiftete jedenfalls soviel

Verwirrung, daß der philosophisch einwandfreie Begriffsgebrauch unter die Räder geriet. Affirmation ist ja Negation der Negation als erneute Ausgangsposition. Vielleicht hätte man stets negative Affirmation sagen sollen, wenn man die Haltung der Popart zu kennzeichnen versuchte. Aber nun ja – inzwischen ist allgemein bekannt, daß der Dienst genau nach Vorschrift die denkbar vollständigste Sabotage des Dienstes ist. Und also haben sogar schon einige Gewerkschafter verstanden, was affirmative Strategie bedeutet, was sie den Popartisten bedeutete. Was an der Popart noch heute beachtlich ist, verdankt sich dieser Haltung. Der Rest, vielleicht sogar der überwiegende Teil, ist doch bloß schlechte Reklamemalerei.

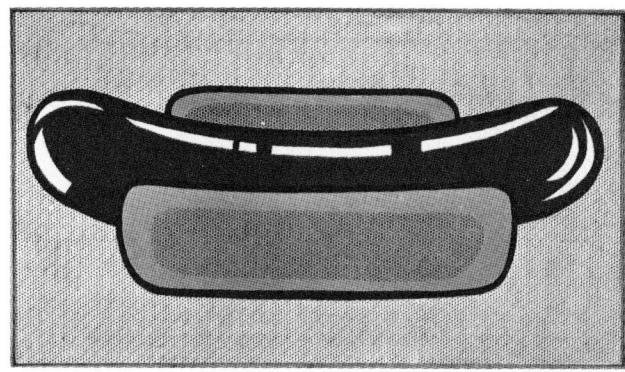

Wie es Mary Quant mit der Durchsetzung des Mini zum ersten Mal gelang, dem Unterschichtengeschmack zur Führung zu verhelfen, so gelang es der Popart zum ersten Male, dem Unterhaltungsbereich, dem Kitsch, dem Camp, wie Suzanne Sonntag den Kitsch für affirmative Strategen nannte, die führende Rolle in der effektiven Kritik an der Gesellschaft aufzunötigen. Und wer wollte es schon wagen, gegen die Unterhaltung vorzugehen, wenn sie so hundertfünfzigprozentig für den ihr nur neunundneunzigprozentig abverlangten Wahnsinn im Gewande der Alltagslogik eintritt? Der Kulissenzauber der Unterhaltungsindustrie ist durch die Popart zum Enthüllungskunststück verwandelt worden, wie es sich Brecht oder Krakauer oder Benjamin vielleicht auch schon für die erste Phase der Massen-/Konsumgesellschaft Ende der 20er hatten vorstellen können. Diese Verwandlungs- und Enthüllungskunststücke verlangten die zitierte Bereitschaft, nicht mehr an totem Material zu kleben. Weg mit dem Zeug, das uns einreden wollte, aus sich heraus kostbar, wertvoll zu sein. Noch besser, gar nichts erst haben zu wollen, was nicht nur Instrument ist, was Mittel ist. Die angestammten Verlaufsformen von Popaktionen waren das Happening und das Fluxuskonzert. Geschehnisse ohne Rest, ohne Kulturmüll, der auf die Museumsdeponie befördert werden mußte. Das Museum selbst hatte zum Kaufhaus zu werden, eine Durchlaufstation, ein Umschlagplatz für Lebensmittel und Alltagspraktika.

Es berührt doch merkwürdig (vor allem die damaligen Attraktionsstars), daß tatsächlich nichts übrig geblieben ist, weder im Designbereich noch in der Architektur. Es gab Wegwerfmöbel aus Preßpapier, die gab's tatsächlich – und bei uns stehen sie noch heute, weil wir nicht die Kraft hatten, sie wegzuwerfen. Damals waren wir restlos erfüllt vom subversiven Geist der Zustimmung, das galt geradezu als alleiniger Maßstab. Scheel wurde angesehen, wer möglicherweise doch darauf spekulierte, seine Werbemalerei im Gewande der Kulturrevolution durch Pop zum Rembrandtersatz werden zu lassen. Es gibt kein Popdesign für Möbel und Architekturen über das hinaus, was in Las Vegas und auf Jahrmärkten, in Fernsehunterhaltungssendungen und auf dem Theater an Kulissenzauber entfaltet worden ist. Nichts davon blieb, als die schlechte Durchschnittsmalerei von Künstlern, die gar keine Popartisten waren und eigentlich auch nur akademische Maler sein wollten. Nichts blieb, alles löste sich in Aktion auf, vor allem in die Aktion der Studentenrevolution, in den USA, Frankreich, Italien und der BRD. Nichts blieb, und das ist ein Triumph, denn es bezeugt doch, wie wirksam die Pop-Programmatik gewesen ist.

Zu den einzelnen Stichpunkten dieses Beitrags veröffentlichte Bazon Brock Originaltexte aus den sechziger Jahren in: Bazon Brock, »Ästhetik als Vermittlung – Arbeitsbiographie eines Generalisten«, hrsg. von Karla Fohrbeck, 1001 Seiten mit vier Stichwortregistern.

Oben: Roy Lichtensteins »Hot Dog«, 1963
Unten: Claes Oldenburg auf dem Marsch durch die sechziger Jahre

Eine Mauer quer durch Berlin

»Das Unrecht vom 13. August? Von welchem Unrecht sprechen Sie? Wenn ich Ihre Zeitung lese und Ihre Sender höre, könnte man glauben, es sei vor vier Tagen eine große Stadt durch eine Gewalttat in zwei Teile auseinandergefallen. Da ich aber ein ziemlich gutes Gedächtnis habe und seit vierzehn Jahren wieder in dieser Stadt lebe, erinnere ich mich, seit Mitte 1948 in einer gespaltenen Stadt gelebt zu haben, einer Stadt mit zwei Währungen, zwei Bürgermeistern, zwei Stadtverwaltungen, zweierlei Art von Polizei, zwei Gesellschaftssystemen, in einer Stadt, die beherrscht ist von zwei einander diametral entgegengesetzten Konzeptionen des Lebens. Die Spaltung Berlins begann Mitte 1948 mit der bekannten Währungsreform. Was am 13. August erfolgte, war ein logischer Schritt in einer Entwicklung, die nicht von dieser Seite der Stadt eingeleitet wurde.«[1]

Dies schrieb der Schriftsteller Stefan Hermlin am 17. August aus Ost-Berlin in einem Antwortbrief an seine westdeutschen Kollegen Günter Grass und Wolfdietrich Schnurre. Tatsächlich, die Spaltung der einstigen deutschen Hauptstadt war nicht über Nacht vom Himmel gefallen, aber sie wurde am 13. August in Beton gegossen. In den frühen Morgenstunden dieses Tages nahmen 4000 Mitglieder der DDR-Betriebskampfgruppen an der 164 Kilo-

13. August. Die Mauer wächst. Westberliner klettern auf Leitern und Zäune, um noch hinüberschauen zu können.

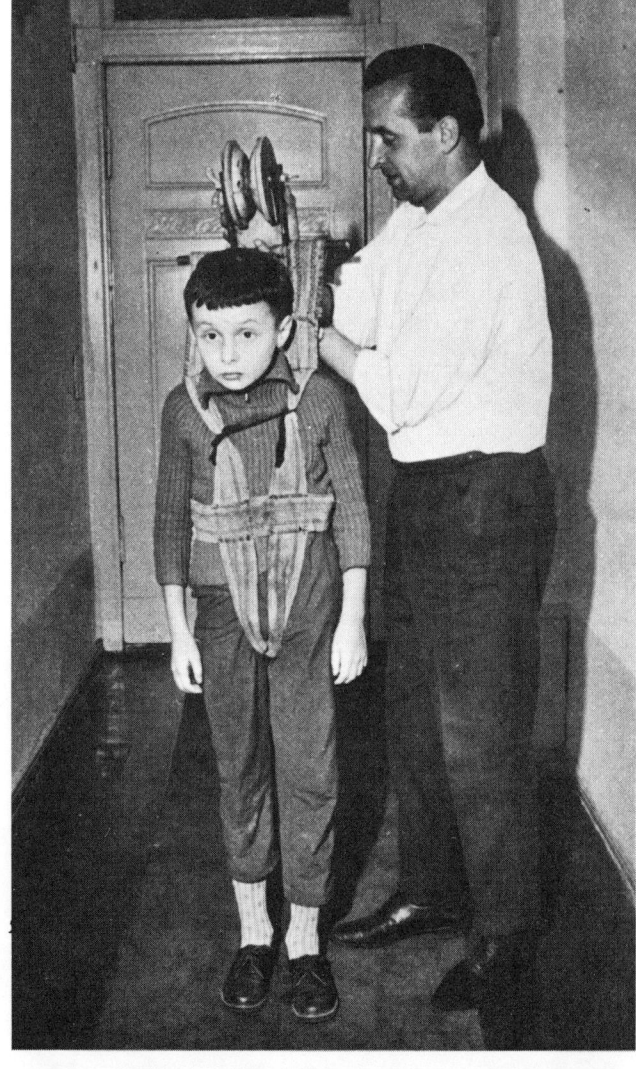

Flucht per selbstkonstruiertem Sessellift von Berlin Ost nach Berlin West.

meter langen Grenze zwischen dem sowjetischen und den Westsektoren der Stadt Aufstellung. Sie standen Stunde um Stunde, bis Volkspolizei und Truppen den ersten provisorischen Stacheldraht gelegt hatten. Die Trennungslinie verlief quer durch die Stadt, teilweise mitten durch Straßen, in denen nun die eine Seite zur DDR, die andere zu West-Berlin gehörte. An der Bernauer Straße im Wedding bildeten sogar Häuserfronten die Grenze, indem die Fenster dieser Häuser vermauert wurden.

Was seit Wochen als Gerücht über der Stadt geschwebt hatte, war am 13. August Wirklichkeit geworden: die Grenzen zwischen den Sektoren waren dicht. Das stellten auch Hunderte von Ostberlinern und DDR-Bürgern vor den Absperrungen fest, die noch an diesem Sonntag in den Westen fliehen wollten, einen Tag später die 53000 Grenzgänger aus Ostberlin, die nicht mehr zu ihrem Arbeitsplatz im Westteil der Stadt gelangen konnten.

Für viele Jahre bleibt es beim Blickkontakt mit Freunden und Verwandten hinter der Mauer.

»Der Osten handelt – was tut der Westen? Der Westen tut nichts! US-Präsident Kennedy schweigt... MacMillan geht auf die Jagd... und Adenauer schimpft auf Brandt«, meldete die stacheldrahtumkränzte Bild-Zeitung am 16. August. US-Präsident John F. Kennedy hatte noch im Juli des Jahres, nach seinem Zusammentreffen mit Nikita Chruschtschow anläßlich der Gipfelkonferenz in Wien, Sofortmaßnahmen zur konventionellen Aufrüstung der amerikanischen Streitkräfte beschlossen und dies unter anderem als Maßnahme zur Sicherung des »freien Berlin« dargestellt: Es gehe nicht allein um die Sicherung Berlins, betonte Kennedy, auf dem Spiel stehe die Verteidigung der westlichen Welt. »Wir wollen keinen Kampf – aber wir haben schon früher gekämpft. Wir können und werden den Kommunisten nicht gestatten, uns allmählich oder mit Gewalt aus Berlin zu vertreiben. Westberlin ist ein Symbol, eine Insel der Freiheit im kommunistischen Westen.«[2]

Chruschtschow hatte, nachdem in Wien keine Einigung in der Berlin-Frage erzielt werden« konnte, angekündigt, die UdSSR werde einen separaten Friedensvertrag mit der DDR abschließen und dieser die volle Souveränität über den bislang sowjetisch besetzten Teil Deutschlands einschließlich des sowjetischen Sektors der Stadt Berlin erteilen. Darin sahen die westlichen Alliierten und die westdeutsche Regierung ein einseitiges Infragestellen des Viermächtestatus' der Stadt. Daß eine einseitige Währungsreform, Restauration, Remilitarisierung und Diskussion um eine atomare Bewaffnung der BRD vorausgegangen waren, unterschlug man dabei gern. Als die Regierung der UdSSR im November 1958 vorgeschlagen hatte, »die Berliner Frage zu lösen, indem für Westberlin der Status einer entmilitarisierten Freien Stadt festgelegt wird, in deren Angelegenheiten sich kein Staat, auch keiner der beiden deutschen Staaten einmischen soll«,[3] wurde dieser Plan zwar als »Chruschtschow-Ultimatum« bekannt, aber Adenauer und seine Verbündeten lehnten ab.

Als die internationalen Nachrichtenagenturen am 13. August die Meldung von der Schließung der offenen Grenze durch DDR-Truppen bekanntgaben, waren die Reaktionen in Washington, London und Paris erstaunlich gelassen. Foy Kohler, 1961 stellvertretender US-Außenminister und Chef des Berlin-Arbeitsstabes:

»Wir waren einerseits zwar sehr überrascht von den Ereignissen, denn unsere Nachrichtendienste wie der CIA hatten nichts derartiges erwartet, aber andererseits spielte sich ja alles im sowjetischen Sektor ab: Die Grenze zu den Westsektoren wurde um keinen Zentimeter überschritten, und unsere Interessen waren damit nicht berührt. Unsere drei Essentials für Berlin – das Anwesenheitsrecht alliierter Truppen, die Zufahrt von und nach Westdeutschland und die Lebensfähigkeit der Stadt – waren keineswegs betroffen.«

Die Stimmung in der Bevölkerung war gedrückt. Die Aktienkurse Westberliner Firmen fielen um bis zu zwanzig Punkte. Der Fußballclub Hertha BSC errechnete, daß er in der nächsten Saison auf 65 000 Fans aus dem Ostsektor der Stadt würde verzichten müssen. Die ersten Wechselstuben im Westen mußten schließen. Mehrere zehntausend Arbeitsplätze blieben unbesetzt.

Die sogenannten »Grenzgeher« und vor allem Tausende von Flüchtlingen waren in den Wochen zuvor für die Regierung der DDR zu einem existentiellen Problem geworden. Seit 1948 waren Jahr für Jahr 200 000 Menschen aus der DDR geflüchtet, insgesamt 2,6 Millionen, das heißt, jeder neunte DDR-Bürger, der sich im »goldenen Westen« einen gutdotierten Arbeitsplatz und materiellen Luxus erhoffte. »Dem ersten Arbeiter- und Bauernstaat auf deutschem Boden laufen die Arbeiter und Bauern weg«, höhnte die Springer-Presse und brachte in den August-Tagen die täglichen Flüchtlingszahlen wie Siegesmeldungen in fetten Überschriften auf der ersten Seite ihrer Zeitungen. Und während allein in Ostberlin 45 000 Arbeitskräfte fehlten, fuhren 53 000 Ostberliner jeden Tag zur Arbeit in den Westteil der Stadt. Sie bezogen die Hälfte ihres Lohnes in D-Mark, »tauschten das zum Kurs von 1:4 ein und markierten bei uns im Osten den dicken Maxe. Im Westen drückten sie die Löhne, und bei uns kauften sie die Läden leer.«[5] Die Folgen dieser Entwicklung und vor allem der starken Fluchtbewegung spitzten sich zu Beginn der sechziger Jahre in der DDR dramatisch zu. Aufgrund fehlender Arbeitskräfte blieben Teile der Ernte auf den Feldern. Volkseigene Betriebe konnten Liefertermine nicht mehr einhalten, und Exportaufträge gingen verloren.

In Landkreisen und Kleinstädten war die medizinische Versorgung der Bevölkerung gefährdet, während im benachbarten Wirtschaftswunderland Ärzte und Apotheker zu neuen Praxen, Geschäften und Geld kamen. Anfang August hatte die DDR-Regierung vergeblich versucht, das Grenzgänger-Problem einzudämmen. DDR-Bürger, die im Westen arbeiteten, mußten sich registrieren lassen, rückwirkend ab 1. August Miete, Strom, Gas, Wasser und auch Steuern in Westgeld zahlen und sollten bis Ende September des Jahres Arbeitsplätze in Ostberlin oder der DDR annehmen. Die Entwicklung war jedoch nicht mehr aufzuhalten. Mehr und mehr Grenzgänger blieben im Westen. »... jeder, der nur etwas nachdachte, konnte sich ausrechnen, daß das Regime in der DDR zu entscheiden haben würde, ob es ein Land ohne Volk haben wollte oder das Risiko eingehen könnte, die Grenzen hermetisch zu schließen«,[6] schätzte der ehemalige Bürgermeister von West-Berlin, Heinrich Albertz, zwanzig Jahre später die Lage ein.

Die Regierung der DDR hatte sich am 13. August entschieden und damit auch einen Riegel vor die revanchistischen Wiedervereinigungspläne der Regierung Adenauer geschoben. »Die Zone sollte ›befreit‹, mit einem ›befreiten‹ Polen sollte über die ›Rückgabe‹ der verlorenen Ostgebiete verhandelt werden. Den Königsbergern wurde die Rückkehr in ein ›befreites‹ Ostpreußen versprochen. Dies waren die von Kanzler Adenauer ausgesprochenen Ziele; die Gedanken der noch weniger Ängstlichen schweiften weiter und machten selbst am Ural nicht halt. Berlin war in diesem Konzept, das die Existenz der Bundesrepublik begründet und vergiftet hat, ein belagerter Vorposten, der bald von den vorrückenden Kräften der Befreiung entsetzt werden würde...«,[7] beschrieb Rudolf Augstein vier Wochen vor dem Bau der Mauer die Haltung der Bundesregierung in den fünfziger Jahren und ergänzte schon fast prophetisch: »Nicht aus Feigheit und innerer Morschheit werden die Westmächte in der Deutschlandfrage zurückstecken, sondern weil sie sich, verführt von unseren Staatsmännern in Bonn, in eine unhaltbare Position manövriert haben. Die Ausrüstung der Bundeswehr mit Atomwaffen durfte nicht geschehen, ohne daß gleichzeitig die bestehenden Grenzen in Mitteleuropa anerkannt wurden. Beides zusammen, die Sprengkraft des unruhigen Deutschland und die Sprengkraft der Atomwaffen in deutschen Händen, konnte man nicht haben. Irrtümer sind entschuldbar, aber sie müssen bezahlt werden.«[8]

Bezahlen mußte vor allem die Berliner Bevölkerung. Getrennte Familien, die Trennung von Freunden war für viele ein einschneidendes Schockerlebnis. Daß der Mauerbau eine der entscheidenden Voraussetzungen für die Jahre später einsetzende Entwicklung neuer, gleichberechtigter Beziehungen zwischen der DDR und der Bundesrepublik sein würde, war den 300 000 Berlinern, die am 15. August vor dem Rathaus Schöneberg protestierten, sicher nicht bewußt.

1 Hermlin, Stefan, Antwort in: Vaterland, Muttersprache, Berlin 1979, S. 185
2 Zit. nach: Petschull, Die Mauer, Hamburg 1981, S. 26
3 Vgl. Niggl, Peter, Cold as Ice, in: Stadtfront, Berlin 1982, S. 55
4 Zit. nach: Petschull, Die Mauer, a.a.O., S. 55
5 ebd., S. 32
6 Zit. nach: Lusk, Irene; Zieseke, Christiane, Stadtfront, Berlin 1982, S. 57
7 Augstein, Rudolf, Geht Berlin verloren?, in: Vaterland, Muttersprache, a.a.O., S. 183
8 ebd.

Schweinebucht und Kuba-Krise

1959: Kubanische Revolution. Am 8. Januar zieht Fidel Castro mit 1500 weiteren Guerilleros unter dem Jubel der Bevölkerung in Havanna ein. Das Volk Kubas beginnt sein Schicksal in die eigenen Hände zu nehmen. Dies schmeckt dem US-Imperialismus nicht: Die »Dreistigkeit«, direkt vor den Türen der USA der Freiheit der Rohstoffausbeutung und -kontrolle in Kuba ein Ende zu machen, soll bestraft, der Unabhängigkeitswille der kleinen Zuckerinsel darf nicht zugelassen werden. Denn die westliche Hemisphäre soll möglichst frei sein von Kommunismus und Sozialismus und dem, was den US-Regierenden als solches erscheint. Und da sich die USA die Rolle der Weltpolizei selbst zugeteilt haben, gilt es in Sachen Kuba zu retten, was noch zu retten ist.

Bereits in seiner Antrittsrede am 20. Januar 1961 im Weißen Haus macht der US-Präsident John F. Kennedy klar, wie sich die USA gegenüber Völkern verhalten werden, die sich ihre Unabhängigkeit erkämpfen wollen: »...daß wir jeden Preis bezahlen, jede Last tragen, jedes Opfer erdulden und jeden Freund unterstützen oder uns auch jedem Feind widersetzen werden, um den Fortbestand und den Erfolg der Freiheit zu sichern.« Diese Drohung ist für Kuba nicht neu: Bereits 1960 stecken Verkehrsflugzeuge der USA mehr als zehn kubanische Plantagen in Brand, vorher sind die diplomatischen Beziehungen abgebrochen worden. Das Ziel ist die »Ausrottung des Castro-Kommunismus«. So organisiert der CIA die Sabotage gegen das Schiff La Coubre, das mit in Europa gekauften Waffen nach Kuba unterwegs ist (100 Tote und 200 Verwundete sind die Opfer); der CIA versucht die Ermordung Fidel Castros und installiert auf einer karibischen Insel den Radiosender Swan für antikubanische Propaganda in 12 Staaten Lateinamerikas und, und, und.

Die Anzeichen für eine Invasion häufen sich, am 15. April 1961 ist es soweit: B-26 Bomber fliegen einen Angriff gegen die kubanische Luftwaffe und vernichten diese praktisch. Am 16. April landen bei der Playa Girón (Schweinebucht) 1500 von der CIA ausgebildete und bewaffnete exilkubanische Söldner. Die US-amerikanische und andere westliche Presse verbreitet laufend vorgefertigte Siegesmeldungen. Das kubanische Volk jedoch ist vorbereitet und willens, sich seine Unabhängigkeit nicht nehmen zu lassen: Nach drei Tagen sind die Invasoren, ist die Konterrevolution von kubanischen Frauen und Männern vernichtend geschlagen. Die Befragung von Konterrevolutionären ergibt eindeutig die Verantwortung der USA für den Überfall (vgl. auch H.-M. Enzensberger: Das Verhör von Habana, Frankfurt/M. 1969). In zahlreichen Karikaturen wird Kennedy als Schweinebuchtpräsident dargestellt.

Die Motive und die soziale Herkunft des Invasionskommandos beschreibt Fidel Castro auf der Maikundgebung 1961: »Sie besaßen 3 700 000 Hektar Land, 9 666 Wohnhäuser und Gebäude, 70 verschiedene Unternehmen, 10 Zuckerfabriken, 2 Banken, 5 Erzbergwerke und 2 Zeitungen. (...) Und dann erklären einige dieser verachtungswürdigen Frechlinge, sie wären gekommen, um für Ideen, für die Freiheit des Unternehmertums zu kämpfen.«

Die Politik der USA, mit allen Mitteln die ökonomische und politische Emanzipation Kubas zu verhindern, hat die Entwicklung der Revolution entscheidend beeinflußt: In zwei Jahren verändert sich die Revolution von einer nationaldemokratischen über eine antiimperialistische zu einer sozialistischen Bewegung.

1962: Vom 14. bis 28. Oktober folgt das nächste Drama für Kuba, das die gesamte Welt in Atem hält: die sogenannte Kuba-Krise. Die Wiederherstellung der alten Verhältnisse ist nach der Niederlage in der Schweinebucht keineswegs vom Tisch: US-amerikanische Politiker berufen sich auf das Interventionsrecht der USA und fordern sofortige Maßnahmen, da mit der Zeit die Beseitigung des Kommunismus auf Kuba immer schwieriger würde. Angesichts dieser Bedrohung plant die Sowjetunion, Mittelstreckenraketen auf Kuba zu stationieren. Kennedy reagiert mit einer Seeblockade. Die Konfrontation zwischen den USA und der Sowjetunion führt dicht an den 3. Weltkrieg heran. Die USA drohen, Atomwaffen gegen die Sowjetunion einzusetzen. Dies ist die erste Atombombendrohung, seit die USA 1945 Hiroshima und Nagasaki zerstört haben. Die Sowjetunion lenkt ein, im Wissen, daß sie der strategischen Überlegenheit der USA nicht viel entgegenzusetzen hat, und verzichtet auf die Stationierung der Raketen auf Kuba. Kennedy gibt als Gegenleistung das Versprechen ab, die USA würden Kuba nicht überfallen und auch auf eine Stationierung von landgestützten US-Raketen in Westeuropa verzichten. Chruschtschow tritt wenig später zurück, sein Nachfolger Breschnew orientiert auf den Ausbau der sowjetischen Atommacht, denn es soll nie wieder passieren, daß die Sowjetunion atomar erpreßt wird, wie es Kennedy nach der Kuba-Krise tat. Am 2. November 1962 schreibt die amerikanische Zeitschrift »Time«, daß der deutsche Verteidigungsminister Franz Josef Strauß in der Art der Beilegung der Kuba-Krise »einen zynischen Handel« sieht, »der sein eigenes langfristiges Ziel schwäche, Atomraketen für Westdeutschland zu erhalten«.

Michael Ben

Die normative Kraft des Faktischen

Zur gesellschaftlichen, wirtschaftlichen, außen- und innenpolitischen Situation der Bundesrepublik in den 60er Jahren

Heinrich Lübke blickt nach »drüben«.

Gelegentlich decken sich Jahrzehnte mit dem historischen Zeitmaß einer Etappe. Ob die bundesdeutschen 60er Jahre weit enfernt mit der kubanischen Revolution von 1959 beginnen oder sehr naheliegend 1961 mit dem Bau der Berliner Mauer, ob sie mit dem ersten Ostermarsch 1958 oder mit dem Godesberger SPD-Programmparteitag 1959 beginnen, mit den ersten bedeutenden Stimmverlusten der den »CDU-Staat« regierenden Partei bei den Bundestagswahlen von 1961 oder mit der späten, klassenindifferenten Kritik an den Nazigenerationen und ihrem bewußtlosen Wiederaufbau des alten Systems − von Mitscherlich als »Die Unfähigkeit zu trauern« formuliert −, eine beliebig verlängerbare Datenreihe zeigt deutliche Veränderungen an.

Von den neuen Antennen und den nagelneuen Mattscheiben kommen die alten Dummheiten − so entdeckt der später nobelpreisgekrönte Konrad Lorenz an Enten und Graugänsen »Das sogenannte Böse« des Menschen − jeder Zopf wird neu frisiert und nicht mehr um den Kopf gedreht. Der zur »Stunde Null« verniedlichte Sieg über den terroristischen deutschen Kapitalismus erscheint als graue Vorzeit. Daß der biedere Präsident Heuß einst Hitlers Ermächtigung zugestimmt hatte, nimmt sich neben den Nazis in der Leitungsetage der »jungen Demokratie« ausgesprochen harmlos aus. Daß sein Nachfolger Lübke KZ-Baumeister war, beschäftigt die erheiterte Nation weit weniger als die Dämlichkeit, mit der ihr oberster Repräsentant auf jeder Reisestation für einen durchschlagenden faux pas sorgt. Und die Vergangenheit des CDU/CSU-SPD-Kanzlers Kiesinger unter Goebbels macht erst durch eine Ohrfeige von Beate Klarsfeld westdeutschen Skandal. Das 1960 elfjährige Bonner Deutschland hat sich mit der Spaltung die Restauration des Kapitalismus, Westintegration und Remilitarisierung erkauft. Mit den Trümmer-, Hunger- und Arbeitslosenjahren sind deren faschistische Ursachen verdrängt vom Wiederaufbaustolz, als Ludwig Erhard, »der Dicke mit der Zigarre«, Ende der 50er Jahre anfängt, den Arbeitern ihre Arbeit als Wirtschaftswunder zu verkaufen. Aber sein Regierungschef Adenauer, der »Architekt« dieses halbstarken Staates, der sich »Juniorpartner« der USA nennt, erscheint plötzlich sogar der eigenen Partei immer hinderlicher, und die kalten Krieger geraten ins Stolpern. Hinter dem Propagandanebel für die Rückeroberung des Ostens hat sich das internationale Kräfteverhältnis entscheidend verändert.

Das Ende der 60er Jahre markiert die Regierungserklärung der kleinen Koalition aus SPD und FDP ab 1969. Willy Brandt will »mehr Demokratie wagen«. Noch gravierendere Marken sind aber die Moskauer und Warschauer Verträge 1970, Dokumente einer Entspannung, deren erste West-Signale zu Beginn des Jahrzehnts von John F. Kennedy ausgegangen waren. Oder sollte erst der nur notdürftig mit der Enttarnung seines Sekretärs als Meisterspion kaschierte, kleinlaute Übergang vom »Reformkanzler« Brandt zum »Macher« Schmidt 1973 als politisches Ende der hier behandelten Phase gelten? Noch sind die 60er Jahre nicht in den Schubladen der Geschichtsklitterung verschwunden. Gerade jetzt, nach der neuerlichen »Wende« zu Beginn der 80er Jahre, sieht die entgegengesetzte Tendenzwende zu Beginn der 60er relativ flach aus, zeigen sich manche der damals aufregenden Neuerungen als mehr oder weniger konjunkturbedingte Modifikationen. »Ein Zeitalter wird besichtigt« − Heinrich Mann schreibt: »Der einzelne lebt kurz, vollendete Verwandlung erblickt er selten, eher wird er zuletzt noch Zeuge eines Rückfalls der Nation in längst widerlegte Zustände.«

I. Wirtschaft —
Die Wolfsgemeinschaft mit den Schafen

Ludwig Erhard empfängt die Presse im Bundeskanzleramt.

Der Kapitalismus schien jeder anderen Ordnung überlegen und das Ziel der Geschichte zu sein: kontinuierlich steigende Profite und hoher Lebensstandard für sehr viele. In den 60ern verliert dieses »Wunder« an Glanz, die Expansion an Schwung. Die Wachstumsdynamik der Rekonstruktionsphase nach dem Krieg reduziert sich auf den normalen kapitalistischen Krisenzyklus, dessen Niveau allerdings schon weit über dem der meisten Konkurrenten liegt.

Die vergleichsweise geringen Kriegszerstörungen an den Produktionsmitteln der Westzonen (8,1%) und die Demontagen (7,3%) waren schon zur Zeit des Marshall-Plans und des Koreakrieg-Booms Anfang der 50er Jahre überwunden.[1] Von 10,4% 1950 hatte sich die Arbeitslosigkeit bis 1960 auf 1,2% verringert. Die Beschäftigtenzahl war darüberhinaus, von 11,8 auf 17,2 Millionen, um 46% angestiegen. Das Anlagevermögen nimmt wertmäßig um 129% auf 423 Mrd. DM zu. Die Einkommenssteigerung pro Jahr lag bei durchschnittlich 5,36% und das Wirtschaftswachstum bei 7,65%. Letzteres war hauptsächlich extensiv, also zurückzuführen auf die Wieder- und Neueingliederung qualifizierter billiger Arbeitskräfte aus den Reservearmeen der Arbeitslosen, Flüchtlinge und Frauen.

In den 60ern verlangsamt sich das Wirtschaftswachstum. 1967 ist das erste Jahr mit leichtem Wirtschaftsrückgang. Im ganzen Jahrzehnt verdoppelt sich der Kapitalstock noch einmal. Die Kapitalintensität (Aufwand pro Arbeitsplatz) nimmt in den 60ern zu. Das Kapital konzentriert sich bei den Konzernen, die sich mehr technischen Aufwand schneller leisten können, die dadurch höhere Produktivität und eine Senkung des Lohnanteils der Kosten erzielen. Die von den Siegermächten entflochtenen Großbanken, Eisen- und Stahlkonzerne sind längst wieder rückverflochten, die Chemie-Töchter der IG-Farben größer als die Mutter, und die Dekartellisierungsbestimmungen wurden bereits 1958 durch das »Gesetz gegen Wettbewerbsbeschränkungen« abgelöst, ein Kartellgesetz der unerschöpflichen Ausnahmebestimmungen.

Unter den Kanzlern Adenauer, Erhard, Kiesinger und Brandt unterscheidet sich die staatliche Subventionierung privater Kapitalverwertung kaum. Akkumulationsförderung, wie zum Beispiel Steuerbefreiung für reinvestierte Profite, beschleunigt die Ungleichmäßigkeit des Wachstums. Sie steht zwar allen Unternehmen zu, wirkt faktisch aber prozentual, also je mehr, desto größer die Investitionen. Die dritte Monopolisierungsphase beginnt nach der 66/67er Krise mit einer enormen Zunahme mehr oder minder freiwilliger Vereinigungen. Ende der 60er Jahre liegt die Eigenkapitalrendite industrieller Großunternehmen um 25% höher als die der übrigen Aktiengesellschaften.

Unterdurchschnittlicher Profit drückt aber nicht nur auf die kleineren Unternehmen, sondern auch auf die Tariflöhne und Gehälter in den beherrschenden Großbetrieben, so daß die Kaufkraft hinter der Entwicklung von Gewinn und Produktivität zurückbleibt — ein Widerspruch, mit dem die Bewegung Krise-Konjunktur-Krise, wenn auch auf höherer Ebene, zu ihrem Ausgangspunkt zurückkehrt: unverkäufliche Überproduktion und Unterauslastung von Kapazitäten. Die Rentabilität von Rationalisierungs- und Ersatzinvestitionen sinkt. Arbeitsplätze werden dann sogar bei absolut steigenden Investitionen abgebaut. Um die »Investitionsneigung« zu stimulieren, verschenkt der Staat Beihilfen und begründet das mit einer angeblich beschäftigungsfördernden Wirkung privater

Gewinne nach dem Modell der Wiederaufbaujahre. Tatsächlich gegeben sind die Voraussetzungen der ersten echten Krise nach dem Krieg. Die BRD, die vorher nur Konjunkturabschwächungen erlebt hatte, reiht sich wieder in die kapitalistische Norm ein, in der krisenerzeugende Disproportionen unvermeidlich sind. Gesellschaftlich notwendige, aber weniger einträgliche Bereiche müssen vom Staat gestützt, übernommen werden oder verkommen. Was für den einzelnen Unternehmer ein Zwangsgesetz ist, die Konkurrenz der Profiteure, erzeugt allerdings nicht nur Überproduktion, sondern auch die »Gesundschrumpfen« genannte Vernichtung von Kapital und Arbeitsplätzen zugunsten der schluckfreudigen Stärksten.

Die Krise 1966/67 erschüttert den Lebensstandard noch kaum, dafür aber die Ideologie vom krisenfreien ewigen Wachstum des Kapitalismus. Sie zersetzt die infantilen Heile-Welt-Bilder, die scheinbar wertfrei-unpolitische Konfession, die das faschistische Bewußtsein ersetzt hat. Politische Einmischung, »Das Prinzip Hoffnung« nimmt zu, erfordert auch noch weniger sozialen Mut. Die Arbeits- und Studienplätze sind sicher in den 60er Jahren, die McCarthy-Imitation ist vorbei und die Hysterie der »inneren Sicherheit« erst in Vorbereitung.

Das magische Viereck

1964 bringt Erhard das »Gesetz zur Förderung der Stabilität und des Wachstums« ein, das aber erst 1967 nach dem Regierungswechsel und dem Tiefpunkt der Krise verabschiedet wird. SPD-Wirtschaftsminister Schiller ergänzt Erhards »magisches Dreieck« – Vollbeschäftigung, Stabilität, Wachstum – um »außerwirtschaftliches Gleichgewicht«. Im wesentlichen sollen Einnahme- und Ausgabeverhalten der öffentlichen Hände, die Abstimmung zwischen Staat und Tarifparteien (»konzertierte Aktion«) und längerfristige Planungshorizonte als Rahmenbedingungen die gesamtwirtschaftlichen Ströme beeinflussen, ohne in die Dispositionsautonomie des Privatkapitals einzugreifen. Der Glaube, daß der staatsmonopolistische Kapitalismus eine sich selbst regulierende freie Marktwirtschaft sei, hat auch bei deren Propheten erheblich gelitten. Bei schwindender Bedeutung des Marktes zugunsten der Monopole und staatlicher Lenkung findet sich ein hübsches Adjektiv: Aus der »freien – « wird die »soziale Marktwirtschaft«.

1951/52 begann die Periode der Wiedergewinnung außenwirtschaftlicher Souveränität und permanenter Handelsbilanzüberschüsse. Der Weltexportanteil der BRD, 1950 bei 3,6 %, liegt 1967 bei 11,5 %. Die Tendenz geht zu immer höher verarbeiteten Produkten, zu Investitionsgütern. Die Währungsreserven steigen. Am stärksten wachsen zwischen 1960 und 1970 sowohl der Export als auch der Import nach und aus den anderen EG-Ländern. Die Einfuhren aus USA/Kanada und den Entwicklungsländern sind rückläufig. Besonders günstige Ausbeutungsbedingungen im eigenen Land gehören zur Basis einer »Appropriation« fremder Kaufkraft. Die jeder kapitalistischen Akkumulation innewohnende Tendenz, die Produktion über die nationale Konsumtionskraft hinaus zu steigern, ist eines der ökonomischen Motive des Imperialismus.

Die Handelsbilanzüberschüsse und nun auch stärker die Kapitalexporte steigen durch die gleichzeitige USA-Konjunktur auch in der Krise weiter. Daraus folgt u.a. ein neues Interesse an »Entwicklungspolitik«, wie umgekehrt aus der langsam einsetzenden politischen Entspannung die (erst ab 1970 nennenswerte) Intensivierung des Ost-West-Handels. Sein Anteil am Außenhandelsvolumen lag in den 50ern bei 2–3 %. Das erste Röhrenembargo wird 1962/63 verhängt. Der Export in die 1. und 3. Welt wird auch durch die traditionell strenge Stabilitätspolitik gefördert, durch Unterbewertung der D-Mark – teils Ursache, teils weiteres Resultat des außenwirtschaftlichen Ungleichgewichts und ein erheblicher Beitrag zu den internationalen währungspolitischen Schwierigkeiten, den periodischen Fluchtbewegungen anderer Währungen in die D-Mark. Durch die außenwirtschaftliche Entwicklung verknüpfen und parallelisieren sich die nationalen Krisen und Konjunkturen zunehmend.

Die Exportoffensive wurde lange vor Erschöpfung des inneren Marktes in den 50ern begonnen durch systematische Niederhaltung der Konsumeinkommen und Umsatzsteuerbefreiungen. Vorausgesetzt wurde das Stillhalten interner Konsuminteressen und der Partnerländer – bis schließlich 1969 der Aufwertungsdruck von außen wirkt und der »innere Frieden« bröckelt. Mit spontanen Streiks werden Lohnerhöhungen durchgesetzt. Das Exportpreisniveau steigt zwischen 1969 und 1971 um ein Drittel durch Paritätsverluste und Kostenanstieg – Kosten, die aber bei den ausländischen Konkurrenten noch stärker steigen, und die gleichzeitige günstige internationale Konjunktur schafft Nachfrageventile und Preiserhöhungsspielräume. Die Schere zwischen Export- und Importpreisentwicklung (Terms of Trade) öffnet sich weiter zuungunsten der Rohstofflieferanten.

Der Kapitalexport vorwiegend nach Westeuropa, USA/Kanada und in die infrastrukturell höher entwickelten Teile der dritten Welt soll die vom Warenexport provozierten Zoll- und Währungsrestriktionen kontern, Marktstellungen, Vertriebs- und Servicenetze ausbauen, Transport- und Versicherungskosten sparen, durch Produktionsbedingungen und Arbeitskraftqualifikationen Engpässe im Wachstumspotential der BRD überspielen und den tendenziellen Fall der Profitrate bremsen. Beruhigt werden soll die internationale Kritik an den Währungsreserven, abgemildert die negative Kapitalertragsbilanz, das Verhältnis eigener Auslandsprofite zu den Lizenzgebühren und dem höheren Profit, den ausländische Kapitale aus der Bundesrepublik transferieren.

Anfang der 60er Jahre ist das alte Kolonialsystem endgültig zusammengebrochen. Die USA verlangen von der BRD, unter »sicherheits- und allianzpolitischen« Gesichtspunkten mehr für die »Stabilisierung der freien Welt« zu leisten, denn die BRD schränkt ihren Spielraum bis 1968/69 immer wieder durch die Bigamie-Doktrin Hallsteins ein (Abbruch diplomatischer Beziehungen und der »Entwicklungshilfe« bei Anerkennung der DDR), bzw. durch die Kostspieligkeit der für die Belohnung heischenden, Bonn zuliebe monogamen Staaten – sodaß schließlich gerade aus dem Entwicklungsministerium Interesse an einer neuen Ostpolitik bekundet wird. Die Rohstoffabhängigkeit der BRD verteuert den Alleinvertretungsanspruch. Zunächst steigert die Bundesregierung den Finanzanteil an den multilateralen Entwicklungshilfeorganisationen. Die Beteiligung an der Weltbank bringt den BRD-Konzernen dann etwa 12 % der vergebenen Aufträge, was dem viereinhalbfachen des eingezahlten Kapitals entspricht. Aber trotz absoluten Anstiegs um das Sechsfache fällt zwischen 1960 und 1970 der Anteil der dritten Welt an den BRD-Direktinvestitionen im Ausland. Ausgebaut wird das Förderinstrumentarium: Staatsbürgschaften, 40 Doppelbesteuerungsabkommen, Deutsche Entwicklungshilfegesellschaft DEG 1962, Entwicklungsländersteuergesetz 1963. Das Enteignungsrisiko wird dem privaten Kapital durch 45 Kapitalschutzabkommen abgenommen.

Frühe 60er: Der DGB-Nachwuchs protestiert in Duisburg gegen die Lehrlingsgesetze.

»Ich lebe, es ist alles in Ordnung!« Eine Bergarbeiterfrau hört nach Tagen zum ersten Mal wieder die Stimme ihres verschütteten Mannes (oben).
»Sind die Kameraden ruhig?« – »Ja, Kameraden sind alle ruhig.«
– Am 24. Oktober 1963 brach im Schacht Mathilde, einer Erzgrube der Ilseder Hütte in Lengede, der Untergrund eines Schlammteiches, und 500000 Kubikmeter Schlamm und Wasser ergossen sich in den 100 Meter tiefen Schacht. Von den 129 Bergleuten vor Ort konnten sich 79 retten, sieben wurden nach 23 Stunden befreit. Nach weiteren 28 Stunden war die Verbindung zu drei in 77 m Tiefe eingeschlossenen Kumpels hergestellt, deren Bergung am 1. November die ganze Nation miterlebte – wie auch die Bohrungen nach 11 Überlebenden in 60 m Tiefe, die sich durch Klopfzeichen bemerkbar gemacht hatten und am 7. November gerettet werden konnten, zwei Wochen, nachdem sie eingefahren waren.

Raum ohne Volk

Infolge des Arbeitskräftemangels werden große Anwerbekampagnen für »Gastarbeiter« veranstaltet. Sie sind, je nach konjunkturellem Verwertungsbedürfnis, leichter zu reglementieren und abzuschieben. Von einigen hunderttausend wächst die Zahl der ausländischen Arbeiter auf 4 Millionen zwischen 1961 und 1970, von 2,5 % auf 9,2% der Beschäftigten. Geringfügig steigt der Frauenanteil. Zwischen 1950 und 1970 werden ca. 1,4 Millionen landwirtschaftlich Erwerbstätige außerhalb der Landwirtschaft lohnabhängig. Der abhängige Teil der Erwerbstätigen nimmt zu, der Anteil der Arbeiter sinkt, der der Angestellten steigt. Letztere sind in der Krise 1966/67 unter den Arbeitslosen noch bemerkenswert unterrepräsentiert.

Der Wohlstand wächst bei Arbeitern und Angestellten. Die Verschiebung zwischen beiden Gruppen ändert bei vielen die Kleiderordnung, ist aber keine »Aufwärtsmobilität« in Richtung Selbständigkeit. Größere Kapitalisten auf der einen Seite bedeuten mehr Lohnabhängige auf der anderen.

1970 ist bereits jeder siebte Erwerbstätige unmittelbar oder mittelbar Staatsbeschäftigter, was die Vorstellung von Klassenauseinandersetzungen ausschließlich mit dem Privatkapital immer anachronistischer macht. Wie der Staatsbereich dehnen sich die Dienstleistungsbetriebe aus. Die lohnabhängigen Mittelschichten wachsen, vor allem die Intelligenz, das Leitungs-, Aufsichts- und Spezialistenpersonal. 1970 liegt der Abhängigenanteil in der Intelligenz mit 83 % nahezu gleich hoch wie in der gesamten Erwerbsbevölkerung, aber weniger als die Hälfte verrichtet rein ausführende Spezialistenarbeit. Die Zahl der Studierenden in den 60er Jahren verdoppelt sich nahezu von 250000 auf 422000.

Sprich deutlich, du bist reich!

schrieben die Brüder Goncourt im 19. Jahrhundert. Die Sozialpolitik in den Sechzigern wird von den hauptsächlich auf Lohnverhandlungen reduzierten Gewerkschaften kaum beeinflußt, und die außerparlamentarische Bewegung beschränkt sich auf andere Konfliktfelder. Das Sozialbudget finanziert sich zunehmend aus Lohnbestandteilen, abnehmend aus Staatszuschüssen. 1962 löst das Bundessozialhilfegesetz das Fürsorgegesetz von 1924 ab. Nach der zeitverzögerten Anpassung der Renten an die Lohnentwicklung folgt 1963 auch die Dynamisierung der Unfallrenten. Im selben Jahr protestieren die Kriegsopferverbände mit einem »Marsch auf Bonn« gegen die Verzögerung ihrer Rentenanpassung. Steigen die Sozialkosten auch insgesamt durch die wachsende Zahl alter Menschen und Lohnabhängiger, so doch keineswegs im Verhältnis zur ökonomischen Entwicklung. Nach 40 Versicherungsjahren erreicht das Rentenniveau 1965 im Schnitt 335,90 DM im Monat. 8,3 % beträgt die durchschnittliche Inflationsrate zwischen 1966 und 1970. Die wieder angestiegene Arbeitslosigkeit von 1967 verkraftet das »System sozialer Sicherung«, hier die Arbeitslosenversicherung, noch mühelos durch Rückgriff auf Vermögensbestände, obwohl Teile der Einzahlungen laufend für staatliche Strukturaufgaben mißbraucht werden. 1969 kommt die endgültige Regelung der Lohnfortzahlung im Krankheitsfall: Die ersten 6 Wochen zahlt der Betrieb weiter, danach die Krankenkasse 75% des Grundlohns. Im Kern war diese Regelung schon 1956/57 durch den berühmten, 16 Wochen dauernden Schleswig-Holsteiner Metallerstreik erkämpft worden, der aber die ganze Richtung der Sozial-

Links:
Borgward-Pleite
1961: 17000
Beschäftigte pas-
sieren zum letzten
Mal das Werkstor.

Rechts:
Am 12.4.1961
startet der sowjeti-
sche Astronaut
Juri Gagarin mit
dem Raumschiff
»Wostock I« zu
seinem Flug um
die Erde. Er ist
der erste Mensch
im All.

reformdebatte nicht hatte verändern können. Anstelle einer Sozialreform wird die gesellschaftliche Ungleichheit mit einer Sozialversicherungsreform befestigt.

Bei jeder sozial- und tarifpolitischen Entscheidung sitzt die DDR als heimlicher dritter Verhandlungspartner am Tisch und bringt durch die Systemkonkurrenz der bundesrepublikanischen Arbeiterklasse und ihren Gewerkschaften einen zweischneidigen – weil in den Schoß gefallenen – Vorteil. 1962 resümiert Adenauer: »Es sind inzwischen Stimmen laut geworden, meine Damen und Herren, es seien auf sozialpolitischem Gebiet zu große Aufwendungen gemacht worden. Nun bin ich der Auffassung, daß bei der Lage, in der das deutsche Volk sich damals befand, bei der bedrohenden Gefahr des Kommunismus, es besser war, zuviel als zuwenig zu tun.«[2] (Das gleiche hatte 1881 Bismarck in einer kaiserlichen Botschaft formuliert: »Heilung der sozialen Schäden nicht ausschließlich im Wege der Repression sozialdemokratischer Ausschreitungen, sondern gleichmäßig auf dem der positiven Förderung des Wohles der Arbeiter.«)

Anfang der 60er Jahre zeigte sich der Erfolg u. a. daran, daß die konservative Regierung es sich erlauben konnte, die nach dem KPD-Verbot von 1956 zahlreich eingesperrten Kommunisten nicht mehr länger in den Adenauerschen Gefängnissen durchzufüttern. Die Sozialreform war ohne Gesellschaftsreform durchgesetzt. Die einzige revolutionäre deutsche Systemveränderung, die in der DDR, stand den Medien des »goldenen Westens« zufolge permanent vor dem Zusammenbruch: Wer von dort wegen des höheren Lebensstandards hier und der entsprechenden Gesinnung abhaut, wird zum Kronzeugen für eine »Abstimmung mit den Füßen« gegen den Sozialismus. Die BRD präsentiert sich als »Schaufenster des freien Westens«. Der Tagesspiegel schreibt am 24.9.58: »Die Bauernschaft der Zone ist ausgelöscht, die Dörfer sind verwaist«, und noch 1968 meldet Spiegel-Redakteur Nolte: »Ich kam an Halle vorbei, durch Dessau, Roslau, Zerps und Leitkau und Gommern, und überall war die DDR dunkel und neblig und unheimlich. Die Katzen jagten sich auf den Straßen.«[3] – Zitate dieser Jahre aus einer Menge, mit der sich dicke Bände füllen ließen.

II. Außenpolitik –
Der kommunistische Mond

Mit der Kernwaffenparität seit 1953 war die amerikanische Hiroshima-Drohung gegen die Sowjetunion (Trumans »big stick«) vom Mord- auch zum Selbstmordinstrument geworden. Ein Kranz von US-Militärstützpunkten rund um die UdSSR und bessere Trägermittel sollten die Möglichkeit zur risikolosen Offensive wiederherstellen. Aber im Sommer 1957 erprobten auch die Sowjets Interkontinentalraketen und im Oktober des gleichen Jahres den ersten künstlichen Erdsatelliten. Diese friedliche Demonstration einer breiten, dynamischen wissenschaftlichen und wirtschaftlichen Basis des sozialistischen Systems löste im Westen eine regelrechte Panik aus. »Ich für meinen Teil möchte nicht beim Licht eines kommunistischen Mondes zu Bett gehen«, sagte als Vizepräsident Kennedys späterer Nachfolger Lyndon B. Johnson, aber »wir müssen offen zugeben, daß die Russen uns bei unseren eigenen Plänen geschlagen haben – kühne Fortschritte der Wissenschaft im Atomzeitalter.« Nach dem »Sputnikschock« bringt die UdSSR mit Juri Gagarin auch den ersten Kosmonauten wieder heil auf die Erde, und Kennedy nennt den Wettlauf zum Mond einen Bau von »Dämmen gegen die Flut«. In der Bundesrepublik ist gerade erst die Nierentischzeit vorbei und der Trödel noch billig.

Im Pentagon entsteht die Theorie von der Gewinnbarkeit eines Atomkrieges, vielfache Überlegenheit und ein völlig überraschender Erstschlag vorausgesetzt und 30 Millionen amerikanische Tote einkalkuliert. Neben der »maximalen Abschreckung« wird die Theorie der »begrenzten Abschreckung« für einen Zweitschlag entwickelt, der dem Gegner nur einen Pyrrhus-Sieg ließe, aber die militärisch-industrielle Lobby der Maximalisten setzt sich immer wieder mit neuen Legitimationen durch (Raketenlücken usw.). Trotz der Erstschläger-Doktrin der USA entscheidet sich die UdSSR für ein kleineres, defensives Zweitschlagspotential.

In seiner »Strategie des Friedens« formuliert Kennedy: »Die vor acht Jahren stolz verkündete Politik der ›Befrei-

Fidel Castro, seit 1959 nach siegreichem Guerillakampf gegen das Regime des Diktators Batista Staatschef Kubas. Nachdem im April 1961 die USA mit ihrem Versuch, Castro durch eine vom CIA vorbereitete und unterstützte militärische Invasion zu stürzen, gescheitert ist, kommt es nach dem US-Debakel der Schweinebucht im Oktober 1962 während der Kuba-Krise zur Konfrontation der Großmächte.

ung‹ (des Ostens, d. Verf.) hat sich als Fallstrick und Irrtum erwiesen. (...) Wir müssen jetzt schrittweise und vorsichtig daran arbeiten, ein Programm zu verwirklichen, das darauf abzielt, den sowjetischen Machthabern alle ihre Untertanen abspenstig zu machen, die Unzufriedenheit erkennen lassen... « So wenig der Sozialismus »zurückzurollen« war, sind es die nationalen Befreiungsbewegungen. Fast alle kolonialen Überreste in Afrika und Asien verwandeln sich in unabhängige Staaten, und die automatische UNO-Mehrheit des Westens hört auf. Die Billigung von US-Interventionen à la Korea wäre nicht mehr zu haben. Kennedy reagiert mit der »state of the union message« (30.1.61): Asien, Afrika und Lateinamerika sind »diejenigen Schauplätze, auf denen der Kampf um die Freiheit entschieden wird«. Zwar gelingt es mit der CIA zusammenarbeitenden Putschisten, im Kongo Lumumba, die Symbolfigur der afrikanischen Unabhängigkeit, im September 1961 zu ermorden, aber in der kubanischen Schweinebucht holt sich Kennedy eine vernichtende Niederlage (siehe Seite 19), und der Abzug der sowjetischen Raketen von Kuba muß mit dem Abzug der amerikanischen aus der Türkei bezahlt werden. Eher schon ist es Marilyn Monroes höchst anzüglich gehauchtes »Happy birthday, dear Präsident«, was dem Star im weißen Haus Glamour bringt, als seine außenpolitischen Erfolge.

Die retardierenden Momente in der gesellschaftlichen Entwicklung der sozialistischen Länder − wesentlich im Westen für das klassenmäßige Verhältnis zu diesen Staaten in ihren verschiedenen Entwicklungsphasen − haben ihre Hauptursache in der unter großen ökonomischen und sozialen Kosten aufgezwungenen Rüstungspolitik, dem Druck, der nach den 20 Millionen Toten der Sowjetunion im 2. Weltkrieg durch Hiroshima und den kalten Krieg des Westens fortgesetzt wird. So erscheint eine halbmilitärische Administration oft effektiver als die zeitaufwendige, mühsame, widersprüchliche Entfaltung von Demokratie und bewußter Arbeitsproduktivität. Die neue Gesellschaftsordnung kann nicht unter eigenen Bedingungen entwickelt werden und produziert schwerwiegende Krisen, in den 60er Jahren die bürokratische Vorgeschichte des Prager Liberalismus von 1968 (siehe Seite 151). Wo irgend Erfolgsaussichten wie in der CSSR bestehen, organisieren selbstverständlich die NATO-Staaten, u. a. über ihre bundesdeutschen und österreichischen sozialdemokratischen Dienste, Zuckerbrot und Peitsche, ökonomische Durchdringung und gezielte Subversion. In Gesellschaften, die ihre sozialistische Entwicklung im Chaos der faschistischen Niederlage beginnen mußten, sind auch die Schichten zahlreicher, denen die Folgen der Veränderung für ihre soziale Lage nicht vermittelt werden konnten. Das Wichtigste an der Stalinkritik auf dem 20. KPdSU-Parteitag 1956 wurde im Westen nie begriffen: die Fähigkeit, Fehlentwicklungen aus eigener Kraft zu korrigieren, wenn auch sehr ungleichzeitig in den einzelnen sozialistischen Ländern.

Nikita Chruschtschows berühmter Auftritt in der UNO am 13. Oktober 1960: »Er betitelte Hammarskjöld als Narren, Franco als Henker und Eisenhower als Lügner. Der Präsident der Vollversammlung ruinierte seinen Hammer bei dem Versuch, Chruschtschow zum Schweigen zu bringen, der mit ständigen Zwischenrufen störte.« Schließlich zog Chruschtschow einen Schuh aus und schlug damit heftig auf sein Pult, um damit seinem Antrag auf sofortige Abschaffung aller Reste des Kolonialismus Nachdruck zu verleihen. Die Sitzung wurde unterbrochen.

Begeisterter Empfang für John F. Kennedy bei seinem Besuch in der Bundesrepublik im Juni 1963. Vor dem berühmt gewordenen Jubelbesuch in Berlin nahm Kennedy nach seiner Landung auf einem Fliegerhorst bei Hanau zunächst die Truppenparade der US-Streitkräfte ab. Das Bild zeigt den Wagen des Präsidenten unter einem Tor von Raketen.

US-General Lucius D. Clay, Weltmeister im Klimmzug, '48/'49 als Berliner »Blockadebrecher« bekannt geworden, riskiert 1962 am Potsdamer Platz einen Blick über die Mauer.

Eine Mauer gegen die »billigste Atombombe«,

wie Westberlins erster regierender Bürgermeister seine »Frontstadt« angepriesen hat,[4] die »Türklinke«, mit der »das Tor zum Osten aufgestoßen werden kann«.[5] Am 1.8.1961 (dpa) sagt Strauß, »daß der Westen auf eine Art Bürgerkrieg vorbereitet sein müsse«. Bonn sei bereit, »diese Krise bis zur letzten Konsequenz zuzuspitzen«. Im »Sofortprogramm« des Forschungsbeirats im Ministerium für gesamtdeutsche Fragen wird exakt aufgelistet, welche VEB's und LPG's ihren früheren Eigentümern zurückgegeben werden sollen. Der Handel mit den wertlosen »Ostwerten« belebt sich. Die Bonner Rundschau (9.7.61) empfiehlt, gegen die DDR »alle Mittel des Krieges, des Nervenkrieges und des Schießkrieges anzuwenden. Dazu gehören nicht nur herkömmliche Streitkräfte und Rüstungen, sondern auch die Unterwühlung, das Anheizen des inneren Widerstandes, die Arbeit im Untergrund, die Zersetzung der Ordnung, die Sabotage, die Störung von Verkehr und Wirtschaft, der Ungehorsam, der Aufruhr.« Willy Brandt sieht das damals ähnlich. »Die Welt« vom 10.2.1961: »Gegenüber einigen Journalisten bemerkte er

zu Beginn seines Washingtoner Aufenthalts, in der Zone herrsche eine explosive Stimmung. Sie könnte leicht einen neuen Aufstand nach dem Muster des 17. Juni auslösen (...). Seine Freunde könnten da im Notfall ein wenig nachhelfen.«[6] Auf die kleinen Propheten wartet eine große Pleite.

Nachdem alle sowjetischen Vorschläge für gesamtdeutsche Regelungen abgelehnt worden waren, hatte die UdSSR in zwei Noten 1958 und '59 eine isolierte Lösung des Berlin-Problems vorgeschlagen: eine Art entmilitarisierte freie Stadt, garantiert von den 4 Siegermächten, eventuell der UNO, deren Zugangswege mit der DDR ausgehandelt werden. Aber die westlichen Medien schreien solange »Macht das Tor auf!«, bis das Tor zu ist. Die neuen Vorschläge werden hysterisierend als Ultimatum bezeichnet, und Bonn will plötzlich wieder eine gesamtdeutsche Lösung, woraufhin die UdSSR einen Friedensvertragsentwurf vorlegt, allerdings nicht mehr für einen deutschen Staat, sondern für die BRD und die DDR. Alles scheitert daran, daß Adenauer die Westmächte auf das westdeutsche Einverleibungskonzept, den »Alleinvertretungsanspruch« festlegt. Noch schwache, entgegengesetzte amerikanische und englische Tendenzen inspirieren den wesentlich friedlicheren SPD-Deutschlandplan von 1959. Zu seinem Kontext gehört die Wehner-Rede von 1960, mit der die SPD ihr Einschwenken auf den totalen Westintegrationskurs Adenauers signalisiert.

Am 13. August 1961 löst die DDR das Problem. Die Grenze wird verrammelt. Mit der Wut darüber treten auch die politischen Veränderungen im Westen zutage. Für viel zu schwach hält Adenauer die Führungsrolle der USA in den Händen Kennedys, der nur noch zu verbalen Protesten bereit ist. Was hierzulande als unerträgliche Verschärfung des kalten Krieges angeprangert wird, erweist sich im Gegenteil als erhebliche Entschärfung. Die Mauer wird zum ungeliebten Denkmal des Zwangs zur friedlichen Koexistenz. Die westliche Ostpolitik muß sich ändern. Auf Kennedys beiläufige Frage nach einer Anerkennung der DDR antwortet Adenauer: »Niemals werde ich meine Hand dazu hergeben, ein Regime anzuerkennen, das 17 Millionen Deutsche versklavt.«[7] Bei seinem folgenden Westberlinbesuch lehnt Kennedys Vize Johnson vor der Bundestagswahl 1961 demonstrativ den Wunsch Adenauers ab, ihn zu begleiten, was den regierenden Bürgermeister Brandt als neuen SPD-Kanzlerkandidaten aufwertet.

Nach dem Mauerbau verlagern sich die Hauptkonfrontationslinien zwischen den antagonistischen Weltsystemen in andere Regionen. Noch gelten internationalistische Positionen als moskauhörig, die Anerkennung von DDR und Oder-Neiße-Grenze als verfassungs(gerichts)feindliche Hochverratsdelikte. Die von Goebbels übernommene Parole der »Gefahr aus dem Osten« ist Staatsdoktrin, aber nicht mehr abwandelbar zu einem Wahlslogan. Die USA haben neue Sorgen. Westeuropa und Japan, die wichtigsten Verbündeten, sind ökonomische Rivalen geworden. Innerhalb des Globalgefüges wächst der auch militärisch wieder stark gewordenen BRD ein neues Gewicht zu.

Kein »Papiertiger«

Der US-Imperialismus ist geschwächt, also gefährlich. Wie Nixon lügt über den CIA-Versuch, die chilenische Wahl von 1970 zu beeinflussen, lügt Johnson über das Ausmaß des Vietnamengagements. Zwei US-Zerstörer werden in vietnamesische Küstengewässer des Golfs von Tonking geschickt. Zwei Tage später, am 4. August 1964, werden zur »Vergeltung« — zwei vietnamesische Schnellboote hat-

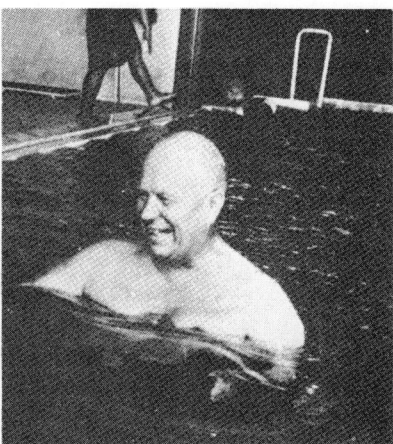

Politiker gehen baden: Mao, Chruschtschow, US-Verteidigungsminister McNamara.

ten die Zerstörer durch Schüsse abgedrängt – 64 schwere Bombenangriffe befohlen. Der Kongress erteilt den Blankoscheck, »in Südostasien bewaffnete Gewalt anzuwenden, wie es der Präsident für richtig hält«.

Drei Jahre zu spät, am 21.12.67 berichtet die New York Times aus dem auswärtigen Ausschuß zur Tonking-Untersuchung vom »Brief eines früheren Seeoffiziers, der erklärt, daß der Präsident, McNamara (US-Verteidigungsminister, d. Verf.) und die vereinigten Stabschefs dem Kongreß Falschinformationen gegeben hätten«. Senator Wayne Morse: »Die Maddox war ein Spionageschiff. (...) Die Vereinigten Staaten waren am 4.8.64 ein Provokateur im Golf von Tonking, und so wird die Geschichte es festhalten.«[8] Zunächst aber, ab 1966 mit Flügen auf Hanoi und Haiphong, soll Vietnam »in die Steinzeit zurückbombardiert« werden. Das stellt andere Kriegsschauplätze, wie die vom Westen massiv unterstützten Invasionen Israels, in den Schatten. Daß die Chinesen 1964/65 sechs US-Spionageflugzeuge abschießen, erregt weit weniger Aufsehen, als der über der UdSSR 1960 abgeschossene Aufklärer U 2. Zur Ablenkung von der Gefahr aus dem Westen werden 1965 die »Tagebuchaufzeichnungen des Meisterspions« Penkowski, eines inzwischen verhafteten CIA-Agenten in der sowjetischen Forschungskoordinierung, als Bestseller lanciert. Das ergibt Zeitungsschlagzeilen wie »Chruschtschow bereitet einen Blitzkrieg vor«, »Der Plan für den Kampf um Westberlin«, »Neue sowjetische Geheimwaffen werden angekündigt« usw. »Es war kein Tagebuch«, erklärt ein CIA-Beamter im entsprechenden Kongreß-Hearing 12 Jahre später, »und es war insofern ein großer Betrug.« Ein anderer CIA-Mann lakonisch: »Spione führen keine Tagebücher.« Die New York Times vom 26./27.12.77 beendet ihren Bericht, indem sie die Penkowski-Papiere, mit denen höhere Rüstungsausgaben gerechtfertigt wurden, einordnet als eines »der über 250 englischsprachigen Bücher, die seit dem Beginn der 50er Jahre von der CIA erarbeitet oder finanziert wurden«.

Die US-Militärtheorie heißt inzwischen »flexible response« und sieht einen Atomwaffeneinsatz schon bei regional begrenzten Konflikten vor. Aber nach den Debakeln um Kuba und Berlin und angesichts der immer stärker gegen die US-Aggression auf Vietnam gerichteten Weltmeinung verliert diese Erpressungspolitik an Boden. Zbigniew Brzezinski, seit 1966 im Planungsstab des State Departement, schlußfolgert: »Der Westen hat erkannt, daß er die kommunistische Herrschaft in den osteuropäischen Ländern nicht beseitigen kann. (...) Anstatt darauf zu warten, daß sie zusammenbricht, sollten die Vereinigten Staaten künftig revolutionäre Veränderungen in den ein-

zelnen kommunistischen Ländern und im sowjetischen Block als ganzem fördern.« Diese »Politik des Brückenschlags zu den Völkern Europas«, auch Konvergenz-Politik genannte Anpassung an veränderte Kräfteverhältnisse steht in immer deutlicherem Widerspruch zur atavistischen Revanche-Politik der BRD – ein Widerspruch, der von der diplomatischen Offensive der sozialistischen Länder nach der Konferenz der kommunistischen- und Arbeiterparteien von 1967 noch massiver vorangetrieben wird.

Die »politische Zwergenhaftigkeit« (Strauß) der BRD ist die der CDU/CSU-Regierung, ihre Unfähigkeit, die globalen Veränderungen zu begreifen. Immerhin schreibt auch Brandt 1963 noch (»Koexistenz – Zwang zum Wagnis«), die Anerkennung aller durch den 2. Weltkrieg geschaffenen Realitäten würde einen Verzicht auf die Vernunft bedeuten, was das Festhalten an den deutschen Grenzen von 1937 nur moderater ausdrückt. Andererseits stellt erstmals die 1966 mit der noch nicht mitregierenden SPD abgesprochene Friedensnote der Regierung Erhard Gewaltverzichtserklärungen gegenüber den osteuropäischen Staaten in Aussicht – ausgenommen die DDR. Allerdings wirkt der Vorbehalt, die Grenzen nur in einem künftigen gesamtdeutschen Friedensvertrag festzustellen, auf Polen als Provokation. Erst die Regierungserklärung der sozial-liberalen Koalition 1969 nennt »zwei Staaten in Deutschland« und »Verhandlungen beiderseits ohne Diskriminierung auf der Basis der Gleichberechtigung, die zu vertraglich vereinbarter Zusammenarbeit führen sollen« – gedacht im Sinne Brzezinskis als »Wandel durch Annäherung«. Gleichzeitig wird das Neue als Kontinuität interpretiert: BRD und DDR sollen »füreinander nicht Ausland« sein. Die Anerkennung der Mehrheit für Brandts Kniefall in Warschau ist nicht die einzige Reaktion. An vielen Wänden steht: »Brandt an die Wand«. In den Moskauer und Warschauer Verträgen 1970 anerkennt die BRD endlich die europäischen Grenzen und verzichtet auf Gebietsansprüche. Das ist die Basis des Viermächteabkommens 1971 – bei dem die BRD kein Verhandlungspartner ist –, wonach die Westsektoren Berlins »kein Bestandteil der Bundesrepublik sind und auch weiterhin nicht von ihr regiert werden«. Ein Vergleich mit dem »Ultimatum«-Empörung 1958/59 zeigt das Ausmaß der Veränderungen. Es folgen Transitabkommen, Besucherregelungen, Verkehrsvertrag und der Grundlagenvertrag BRD/DDR 1972. Dann erst werden die Moskauer und Warschauer Verträge bei Stimmenthaltung der Opposition ratifiziert. Die DDR, vorher von 32 Staaten anerkannt, nimmt zu weiteren 55 diplomatische Beziehungen auf.

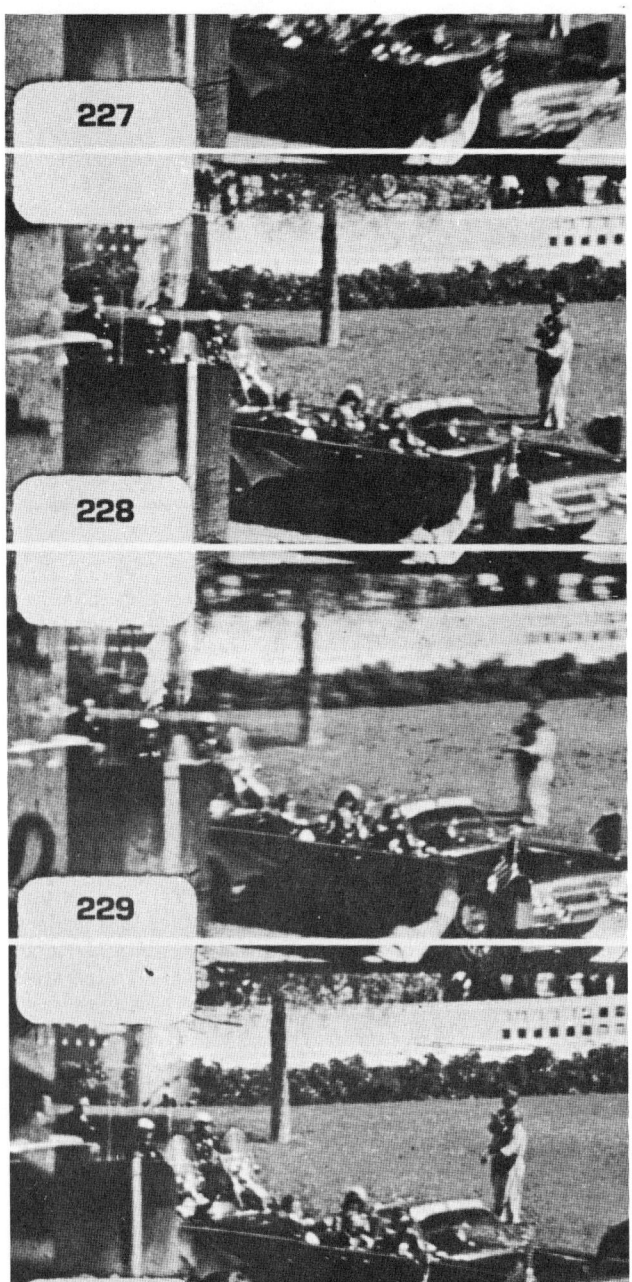

227

228

229

Dallas, Texas, 22. November 1963: John F. Kennedy bricht im Feuer des Attentäters zusammen. – Erinnerungssplitter:
»Es muß ein Freitag gewesen sein, denn meine Eltern badeten – wir badeten immer nur freitags –, während ich Fernsehen guckte. Plötzlich wurde das Programm unterbrochen und die Nachricht von Kennedys Tod bekanntgegeben. Meine Eltern kamen in Bademänteln aus dem Bad gelaufen...« (Bojana B., damals 6 Jahre alt)
»Wir saßen vorm Fernseher, und meine Mutter brach bei der Nachricht sofort in Tränen aus. Ich empfand das Ganze als großes Drama und bezog die Aussage meiner Mutter, der hätte uns geholfen, auf unsere Familie...« (Regina D., damals 9 Jahre)
»In der Schule fand eine Trauerfeier statt. Die meisten Schüler waren in Schwarz erschienen oder mit Trauerflor. Um uns rum flennten viele Mädchen, und wir hatten große Mühe, unser Kichern zu unterdrücken. Zum Fackelzug abends bin ich nicht gegangen...« (Rolf W., damals 13 Jahre)

Aus dem Bonner Krähwinkel in die Welt

führt der Weg über Washington. Der »Dulles-Phase« westdeutscher Außenpolitik, der engsten Anlehnung an die Hegemonialmacht, folgt 1959–63 Adenauers »gaullistische Phase«, der Wunsch nach einer Achse Paris-Bonn trotz des »schwarzen Tages für Europa« (Adenauer): Die französische Nationalversammlung lehnt 1959 die Europäische Verteidigungsgemeinschaft EVG ab. Die Alternative Washington oder Paris stellt sich nicht wirklich, aber die Heterogenität im westlichen Lager sorgt für vielschichtigere außenpolitische Debatten. Die »Gaullisten« (Adenauer, Strauß, v. Guttenberg, Krone, Dufhues, Gerstenmeier u. a.) befürchten eine sowjetisch-amerikanische Verständigung zum Nachteil Westeuropas, aus dem sie eine 3. Weltmacht mit dem Kern Frankreich/BRD bilden wollen. Sie folgen de Gaulles Ablehnung des EWG-Beitritts von England, das die USA als Bindeglied wünschen.

Die FDP, nach der 61er Wahl Koalitionspartner, schwächt die »Gaullisten«, indem sie Schröder (CDU) als Außenminister durchsetzt. Die auch von der SPD unterstützten »Atlantiker« treten für den britischen EWG-Beitritt und eine flexiblere Ostpolitik ein und versprechen sich mehr politische Handlungsfreiheit durch Koordination mit den USA, die ihre globalen Interessen nicht an die »Deutschlandfrage«, Adenauers Gretchenfrage, binden lassen.

Kennedy schmeißt den lästigen Bonner Botschafter Grewe ziemlich unverblümt 'raus. Zur Prügel hinter den Kulissen liefert Kennedy in Westberlin das öffentliche keep smiling: »Isch bün ain Börlinner.« Nach der Ermordung Kennedys am 22. November 1963 in Dallas – Brandt läßt die Westberliner Kerzen ins Fenster stellen – rüffelt der neue Präsident Johnson kaum weniger drastisch den neuen Kanzler Erhard, in Sachen Ostpolitik nicht länger mit den Füßen im Zement stehen zu bleiben. Der Streit zwischen »Atlantikern« und »Gaullisten« – ohnehin versichern sich beide immerzu der amerikanischen Schutzmacht – wird gegenstandslos, als sich erweist, daß weder die USA die NATO zur 4. Atommacht mit westdeutscher Beteiligung machen, noch Frankreich sein Potential (»force de frappe«) einer westeuropäischen Atommacht eingliedern würde.

Die französischen Hegemonievorstellungen hatten sich lediglich als Windschatten für die BRD erwiesen, der es gelungen war, die Sicherheitsbedürfnisse der westlichen Nachbarn durch freiwillige Einbindung in die EG-Politik zu befriedigen, ohne den Wiederaufstieg des eigenen Kapitals zu behindern. Die politische Union mit supranationalen Institutionen wird von de Gaulle abgelehnt, als die BRD zur stärksten westeuropäischen Macht geworden ist. Frankreich setzt seine Agrarinteressen durch (inzwischen gehen zwei Drittel des EG-Haushalts in landwirtschaftliche Überproduktion) und weiß Mehrheitsentscheidungen durch die »Politik des leeren Stuhls« zu verhindern, bis 1966 mit dem »Luxemburger Kompromiß« ein Veto-Recht in allen Fragen Einstimmigkeit erzwingt und damit weitgehend politische Lähmung. Während die CDU noch im 69er Wahlkampf für einen europäischen Bundesstaat eintritt, setzt die SPD realistischer auf Erweiterung der EWG, die ein blendendes Geschäft ist für das bundesdeutsche Kapital.

Fortsetzung der Politik mit anderen Mitteln

»Die neue deutsche Armee wurde nicht gegründet, um den Bonner Staat zu schützen, sondern der neue Staat wurde gegründet, um eine Armee gegen die Sowjets ins Feld zu stellen – mag diese Ratio den Paten im In- und Ausland auch nicht voll bewußt gewesen sein«, schreibt Augstein 1961.[9] Gegen das disqualifizierte Erscheinungsbild des preußischen Militarismus wird Graf Baudissins Konzept der »inneren Führung« gestellt. Aber der »Bürger in Uniform«, der sich vom Soldaten der Nazi-Wehrmacht unterscheiden sollte, wird auf das alte antikommunistische Feindbild gedrillt. Leute machen Kleider. Zu den zivilen Funktionen der Bundeswehr gehört die kostenlose Produktion von wissenschaftlich-technischem Führungsnachwuchs u. a. für die Rüstungs-, Flugzeug- und Elektronikindustrie. Die politische Hilfsschule der Nation gibt sich gerne harmlos als technische Hochschule für den betrieblichen Mittelbau.

Im Widerspruch zum Grundgesetz, das friedensstörende Handlungen mit Strafe bedroht, steht die reale Struktur der Bundeswehr, die nach Organisation, Umfang und Ausrüstung auf offensiven großräumigen Bewegungskrieg und atomare Eskalation hin programmiert ist. Dennoch steht auch in Schmidts erstem Weißbuch eines SPD-Verteidigungsministers: »Das Konzept hat sich bewährt.« Geändert werden nur die Rüstungsausgaben. Sie steigen erheblich schneller als vorher. Ist Noske auch erklärtermaßen Schmidts bewunderter Ahnherr, so entspricht es doch sozialdemokratischer Auffassung mehr, den »inneren Frieden« durch Polizeikräfte zu erzwingen, während die Konservativen im Einsatz des Militärs gegen die eigene Bevölkerung noch nie ein politisches Problem gesehen haben. 1968 untersagt Generalinspekteur de Maizière – der die Notstandsgesetze durchaus als Korrelat zur militärischen Aufrüstung wertet – trotz gemeinsamer Notstandsübung mit Bundesgrenzschutz und Bereitschaftspolizei die Ausbildung der Truppen für den Einsatz im Innern.

Die vom früheren Verteidigungsminister Strauß angestrebte atomare Bewaffnung der Bundeswehr hat sich erledigt. Kennedy bietet noch 1962 die Unterstellung von Atom-U-Booten unter den (amerikanischen) NATO-Oberbefehl an, und die New York Times sieht 1963 eine politische Aufgabe darin, »die NATO zu kräftigen, indem die USA ihr nukleare Verantwortung übertragen. Zugleich hoffen sie (die USA, d. Verf.) damit die deutschen Aspirationen zu beenden, den nationalen Fortschritt Frankreichs aufzuhalten und sich die letzte Verfügungsgewalt über die Nuklearstreitmacht des Westens zu bewahren.« Die Schlußrunde dieser nicht ohne alte Ängste vor den Deutschen geführten Debatte gebiert den aberwitzigen Vorschlag, gemeinsam finanzierte, als zivile Frachter kaum ernsthaft zu tarnende Nuklearraketenschiffe mit gemischten Mannschaften auf den Weltmeeren kreuzen zu lassen (MLF – multilateral forces), schon rein militärisch ein von allen beteiligten Staaten schnell eingesehener Unsinn, für den nur noch die BRD kämpft. Auch die SPD stimmt vorsichtig zu in völliger Fehleinschätzung des weltpolitischen Kräfteverhältnisses. 1965 verbietet sich die USA selbst durch den Abschluß des Nichtverbreitungsvertrages mit der UdSSR die Weitergabe von Kernwaffen an Verbündete.

1961–75 kauft Bonn im Rahmen des Devisenausgleichsabkommens (indirekte Bezahlung der US-Truppen in der Bundesrepublik) für 40 Mrd. DM Rüstung in den USA, außerdem Schatzanweisungen, zahlt Schulden vorzeitig zurück, gibt Darlehen und friert Zinsen ein, verpflichtet sich zum Nichtumtausch großer Mengen des sinkenden Dollars, renoviert US-Truppen-Unterkünfte u.v.m. Das belastet zwar die Beziehungen, aber die USA können durch ihre militärische Vormachtstellung solche ökonomischen Zugeständnisse erzwingen. Die eigenen Waffenexporte der BRD sind noch ziemlich unscheinbar. Geheim werden von 1959–64 für 180 Mill. DM Waffen nach Israel geliefert. Aufgrund der Bekanntmachung des geheimen Waffen-Deals durch den ägyptischen Staatschef Nasser beschließt die Bundesregierung, künftig keine Waffen mehr in »Spannungsgebiete« zu liefern – und stellt (nach der Ankündigung von Ulbrichts Besuch in Kairo) die Entwicklungshilfe an Ägypten ein.

III. Innenpolitik —
Die »Idiotenfalle«

Die durch die 5%-Klausel geschützten »staatstragenden« Parteien werden durch die Parteienfinanzierung in den 60er Jahren zu Staatsparteien gemacht. Ab 2,5% Wählerstimmen (1968 auf 0,5% gesenkt) gibt es eine Wahlkampfkostenpauschale für den Ersatz von politischer Auseinandersetzung durch Werbung. Die Offenbarungspflicht für Spenden »juristischer Personen« — eine der Finanzquellen — wird auf 20000,— DM festgesetzt, was bekanntlich Flick & Co am Einkauf von Abgeordneten aus allen Bundestagsparteien nicht hindert. (Einseitig, aber eine Seite treffend, bezeichnet Sartre die bürgerliche Demokratie als »Idiotenfalle«.) Je größer die außerparlamentarische Bewegung ist, desto mehr ist von »repräsentativer Demokratie« die Rede: Ihr wart so dumm, uns zu wählen, jetzt haltet gefälligst den Mund! Der mündige Bürger hat sich durch seine Stimmabgabe mundtot gemacht. Was er nach der Wahl-Materialschlacht zur Sache fordert, ist bloß noch undemokratisch, weil gegen die Mehrheit, nämlich die Parlamentsmehrheit. Im Idealfall ist die parlamentarische Demokratie eine Demokratie der Parlamentarier. (Zwischen 1956 und 1964, schätzt [der spätere, für die Berufsverbote zuständige FDP-Innenminister] Werner Maihofer, werden 100000 bis 150000 Staatsschutz-Ermittlungsverfahren durchgeführt, fast alle gegen Linksopposi-tionelle, die meisten gegen KPD-Mitglieder und Sympathisanten.) Der Gewaltbegriff wird so definiert, daß bei Bedarf faktisch alle öffentlichen Protestformen als Gefährdungsdelikte abgeurteilt werden können. Die Vorarbeit beschreibt Verfassungsschutzpräsident Günther Nollau in seinen Memoiren: »Wir druckten ein bescheidenes Blättchen, nannten es ›Der dritte Weg‹ und versandten es an Kommunisten in Ost und West, deren Anschriften wir uns beschafften. Wir hatten auch eine Spalte für Leserbriefe geschaffen und baten um Zuschriften. Auf diese Weise hofften wir, Kommunisten kennenzulernen, die Gegner des Stalinismus waren. Im Mai 1959 starteten wir unser Blättchen mit dem Artikel ›Zwischen Stalinismus und Kapitalismus‹. (...) Die klugen SPIEGEL-Redakteure (die daraus eine tolle Story über die Opposition in KPD und SED machten, d. Verf.) hatten sich nicht die Frage gestellt, woher diese ›Ideal-Kommunisten‹ ihre Mittel hatten, um dieses Blättchen erscheinen zu lassen. Jede Nummer kostete immerhin einige tausend D-Mark. Die Frage nach dem Geldgeber hatten sich aber andere Leute gestellt, die — begreiflicherweise — auch an unserer obskuren Publikation interessiert waren: die Kollegen vom Ministerium für Staatssicherheit (MfS) der DDR. Sie brauchten einige Jahre, um das Problem zu lösen. Im Dezember 1961 hatten sie es geschafft« — denn am 28.12.61 stand es in der Berliner Zeitung.

Der SPIEGEL druckt auch anderes, zum Beispiel im Oktober 1962 einen kritischen Artikel über die Verteidi-

»Spiegel-Affäre« 1962: Demonstration gegen die Verhaftung von Rudolf Augstein und Konrad Ahlers auf Veranlassung von Franz Josef Strauß.

gungsfähigkeit der Bundeswehr als Plädoyer für deren konventionelle Stärkung und gegen die von Strauß propagierte atomare Aufrüstung. Mitten in der Kuba-Krise, die als günstiger Stimmungsrahmen die kalten Krieger wärmt, werden Herausgeber Augstein und Redakteur Ahlers (später Schmidts Regierungssprecher) verhaftet, die Verlagsräume durchsucht, umfangreiche Materialien beschlagnahmt und alle Beschwerdeverfahren einfach nicht zugelassen. Zweieinhalb Jahre später muß der Bundesgerichtshof mangels Feststellbarkeit das Landesverratsverfahren abblasen. Durchexerziert war dennoch, wie mühe- und rechtlos ein publizistisches Sprachrohr der Antiatombewegung von der ohnehin sehr relativen Pressefreiheit ausgesperrt werden kann. Ohne breite Proteste wäre kaum zugunsten des SPIEGEL entschieden worden in »Güterabwägung« zwischen Pressefreiheit und unbeweisbarem »Landesverrat«, einem Gummiparagraphen, der beliebige Ergebnisse zuläßt. Die Hälfte der Richter wollte der Presse tatsächlich eine Mitverantwortung für die Staatssicherheit diktieren.

Die freie Wahl zwischen den Klaviertasten

hat, wer weder Noten lesen, noch Klavierspielen kann, nach Brechts Vergleich mit der bürgerlichen Freiheit. Die – in den 60er Jahren immer kenntnisreicher in Anspruch genommen – muß sich vor zu vielen Pianisten schützen durch einen Formierungsprozeß, der in der großen CDU/CSU-SPD-Koalition 1966–1969 kulminiert. Was mit dem höchstrichterlichen Verbot von Volksbefragungen begann, um die nicht-vasallentreue Bewegung gegen die Umfunktionierung der BRD zum US-Atomschildträger zu spalten, das endet mit 12 Grundgesetzänderungen und der Verabschiedung der Notstandsgesetze 1968: ein ständiges Notparlament kann aus 22 Bundestags- und 11 Bundesratsvertretern gebildet werden. Diese beschließen selbst, wann das normale Parlament verhindert ist. Für zivile Dienstleistungen rekrutiert werden dürfen auch die nichtwehrpflichtigen Männer und Frauen zwischen 18 und 65 im Rahmen eines »besonderen Gewaltverhältnisses« (§ 32). Auf gewerkschaftliche Proteste hin werden jedoch Arbeitskampfmaßnahmen als zulässig deklariert (Art. 9, Abs. 3), obwohl das der Logik aller übrigen Bestimmungen diametral widerspricht. Wessen Post/Telefon überwacht wird, der muß danach nicht mehr in Kenntnis gesetzt werden, und erfährt er es trotzdem, sind Rechtswege ausgeschlossen. Die Bedingungen für die Ausrufung des Notstandes sind völlig unscharf gefaßt, und das »Widerstandsrecht« adressiert den Widerstand gerade nicht gegen staatlichen Verfassungsbruch, sondern gegen die Bürger, »gegen jeden, der es unternimmt, diese Ordnung zu beseitigen, haben alle Deutschen das Recht zum Widerstand, wenn andere Abhilfe nicht möglich ist« (Art. 80 a). So lassen sich etwa Gegner der Notstandsgesetze und andere außerparlamentarische Bewegungen der Lynchjustiz anempfehlen, wie sie die Westberliner Polizei bei den 68er Demonstrationen propagiert. Das Bundesverfassungsgericht segnet die Notstandsgesetze ab mit der Begründung, auch elementare Verfassungsgrundsätze könnten zum Schutz dieser Verfassung außer Kraft gesetzt werden. Nicht an Krieg, an Bürgerkrieg ist gedacht, als stünde die Revolution bevor. Kein gefährlich großer Teil der Bevölkerung zweifelt an der Potenz und Zukunft des herrschenden Systems, sondern die Herrschenden befürchten, es könne so, wie es geht, kaum lange weitergehen. Man sieht sich besser vor.

Wie das übergeordnete Grundgesetz durch ein untergeordnetes Verwaltungsgesetz geändert wird, zeigt das Stabilitätsgesetz, das staatliche Eingriffe beiläufig auf den in der Verfassung keineswegs vorgegebenen »Rahmen der marktwirtschaftlichen Ordnung« festlegt. Verstaatlichungen (Art. 15 GG) hält Verfassungsgerichtspräsident Benda, vorher CDU-Innenminister, nun für obsolet, da mit dem Stabilitätsgesetz der Kapitalismus (»marktwirtschaftliche Ordnung«) verfassungsfest geworden sei (Neue Juristische Wochenschrift 1967). Nebenbei wird zur Grundlage der vom Parlament zu beschließenden Haushaltspläne die vom Parlament nicht zu beschließende mittelfristige Finanzplanung der Regierung.

Die Partner der drei Regierungswechsel

»Man darf also, Herr Bundeskanzler, zusammenfassend feststellen: Die Politik ist ihrer Natur nach ein schmutziges Gewerbe.« Adenauer: »Ich möchte nicht sagen, ihrer Natur nach, aber in der Tat.« Und auf einen entsprechenden SPD-Vorwurf: »Die Herren scheinen anzunehmen, daß Gerissenheit für dieses Geschäft ein Nachteil ist.«[10]

Zu Beginn der 60er Jahre sind 4 Parteien im Bundestag übriggeblieben. CDU/CSU wie SPD nennen sich »Volksparteien« mit dem Anspruch, in Klassenharmonie ebenso Ausbeuter wie Ausgebeutete zu vertreten. Alle streiten mit der FDP um den Platz einer »Partei der Mitte«. Alle sind füreinander koalitionsfähig und machen sich die wenigen Prozent Wechselwähler mit Wahlgeschenken und

In Vorbereitung der großen Koalition trafen sich Barzel, Wehner, Brandt und Kiesinger 1966 zum Kaffeetrinken.

personaler Imagewerbung streitig. Die CDU drängt 1963 ihren unzeitgemäßen Übervater aus dem Palais Schaumburg. Der Mohr hat seine Schuldigkeit getan, der Mohr kann (kaum noch) gehn. Adenauer hält seinen Kanzlernachfolger Erhard, den »Vater des Wirtschaftswunders«, für einen politischen Dilettanten. Der Rest der Welt merkt es später. Die CDU gibt sich liberaler, und das konservativ-autoritäre Erbe des goßen »Alten aus Röhndorf« erhält sich im Profil der CSU.

Programmatisch paßt sich die SPD 1959 auf dem Godesberger Parteitag in allen gesellschaftlichen Grundfragen der CDU an. Man wollte nicht länger als Arzt am leeren Krankenbett des offenbar für immer gesundeten Kapitalismus stehen, wollte Salonfähigkeit und Wahlerfolg auch in rückständig katholischen Gebieten, auf dem Land und unter Frauen. Via Nell-Breuning SJ (DGB-Chefideologe dieser Jahre) kommen die katholische Soziallehre und die Bergpredigt an die Stelle der marxistischen Relikte, während der Kriegerbund mit Adenauer, USA und NATO besiegelt wird. Das bringt der SPD 1962 das erste ernsthafte Koalitionsangebot der CDU ein, die nach dem Verlust der absoluten Mehrheit seit 1961 mit der FDP regieren muß. 1963 stirbt der SPD-Vorsitzende Erich Ollenhauer und wird aus der rechten »Bürgermeister-Riege« durch Willy Brandt ersetzt.

Erich Mende (später CDU) übernimmt die zu Beginn der 60er Jahre nationalistisch geprägte FDP, die entgegen ihrer Wahlaussage 1961 mit der CDU koaliert und seither den immer wieder bestätigten Ruf einer »Umfall-Partei« hat. Ihre Minister sprengen durch Rücktritt die Regierung Erhard, um dessen Haushaltskonsolidierung mittels Steuererhöhungen zu verhindern. Die Lücke, die Erhard hinterläßt, ersetzt ihn voll und ganz. Außenpolitische Unbedarftheit und wirtschaftliche Schwierigkeiten hatten seinen Nimbus zerstört. Als lachender Dritter tut sich die SPD mit CDU/CSU unter Kiesinger zusammen. Aber die wesentlichen Positionen aus Erhards letztem Politikversuch, dem Konzept der »formierten Gesellschaft« (dessen Ghostwriter der ehemalige Abendroth-Schüler Rüdiger Altmann war), werden von seinen Nachfolgern in der großen Koalition unbehindert von parlamentarischer Opposition durchgesetzt. Erhard hatte weitgehende Einschränkungen der parlamentarischen Demokratie und der gewerkschaftlichen Tarifautonomie verlangt. Sieben von elf »einfachen«, weil nicht verfassungsändernden Notstandsgesetzen sind bereits durchgebracht. Die von den Grundgesetzvätern ausdrücklich verworfenen Notstandsgesetze nach dem berüchtigten Modell des Weimarer Ermächtigungsparagraphen 48 bekommen 1965 noch keine ⅔-Mehrheit im Bundestag, sondern erst, als die SPD in die Regierung eingebunden ist. Die »Sozialpartner« haben sich jetzt zur

Großer Metallarbeiter-Streik, Mannheim 1963

»konzertierten Aktion« mit der Regierung zusammenzu-
finden. 1966 scheint es durchaus möglich, die CDU aus der
Regierung zu verdrängen, aber die SPD rechtfertigt lieber
mit Koalitionskompromissen ihre Politik, insbesondere
ihre Zustimmung zu den Notstandsgesetzen. Ihre Beteiligung ermöglicht die Neuordnung der Wirtschafts- und
Außenpolitik. Ohnehin hätten nicht einmal die Adenauer-
Wähler in einen Krieg um die »Zone« ziehen wollen.
Innenpolitisch ist die Integrationsfähigkeit der SPD
gefragt. Wirtschaftsminister Schiller (damals noch SPD)
und Finanzminister Strauß treten als »Plisch & Plum« auf.
Mit den entsprechenden Ressorts fällt die von Schröder
konzeptionell vorbereitete außenpolitische Innovation der
SPD zu.

Auf der Konferenz der deutschen Botschafter von Abid-
jan 1968 wird eine Afrikapolitik gefordert, die kein bloßer
Annex der »Deutschlandpolitik« Marke Hallstein mehr
sein soll, damit sich die BRD auf Dauer nicht selbst isoliert. Die Entwicklungshilfepolitik für Lateinamerika war
bereits seit 1962 den Prioritäten von Kennedys »Allianz für
den Fortschritt« untergeordnet. Die Befürchtung der
Unternehmerverbände, auf den »Ostmärkten« zu spät zu
kommen, wird erst von der kleinen Koalition ab 1969
effektiv aufgegriffen.

Die Entspannungspolitik wirkt auch als neuer politischer Spielraum auf die Westpolitik zurück. Die BRD
kann ihre Interessen, ohne ständig um Berücksichtigung
in den Verhandlungen der Großmächte bitten zu müssen,
direkter vertreten, zumal durch drei Regierungswechsel
die Harmonie mit den USA in sorgfältiger Abstimmung
wieder hergestellt ist. Eine Minderheit sind noch die
Konservativen der USA, die in der größeren Eigenständig-
keit Bonns eine »Schwächung des Westens« sehen. Zu
dessen zweitstärkster Macht ist die BRD inzwischen auf-
gerückt.

Nach einer heftigen Auseinandersetzung und internationalen Protesten muß der Bundestag die Verjährungsfrist
für Naziverbrechen verlängern.

Der Niedergang der Erhard-CDU treibt die revanchistischen Kräfte weiter nach rechts. Die neonazistische NPD
wird gegründet und zieht zwischen 1965 und 1968 in sieben
Landtage ein. Daß sie bei der Bundestagswahl 1969 mit
4,3 % knapp scheitert, ist der antifaschistischen Mobilisierung der Linken zuzuschreiben, sowie der Empörung über
die Verhöhnung der Opfer in den Auschwitzprozessen.

In der Opposition von 1966–69 verzeichnet die FDP ein-
schneidende Umstrukturierungen durch Abgänge zu
CDU/CSU und NPD und linksliberale Zugänge, was dann
nach 1969 in der Koalition mit der SPD dazu führt, daß in
die Minderheit geratene Abgeordnete der alten FDP zur
CDU übertreten und Barzels gescheitertes Mißtrauens-
votum gegen Brandt 1972 möglich machen.

Umstände für die Neukonstituierung der Kommunistischen Partei 1968 sind die schwächere Identifikation der
Linken mit einer regierenden SPD und der Entspannungs-
druck aus den internationalen Veränderungen. Parallel
zum Wahlbündnis linker, außerparlamentarischer Kräfte
ADF (Aktion demokratischer Fortschritt) kandidiert 1969
die DKP.

Wachsende Politisierung und große, spontane Streiks im
selben Jahr warnen die SPD vor den opportunen Grenzen
des Opportunismus und zwingen zu einem gewissen
Schwenk. Kann die CDU 1961 noch den Slogan »Keine
Experimente« plakatieren, so geben sich 1969 schon alle
als »Reformparteien«, was nur der SPD geglaubt wird.
Selbst die FDP ist für das »Abschneiden alter Zöpfe«,
womit der Inhalt der Reformen am genauesten als äußerlich ausgedrückt wird.

Ein Drittel der Arbeiter wählt schwarz,

noch mehr in katholischen und ländlichen Regionen, in Klein- und Mittelbetrieben ohne Gewerkschaft. Aber das Privateigentum an Produktionsmitteln bedarf geschickterer Legitimation. Der Unterschied zwischen Eigentum des persönlichen Bedarfs und solchem, das sich durch Ausbeutung fremder Arbeit »von selbst« vermehrt, muß verwischt werden: »Mittelstandsorientierung«, »Volksaktien« zur VW- Privatisierung, Förderung des privaten Wohnungsbaus und »Vermögensbildung in Arbeitnehmerhand« sind die Schlagworte. Weitergehendes wäre sozialistische Planwirtschaft, die Dregger den »Ersatz des Zufalls durch den Irrtum« nennt. Auf den Zufall setzen die oberen Randgruppen der Arbeiterklasse, deren Wohlstand Eigentümerinteressen fördert, Aufstiegsillusionen und eine starke Identifikation mit dem herrschenden sozialen und politischen System. »Wohlstand für alle« verspricht Erhard. Mehr als ein Jahrzehnt später zieht die SPD die unverbindliche Formel »Kultur für alle« vor, denn die Leute sind klüger geworden. Vermittels des Lebensstandards sollte neben sozialer Ruhe auch die Attraktivität des bundesdeutschen Modellkapitalismus der DDR-Bevölkerung vorgeführt werden. Der Erfolgshöhepunkt beider Zwecke wird in den 60ern erreicht und überschritten.

Grundlage des klassenübergreifenden Konsens ist nicht nur die 1966/67 eingemottete Wirtschaftswunderideologie, sondern ebenso die Verschmelzung der »nationalen Frage« mit dem ungebrochen ererbten und im kalten Krieg modernisierten Antikommunismus. Zur Zerstörung des Klassenbewußtseins zwecks »sozialem Burgfrieden« wird die Einheitsgewerkschaft eingespannt, deren Einheit einst von den KZ-Häftlingen gedacht war als Einheit der in Sozialdemokraten und Kommunisten gespaltenen Arbeiterklasse. Nun läßt sich eine rechtssozialdemokratische Führung nach Proporz CDU-Mitglieder hinzuwählen. Was von den 6 Millionen Anhängern der Kommunisten nach 12 Jahren Faschismus und 12 Jahren Bonner KPD-Verfolgung übrig ist, darf Mitglied sein.

Die BRD verkauft sich als »klassenlose«, als »ideologiefreie Volksgemeinschaft«. Schelskys selbstgefällige Formel von der »nivellierten Mittelstandsgesellschaft« hat nicht die Amerikanisierung in der Konsumsphäre zu illustrieren, sondern die Klassen zu verdecken. Als Hochhuth an deren Existenz im SPIEGEL erinnert, trägt ihm das Erhards berühmte Intellektuellenbeschimpfung »Pinscher« ein. Offen formuliert wird elitärer Klassengeist nur in der Binnensphäre der herrschenden Klasse. Hans Martin Schleyer nach einer Beschreibung des »Idealunternehmers« als »Menschenführer« (in »Das soziale Modell«): »Wenn die Unternehmer für sich und ihre Positionen streiten, werden sie zugleich zu Vorkämpfern für die Freiheit.« Ein anderer ehemaliger SS-Würdenträger, Prof. R. Höhn, hat auf dieser Einsicht sein einflußreiches »Harzburger Modell« der Unternehmensführung und Ausbildung von Führungskräften aufgebaut. Ohnehin rekrutieren sich in den 60ern noch viele Spitzenmanager aus dem faschistischen Offizierskorps.

Als im Ruhrgebiet wieder was rührt und auf den Schornsteinen bestreikter Fabriken schwarze Fahnen wehen, drehen Schübel/Gallher ihren legendären Dokumentarfilm »Rote Fahnen sieht man besser«. Zeitgleich mit den Campus-Unruhen von Berkeley, Paris und Tokio hat die Studentenbewegung (siehe ab Seite 102ff/132ff) hier ihren spektakulären Höhepunkt 1968. Konservative konstatieren eine »Fahnenflucht der Eliten«. Der »Basiskonsens« wird dünner. Freilich ist, was als »tiefe Grundlagenkrise der Bundesrepublik« erscheint, bei vielen nur

eine ebenso überfällige wie kurzfristige Abwendung vom etablierten Normen- und Verhaltenskodex. In die Tiefe gehen die Bewegungen der 60er Jahre, soweit sie eine Renaissance des Marxismus bringen und als sozialistische Politik, als praktische Kritik weiterleben. »Aber die Praxis ist nur die Ausnahme, und die Theorie ist die Regel.« (Marx)

Trotz Streik und Aussperrung in der Baden-Württembergischen Metallindustrie 1963 liegt die niedrigste Zahl von Streiks zwischen 1959 und 1965. Noch bei den laufenden Tarifverhandlungen 1967 vermeiden es die Gewerkschaften, sich auf die betrieblichen Abwehrkämpfe zu stützen, stützen stattdessen in der »konzertierten Aktion« die an der Regierung beteiligte SPD. Auch die späteren Streiks in der Eisen- und Stahlindustrie von Ruhrgebiet und Saarland, die sich gegen sehr niedrige Tarifabschlüsse in der neuerlichen Hochkonjunktur richten, werden nicht von den Gewerkschaften getragen, von der IG-Bergbau sogar diffamiert. Erst nach den Septemberstreiks von 1969 beginnt eine bis 1974 anhaltende Kette gewerkschaftlicher Auseinandersetzungen. Die Kritik an der Sozialpartnerschaftspolitik bringt Debatten über »Mitbestimmung« und »Humanisierung der Arbeitswelt« in Gang. Der Begriff Klassenkampf bleibt tabu. Linke Sozialdemokraten erfinden die etwas halbseidene Bezeichnung »Doppelstrategie«, frei nach Rudi Dutschkes »Marsch durch die Institutionen«.

Daß die gewerkschaftliche Anpassung dennoch nicht soweit reicht, wie die der SPD, zeigt etwa die Unterstützung des IG-Metall-Vorsitzenden Otto Brenner für den SDS, die Zeitschriften »Neue Kritik«, »express international« und die Anti-Notstands-Bewegung. Wie beim Protest gegen die Spiegel-Affäre 1962 machen auch jetzt Intellektuelle den Anfang, im gewerkschaftlichen Umkreis vor allem Wolfgang Abendroth und einige SDS-Vertreter, sowie Helmut Ridder, der zusammen mit Ekkehard Stein schon 1963 ein Gutachten gegen die Notstandsgesetze vorlegt. 1965/66 wird der DGB von einigen hundert Hochschulprofessoren zum Festhalten an seinen Beschlüssen gegen diese Gesetzespläne aufgefordert. Erstmals beteiligen sich größere Gruppen der Studentenschaft, und ein entsprechender Kongreß findet im Mai 1965 in Bonn auf Initiative des SDS und anderer Verbände statt. Im Oktober 1966 folgt der Kongreß »Notstand der Demokratie« in Frankfurt, an dem sich sechs Einzelgewerkschaften, regionale und lokale Gliederungen, aber nicht der DGB beteiligen. Das den Kongreß veranstaltende gleichnamige Kuratorium, maßgeblich von der IG-Metall unterstützt, wird in den folgenden Jahren zum Zentrum der Bewegung. Zum ersten Mal seit der Anti-Atomtod-Kampagne der 50er Jahre gibt es wieder eine institutionalisierte Zusammenarbeit von kritischer Intelligenz und Gewerkschaft. Deren Unterstützung wird zwar sofort nach der SPD-Regierungsbeteiligung schwächer, aber mit Beteiligung vieler Gewerkschafter wird der im Mai 1968 veranstaltete Sternmarsch auf Bonn zur größten Massendemonstration seit langen Jahren. Der DGB-Bundesvorstand führt in Dortmund eine Konkurrenzkundgebung durch, um nicht in Aktionsbeschlüsse eingebunden zu werden, und die IG-Metall hält das Thema aus der anstehenden Tarifbewegung raus. Andererseits führen einzelne Betriebe Proteststreiks durch, die an ihrem Frankfurter Schwerpunkt vom lokalen DGB unterstüzt werden. Der widersprüchlichen Haltung der Gewerkschaften ist es zu verdanken, daß die Sperrminorität gegen Grundgesetzänderungen im Bundestag nicht erreicht wird.

Freeze oder stirb

Die »Kampagne für Abrüstung« (1958) wird seit 1960 Ostermarschbewegung genannt und gibt sich 1968 mit der »Kampagne für Demokratie und Abrüstung« eine lockere Organisationsform, die selbstverständlich als kommunistisch gesteuert denunziert wird. SPD und DGB verbieten ihren Mitgliedern die Teilnahme. Aber die Spaltung der Bewegung durch Druck auf antikommunistische Ausgrenzung funktioniert diesmal nicht. Der Diskussionsprozeß führt zur Anerkennung der weder quantitativ dominierenden noch politisch führenden Kommunisten als konsequente Mitträger der Bewegung. In ihr arbeiten auch der SPD nahestehende Organisationen, wie »die Falken« (deren Bundesvorstand anfangs auch mit Ausschlüssen droht), die »Naturfreundejugend«, unter den Gewerkschaftern auch führende, ebenso SDS, DFU, Kriegsdienstverweigerer u. a. Mit ihrem schnellen Wachstum macht die zunächst stark pazifistische Bewegung einen Politisierungs-

prozeß durch. 1965 wird nicht nur konkrete Abrüstung von der eigenen Regierung verlangt, sondern erstmals auch die Anerkennung der DDR, die Aufhebung des KPD-Verbots und die Beseitigung der Notstandspläne. Ein weiterer Zusammenhang ist hergestellt, der zwischen Demokratie und Frieden. Schwerpunktthema der Ostermärsche ist ab 1964 der von der Bundesregierung unterstützte Vietnamkrieg.

Auch die »Bildzeitung« kann die Zunahme »langhaariger Affen« nicht verhindern. Die APO wächst und wehrt sich gegen den Pressezaren: »Leute, freßt Scheiße – 5 Millionen Fliegen können nicht irren.« Für die SPD wird die Begrenzung nach rechts deutlicher, will sie ihre Integrationsfähigkeit nach links nicht gänzlich einbüßen. Analog wirkt die sich ausbreitende Streiktätigkeit und Kritik in den Gewerkschaften. Die innenpolitischen Entwicklungen stimulieren die Entspannung und umgekehrt. In der SPD entwickelt sich, wenn auch vorübergehend, ein reformsozialistischer, in Randgruppen marxistischer Flügel, der

Die Ostermärsche
begannen 1960 in der Bundesrepublik mit dem Marsch von Braunschweig durch die Lüneburger Heide zum Todeszentrum Bergen-Hohne. Bereits im folgenden Jahr verliefen von hier vier Ostermärsche strahlenförmig nach Hamburg, Bremen, Hannover und Braunschweig.
1961 waren es insgesamt schon 15 Ostermärsche.
Während der Marschtage wurden Strecken von 100 km und mehr zurückgelegt, so von Miltenberg nach Frankfurt 82 km. Vom Wetter ließen sich die Marschierer nicht entmutigen. Der Marsch 1961 prägte sich als der nasseste und kälteste ein. –
Stefan Andres gab 1961 den in regenfester Kleidung zum Marsch durch den Odenwald Angetretenen mit auf den Weg: »Wir marschieren, weil wir gewillt sind, den Teufelskreis der Atomrüstung zu durchbrechen! Wir fordern eine atomwaffenfreie Zone in Mitteleuropa.«
Die Teilnehmerzahlen stiegen von Jahr zu Jahr: ein Bild quer durch alle Parteien, Schichtungen, Generationen und Bekenntnisse.
Bereits 1962 war zu zentralen Forderungen erhoben:
* *Verzicht auf atomare Bewaffnung in ganz Deutschland;*
* *Verzicht auf die Stationierung atomar ausgerüsteter Truppen auf deutschem Territorium;*
* *Vereinbarungen über eine von den Großmächten und der UNO garantierte atomwaffenfreie Zone in Mitteleuropa.*
Toni Tripp

einige Gewerkschaftsbereiche prägen kann, die Jungsozialisten und den sozialdemokratischen (später sozialistischen) Hochschulbund SHB. Der Historiker Baring berichtet,[11] man habe die Befürchtung gehabt, »ein besseres Verhältnis zwischen Bonn und Moskau könne sich negativ auf die innenpolitische Stabilität der Bundesrepublik auswirken. Jungen Menschen werde vielleicht zunächst unverständlich sein, daß die Zusammenarbeit mit Kommunisten außenpolitisch notwendig sei, innenpolitisch aber verhängnisvoll. Die SPD, die hier ›besonders gefährdet‹ sei, müsse frühzeitig Zeichen setzen und verdeutlichen, daß die unüberbrückbaren Gegensätze zwischen Kommunisten und Nichtkommunisten auch künftig bestehen bleiben.« 1970 beschließt die SPD-Führung ein offizielles Verbot der Aktionseinheit.

Mit dem Niedergang und der vielfachen Spaltung der antiautoritären Bewegung entstehen auch an den Hochschulen diverse sozialistische, meist »partei«-gebundene Studentenorganisationen, später in den Siebzigern etablieren sich die sogenannten »Undogmatischen« und Basisgruppen. Es wachsen die gewerkschaftlich orientierten Organisationen im Wissenschaftsbereich, wie der 1969 gegründete, heute größte Studentenverband MSB-Spartakus, der (wie einst der SDS) vor die SPD-Parteitür gesetzte SHB, die GEW, der 1968 von Werner Hofmann initiierte Bund demokratischer Wissenschaftler (BdWi) u.v.a. – virulent bleibt die Bereitschaft, außerhalb der dafür vorgesehenen Ventilformationen gegen lähmende »Realpolitik« etwas zu riskieren und zu lernen, statt sich belehren zu lassen. Als illusionär erweisen sich die Annäherungsmöglichkeiten an die SPD von der Bildungsreform bis zum Betriebsverfassungsgesetz – ausgenommen die Entspannungspolitik. Zusammenhänge zwischen dem nach außen gespiegelten Klassengegensatz und der Sozialpartnerschaftsideologie im Inneren, zwischen der staatlichen Beteiligung am Imperialismus gegen Algerien, Kongo, Vietnam u.v.a. und dem autoritär gehaltenen Status quo der eigenen Gesellschaft sprechen sich herum. Zwar lesen ehedem spektakuläre Revoluzzer heute längst einen gewissen Sloterdijk, und die Arbeiterklasse, von einer ungleich tieferen Krise als 1966/67 getroffen, muß sich mit einer Organisation wehren, deren Spitze immer noch Ernst und Breit Erhards Eine-Hand-wäscht-die-andere-Technik retten will, aber evident sind die Folgen des Aufbruchs der 60er Jahre für die Friedensbewegung der 80er und, frei nach Nestroys Krähwinkel-Spott, es wird auch die Geschichte des Universums nicht mehr nur unter besonderer Berücksichtigung der Bonner Neustadt wahrgenommen.

Wer sich nicht in Gefahr begibt, kommt darin um.

»Ende der fünfziger Jahre legte Rainer Barzel mit seinem Komitee ›Rettet die Freiheit‹ schwarze Listen von Kommunisten und ihren Sympathisanten an. Der Boom der sechziger Jahre, der alle Kritik am kapitalistischen System erstickte, ließ die Fortführung der Listen entbehrlich erscheinen. Doch schon beim ersten Knick in der Steilkurve gab's 1972 den Berufsverbote-Erlaß. Ab zwei Millionen Arbeitslosen wird den Repräsentanten der real existierenden gesellschaftlichen Alternative der kalte Krieg erklärt. Ab wieviel Millionen der heiße?« schreibt Gremliza in KONKRET 11/83.

Eine gänzlich andere Zusammenfassung der hier behandelten geschichtlichen Erfahrung gibt der 1968 mit dem linken »Wissenschaftspolitischen Club Münster« sympathisierende heutige Kölner Staatsphilosoph Martin Kriele, CDU-MdB:[12] Die Friedensbewegung spiegele einen Macht-

verlust der Amerikaner wider. Nach Reideologisierung und Idealisierung des Marxismus Mitte der 60er Jahre, der moralischen Parteinahme gegen demokratische Verfassungsstrukturen frage sich, »was war eigentlich in jener Epoche das dominante machtpolitische Faktum? Welche Erkenntnis erfaßte 1968 die ganze Welt mit gewaltiger Evidenz? Es war die Erkenntnis, daß die USA den Vietnamkrieg nicht gewinnen konnten. (...) Nachdem die Amerikaner in Vietnam nicht siegen konnten, können sie in vergleichbaren Situationen anderswo auch nicht siegen. (...) Die Machtverhältnisse haben sich global zu Lasten des Westens verschoben, und dies war im öffentlichen Bewußtsein allenthalben gegenwärtig.« So sei der Friedensbewegung heute nicht Naivität, sondern umgekehrt eine zu schnelle, schlaue, unmoralische Anpassung an die Sowjetunion vorzuwerfen, Wertmaßstäbe, die aus der normativen Kraft der militärischen und machtpolitischen Entwicklung seit Vietnam stammten. Gelobt und ergänzt wird Kriele von Baring: »Nur ganz wenige bekennen sich zur Äquidistanz, also zu der Auffassung, das eine System sei so gut oder schlecht wie das andere, Ost und West stünden uns gleichermaßen ferne.«[13] Eine Bezeichnung gleicher Entfernung vergleichbarer Waffen wird auf die Entfernung zu Menschen, sozialen Systemen, Interessen und Hoffnungen bezogen – die feine Distanz zwischen reaktionärer Subjektivität und Objektivem.

Die Politik in den bisherigen 35 Jahren bundesdeutscher Geschichte hat sich am stärksten in den 60er Jahren verändert, die Beziehungen zum Westen, zum Osten; Wirtschaft, Gesetzgebung, Staatsaufbau; die alten und die neuen sozialen Bewegungen; Kultur, Sitten und Bewußtsein, Ansprüche und Geschichtskenntnisse. In der Emanzipation vom Mief der Adenauer-Zeit geht die Angst verloren. Im Wirklichen wird wieder nach dem Möglichen gefragt. »Erst in der Mutmaßung erweist sich unser Maß an Mut.« (Robert Musil) Fast alles hat sich geändert – außer dem System.

Zutreffend unter den veröffentlichten Ansichten scheint: Innerhalb des Bestehenden sei das Fundament »atlantischer Sicherheitspolitik« ohne Alternative, seien die großen Würfe, die »grand designs«, mit dem Ende der 60er Jahre abgeschlossen und erschöpft. Desillusionierend lassen sich Proteste gegen einzelne Aspekte der Politik zur Modifikation des Alten nutzen, das die Krisen auf fast allen Gebieten glänzend verarbeitet. Ansätze für grundlegend Neues werden in ihren Kinderkräften maßlos überschätzt. Das Einfache war damals einfach nicht zu machen und scheint noch schwer auf absehbare Zeit.

Aber die Haut ist nicht mehr so dick, daß man ohne Rückgrat stehen kann.

1 Ökonomische und sozialpolitische Daten aus »Geschichte der Bundesrepublik. Beiträge« von Albrecht, Deppe, Huffschmid u.a., Pahl-Rugenstein Verlag, Köln 1979
2 Deutscher Bundestag – 4. Wahlperiode – 39. Sitzung. Bonn, 9.10.62, S. 1633
3 Zit. nach Hubert Reiche, »Die Russen kommen – pünktlich«, Frankfurt/M. 1983, S. 91
4 Telegraf 12.3.53
5 Die neue Zeitung 17.7.51
6 Zit. nach Reiche, »Die Russen kommen – pünktlich«, a.a.O., S. 111
7 »Adenauer und der Weg Deutschlands«, Robert Strobel, Verlag C.J. Bucher, Luzern und Frankfurt/M. 1965
8 am 21.2.68 nach Herald Tribune vom 23.2.68
9 Rudolf Augstein, »Waffen statt Politik« in: »Bilanz der Bundesrepublik«, Magnum-Sonderheft, Köln 1961, S. 48
10 »Adenauer und der Weg Deutschlands«
11 Arnulf Baring, »Machtwechsel. Die Ära Brandt-Scheel«, Stuttgart 1982, S. 357
12 in: »Kontinent. Ost-West-Forum«, 3/83
13 Arnulf Baring, FAZ 28.9.83, »Außenpolitische Zeitschriften«

Witich Roßmann
Zwischen APO und Ministerwürden

Gewerkschaften in den 60er Jahren

Oktober 1968. Marsch der Krupp-Arbeiter zur Konzern-Haupt-verwaltung in Essen.
Unten: Rede des IG-Metall-Vorsitzenden Otto Brenner zur Mit-bestimmung, ebenfalls im Oktober 1968

Gewerkschaften in den sechziger Jahren. Ein wenig erregendes Kapitel deutscher Gewerkschaftsgeschichte. In der internationalen Streikstatistik behauptet die Bundesrepublik mit solidem Abstand den letzten Platz. Selbst in der bundesdeutschen Streik- und Arbeiterkampfgeschichte präsentieren sich die Sechziger als Hort der Stabilität. Der »soziale Frieden« beherrscht die gesellschaftlichen Klassenbeziehungen. Er läßt die Klassenkämpfe historisch, vergangen erscheinen, die Klassenstrukturen an Kontur verlieren und die emanzipatorischen Ziele der Arbeiterbewegung in Vergessenheit geraten.

Mit dem Beginn der 60er Jahre ist der historisch-politische Zyklus der Kämpfe um die gesellschaftliche Neuordnung ebenso erfolglos abgeschlossen wie die Kämpfe gegen Remilitarisierung und Atombewaffnung Ende der 50er Jahre. Selbst für den unmittelbaren sozialpolitischen Fortschritt waren die zentralen Weichenstellungen erfolgt: Die Vereinbarungen über die schrittweise Einführung der 40-Stunden-Woche 1956 hinterließen für die 60er Jahre nunmehr die geschäftsmäßige Abwicklung der einzelnen Arbeitszeitverkürzungsschritte; die Lohnfortzahlung im Krankheitsfall war 1956/57 erkämpft worden, und die ökonomische Prosperität garantierte nahezu jährliche Reallohnzuwächse.

Ein neuer Kampfzyklus hingegen, getragen von neuen Bedürfnissen, Forderungen und Zielen und einer neuen Generation in der Arbeiterbewegung schien nicht in Sicht. Was verblieb der Gewerkschaftsbewegung in einer solchen Übergangsperiode außer Selbstzufriedenheit und Anpassung? Einer Periode, in der die ältere Generation der Arbeiterklasse endlich und erleichtert die gesellschaftlichen Spannungszustände von faschistischer Repression, Kriegsterror, beruflichem und sozialem Neuanfang in der Nachkriegszeit im Rückzug auf Privatheit und Konsum, auf Wohnen, Häuschen, Auto, Urlaub und Fernseher verdrängen konnte. Gleichzeitig einer Periode, in der die aktiven Kader der Arbeiterbewegung resignativ um Selbstbehauptung in einem Klima von Restauration, antigewerkschaftlicher und antisozialistischer Denkmuster und Konsum-Mentalität kämpfen, ihr kommunistischer Teil bis 1968 illegalisiert ist und die jüngere Generation ihnen skeptisch ein aktives Engagement verweigert. Denken und Handeln in Klassenkategorien begann selbst innerhalb der Gewerkschaftsbewegung nurmehr als Restbestand traditionellen, überlebten Bewußtseins akzeptiert zu werden. Die vielfach prognostizierte Verwandlung der Gewerkschaften in ein modernes Versicherungs- und Dienstleistungsunternehmen mit öffentlich-rechtlichem Status und bürokratisierter wie zentralisierter Binnenstruktur drohte Realität zu werden. Indizien dafür, Tendenzen dahin, aber auch die Gegenkräfte in den 60er Jahren zeigt allein schon die skizzenhafte Betrachtung der Lohn- und Tarifpolitik, der Organisations- und Programmdiskussionen in den Gewerkschaften.

Lohn- und Tarifpolitik in den 60ern: Ein Kinderspiel?

Die Lohn- und Tarifpolitik stellt sich beim ersten, statistischen Anblick – verglichen mit den 70ern – als problemlos dar. Das Bruttosozialprodukt stieg jährlich um 4,4 Prozent, die Nettoreallöhne um 4,5 Prozent (1960–69). Auf einen Arbeitslosen kamen drei bis vier offene Stellen — fast genau umgekehrt wie in den 50er Jahren. Gleichzeitig wurde von 1960 bis '67 die tarifliche Arbeitszeit von 44 auf 40 Wochenstunden verkürzt. Der Verteilungsspielraum des

Letzte Schicht

Toni Tripp
Zechensterben

In nicht ganz zwei Jahrzehnten »Struktur-Wandel« von der größten Bergbaustadt Europas zur kleinsten, nämlich von 22 Schachtanlagen auf Null: Als letzte Zeche auf Essener Gebiet soll 1986 die Schachtanlage Zollverein in Essen-Kray geschlossen werden.

Der Anfang wurde 1966 mit den im Süden Essens gelegenen Schachtanlagen »Ludwig« und »Langenbrahm« gemacht. Das ging noch ohne besonderes Interesse der Öffentlichkeit über die Bühne. Auch die Schließung einiger im grünen Ruhrtal gelegenen Zechen deutete noch nicht auf das volle Ausmaß der Umwälzung hin, die als »Strukturwandel im Ruhrgebiet« bekannt gemacht worden war. Als dann jedoch die Zechen des inneren Stadtgebiets geschlossen wurden, wie etwa die Krupp-Zeche »Amalie«, da kam eine erste Vorstellung davon auf, welches Ausmaß das Zechensterben im Ruhrgebiet haben würde.

Doch immer noch spiegelten die IG Bergbau-Energie-Kongresse das Bild einer mächtigen Gewerkschaft. Der Wandel zur Energie-Gewerkschaft wurde damit deutlich, daß die Repräsentanten von IG Bergbau-Energie in Sachen der Atomenergie eine eigene Haltung einnahmen. Nicht zufällig wurde der Chef der IG Bergbau-Energie Arbeitsminister. (Von dem allerdings heute weder einer als von einem Bergarbeiterführer noch von dem zum Minister aufgestiegenen Kumpel spricht.) Jedoch: im Ruhrgebiet war 1966 das Wirtschaftswunder zu Ende. 71 000 Bergarbeitern wurde bis Anfang 1967 gekündigt, Kurzarbeit, Feierschichten und Zechenschließungen waren an der Tagesordnung.

Es gab Bergleute, die im Laufe der folgenden Jahre nicht nur einmal ihren Arbeitsplatz und auch ihren Wohnort wechseln mußten. Dies geschah in Familien, in denen nicht nur der Vater, sondern auch der Großvater schon auf immer gleicher Zeche ein volles Arbeitsleben unter Tage hinter sich gebracht hatte, so daß ein Arbeitsplatzwechsel über fast ein Jahrhundert für Bergleute kaum angefallen war.

Kapitals aber wurde selbst damit nie ernsthaft durchbrochen. Neben einigen kleineren Streiks der Berg- und Papierarbeiter (1962), der Fliesenleger und Gummiarbeiter (1967) blieb der Metallarbeiterstreik von Baden-Württemberg 1963 der einzige große *gewerkschaftliche* Streik in den 60ern.

Schon die ersten Anzeichen sich – gegenüber den 50ern – normalisierender Wachstumsraten, gar einer zyklischen Wachstumsverringerung reaktivierte konfrontative Strategien im Unternehmerlager: Die Metallunternehmer forderten 1962/63 eine Lohnpause und die Aussetzung der fälligen Arbeitszeitverkürzung trotz eines Wirtschaftswachstums von 3,4 Prozent (1963). Prophylaktisch drohten sie mit Aussperrung, die sie nach zwei Tagen Schwerpunktstreik in Stuttgart und Mannheim flächendeckend (270 000 Beschäftigte) und provokativ zum 1. Mai wahrmachten. Damit sollte gleichermaßen die verbliebene Kampffähigkeit getestet und die linksstehende IG Metall geschwächt werden. Nach 2 Wochen Streik und Aussperrung, solidarischer Kampfbereitschaft der Mitglieder, auch der Frauen und erstmals der ausländischen Kollegen in größerer Zahl, hatte die IG Metall mit ihrem Bezirksleiter Willy Bleicher diese soziale wie politische Machtprobe des Kapitals erfolgreich abgeschlagen. Die Unternehmer mußten weiterhin die Arbeitsmarktlage in den Lohnabschlüssen honorieren, und den Gewerkschaften genügte in der Regel die glaubwürdige Streikdrohung. Tarifpolitik konnte nahezu ausschließlich als Verhandlungspoker erscheinen.

In den Jahren nach 1963 mehrten sich die Versuche, die gewerkschaftliche Politik staatlicher Kontrolle zu unterwerfen: Produktivitätsorientierte Lohnformeln wurden ausgearbeitet, der Sachverständigenrat, die sogenannten »Fünf Weisen«, gegründet, und Bundeskanzler Erhard erging sich in Maßhalteappellen, die schließlich in der Forderung nach der »Formierten Gesellschaft« endeten. Die erste Nachkriegskrise 1966/67 nutzten die Unternehmer dementsprechend umgehend, um übertarifliche Lohn- und Sozialleistungen abzubauen und provozierten damit mehr als 200 betriebliche Abwehrstreiks.

Erfolge erzielten die Strategien staatlicher Gewerkschaftseinbindung aber erst nach Bildung der »Großen Koalition« und Einrichtung der »Konzertierten Aktion«, einem Gremium, in dem regelmäßig Regierungs-, Kapital- und Gewerkschaftsvertreter gemeinsam wirtschaftspolitische Probleme erörterten und in dem insbesondere die Gewerkschaftsvertreter auf staatliche Lohnleitlinien festgelegt werden sollten. Zwei Jahre gewerkschaftliche Anpassung an diese Lohnleitlinien im Konjunkturboom 1968/69 ließen die Gewinne explodieren – und den betrieblichen Protest. Einem Streik im Dortmunder Stahlkonzern Hoesch, der sich an innerbetrieblichen Lohndifferenzen entzündet hatte, folgte im September 1969 eine sich von Tag zu Tag in den Großbetrieben der Stahl-, Bergbau-, Werft- und Metallindustrie ausweitende spontane Streikwelle. Schon nach einer Woche, am 9. September, befanden sich in 29 Betrieben über 65 000 Arbeiter im Streik; insgesamt bestreikten 140 000 Arbeiter 69 Betriebe und setzten selbst für die 60er Jahre außergewöhnliche Lohnerhöhungen (11 Prozent) und außertarifliche Zulagen (20–30 Pf pro Stunde) durch. Verblüfft mußte die IG Metall in einer internen Auswertung feststellen, daß sich die gewerkschaftspolitische Situation der 60er Jahre verkehrt habe: Habe bis dahin »die große Masse der Arbeitnehmer passiv und mehr oder minder apathisch Gewerkschaftspolitik über sich ergehen lassen, seien so gut wie alle Tarifbewegungen »von oben her angekurbelt, eingeleitet und durchgeführt worden (und) ... nirgendwo Druck von unten ... ausschlaggebend« gewesen, so künde sich in

den Septemberstreiks eine »neu entstehende aktive Kampfbereitschaft« an. Denn dieser größte Streik der 60er Jahre
wurde ohne gewerkschaftliche Initiative und Unterstützung
allein von der betrieblichen Gewerkschaftsbasis getragen.
Die Führung stand staunend daneben und versuchte sie
dann in tarifpolitische Verhandlungen zu überführen.

Auf die Automationswelle der 60er Jahre reagierten die
Gewerkschaften vornehmlich mit Arbeitstagungen, die
»Chancen und Risiken« analysierten. Auf den internationalen Konferenzen der IG Metall zu den Problemen des
technischen Fortschritts (1963, 1965) wurden wirschafts-,
arbeitsmarkt- und bildungspolitische Forderungen entworfen, die später Arbeitsschwerpunkte der sozialliberalen
Koalition in den 70er Jahren wurden. Der Abschluß von
Tarifabkommen zur analytischen Arbeitsbewertung förderte hingegen die Rationalisierungspolitik, deren soziale
Folgen (Umsetzung, Abgruppierung, Umschulung, Entlassung) das Rationalisierungsschutzabkommen für die
Eisen- und Metallindustrie 1968 lediglich finanziell abfe-
derte.

Gewerkschaftliche Organisationskrise

In den 60er Jahren stagnierten die Mitgliederzahlen der
DGB-Gewerkschaften bei etwa 6,5 Millionen, und der
gewerkschaftliche Organisationsgrad sank sogar auf 30,3
Prozent. Darin spiegelten sich neben den sozialökonomi-
schen Strukturveränderungen (Zunahme der Frauen- und
Angestelltentätigkeit, Expansion des Dienstleistungssek-
tors) vor allem die gelockerten Bindungen der Masse der
Lohnabhängigen an ihre Gewerkschaften. Ihre Notwendigkeit wurde zwar in Meinungsumfragen nicht bestritten,
aber kampflos erreichbare Tariferfolge, die vielfältigen
Möglichkeiten, durch Betriebswechsel und Weiterbildung
bessere Arbeitsplätze und höhere Löhne zu bekommen,
lösten die individuelle Organisationsdisziplin, die Fluktua-
tionsraten stiegen. Häufig genügte ein Betriebswechsel,
um die Mitgliedschaft nicht zu erneuern. Alle Gewerkschaften versuchten, dem Problem durch verbesserte Bei-
tragskassierung und Verwaltungsarbeit beizukommen.
Der integrationistische Flügel der Gewerkschaften, als
deren Exponent sich Georg Leber und seine IG Bau Steine
Erden profilierten, nutzte diese Organisationskrise
zugleich, um den Versicherungs- und Dienstleistungscha-
rakter der Gewerkschaft auszubauen: Durch eine Sat-
zungsänderung erschwerte Georg Leber den Gewerk-
schaftsaustritt so stark wie die Kündigung eines Zeitschrif-
tenabonnements. Vom Bauarbeitgeberverband ließ er sich
1961 im Tarifvertrag schriftlich die IG BSE als »Ordnungs-
faktor« anerkennen und beanspruchte von diesem »Vor-
teilsregelungen« für Gewerkschaftsmitglieder. Eine
Zusatzrente für Gewerkschaftsmitglieder, das »Gemein-
nützige Erholungswerk e.V.«, das unter anderem ein
Ferienheim bei St. Tropez baute, und die »Stiftung Berufs-
hilfe«, alle finanziert aus den Zusatzversorgungskassen
bzw. der Lohnausgleichskasse und von der Gewerkschaft
verwaltet, sollten die Organisationsdisziplin retten: Orga-
nisationssicherung durch Bürokratisierung und sozialpart-
nerschaftliche Kooperation. Anders die IG Metall. Sie
setzte auf eine betriebsnähere Tarifpolitik, den verstärkten
Aufbau von Vertrauensleutekörpern, eine basisnahe Bil-
dungsarbeit und ein aktive Tarifpolitik. Organisationssi-
cherung durch Basisnähe und Erhalt einer mobilisierungs-
fähigen Gegenmacht – so lauteten die organisationspolitischen Antworten des linken Gewerkschaftsflügels. In den
organisationspolitischen Divergenzen reflektierten sich
nicht zuletzt die politischen Kontroversen innerhalb der
Gewerkschaften Anfang der 60er Jahre.

*Großer Bahnhof in Köln: Der millionste »Gastarbeiter«, der Portu-
giese Hernando Rodrigues de Sá, wird 1964 von Unternehmern
feierlich empfangen und bekommt ein Moped und Blumen geschenkt.*

*Die Zahl der westdeutschen Erwerbstätigen ging von 1960–1972
aufgrund ihrer Altersstruktur um 2,3 Millionen zurück. Aber es
wurden Arbeitskräfte gebraucht – und die holte sich die deutsche
Industrie aus den ärmeren Ländern Europas. Ab 1960 kamen die
sogenannten »Gastarbeiter« in größeren Zahlen, zunächst vor
allem aus Italien, Griechenland und Spanien, später auch aus
Jugoslawien und schließlich aus der Türkei.*

*»Die ausländischen Arbeitnehmer kommen aufgrund einer freiwil-
ligen Entscheidung als freie Menschen in ein Land mit einer freiheitlichen Gesellschaftsordnung. Es gibt keine Freiheit ohne Verantwortung. Deshalb ist zunächst einmal jeder selbst für seine Lebensgestaltung in dieser freiheitlichen Ordnung verantwortlich. Wir
erwarten deshalb von den Ausländern, daß sie sich selbst um Eingliederung und Anpassung an unsere Verhältnisse bemühen. Nicht
wir können uns den Ausländern anpassen, sie müssen sich vielmehr
selbst unsere Ordnungsvorstellungen zu eigen machen...« (Prof.
Siegfried Balke, Bundesvereinigung der Deutschen Arbeitgeberver-
bände, 1968).*

*Die sich »freiwillig« entschieden hatten, weil die wirtschaftlichen
Bedingungen in ihrem Heimatland ihnen keine oder nur schlechte
Möglichkeiten boten, gerieten in der Bundesrepublik nicht selten in
Verhältnisse, die sie sich bei den Anwerbungsgesprächen in Italien
oder Spanien nicht hätten träumen lassen. In der ersten Phase der
Ausländerbeschäftigung bis ca. 1961 wurden im bayerischen Dachau
italienische, spanische und griechische Arbeiter mit ihren Familien
in den halbverfaulten Baracken des ehemaligen Konzentrations-
lagers Dachau einquartiert.*

*Die deutsche Bevölkerung erleichterte den ausländischen Kollegen
die Eingewöhnung nicht sonderlich. »Sie sind feige, dreckig und
geil. Sie pöbeln blonde Mädchen an und machen Jagd auf unsere
Ehefrauen. Wer sich mit ihnen anlegt, bekommt ein Messer zwischen die Rippen. Sie haben nur Weiber, Vino und Spaghetti im
Kopf«, beschrieb Günter Wallraff 1969 die gängigsten Vorurteile
gegenüber Ausländern.*

Konzertierte Aktion zwischen Gewerkschaften, Unternehmern und Regierung: Rosenberg, Berg und Schiller

Selbstverständnisdebatte im DGB

Aufhänger einer breiten Selbstverständnisdiskussion im DGB wurde Anfang der 60er Jahre der Beschluß von 1959, das alte Münchner Programm des DGB von 1949 zu überarbeiten. Während die integrationistischen Kräfte um Georg Leber eine Revision nach dem Godesberger Vorbild der SPD anstrebten, wollten die sozialistisch-reformistischen Kräfte um die IG Metall die zentralen Elemente des Münchner Programms erhalten: Volkswirtschaftliche Planung, Mitbestimmung und Gemeineigentum an Schlüsselindustrien. Im Hintergrund der Debatte stand die gewerkschaftliche Verarbeitung des Wirtschaftswachstums, des neu gewonnenen materiellen und sozialen Wohlstands. Für den integrationistischen Flügel war all das Ausdruck der modernen Industriegesellschaft, die ausbeutungs- und klassenfrei unter der Vorherrschaft des Rechts- und Sozialstaats funktioniere und nichts mehr mit dem Kapitalismus der Vorkriegszeiten, seiner Krisen, seiner Ausbeutung, Verelendung und Unterdrückung gemein habe. In ihr könne und müsse die Gewerkschaft als öffentlich anerkannte Kraft sozial ausgleichende und befriedende Ordnungsfunktionen übernehmen. Der Wirtschaftsoptimismus, der den Programmentwurf und Lebers Reden durchzog, mag heute merkwürdig illusionär erscheinen — damals spiegelte er den Zeitgeist eines steilen Konjunkturbooms. Assistiert von den Massenmedien, fiel es Georg Leber nicht schwer, seine Kontrahenten in IG Metall und IG Chemie als antiquierte, dogmatische Altsozialisten und Traditionalisten abzutun und sich selbst als undogmatischen Reformisten zu präsentieren. Allein, die Klassen-

wirklichkeit in den Betrieben, die Aussperrungspraxis 1963 wie die ersten Notstandsgesetzentwürfe setzten der gewerkschaftlichen Anpassung Grenzen. 262 Änderungsanträge als Produkt einer sehr kritischen Programmdiskussion 1962/63 sorgten für stärkere kapitalismuskritische Akzente. Die Godesberger Wende wurde nur unvollständig nachvollzogen. Alle Elemente der gewerkschaftlichen Neuordnungskonzeption des Münchner Programms von 1949 blieben erhalten, wenn auch im 63er Programm in viele Kapitel verstreut, isoliert voneinander, ja zum Teil in marktwirtschaftliche Gedankengänge gestellt und damit ihres eigentlichen Inhalts entledigt. Nur die im 63er Programm hervorgehobene Mitbestimmungsforderung wurde später Gegenstand von gewerkschaftlichen Initiativen. Wenn auch nach rechts verschoben, so konnten doch alle Flügel schließlich mit dem politischen Kompromiß des Düsseldorfer DGB Programms von 1963 leben. Links von der SPD blieben so die Gewerkschaften, mindestens ihr linker Flügel, programmatisch und politisch der letzte Ort gesellschaftlichen Einflusses, in dem die politische Kultur der Arbeiterbewegung überdauern konnte.

Zwischen APO und Ministerwürden. Gewerkschaftliche Politik am Ende der 60er Jahre

Die ökonomisch-politische Entwicklung folgte indes mehr den ökonomischen Bewegungsgesetzen des kapitalistischen Reproduktionsprozesses als den eher naiven Illusionen integrationistischer Gewerkschafter. Die Wachstumsraten verminderten sich und mündeten 1966 in der ersten Nachkriegskrise, die zugleich zur politischen Krise der CDU/CSU Alleinherrschaft wurde. Die zwei wichtigsten Arbeitsschwerpunkte der neuen »Großen Koalition« setzten gewerkschaftliche Tolerierung und Mitarbeit voraus: Sicherung einer Zweidrittelmehrheit für die Notstandsgesetze und ein effktiveres wirtschaftspolitisches Steuerungsinstrumentarium, zu derem Kern die »Konzertierte Aktion« der »Sozialpartner« gehören sollte. In dieser Phase vollendete sich der Anfang der 60er Jahre eingeschlagene Weg des integrationistischen Flügels. Georg Leber wurde Verkehrsminister. Das Amt sei peripher, meinten Kiesinger und Brandt übereinstimmend, wichtig sei allein die symbolträchtige Einbindung des staatstragenden Gewerkschaftsflügels. Stolz vermerkte Georg Leber in seinen Memoiren »Vom Frieden«, daß allein der Aufbau einer integrationistischen Minderheit in den Gewerkschaften den Widerstand gegen die Notstandsgesetze so weit neutralisiert habe, daß sie parlamentarisch passieren konnten. In die »Konzertierte Aktion« wurde sogar die kritische IG Metall so erfolgreich eingebunden, daß die »wilden Streiks« 1969 nicht zuletzt als Ergebnis gewerkschaftlicher Anpassung interpretiert werden müssen. Die parlamentarische Fixierung auch des linken Gewerkschaftsflügels, die Bedenken gegenüber generalstreikähnlichen Aktionsformen und die Aussicht auf Kompensation der Notstandsgesetze durch eine Ausweitung der Mitbestimmungsgesetze ließen gewerkschaftlichen Widerstand in der Schlußphase erlahmen. Die inhaltliche Kritik an den Notstands-Gesetzen wurde aufrechterhalten, die Zugeständnisse an die Tarifautonomie und Streikfreiheit gewürdigt. Doch die Nichtbeteiligung am zentralen Sternmarsch der Notstandsgegner 1968 in Bonn, die Organisierung einer eigenen Funktionärskundgebung in Dortmund bei Verzicht auf weitergehende Kampfmaßnahmen wurden als faktische Hinnahme der Gesetzesverabschiedung begriffen.

Aber die politische Hegemoniekrise des CDU/CSU Blocks, die Bildung der »Großen Koalition«, die zyklische Krise und die infrastrukturellen Krisen im Bildungs-, Gesundheits- und Verkehrssektor förderten auch eine andere Tendenz: Aus der studentischen Opposition gegen den Vietnam-Krieg, die Notstands-Gesetze und autoritäre Hochschulstrukturen sowie aus der Ostermarschbewegung formierte sich eine außerparlamentarische Oppositionsbewegung, die sich vielfältig mit dem linken Gewerkschaftsflügel vernetzte. Der vom SDS initiierte Kongreß »Demokratie vor dem Notstand« und der Appell von 215 Professoren an den DGB, gegen die Notstandsgesetze aktiv zu werden (1965), und das gewerkschaftliche Nein zu den Notstands-Gesetzen, vom DGB-Kongreß 1966 bekräftigt, flossen im 1966 gegründeten Kuratorium »Notstand der Demokratie« zusammen. Neu gegenüber den Kämpfen gegen Remilitarisierung und Atomtod: Nicht mehr der ganze DGB, sondern nur noch sein linker Flügel schloß sich dem Kuratorium an, beteiligte sich an dessen Kongreß in Frankfurt 1966 (20000 Teilnehmer). Und erstmalig mußte sich diese Oppositionsbewegung unabhängig, zum Teil sogar gegen die SPD der Großen Koalition formieren. Die Spaltung in der Programmdiskussion war nunmehr politikbestimmend geworden und äußerte sich auch im Verhältnis der Gewerkschaftsflügel zur APO: Während der Westberliner DGB-Vorsitzende Walter Sickert als Prototyp des rechten Flügels mit seinen Ausfällen gegen die APO nicht hinter die Springer-Presse zurückfiel, konnte Ulrike Meinhof in der »Metall« publizieren, äußerte Otto Brenner viel Verständnis für die Studentenbewegung, wurde ihr aus der IG Metall manche intellektuelle und finanzielle Hilfe zuteil.

An der gewerkschaftlichen Basis trug das Vorbild der selbstbewußten studentischen Aktionsformen, aber auch ihr Einfluß auf die Bildungs- (IG Metall, IG Chemie) und die Jugendarbeit, zur Rückbesinnung auf eigene, originär gewerkschaftliche Kampfformen bei. Der unmittelbarste Einfluß zeigte sich in der Lehrlingsbewegung. Sie demonstrierte nicht nur ideenreich gegen unglaubliche Mißstände in der Berufsausbildung, sondern trat auch selbstbewußt fordernd gegenüber den Gewerkschaften auf – so mit eigenen Lehrlingsdemonstrationen, Arbeiterjugendgerichten, Lehrlingszentren und später mit der Aktivierung einer ausbildungs- und betriebsbezogenen, antikapitalistisch geprägten Gewerkschaftsjugendarbeit, die alle Tendenzen zur Reduktion gewerkschaftlicher Jugendarbeit auf Hobby- und Freizeitschwerpunkte weit hinter sich ließ.

Örtliche, aktionsbezogene Zusammenarbeit zwischen der APO, der Gewerkschaftsjugend und betrieblichen wie gewerkschaftlichen Organisationen gab es häufig bei Aktionen gegen die NPD und in Rote-Punkt-Aktionen gegen Fahrpreiserhöhungen.

Es entstand langsam ein gesellschaftspolitisches Klima, in dem die gewerkschaftliche Basiskritik an der Konzertierten Aktion, von einer starken Minderheit auf dem 9. IG Metall Gewerkschaftstag 1968 formuliert, in den Septemberstreiks Realität werden konnte. Die Kampfform spontaner betrieblicher Streiks durchbrach gerade die in der Bundesrepublik extrem verrechtlichten »Spielregeln« der Klassenbeziehungen. Und die autonome betriebliche Streikführung signalisierte unerwartete Handlungspotentiale in der Arbeiterklasse. Wenngleich der Streikumfang und sein politischer Charakter geringfügig gegenüber dem Generalstreik im Mai 1968 in Frankreich und im Herbst ’69 in Italien erscheinen mochten, in der Bundesrepublik erschütterten sie rechte Weltbilder von der »nivellierten Mittelstandsgesellschaft« (Schelsky) nicht weniger als linke von der »eindimensionalen Gesellschaft« (Marcuse). Eine neue Generation, so analysierte die IG Metall, sei in die aktive Arbeiterbewegung eingetreten, die Routineveranstaltungen nicht mehr selbstverständlich hinnehme, »Beschlüsse, die früher ohne Wimpernzucken akzeptiert wurden« hinterfrage, personelle Lösungen nicht schweigend akzeptiere. Die »Mentalität der Funktionäre in den Betrieben« habe sich offensichtlich verändert, die Gewerkschaften müßten künftig aufpassen, daß sie nicht hinter dem »gegebenen Kampfwillen zurückbleiben«. Ein neuer Zyklus gewerkschaftlicher Kämpfe hatte sich mit den Septemberstreiks ’69 konstituiert, der sich gegen die integrationistische Einbindung der Gewerkschaften behaupten mußte und von den gewerkschaftlichen Kampferfahrungen des linken Flügels profitieren konnte. Ihm vor allem kommt in den sechziger Jahren das Verdienst zu, daß die Gewerkschaften als soziale Bewegung überlebten und nicht zu öffentlich-rechtlichen Institutionen degenerierten.

Demonstration der Lehrlingsbewegung am 7. Juni 1969 in Köln mit den Parolen »Selbstbestimmung und Klassenkampf statt Mitbestimmung und Gewerkschaftskrampf«

Ingeborg Simon
CONTERGAN ®

Frage: Was wissen Sie (noch) von CONTERGAN?

Kinder mit verkrüppelten Gliedmaßen fallen Ihnen ein – und was sonst? Nichts mehr? Diese magere Bilanz ist meist alles, was übrig blieb von einem Ereignis, das von 1957 bis 1961 allein in der BRD weit über 1000 Tote und noch mehr Schwerbeschädigte und Kranke hinterließ (genaue Zahlen existieren bezeichnenderweise überhaupt nicht). Daß unser Wissen und unser Gedächtnis zum Fall CONTERGAN so wenig hergeben, trotz der ständig daran erinnernden Leiden Überlebender, ist kein Zufall, sondern das Ergebnis geschickter Politik derer, die dieses Unglück zu verantworten haben. Sie haben es nämlich von Anfang an verstanden, den CONTERGAN-Skandal für die Öffentlichkeit in einen unvorhersehbaren Schicksalsschlag umzufälschen (»nationales Unglück«). So gehört CONTERGAN bis heute zu den »unbewältigten« verdrängten Ereignissen der frühen 60er Jahre. Filmemachern würde es genug Stoff bieten für einen Streifen, der es an Brutalität und Kriminalität mit jedem Film über die Machenschaften der sizilianischen Mafia aufnehmen könnte.[1]

Die Akteure des CONTERGAN-Ereignisses sind auf der einen Seite die »Gesunde-Geschäfte-Macher« der Pharma-Industrie, Versicherungsagenten, Staranwälte, Privatdetektive, gekaufte Gutachter und ein echter Nobelpreisträger; auf der anderen Seite hilflose Opfer, unzählige Tote, Geisteskranke als menschliche Versuchskaninchen, von internen Querelen geschwächte Elterngruppen, handlungsunfähige Kontrollinstanzen und einige standhafte Ärzte und Wissenschaftler.

Zum Ablauf der Handlung

Die Dalli-Werke Maurer & Wirtz, Hersteller von Seifen und Waschmitteln, steigen 1946 in Stolberg (Rheinland) mit der Gründung der Chemie Grünenthal ins gewinnversprechende Pharmageschäft ein. Ohne großes »know how« wird die Produktion in einer alten Kupfergießerei aufgenommen – zunächst mit Antibiotica, später mit Schlaf- und Schmerzmitteln. Im Oktober 1957 kommt CONTERGAN auf den Markt. In kürzester Zeit wird dieses »gefahrlose« und »ungiftige« Schlafmittel (»unschädlich wie ein Zuckerplätzchen«) zum Umsatzrenner. Und weil das Geschäft damit so floriert, wird CONTERGAN (int. Thalidomid) gleich in weiteren 50 Variationen als Rheuma-, Grippe-, Asthma- und Migränemittel vermarktet. Nicht nur der heimische Markt, auch das Ausland, von Australien über Afrika bis Brasilien, wird beliefert. Mit dem rasch zunehmenden Verbrauch – 1961 benutzen über 1 Mio. Bundesbürger das »Schlafmittel des Jahrhunderts« – mehren sich in Stolberg Meldungen über gravierende Nebenwirkungen, von Ärzten in Krankenhäusern und Praxen beobachtet: Muskelkrämpfe, Gliederschwäche, Angstzustände, Lähmungen, dauernde Körperbehinderung – Symptome einer schweren Nervenschädigung (Polyneuritis). Die ersten Krankenhäuser verbannen CONTERGAN

von ihren Stationen, verunsicherte Ärzte erwarten von Chemie Grünenthal Auskunft. Anstatt diesen schlimmen Meldungen nachzugehen, setzt der Hersteller seine ganze Kraft dafür ein, die Realitäten zu leugnen. Abgesandte des Konzerns besuchen besorgte Ärzte, lügen oder bagatellisieren, räumen Bedenken aus, hinterlassen Werbematerial. Wo diese Taktik nicht verfängt, wird mit Schadensersatzforderungen gedroht, werden geplante ärztliche Veröffentlichungen in den Redaktionen zurückgehalten. In schwierigen Fällen (»Unruhestifter«) werden Detektive eingesetzt, um nach Verfehlungen im Privatleben zu schnüffeln, und gedungene Patienten in Kliniken eingeschleust. Je erdrückender die Zahl der eingehenden Meldungen über Nebenwirkungen, um so häufiger werden die Ärztebesuche, um so zahlreicher die Werbeprospekte. Das Ausland wird – solange es geht – von allem abgeschirmt. Nach mehreren kritischen Vorträgen auf ärztlichen Kongressen sieht sich Grünenthal gezwungen, den Kampf gegen die schon länger geforderte Rezeptpflicht des bisher frei verkäuflichen CONTERGAN aufzugeben. Es laufen auch ganz diskret erste Auszahlungen an Geschädigte aus dem firmeneigenen »CONTERGAN-Schaden-Konto« an. Relativ spät – nämlich erst Ende 1961 – wird erstmalig vom Hamburger Kinderarzt Dr. Lenz auf einem Kongreß der Verdacht geäußert, daß die plötzlich gehäuft auftretenden Fälle einer an sich sehr seltenen Mißbildung bei Neugeborenen (Phokomelie) etwas mit dem Schlafmittel CONTERGAN zu tun haben könnten, das im August 1961 wegen der Verursachung schwerer Nervenschäden der Rezeptpflicht unterstellt worden war. Nur der unerschrockenen Vorgehensweise von Dr. Lenz ist es zu verdanken, daß CONTERGAN kurz danach vom Markt genommen wurde. Lenz' Warnung an den Hersteller: »Jeder Monat Verzögerung in der Klärung bedeutet, daß 50 bis 100 schrecklich verstümmelte Kinder geboren werden«, wurde am 26.11.61 in der »Welt am Sonntag« zitiert und setzte dem lukrativen Geschäft mit CONTERGAN in der BRD ein Ende. Da CONTERGAN in der Werbung gerade für Schwangere mit der willkürlichen Behauptung der Unschädlichkeit propagiert wurde, lag die Zahl der Opfer hier besonders hoch. Nach Schätzungen von Dr. Lenz wurden zwischen 5400 und 6700 mißgebildete Kinder mit einer Überlebenschance von 40 % in der BRD geboren.

Kurz nach dem CONTERGAN-Verbot wurden die Ermittlungen der Staatsanwaltschaft eingeleitet, die sich als äußerst kompliziert erwiesen. Sie nahmen sechs Jahre in Anspruch. Nach mehreren Durchsuchungen der Firma sowie eines gut getarnten »Bunkers« (dessen Existenz von einem anonymen Anrufer verraten wurde) kam eine Menge Belastungsmaterial zusammen, das trotz seiner Unvollständigkeit zur Anklageerhebung gegen sieben Angeklagte ausreichte. Erst 1968 begann der Prozeß, der in seinem Verlauf häufig Hollywood-reife Gerichtsszenen bot: theatralische Auftritte von Staranwälten, die mit Hilfe von Befangenheitserklärungen, Kreuzverhören, Verzögerungstaktiken, Zeugenbeschimpfungen und Beleidigungen der Opfer alles daran setzten, Zeit zu gewinnen und zu desorientieren. Kräftig unterstützt wurden sie von einer extra eingerichteten firmeneigenen Abteilung Öffentlichkeitsarbeit mit eigener Nachrichtenagentur, in der Rechtsexperten, Sachverständige – unterstützt von mehr als 20 Mitarbeitern – bemüht waren, die öffentliche Meinung zu manipulieren. Dazu ein Verteidiger der Angeklagten: »Gewiß versuchen wir, die Presse zu beeinflussen. Nach unserer Meinung ist das nicht nur nicht unehrenhaft, es ist unsere Pflicht.« Der Erfolg blieb nicht aus. Als Ende 1973 – nach einer Dauer von mehr als fünf Jahren – der Prozeß mit einem Vergleich endete, blieben die Angeklagten der Firma Chemie Grünenthal ohne Schuldzuweisung. Großer öffentlicher Protest über die Entscheidung blieb aus.

Auf welchem wirtschafts- und gesundheitspolitischen Hintergrund war CONTERGAN bei uns möglich?

Im Jahre 1957, als CONTERGAN eingeführt wurde, herrschte in arzneimittelrechtlicher Hinsicht ein gesetzloser Zustand. Jeder, der Lust und Geld hatte, konnte Arzneimittelhersteller werden. Irgendwelche Auflagen an Qualifikation und/oder Ausrüstung existierten nicht. Das Ergebnis dieses »freien Wettbewerbs« waren Anfang der 60er Jahre über 2000 Arzneihersteller und mehr als 60000 Arzneimittel. Überflüssig zu erwähnen, daß mit der ungehemmten Produktion ein rasant ansteigender Medikamentenkonsum einherging.

1961 wurde das erste Arzneimittelgesetz verabschiedet, dessen ausdrückliche Zweckbestimmung die Stärkung der Pharma-Industrie war. Dazu der damalige Justizminister Dittrich: »Insbesondere ist es für die Pharmazeutische Industrie, im Hinblick auf ihre Exporte, fast lebenswichtig, sich auf landeseigene gesetzliche Standards stützen zu können, um nicht gegenüber anderen arzneimittelerzeugenden Ländern in Nachteil zu geraten.« Dieser gemeinsame Wunsch von Regierung und Pharmakonzernen erfüllte sich 1968: Die BRD wurde Pharma-Exportland Nr. 1 vor Japan und den USA. Im Gesetzgebungsprozeß selbst folgte der an sich federführende Gesundheitsausschuß in allen wichtigen Fragen den Empfehlungen des nur beratend tätigen Wirtschaftsausschusses. Zwangsläufige Folge war, daß der für den Verbraucher vorrangige Aspekt der Arzneimittelsicherheit keine Rolle spielte. So verlangt das Gesetz von 1961 keinen Nachweis von Wirksamkeit und Unbedenklichkeit. Es kennt keine Zulassungskontrolle, keine Überwachung der Produktion und fordert keine Prüfungen an Mensch und Tier. Nach Einführung eines Arzneimittels erfolgt keine Risikoüberwachung, Herstellern und Ärzten bekannt werdende unerwünschte Wirkungen müssen nicht an Kontrollorgane weitergemeldet werden, Werbeaussagen und Beipackzettel unterliegen keiner Aufsicht. In dieser marktwirtschaftlichen »Freiheit« sind Arzneimitteltragödien trotz der Existenz des Arzneimittelgesetzes vorprogrammiert, das heißt, CONTERGAN wäre durch das Arzneimittelgesetz von '61 nicht verhindert worden. Die hier beschriebene Situation auf dem Arzneimittelmarkt seit 1957 bedeutet auf CONTERGAN bezogen: Die bei Grünenthal eingegangenen Meldungen über Nebenwirkungen konnten einfach ignoriert werden, eine Mitteilung an das zuständige Ministerium in Nordrhein/Westfalen unterblieb, Bundesgesundheitsamt und ärztliche Arzneimittelkommission wurden nicht alarmiert, Werbeaussagen und Beipackzettel wurden nicht aktualisiert, Ministerialbeamte konnten hingehalten werden – Grünenthal war im alleinigen Besitz aller Informationen und konnte damit nach Belieben verfahren. Der Mangel an arzneimittelrechtlicher Handhabe zur klaren Verurteilung des Konzerns und seiner inhumanen Praktiken wird auch im Abschlußbericht der Anklagevertretung deutlich. Da ist – trotz der Schwere und Brutalität der Vergehen – selten von konkreten Gesetzesverstößen die Rede. Man muß sich mit moralisierenden Vokabeln wie »höchst fragwürdig« (Menschenversuche), »irreführend und fahrlässig« (Werbung und Beipackzettel), »unentschuldbar« (Bagatellisierung der Nebenwirkungen) behelfen. Das Schicksal der Arzneimittelverbraucher hing allein vom Verantwortungsbewußtsein des Pharmakonzerns ab, und der war

bereit, für sein Produkt, das ihm im Mai 1960 46% des Gesamtumsatzes einbrachte, über Leichen zu gehen, und tat das auch. Daß eine Gesetzgebung, die das Bedürfnis des Verbrauchers nach Arzneimittelsicherheit nicht so grundsätzlich negiert wie bei uns, etwas vermag, zeigen folgende Beispiele: In England und Schweden, wo der Gesetzgeber die Rezeptpflicht für CONTERGAN von Beginn an forderte, blieb die Zahl der Opfer weit hinter unseren zurück. Strengere Auflagen an Umfang und Qualität der Unterlagen von Tier- und Menschenversuchen verzögerten in den USA den Zulassungsprozeß solange, bis die aus England kommenden ersten Schreckensnachrichten die Zulassungsprüfung stoppten. In der DDR wurde CONTERGAN Anfang 1961 (also vor dem Bekanntwerden des Verdachts der Phokomelie) vom Zentralen Gutachterausschuß abgelehnt, weil die vorliegenden Prüfungsunterlagen als nicht ausreichend erachtet wurden und zwei wesentliche Zulassungskriterien des Arzneimittelgesetzes der DDR – die Unentbehrlichkeit für die Therapie und das Bestehen eines gesellschaftlichen Bedürfnisses – nicht erfüllt waren. Unsere Arzneimittelgesetzgebung zog – im Gegensatz zu allen anderen betroffenen Ländern mit entwickelter Arzneimittelherstellung – keine wirksamen Konsequenzen aus dem Fall CONTERGAN. Zwar wurde das Gesetz von 1961 im Jahre 1964 ergänzt durch die Einführung einer automatischen dreijährigen Rezeptpflicht für Mittel mit neuen, in der medizinischen Wissenschaft noch unbekannten Wirkstoffen sowie durch die Aufforderung der Hersteller, bei neuen Arzneimitteln zu erklären, daß sie ausreichend und sorgfältig nach dem jeweiligen Stand der wissenschaftlichen Erkenntnis geprüft worden seien, aber an der Praxis änderte diese »Novellierung« nichts (wie der Arzneimittelskandal von 1968 um den tödlichen Appetitzügler MENOCIL beweist).

Ist der Fall CONTERGAN abgeschlossen?

Die notwendigen Konsequenzen wurden in der BRD bis heute nicht gezogen. Obgleich seit 1978 ein neues Arzneimittelgesetz in Kraft ist, wurde die Arzneimittelsicherheit des Verbrauchers nicht entscheidend verbessert. Weder berücksichtigte der Gesetzgeber die damals im Abschlußbericht der Anklagevertretung sehr präzise formulierten Anforderungen an die Aufklärung des Verbrauchers (durch Beipackzettel), noch beachtete er ausreichend die von der Weltgesundheitsorganisation auf Grund der CONTERGAN-Tragödie entwickelten Richtlinien über die Prüfung von Arzneimitteln an Menschen. Und Chemie Grünenthal hat das große CONTERGAN-Geschäft offenbar auch noch nicht vergessen. Wie man hört, läßt sie zur Zeit in Berlin einen CONTERGAN-Abkömmling an Menschen testen, laufen in England wieder Versuche mit CONTERGAN bei Kindern, die an einer seltenen Geschwulsterkrankung leiden, wünscht man sich in Asien die Freigabe von CONTERGAN für die Leprabehandlung.

Der Fall CONTERGAN ist also noch nicht ad acta gelegt, Arzneimittelunglücke im großen Stil sind immer noch möglich, wie gerade wieder die Verbote umsatzstarker tödlicher Rheumamittel belegen. Aber: Das ungebrochene Vertrauen der Verbraucher der 60er Jahre in die Leistungsfähigkeit und Sicherheit der Arzneimitteltherapie ist dahin.

---

1 Zur Darstellung des Contergan-Falls s. Sjöström u. Nilsson, *Contergan oder Die Macht der Arzneimittelkonzerne*, VEB-Verlag Volk u. Gesundheit, Berlin 1975. Auf den Fakten, die in diesem Buch festgehalten wurden, baut der vorliegende Bericht auf.

Siegfried Zielinski

Die Ferne der Nähe und die Nähe der Ferne

Bilder und Kommentare zum TV-Alltag der 60er

Die sechziger Jahre im Fernsehen: das ist die erste Begehung des Mondes durch einen Menschen und die Placierung des Banners mit den Stars and Stripes außerhalb der Erde ebenso wie der Mauerbau durch Berlin und große Teile Restdeutschlands; das ist die Auseinandersetzung um die sozialistische Insel Kuba, welche die Welt nur siebzehn Jahre nach der Beendigung des zweiten an die Schwelle zum dritten Weltkrieg brachte; das ist der Prozeß gegen Adolf Eichmann in Israel, in dessen Verlauf die mörderischen Gewaltverbrechen der Nazis für viele Millionen Menschen wieder präsent wurden; das ist das Bild der schwarzen US-amerikanischen Sprinter Tommie Smith und John Carlos, die bei den olympischen Spielen von Mexiko 1968 ihre Fäuste zum symbolischen Gruß der Black Panther erhoben und damit die Welt darauf aufmerksam machten, daß Schwarze in den USA nur für zwei Dinge geehrt werden: für Spitzenleistungen im Sport und für ihre Aufopferung auf den Schlachtfeldern ihrer Regenten.

Die sechziger Jahre im Fernsehen: das ist der sowjetische Einmarsch in die ČSSR, das ist die von Strauß initiierte Affaire um das Nachrichten-Magazin »Der Spiegel«; das sind die politischen Morde an John F. und Robert Kennedy, an Martin Luther King und an Benno Ohnesorg, die bereits die Mediatisierung von spektakulären Ereignissen zur Voraussetzung haben. Die elektronischen Medien sind live beim Töten dabei im Auftrag einer zum Haß aufgeputschten Öffentlichkeit. Die sechziger Jahre brachten vor allem flimmernde Kriegsbilder in die bundesdeutsche Wohnzimmer-Gemütlichkeit — auch in Form zahlreicher Versuche, den Eroberungskrieg der Nazis und seine politischen Wurzeln verstehbar zu machen; vor allem aber Kriegsbilder von den zahlreichen aktuellen Schauplätzen, an denen versucht wurde, gesellschaftliche Konflikte mit militärischen Mitteln zu lösen: Bilder aus dem Kongo und Angola, aus dem Irak und aus Jemen, aus Indien, Biafra, Malaysia, Kaschmir; Bilder aus dem Nahen Osten

mit dem — wie sich jetzt herausstellt — nur vorläufigen Höhepunkt des »Sechs-Tage-Krieges«; und Bilder des zugleich gigantischen und vergeblichen Versuchs der Großmacht USA, das kleine Vietnam in die Steinzeit zurückzubomben und seinen Boden auf ewig mit Napalm zu verseuchen.

Die sechziger Jahre im Fernsehen: das sind weniger Bilder und Töne von den kleinen und großen Revolutionen in der sozialen Nahwelt Bundesrepublik und Umgebung; von den »wilden« und legalisierten Streiks während der ersten großen wirtschaftlichen Rezession der Wohlstands-Republik, den zahllosen individuellen und organisierten Verweigerungen gegenüber staatlichen, kirchlichen und kulturellen Autoritäten, weniger Bilder von den tiefen Rissen, welche die vorgeblich so harmonische Landschaft in dem westlichen Teil Deutschlands zunehmend kennzeichneten. In der künstlerischen Produktion der Literatur, des Theaters, des Kinos und des ambitionierten Fernsehspiels wurden sie angegangen und aufgedeckt; für die Masse der Bevölkerung wurden sie zugekleistert mit der bunten Welt der Waren und mit markanten Strategien der Unterhaltung und Ablenkung: durch die professionellen Entertainer Lou van Burg über Rudi Carell bis Vico Torriani, die zahllosen locker-flockigen Serien des Werbe-Rahmenprogramms, die die Abende der Republik einläuteten, die importierten und hausgemachten Fließbandprodukte über Freiheit, Abenteuer und intakte Familienverhältnisse, gegen welche die wenigen Beispiele kritisch-engagierten Fernseh-Journalismus' und künstlerischer Bildherstellung wie Alibis wirkten, die zudem noch unter ständigem Beschuß der staatstragenden Verbände und veröffentlichten Meinung standen.

Die folgende Text-Bild-Montage will nicht den aberwitzigen Versuch machen, die Ereignisse des Jahrzehnts im Fernsehen und das Fernsehen in diesem Jahrzehnt repräsentieren zu wollen. Sie will lediglich einige Spotlights auf die Entwicklung werfen, wobei an der einen oder anderen Stelle das Große und Ganze aufscheinen mag.

»Ob männlich, sächlich oder weiblich,
man fühlt sich abends unbeschreiblich
zermürbt beziehungsweise matt,
sofern man was geleistet hat.
Um nun sich seelisch aufzufrischen,
strebt man sogleich zum Televischn,
macht es vorm Kasten sich bequem
... und hier beginnt nun das Problem...«

(Gedichtanfang des Pseudonyms ›Alias‹
aus: Fernseh-Rundschau, Heft 1/1961

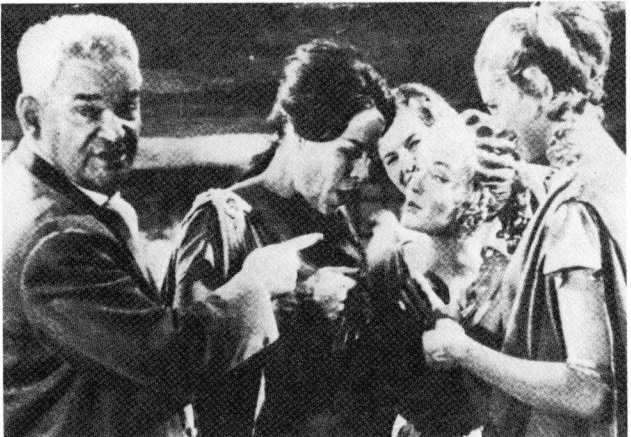

Fernseh-Eklat zu Beginn des Jahrzehnts: Fritz Kortners
Inszenierung der »Lysistrata« von Aristophanes führt zu
erbittertem Streit zwischen einigen Intendanten der ARD
und der veröffentlichten Meinung. Bayern setzt einen
ersten Meilenstein für seine fortan noch öfters praktizierte
Tradition und macht von seinem Veto-Recht im Hinblick
auf die Ausstrahlung Gebrauch. Wegen angeblicher
»Unsittlichkeit« klinkt sich der Bayrische Rundfunk am
»Lysistrata«-Abend des 17. Januar 1961 aus dem gemeinsamen Programm der ARD aus. Der zu erwartende Effekt
des Streits um die Inszenierung Kortners: 60% der
Zuschauer sind zum Zeitpunkt der Sendung auf das Programm eingeschaltet. Das Thema ist aktueller denn je und
machte eine Wiederholung der »Lysistrata« in unseren
Tagen sehenswert: Die griechischen Frauen verweigern
ihren Ehemännern den Geschlechtsverkehr, solange diese
Krieg führen. (Links im Bild Fritz Kortner, in der Mitte
Romy Schneider)

Die Rezeptionsweisen haben sich geändert. Die Apparate,
die zu Beginn der 50er Jahre noch vorwiegend in Kneipen
standen oder in den Schaufenstern des Rundfunkhandels
bestaunt wurden, stehen nun en masse in den Wohnzim-
mern der Republik. Halböffentliche und kollektive Formen der Besichtigung elektronischer Bilder sind abgelöst
worden durch mehr oder weniger individuelles Fernsehen
in den eigenen vier Wänden. Die Beschäftigung mit den
am Fließband hergestellten synthetischen Bildern der
sozialen Nah- und Fernwelt ist für diejenigen zur hervor-
ragenden Restzeit-Gestaltung geworden, die das Wirtschaftswunder in den Fabrikhallen und Großraum-Büros
der Republik erarbeiten.

Am 28. Februar 1961 erklärt das Bundesverfassungsgericht mit seinem mittlerweile legendär gewordenen »Fernsehurteil« die Gründung der »Deutschland Fernsehen GmbH« für verfassungswidrig. Das »Adenauer-Fernsehen« als zentrastaatliche Organisation mit privater Beteiligung ist gescheitert. Den Ländern wird das alleinige Recht zugesprochen für den Organisations- und Programmbereich des Rundfunks; lediglich für die Sende-Infrastruktur wird dem Bund die Zuständigkeit bestätigt. Als Übergangslösung werden die ARD-Anstalten in der Folge mit der Ausstrahlung eines zweiten Programms beauftragt. Im Juni des Jahres wird dann formal-juristisch durch die Ministerpräsidenten der Länder das ZDF ins Leben gerufen, als zentrale Anstalt auf der Basis eines Staatsvertrages zwischen den Bundesländern. Nach fast zweijähriger Vorbereitungs- und Versuchsphase beginnt das ZDF am 1. April 1963 seinen regelmäßigen Programmdienst. Der zentrale Auftrag an das »Kontrast-Programm« wird in § 2 des Staatsvertrages formuliert: »Die Sendungen der Anstalt haben den Fernsehteilnehmern in ganz Deutschland ein umfassendes Bild Deutschlands zu vermitteln und der Wiedervereinigung zu dienen. Sie müssen der freiheitlich-demokratischen Grundordnung entsprechen.«

Einer der Schritte auf dem Weg zum »Global Village«: Am 1. Mai 1961 überträgt das britische Fernsehen der BBC Bilder von der Parade auf dem Roten Platz. Ministerpräsident Chruschtschow und Astronautenheld Juri Gagarin, der im gleichen Jahr als erster in einem bemannten Raumschiff die Erde umfliegt, salutieren. Die Ferne wird zur Nähe. Weltereignisse kommen elektronisch vermittelt in die Wohnzimmer. Die Internationale der Fernseh-Zuschauer beginnt zu entstehen. Ein gutes Jahr später, ab dem 23. Juli um 19.58 Uhr, sendet der erste Fernseh-Satellit live aus den USA. »Telstar I« wiegt lediglich 77 Kilo und hat einen Durchmesser von nur 86 cm; sein Energie-Konzept wäre für die Erde fortschrittlich: er wird durch 3700 Solarzellen angetrieben.

Kanzler Erhard begrüßt die Funk-Nation für alle sichtbar auf der Großbild-Projektion. Eine durch den Faschismus unterbrochene Tradition wird wieder aufgenommen. Seit 1961 findet die Internationale Funkausstellung in zwei-jährigem Rhythmus wieder in Berlin statt. Mit Erhard kann sich in erster Linie die Elektro-Industrie freuen. Denn die sechziger Jahre sind das Jahrzehnt, in dem das Fernsehen als populärstes Massenmedium entfaltet wird. Der Apparat ist nicht mehr länger Luxus-Gut, er wird zum primären Ausstattungsstück für die privaten Haushalte. Am 1. Januar 1960 weist die Republik 3 375 003 Geräte-Besitzer auf, die Gebühren bezahlen (die anderen werden nicht erfaßt). Alleine in diesem Jahr nimmt die Zahl um mehr als eine Million zu, auf 4 497 936 angemeldete Geräte. Im Verlauf der Dekade verdreifacht sich der Bestand vom Beginn des Jahrzehnts nahezu, sodaß zu seinem Ende über 15 Millionen Haushalte mit dem Mattscheiben-Möbel ausgestattet sind. Mit etwa 84 % ist damit annähernd die Sättigungsgrenze erreicht, das heißt, jeder, der sich einen Apparat potentiell leisten kann und nicht notorischer TV-Gegner ist, verfügt auch über einen solchen.

Das Fernseh-Programm wird dem Angebot eines Warenhauses vergleichbar, in dem jeder finden soll, was er sucht und was seinen Bedürfnissen entgegenkommt. Die Fans des Persil-deutschen Schlagers ergötzen sich an »Musik aus Studio B«, mit den Spitzen der Plastik- und Einlull-Kultur vor tanzenden Modepuppen im Courregès-Look als Staffage, den Vorläufern der neu-deutschen Ausstattungsstücke des Pop-Video.

Auch Uschi Nerke trägt ihre Haare anfänglich hinten hochtoupiert und die Spitzen seitlich Richtung Kinn nach vorne gezogen. Sie moderiert die Sendung für die kulturrevolutionäre Jugend der Republik. Mit den *Cream*, *Black Sabbath*, *Steppenwolf*, *Jimi Hendrix* oder *Eric Burdon* besetzen für einen Bruchteil des Monats-Programms die zumeist langmähnigen, etwas »vergammelten« Rock-Idole der 60er den Bildschirm. Sie tragen das Flair der großen weiten Welt musikalischer Gegenkultur — vornehmlich aus den Kellern und Kneipen Großbritanniens — bis in die entferntesten Ecken der Provinz. Es ist die seltene Zeit, zu der die Familienvorstände das Glotzenzimmer verlassen und die jugendlichen Verweigerer zu gierigen TV-Konsumenten werden. Michael Leckebusch, Regisseur und Erfinder des »Beat-Club«, wird dann später den als Disco aufgemachten Fleischmarkt »Musikladen« inszenieren.

»Little« Joe C., der temperamentvolle, draufgängerische Benjamin der Familie, bei dessen Anblick junge Mädchen feuchte Unterhosen bekommen sollen und der für unzählige Jungs zum nie erreichten Vorbild avanciert.

Adam C., der dem Charakter des Vaters am nächsten kommende Sohn; ruhig, ernsthaft und bedacht, aber auch hart und entschlossen, so als würde er die Lösung sämtlicher Weltprobleme in seinem Kopf, in seinen Fäusten und in seinem Coltgürtel tragen.

Ben Cartwright, Gesamtvater nach nordamerikanischem Vorbild; lebt im wesentlichen für zwei Werte: die Verteidigung und Vermehrung seines Besitzes, die »Ponderosa Ranch«, sowie für seine Familie, die drei Söhne.

Hoss C., gutmütiger, tollpatschiger, bärenstarker Dummkopf der Familie; ist schüchtern und haut überall dort drauf, wo er Unrecht verspürt; und das tut er instinktiv und häufig, denn die Umwelt ist schlecht.

Amerikanische Serien beginnen den internationalen Fernsehmarkt zu dominieren. In ihren entwickeltsten Formen, wie zum Beispiel der Familien-Western-Serie »Bonanza«, spiegeln sie dramaturgisch und ästhetisch das Profitprinzip wider, unter dem das US-Fernsehen produziert wird. Hochgradig arbeitsteilig nach Marketing-Gesichtspunkten zusammengesetzt, verkörpern sie Grundgesetze für inter-nationale Kulturwaren: Für möglichst viele Menschen mit den unterschiedlichsten Bedürfnissen und sozial-psychologischen Dispositionen müssen ständig Angebote in Form von Charakteren, Konflikten, Schauspielern und Inszenierungen offeriert werden, die diese vor dem Apparat versammeln und auch über längere Zeiträume am Schirm halten.

57 % der Fernseh-Apparate sind eingeschaltet, als am 21. Januar 65 »Der Goldene Schuß« mit Lou van Burg über die Mattscheibe flimmert. Das sind mindestens 8 130 000 Zuschauer nebst Familienanhang, die sich fernsehend beim Leistungswettbewerb anderer entspannen wollen. In den Augen des Programm-Veranstalters ZDF sind dies aber auch viele Millionen Konsumenten, die vorgeblich nach den Waren der bundesdeutschen Konsumgüter-Industrie gieren. Denn die Mainzer Anstalt wirbt mit dieser Sendung in einer Broschüre von 1966 um Kunden der Reklame-Industrie. Die Einnahmen aus der elektronischen Werbung werden für die TV-Anstalten zunehmend lebensnotwendig. 1966 kassieren die Fernsehanstalten zusammen über 537 Millionen DM aus der Fernsehwerbung. Beim ZDF kostet in diesem Jahr zum Beispiel ein Spot von 30 Sekunden zu bester Sendezeit 19 200 DM. Für jede weitere angefangenen 5 Sekunden müssen 2 650 DM bezahlt werden.

»Die Seelenwanderung«, mit dem »Prix Italia« ausgezeichnetes Original-Fernsehspiel des WDR von Karl Wittlinger mit Wolfgang Reichmann und Hans Lothar in den Hauptrollen, steht nicht nur ästhetisch-dramaturgisch für die Versuche des Mediums, sich mit einer eigenen Kunstform zu profilieren. Es ist auch ein typisches Beispiel für die Auseinandersetzung mit den Erfahrungen des wirtschaftlichen Wiederaufbaus der Republik. Mit existentialistischem Gestus wird der Preis beklagt, den der ökonomische Aufstieg zur Spitze der Industrie-Länder gekostet hat: seelischer Müll. Verbrauchte, verkaufte und verbitterte Menschen auf der Suche nach ihrer Identität.

Beispiel eines Dialoges zwischen den beiden Protagonisten Axel und Bum:

BUM: Und warum bin ick eine arme Sau?
AXEL: Ick kann es dir janz einfach erklären.
BUM: Ick höre.
AXEL: Ick kann es dir ohne Umschweife erklären.
BUM: Also — dann schweif' direkt drauf los!
AXEL: In einem Satz kann ick dir's erklären. In sechs Worten. Willst du die sechs Worte hören?
BUM: Ick bitte darum.
AXEL: Weil du ein guter Mensch bist.
BUM: Hugo — zwei Klare auf mein Konto!
AXEL: Bloß eines is mir dabei nich janz plausibel: Warum es dir noch beschissener jeht als mir. Ick bin nämlich ooch ein juter Mensch. — Oder bist du ein besserer Mensch als icke?
BUM: Nein, ick bin kein besserer Mensch als du, aber ick lebe bewußter als du. Verstehst du det?
AXEL: Nee — wird aber schon stimmen. Du hast Abitur.
BUM: Ja — ick bin vielleicht überhaupt der letzte Humanist.

Täter und Opfer der mörderischen Massenverbrechen der Nazis gelangen nicht etwa erst 1979 mit der US-Serie »Holocaust« in die bundesdeutschen Wohnzimmer. Nicht zuletzt unter dem Eindruck des Frankfurter Auschwitz-Prozesses, der nach vielen Monaten 1965 zu Ende geht, wird vor allem im Fernsehspiel verstärkt an der Auseinandersetzung mit dem Faschismus gearbeitet. In bis heute kaum wieder erreichter Eindringlichkeit inszeniert Egon Monk beim NDR »Ein Tag« von Gunter R. Lys und bricht damit erstmals auch mit einem medialen Tabu: Das Fernsehspiel versucht den Tagesablauf in einem faschistischen Konzentrationslager von 1939 zu rekonstruieren und darzustellen. Rolf Hochhuths »Berliner Antigone« (1968), Heinar Kipphardts »Die Geschichte des Joel Brand« (1964), Rolf Hädrichs »Mord in Frankfurt« (1968) sind nur drei Beispiele von vielen, die sich mit Menschen unter der Herrschaft der Nazis, mit Täterschaft, Widerstand und Anpassung und vor allem auch mit dem Verhältnis der jungen Bundesrepublik zu ihrer Vergangenheit befassen. Letzteres ist nötiger denn je. Denn am 28. November 1964 wird die rechtsradikale NPD gegründet und zieht bald in sieben Landtage ein.

Die Kunst, Fernsehgäste zu bewirten

Auch wenn die Zeiten vorbei sind, zu denen das Medium zum Massenorganisator in den Fernseh-Stuben oder den Aktualitäten-Kinos, den Akis, wurde oder zu denen man mit dem TV-Apparat als Attraktion die Fassungsvermögen deutscher Wohnzimmer testete: Geselligkeit — als Ersatz für Gesellschaftlichkeit — wird immer noch großgeschrieben. Gäste für lange Fernsehabende müssen bewirtet werden. Hersteller von Salzstangen, Erdnuß-Flips und anderem Knabberzeugs haben Hochkonjunktur. Pizzerien richten einen besonderen Service ein. Auf Anruf bringen sie die runden Scheiben mit Pepperoni oder Plockwurst in flachen Pappkartons direkt in das gemütliche Wohnzimmer. Mit den »Fernseh-Häppchen« dringt das Medium auch in den gut-bürgerlichen Speiseplan ein. Sie haben den »Skat-Imbiß« abgelöst.

Fernseh-Häppchen

1 langes „Meterbrot"
Butter zum Bestreichen
Waldorfsalat:
1 kleine Knolle Sellerie
1 Apfel
30 g Walnüsse
100 g Mayonnaise
Walnüsse zum Belegen

Braten:	50 g Butter
200 g kalter Schweinebraten	3 Eßlöffel Sahne
50 g Mayonnaise	1 Gewürzgurke
½ Teelöffel Senf	1 kleine Zwiebel
Aspik	Salz
Johannisbeergelee	Kümmel
Liptauer Käse:	Paprika
2 Ecken Gervais	Salatblätter

Das Brot in Scheiben schneiden und zwei Drittel der Brote mit Butter bestreichen. Ein Drittel der Brote wird mit Waldorfsalat, das zweite Drittel mit Schweinebraten und das letzte Drittel mit Liptauer Käse bestrichen. Für den Waldorfsalat die geschälte Sellerie und den ebenfalls geschälten Apfel auf der groben Seite der Rohkostreibe raffeln, die Walnüsse grob hacken und alles mit der Mayonnaise vermischen. Dick auf die vorbereiteten Brote häufen und mit je einer halben Walnuß garnieren. Den Schweinebraten in dicke Scheiben und dann in Größe der Weißbrote schneiden. Die Mayonnaise mit dem Senf verrühren und die unbestrichenen Brote mit der Senfmayonnaise bestreichen. Darauf je eine Scheibe Schweinebraten geben, mit gehacktem Aspik bestreuen und in die Mitte einen Tupfer Johannisbeergelee setzen. Für den Liptauer Käse den Gervais mit einer Gabel zerdrücken, mit Butter und Sahne verrühren und die feingewürfelte Gurke und Zwiebel sowie die Gewürze hinzufügen. Den Käse dick auf die restlichen gebutterten Schnitten streichen und mit etwas Paprika bepudern. Auf jeden Teller ein Salatblatt geben und die Schnittchen auf den Tellern anrichten.

In den sechziger Jahren entfaltet sich nicht nur das vorwiegend seicht unterhaltende und informierende Fließprogramm des Fernsehens mit der ideologischen Ausgewogenheit und der ästhetischen Mittelmäßigkeit als primären Produktionsprinzipien. Es ist auch die Blütezeit des engagierten Fernsehspiels. Insbesondere beim NDR arbeiten neben und unter Egon Monk hervorragende Regisseure des neuen Mediums. Neben den sogenannten »Original-Fernsehspielen«, die eigens für die TV-Inszenierung geschrieben werden, spielen Adaptionen zeitgenössischer Literatur und des Theaters eine wichtige Rolle. Die erste Aufzeichnung eines Fernsehspiels in *Farbe* ist 1968 der »Marat« von Peter Weiss unter der Regie von Peter Schulze-Rohr mit Hans Christian Blech in der Titelrolle.

Auf dem Höhepunkt der ersten bedeutenden wirtschaftlichen Rezession im Wirtschafts-Wunder-Land wird das Farbfernsehen durchgesetzt. Obwohl bei den Zuschauern kein erkennbarer Bedarf danach vorhanden ist, und obwohl sich selbst die Macher des Mediums anfänglich dagegen sträuben. Aber der Kampf um die Aufteilung der Welt unter die konkurrierenden Farbsysteme der USA, Frankreichs und der Bundesrepublik zwingt zur Eile. Zudem verlangsamt sich der Umsatz bei Schwarz-Weiß-Geräten mit tendenzieller Marktsättigung. Die TV-Industrie benötigt neue Profitquellen und erhält sie auch. Den offiziellen Startschuß gibt Willy Brandt auf der Internationalen Funkausstellung am 25. August 1967. Auch wenn sich die Empfänger für bunte Bilder in den ersten Jahren nur sehr zögernd absetzen lassen, ist der Effekt für die beteiligten Konzerne wirtschaftlich heilsam. Denn vor allem muß die Produktion bei den TV-Anstalten auf die neue Technik eingestellt werden. Alleine an Vorbereitungskosten investierten das ZDF 21 Millionen DM, die ARD gar 32,3 Millionen. Bis 1972 werden beide Veranstalter zusammen 160 Millionen für die Umrüstung auf Farbe ausgegeben haben. Der Kommunikationssoziologe Horst Holzer beziffert den Umsatz, den die Industrie durch die Umrüstung der mobilen Produktionsmittel und der anstaltseigenen Gebäude erzielt, bis 1975 auf 300 Millionen DM. Das Buntfernsehen ist eine jener neuen Techniken im Medienbereich, die von der Industrie zur Verfügung gestellt und durchgesetzt werden, ohne daß die Akzeptanz bei den Abnehmern überprüft worden ist. So beträgt denn auch 1970 der Anteil der Farbseher gerade zwischen 6 und 8%. Allerdings werden zu diesem Zeitpunkt schon mehr als die Hälfte der Programme bunt produziert. Die Vielen bezahlen den Luxus für die Wenigen.

Das zweite Beispiel, ebenfalls in Farbe: Egon Monk und Klaus Hubalek inszenieren »Über den Gehorsam, Szenen aus Deutschland, wo die Unterwerfung des eigenen Willens unter einen fremden als Tugend gilt«.

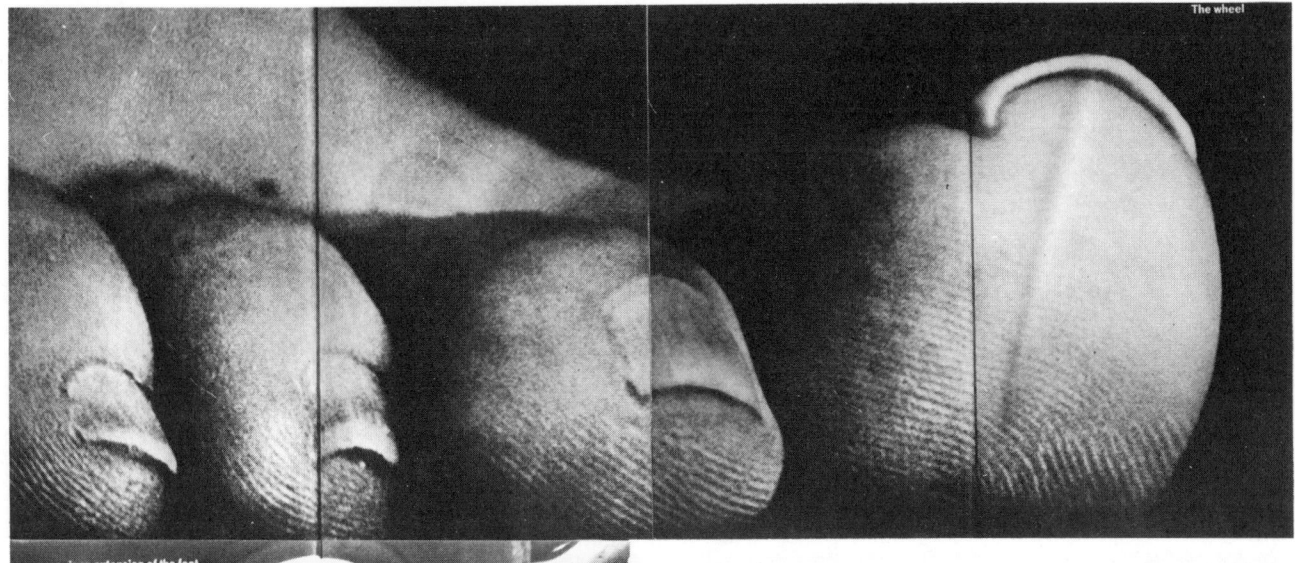

The wheel

...is an extension of the foot

1967 erscheint bei Bantam Books in New York ein Buch, das in der Medienlandschaft Aufsehen erregt: Marshall McLuhan hat zusammen mit dem Designer Quentin Fiore seine These aus den »magischen Kanälen« vertieft und veranschaulicht: »The medium is the message.« Dieser Satz wird bis heute zur wohl am häufigsten zitierten Phrase in der Diskussion um das Fernsehen, auf das er sich nur unter anderem bezog. In McLuhan, Leiter des Instituts für Kultur und Technologie an der Universität von Toronto und nicht etwa Würdenträger der amerikanischen Streitkräfte, wird ein Wissenschaftler gesehen und angeprangert, der den TV-Apparat vergöttert. Sein großes Verdienst in der Auseinandersetzung mit den modernen Massenmedien, nämlich begreiflich gemacht zu haben, daß das Fernsehen wie andere Maschinen oder Verkehrsmittel eine Erweiterung menschlicher Produktivkraft mit ganz eigenen physikalischen Gesetzen und sozialpsychologischen Auswirkungen ist, wird verschüttet durch das bis zum Erbrechen Re-Zitieren seiner zentralen These. Sein Buch endet in der Original-Ausgabe mit einem Zitat von A. N. Whitehead: »It is the business of the future to be dangerous!«

»Die Leute in unserem Land und in Amerika und in jedem west-europäischen Land, die müssen fressen, sie müssen fressen, um nicht auf die Idee zu kommen nachzudenken, daß und was wir zum Beispiel mit Vietnam zu tun haben, nicht? (...) Ich kann nicht glauben, daß der Tag irgendwann mal ausbleibt – daß die Leute es satt haben, nur satt zu sein. (...) Daß sie den Selbstbetrug satt haben, all die schönen Lebensmittel für den Lebenszweck zu halten. Wunderbar – mir gefallen Autos auch, mir gefallen auch alle Sachen, die man in den Kaufhäusern kaufen kann. Aber wenn man sie kaufen muß, damit man nicht zu Bewußtsein kommt, dann ist der Preis, den man dafür zahlt, zu hoch. Da braucht man dann nicht mehr nur nach Vietnam zu gukken und sich das Elend da anzugucken; da reicht es dann, wirklich einen Blick auf unsere Gesellschaft zu werfen und die Bewußtlosigkeit zu sehen, die ich einfach menschenunwürdig nenne. (...) Mit was ich mich niemals abfinden werde, ist, daß ich die Tendenz, in der sich die spätkapitalistische Gesellschaft so ungeheuer deutlich fortbewegt, nämlich hin zum Faschismus, das kann man wirklich mit einem Auge sehen, da braucht man gar nicht beide dazu, was sich in Amerika abspielt. Und ich sehe nicht ein, warum man das, was man jahrhundertelang getan hat und als falsch erkannt hat, weiter tun sollte, nämlich so tun, als ob man nichts tun könnte. Und ich werd' mich – deshalb sag' ich das – niemals damit abfinden, daß man nichts tut. Ich hab' den Richtern gesagt, ich weiß warum sie sagen, man kann nichs tun, weil sie nichts tun können wollen. Aber ich will etwas getan haben dagegen.«

Gudrun Ensslin in der »Panorama«-Sendung Nr. 208 vom 4. November 1968, fünf Tage nach dem Prozeß gegen sie, Andreas Baader, Horst Söhnlein und Thorwald Proll wegen des Brandanschlages auf zwei Frankfurter Kaufhäuser in der Nacht zum 3. April 1968. Nicht zuletzt, weil es auch derartige Positionen zu Wort und ihre Träger ins Bild kommen läßt, steht das politische Magazin des NDR unter ständigem Beschuß der Konservativen innerhalb und außerhalb der Rundfunkanstalten. Insbesondere die Leiter der Sendung, zunächst Gert von Paczensky und ab 1.1.1967 Peter Merseburger, stehen permanent auf der Abschußliste der staatstragenden Zeitungen.

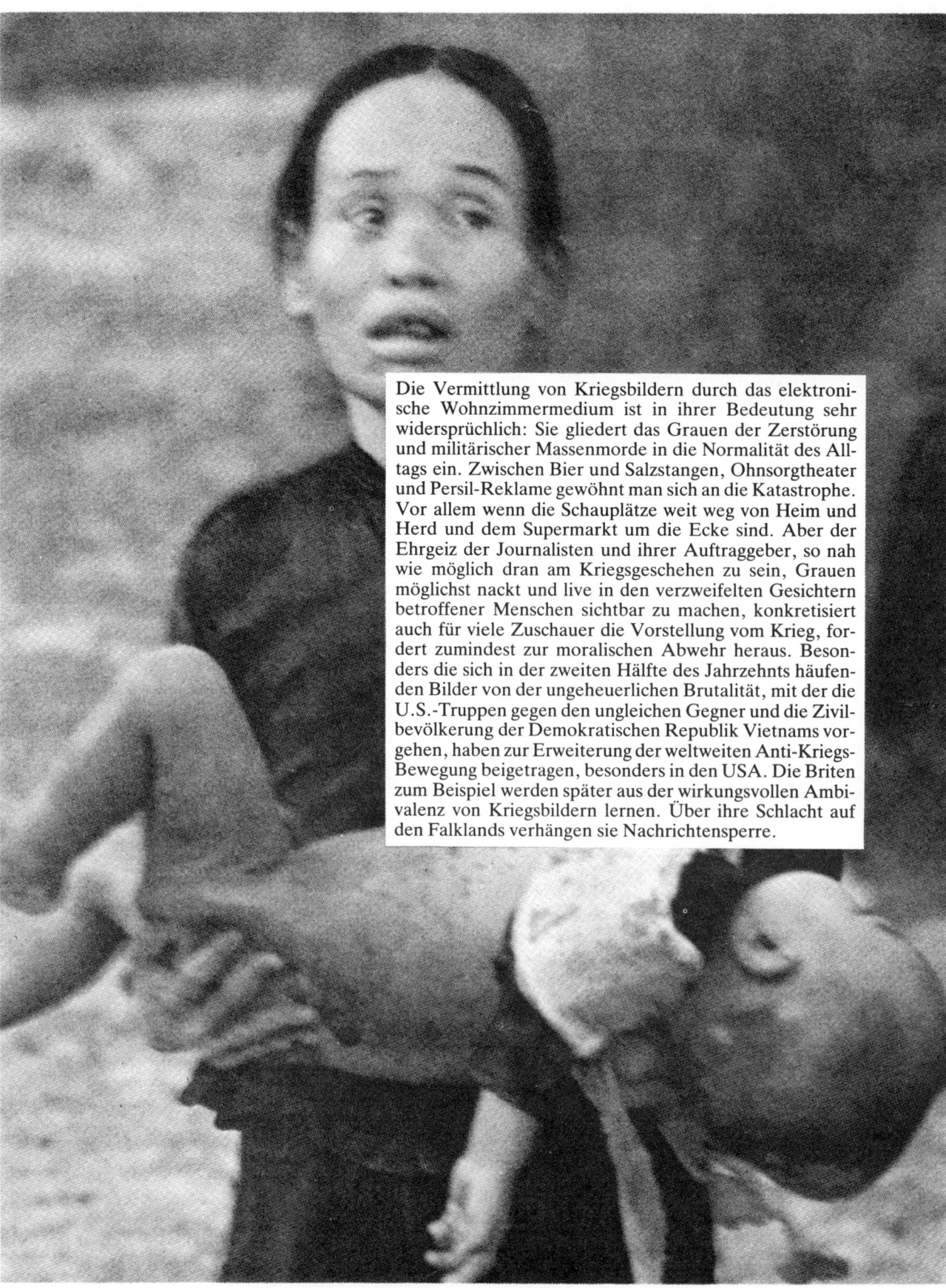

Die Vermittlung von Kriegsbildern durch das elektronische Wohnzimmermedium ist in ihrer Bedeutung sehr widersprüchlich: Sie gliedert das Grauen der Zerstörung und militärischer Massenmorde in die Normalität des Alltags ein. Zwischen Bier und Salzstangen, Ohnsorgtheater und Persil-Reklame gewöhnt man sich an die Katastrophe. Vor allem wenn die Schauplätze weit weg von Heim und Herd und dem Supermarkt um die Ecke sind. Aber der Ehrgeiz der Journalisten und ihrer Auftraggeber, so nah wie möglich dran am Kriegsgeschehen zu sein, Grauen möglichst nackt und live in den verzweifelten Gesichtern betroffener Menschen sichtbar zu machen, konkretisiert auch für viele Zuschauer die Vorstellung vom Krieg, fordert zumindest zur moralischen Abwehr heraus. Besonders die sich in der zweiten Hälfte des Jahrzehnts häufenden Bilder von der ungeheuerlichen Brutalität, mit der die U.S.-Truppen gegen den ungleichen Gegner und die Zivilbevölkerung der Demokratischen Republik Vietnams vorgehen, haben zur Erweiterung der weltweiten Anti-Kriegs-Bewegung beigetragen, besonders in den USA. Die Briten zum Beispiel werden später aus der wirkungsvollen Ambivalenz von Kriegsbildern lernen. Über ihre Schlacht auf den Falklands verhängen sie Nachrichtensperre.

In der Bundesrepublik und in West-Berlin sind es vor allem die Studenten der außerparlamentarischen Opposition, die gegen den Eroberungskrieg der US-Regenten auf die Straße gehen. Begleitet und verfolgt von der wütenden Hetze besonders der Springer-Presse, die in den 60er Jahren etwa ein Drittel des Zeitungsmarktes beherrscht. Ihre Aufrufe in kaum verhüllter Pogrom-Sprache an die satten und braven Bürger werden mitverantwortlich gemacht für den Mord auf offener Straße an Benno Ohnesorg, anläßlich einer Demonstration gegen den Besuch des Schahs von Persien 1968, und für die Schüsse auf Rudi Dutschke ein paar Monate später. Das Fernsehen verhält sich vornehmlich staatstragend. Nur in wenigen Redaktionen finden die APO und ihre Anhänger vorsichtige Unterstützung oder zumindest politisches Verständnis. Die Regel-Berichterstattung benutzt die Bilder von den Kämpfen der Demonstranten gegen Polizeiknüppel und Wasserwerfer zur Einstimmung gegen den vorgeblichen »Terror der Straße«. Für diejenigen, die von den intellektuellen Revoluzzern ohnehin nichts halten — und das ist das Gros der in relativem Wohlstand vor der Glotze vereinten TV-Gemeinde — wird die Nähe immer häufiger zur Ferne. Man entflieht ihr am liebsten durch einen Urlaub auf Mallorca, durch das Blättern in Quelle-Katalogen oder eben indem man der weiten Welt vom Wohnzimmersessel aus beiwohnt.

Die Berieselung von oben fordert gegen Ende des Jahrzehnts verstärkt zur kritischen Auseinandersetzung mit dem Medium heraus. An einigen Universitäten der Republik wird das Fernsehen in seinen politischen und ökonomischen Grundlagen und in seinen ideologischen Funktionen unter die Lupe genommen. In München, Bremen und Berlin zum Beispiel bildet sich so etwas wie eine kritische Medienwissenschaft heraus, von den Kultusministerien kaum geduldet, von den Kollegen der traditionellen Fächer, aus denen sie entsteht, argwöhnisch beobachtet oder als »Mickey-Mouse-Wissenschaft« abqualifiziert. Aber auch praktische Eingriffe in die heile Bilderwelt werden unternommen. Analog zum »Underground-Film« entstehen in den USA Versuche eines Gegen-Fernsehens. »Guerilla-Television« ist eines der profiliertesten Projekte. Man bleibt nicht bei der Verfremdung des kommerziellen Angebots stehen, sondern fängt auch an, mit Hilfe der kleiner und billiger werdenden Video-Technik Alternativen zur herrschenden TV-Kultur zu erarbeiten.

Theater

Ort, Stück, Mimen: alles Spitze. Ernst Schröder als Faust im Berliner Schillertheater. Repräsentationstheater at its best. Ein Stichwort auf der Bühne, wohlverabredet, löst einen Chor aus, der im Textbuch des großen Weimarers nicht vorgesehen war: einstudiert, erst flüsternd, dann im langsamen Crescendo, skandiert die erste Reihe des Rangs: *Was geht uns Goethe an, was geht uns Johnson an!* Als Schröder sich von Faust in Schröder zurückverwandelt und gegen die amusische Störung protestiert, flattern Hunderte von Flugblättern ins abendgekleidete Parkett: Ihr seht seelenruhig zu, wie in Vietnam gemordet wird, und versichert euch hier noch eurer faustischen Großartigkeit! Schluß mit dieser Kultur-Heuchelei! Das Licht im Saal geht an, Chaos-Stimmung, das Parkett wettert teils zurück, andere verlassen fluchtartig den Glitzertempel aus Adenauers Zeiten. Kein Einzelfall, auch die Musikbühnen sind betroffen, zum Teil solidarisieren sich die Künstler, Pièrre Boulez und andere. Die abgeschmackten Reste des ehemaligen Bildungsbürgertums verteidigen in den 60er Jahren ihr Theater wie eine Burg, in der Gemüt, Erbauung und Überhöhung des merkantilen Alltags eine letzte Zufluchtsstätte gefunden haben. Unter Beschuß liegt dieses Refugium nicht nur durch politisierende Kunstbanausen von außen, sondern auch durch Stückeschreiber mit unzumutbarem Agit-prop-Angebot und durch Schauspieler und Dramaturgen, die eine Demokratisierung der Organisationsstrukturen der Bühne verlangen. Das verstörte Publikum schlägt zurück durch Abo-Kündigungen und Stadtrats-Verdikte. Ein Ché-Guevara-Poster in einem Dramaturgen-Zimmer wird im Einflußbereich des Bayern-Kurier zu einem landesweiten Skandal. Stücke wie Aimé Césaires »Im Kongo«, Martin Sperrs »Landshuter Erzählungen«, Tankred Dorsts »Toller« werden von Intendanten produziert, deren Vertrag gerade ausläuft. Das in den 60er Jahren entwickelte Dokumentationstheater wird als unkünstlerische Abschreibung der Wirklichkeit zurückgewiesen, aber Stücke wie Hochhuths »Stellvertreter«, in dem die Rolle des Papstes Pius in der Hitler-Ära untersucht wird, wie die »Ermittlung« von Peter Weiss, das die Verlogenheit der bundesrepublikanischen Nazi-Prozesse dokumentiert, oder Enzensbergers »Verhör von Habana«, in dem die US-gesteuerten Söldner der Schweinebucht-Invasion zu Wort kommen, beweisen, daß die auf die Bühne gebrachte Wirklichkeit eine Sprengkraft besitzt, die die kalkulierte Unaufmerksamkeit des Bürgertums gegenüber der Realität aufzubrechen in der Lage ist. Vereinzelt gelingt die Herausbildung von Theaterensembles (am bekanntesten die Westberliner »Schaubühne am Halleschen Ufer« und das Frankfurter »Theater am Turm«), die durch Einverständnis und Solidarität, ineins mit hoher künstlerischer Qualität, einen Durchbruch erreichen, die an ausländischen Theatertruppen wie dem Mailänder »Piccolo Teatro« des Giorgio Strehler und dem von Bertolt Brecht begründeten »Berliner Ensemble« in Ostberlin Vorläufer haben.

Diesseits von Beckett und Handke drängen Stücke-Schreiber auf den Bühnenmarkt, die Pop- und Comic-Elemente zu verarbeiten versuchen: Bazon Brocks »Theater der Positionen«, Peter Zadeks Inszenierung der »Räuber« oder Gehre/Heitmüllers »Cesare Pirelli jagt Donald Duck«. Die Simplifikationen, die hier vorgeführt werden, benutzen und negieren zugleich die schrecklichen Vereinfachungen der imperialistischen Massenkommunikationsmedien.

Die Manen Artaud und Brecht sind die Antipoden, zwischen denen das neue Theater der 60er Jahre seinen Weg sucht: »Zwischen Trance und Reflexion, zwischen Exorzismus und Verhaltensmodell, zwischen Ritual und gezieltem

Wer ist dieser zarte Macbeth? Unter der Regie von Kurt Hübner spielte Bruno Ganz 1967 den blutrünstigen Potentaten in Bremen.

Engagement, zwischen Einmaligkeit und typischer Situation werden die Möglichkeiten, die menschliche Innen- und Außenwelt darzustellen, erprobt.« (Roland Kabelitz)

Im gleichen Spektrum, wenn auch an anderem Ort, nämlich auf der Straße und anderen ungewohnten Orten bewegt sich eine Theaterform, die, unsubventioniert und rebellisch, drastisch geschminkt und ungeschminkt, zum Umsturz aufruft: das »Living Theatre« und das »Bread and Puppet Theatre« aus den USA, und, mehr den Ich-Bezirken und der direkten Politik verhaftet, die Straßentheater der Anti-Autoritären, vor allem in Hamburg und Westberlin.

Das »Living Theatre«, aus seiner Heimat verbannt, fand in den späten 60er Jahren mit seinen Evokationen der Anarchie und einer neuen Körperlichkeit im Berliner Sportpalast ein Echo, das noch seine eigenen Intentionen in den Schatten stellte.

Pop Art erobert das Bühnenbild. Wilfried Minks Ausstattung der »Räuber« von Friedrich Schiller im Bremer Theater.

Bühnenbild der Stuttgarter Aufführung der »Ermittlung« von Peter Weiss: Mit Fotos der Angeklagten der Auschwitzprozesse.

Nur die Zuschauer waren ganz nackt

CS Berlin, 12. Januar

Noch vor knapp zwei Wochen hatten Judith Malina und Julian Beck, die beiden Gründer des New Yorker „Living Theatre", über mangelnde Resonanz beim Publikum geklagt. Am Sonnabend bei ihrer letzten Vorstellung mit „Paradise Now" in Berlin bewiesen ihnen die Zuschauer das Gegenteil: Mitgerissen stürzte etwa ein Dutzend Animierter auf die Bühne, ließ sämtliche Hüllen fallen und „arbeitete" mit. Ohne Kostüm (großes Foto).

Immer wieder hatten die nur mit Lendenschurz angetanen Schauspieler die etwa 6000 Zuschauer zum Mitspielen aufgefordert. Doch erst gegen Schluß zündete der Funke: Ein paar Mutige 'enterten das Podium. Im strahlenden Scheinwerferlicht begannen sie, sich auszuziehen.

Briketts

Dem Publikum im brav-winterlichen Ausgehanzug schien die „Ganz-ohne"-Show zu gefallen. Mit beifälligem Johlen feierten sie die Amateur-Mimen im Adamskostüm.

Als diese, angefeuert durch den Erfolg, mit Dessous, Strümpfen, Jacketts und Hemden nach dem Publikum warfen, entwickelte sich eine wahre Kleiderschlacht. Textilien aller Art wirbelten durch den Sportpalast und dazu ertönten Sprechchöre. Forderungen nach Frieden, Freiheit, Liebe und einem besseren Leben wurden von einem Grüppchen überbrüllt. „Wir wollen keine Freiheit – wir wollen Briketts!"

Damit kamen sie bei den Nackten auf der Bühne nicht an. Die froren nicht, obwohl sie nur mit der eigenen Haut bekleidet waren. Wahres Wunder: Nach der Schau verließen alle komplett bekleidet den Sportpalast. Nicht ein einziges Hemdchen ging verloren!

Rechts: Das Foto von der Erschiessung eines »Vietcong-Verdächtigen« durch den Saigoner Polizeipräsidenten, persönlich und auf offener Straße, wurde zum Symbol für die vietnamesische Konterrevolution – hier als Hintergrundmotiv des Berliner Strassentheaters. Links im Bild Ina Siepmann, spätere Mitbegründerin der »Bewegung 2. Juni«.

63

Vietnam-Demonstration 1966 in Westberlin. Da die Soldaten der befreundeten Schutzmacht USA in Vietnam die Freiheit, also auch unsere Freiheit verteidigten, mußte jeder Gegner des US-»Engagements« zwangsläufig ein Gegner unserer Freiheit sein. Folgerichtig trat der Verfassungsschutz auf den Plan. Hier hat er neben einigen Kommunisten – betagte Demonstranten waren meist Kommunisten – auch den Kabarettisten und Film- schauspieler Wolfgang Neuss ausgemacht. Die Springer-Presse veröffentlichte das Foto mit den Markierungen des Verfassungs- schutzes – ergreifendes Beispiel ihrer Jagdmentalität.

Rechts: Bürgermeister Albertz überreicht US-Vizepräsident Humphrey eine Nachbildung der Berliner Freiheitsglocke.

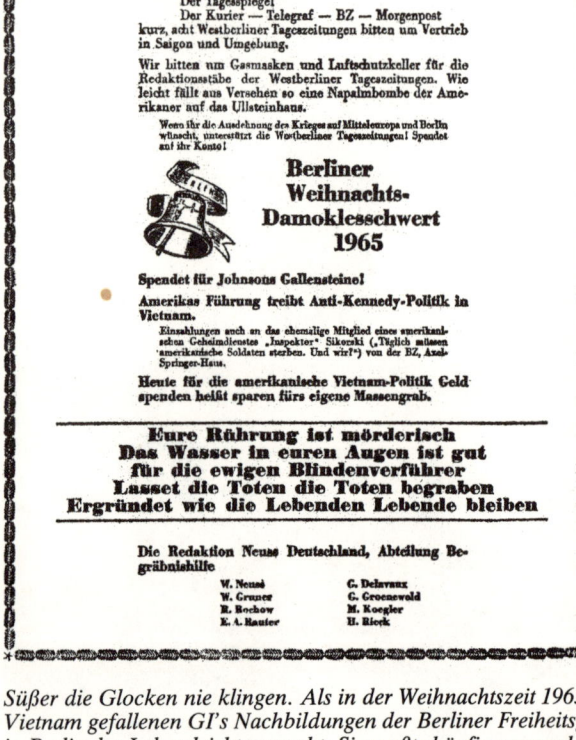

AUFRUF

Wir bitten um Unterstützung der amerikanischen Politik für Hitler in Vietnam. Und für was in Europa?

Wir bitten um klare Bezeichnung der amerikanischen Propagandakompanien in Westberlin (Westberliner Tages- zeitungen).

    Spandauer Volksblatt
    Der Tagesspiegel
    Der Kurier — Telegraf — BZ — Morgenpost

kurz, acht Westberliner Tageszeitungen bitten um Vertrieb in Saigon und Umgebung.

Wir bitten um Gasmasken und Luftschutzkeller für die Redaktionsstäbe der Westberliner Tageszeitungen. Wie leicht fällt aus Versehen so eine Napalmbombe der Ame- rikaner auf das Ullsteinhaus.

Wenn ihr die Ausdehnung des Krieges auf Mitteleuropa und Berlin wünscht, unterstützt die Westberliner Tageszeitungen! Spendet auf ihr Konto!

Berliner
Weihnachts-
Damoklesschwert
1965

Spendet für Johnsons Gallensteine!

Amerikas Führung treibt Anti-Kennedy-Politik in Vietnam.

Einzahlungen auch an das ehemalige Mitglied eines amerikani- schen Geheimdienstes „Inspektor" Sikorski („Täglich müssen amerikanische Soldaten sterben. Und wir?") von der BZ, Axel- Springer-Haus.

Heute für die amerikanische Vietnam-Politik Geld spenden heißt sparen fürs eigene Massengrab.

**Eure Rührung ist mörderisch
Das Wasser in euren Augen ist gut
für die ewigen Blindenverführer
Lasset die Toten die Toten begraben
Ergründet wie die Lebenden Lebende bleiben**

Die Redaktion Neuss Deutschland, Abteilung Be- gräbnishilfe:

W. Neuss	G. Delavaux
W. Gruner	G. Groenewold
R. Bochow	M. Koegler
E. A. Rauter	H. Rieck

Barzel lobt Grass - Wehner lobt Strauß - Wir haben die große Ko-operation

NEUSS DEUTSCHLAND
ORGAN DES ZENTRALKOMITEES DER SATIRISCHEN EINHEITSPARTEI DEUTSCHLANDS

Extra-Blatt

TAGESZEITUNGSLESER! BELOGENE!

Unter dem verbrauchten Gebimmel der Berliner Freiheitsglocke herden sich die Westberliner Tages- zeitungen zu einem zynischen Anzeigenvormarsch. Sie organisieren ein METAPHYSISCHES WEIH- NACHTSGEDENKEN für die Hinterbliebenen der amerikanischen Toten des amerikanischen Krieges in Vietnam.

Wir organisieren ein HUMANISTISCHES WEIHNACHTS- GEDENKEN für die Arbeiter der Porzellan-Manufaktur, die aus den Geldspenden der Westberliner Bevölkerung Porzellanbimmeln für trauernde Amerikaner anfertigen sollen.

NEUSS DEUTSCHLAND ergänzt den Aufruf der Westberliner Tageszeitungen:

Wir bitten um Spenden für die Hinterbliebenen der amerikanischen Soldaten, die im Kampf gegen Hitler- Deutschland gefallen sind.

**In Europa wurden amerikanische Soldaten im Feldzug gegen Hitler getötet.
In Vietnam kämpfen amerikanische Soldaten mit dem südvietnamesischen General Ky.
Sein größtes Vorbild: Adolf Hitler**

Süßer die Glocken nie klingen. Als in der Weihnachtszeit 1965 die Westberliner Tageszeitungen dazu aufriefen, den Angehörigen von in Vietnam gefallenen GI's Nachbildungen der Berliner Freiheitsglocke zu schenken, biß Wolfgang Neuss zu. Der Satire wurde zu jener Zeit in Berlin das Leben leicht gemacht: Sie mußte häufig nur noch abschreiben. Antwort der Berliner Presse: Anzeigenboykott gegen Neuss.

Til Radevagen
Die sechziger Jahre — Zehn Jahre im Kino

Was hat einer gemacht in den Jahren, einer der dem Film verfallen ist? Im Kino ist er gewesen.

Dazu schwänzte er viele Male die Schule, den Nachmittagsunterricht, den es damals noch gab, in der Provinzstadt am Rande der Schwäbischen Alb. Industriestadt mit fünfzig, sechzig Tausend Einwohnern, Metall-, Textil- und Zementindustrie. Die vier Kinos hießen Capitol, Gloria, Kammer und Universum. Das Universum hatte eine große Kinoorgel mit Wasserspielen.

Das Ritual des Kino- anstatt des Schulbesuchs lief immer gleich ab: Mitschüler wurden instruiert, die uns entschuldigten, falls unser Fehlen auffiel. Als Pendler vom Land konnten wir nicht zum Mittagessen nach Hause wie die Stadtschüler. Im Imbißraum eines kleinen Kaufhauses wurde gegessen, Russische Eier mit Kartoffelsalat vorzugsweise, als Grundlage für die Biere, die dazu getrunken wurden. Anschließend ging es in die erste Nachmittagsvorstellung. Wir sahen uns alles an — von der dämlichen dänischen Sexklamotte *Sieben Schwarze Büstenhalter* über Hitchcocks *Aus dem Reich der Toten* und *Psycho — Vertigo* bis zu Ozus *Abschied in der Dämmerung*. Ja, auch diese Filme liefen damals in ganz normalen Kinos in ganz normalen Städten.

Wir gingen ins Kino, Fernsehen sahen wir bis in die Mitte des Jahrzehnts im Gasthaus.

Ein gewisses Privileg war die Freundschaft mit einem Schulkameraden, dessen Eltern ein Kino in einem Vorort der Stadt besaßen. Vor allem an den Sonntagen hieß das: Mit dem Fahrrad zwanzig Kilometer hinstrampeln, denn an den Wochenenden fuhr der Postbus nur selten, noch seltener. Vormittags in eine Matineevorstellung in der Stadt, meist wurden lange Kultur- oder Reisefilme gezeigt, nachmittags zum Freund, der einen, wenn er mit dem Kartenabreißen fertig war (er half in dem Familienbetrieb jeden Sonntag), mit hinaufnahm in die »Privatloge«. Das war ein ganz normaler Raum der Wohnung mit großem Fenster zum Kinosaal, wo man sich bequem in Sesseln und auf einem Sofa lagern konnte, selbstverständlich Raucherlaubnis, mit dem Kristallaschenbecher auf dem Nierentisch... Unten dröhnte und summte das jugendliche Publikum im proppenvollen Saal, Holzklasse. Was machte das schon? Den harten Sitz spürte man nicht, wenn man *Fuzzy's* Abenteuern zusah. Man frohlockte mit dem guten Westernhelden, wenn er den Bösewicht in die Sackgasse, den Canyon ohne Ausgang, getrieben hatte, oder man warnte die ahnungslosen Siedler durch Zurufe, wenn schwerbewaffnete wildbemalte Indianer sich an ihren Planwagentreck auf dem Weg nach Westen heranschlichen.

Das waren Zeiten! Da galt ein geradezu klinisch sauberer, steriler Film wie *Bettgeflüster* als das Äußerste an vorstellbarer Frivolität zu Beginn des Jahrzehnts. Und wenn wir auf das Ende sehen...? Dazu später.

Vorerst war Sex wie Erotik nur mit einem riesigen drohenden Zeigefinger im Kino zu besichtigen. Anläßlich eines Aufklärungsfilmes wurde in einem der Kinos von der hinteren Saalwand bis vorne an den Bühnenrand ein Seil längs durch die Raummitte gespannt, links davon saßen die Frauen, rechts davon die Männer, in der Mitte mußten zwei Sitzreihen frei bleiben. So streng waren die Bräuche.

Ortsveränderung, Umzug in eine andere Provinzstadt. Immer noch war das Kino das wichtigste Fenster zur Welt. Die Zeit war etwas vorangeschritten, doch der Ort tiefkatholisch und noch über hundert Kilometer von einer Metropole (Frankfurt am Main) entfernt.

Wenigstens brachte die Katholizität mit sich, daß in der wichtigsten Einfallstraße zur Innenstadt, nicht weit einiger Kinos, ein Schaukasten mit den aktuellen Besprechungen

Oben: Ingmar Bergmanns »Das Schweigen«
Unten: Doris Day in »Bettgeflüster«

Heinz Rühmann, »Das schwarze Schaf«

Hitchcocks »Psycho«

des »Katholischen Filmdienstes« hing, nach dessen Wertungen man sich richtete – oder nicht. Bergmans *Das Schweigen* wurde auch hier ein Publikumserfolg und Skandal. Neben dem Kassenhäuschen des Kinos war ein uniformierter Polizist postiert. In Zweifelsfällen, ob einer schon 18 sei, mußte der Verdächtige sich ausweisen. Großes Gelächter in der Schlange: Ein junger Bursche, der kontrolliert wurde, war gerade an diesem Tag achtzehn Jahre alt geworden.

Immerhin vermittelte der katholische Filmdienst ein Interesse an mehr und weniger fromm ausgerichteter Filmkritik. Und was wären die Jahre – in der Zerstreuung, der Kinodiaspora, der filmischen Kulturwüste – ohne die Filmzeitschriften gewesen? – Die »Filmkritik« mit ihrem Schulheftformat bis 1963, danach etwas größer, herausgegeben von Enno Patalas und Wilfried Berghahn, und dann die »Film«, von Hans Dieter Roos gegründet, eigentlich mußte man sie beide lesen. Und so konnte man wenigstens über die Filme lesen, die man in der Provinz nicht zu sehen bekam. Das öffnete einem ganz neue Horizonte, ließ die Ansprüche wachsen, schärfte den Filmverstand und vergrößerte das Dilemma: Was die Kritiker forderten, was sie kritisierten, das wollte man auch, sah man vor Ort provinziell verstärkt als dasselbe Problem. Es kamen immer sehen wollte, ins Kino, ins normale Programm. Ein Filmkunstkino, geschweige denn ein Gilde-Theater gab es nicht, es gab noch nicht einmal »Filmkunsttage«. Dafür manchmal Schulvorstellungen, *Faust* mit Gustav Gründgens, *Verspätung in Marienborn* und *Frage 7* sind mir in Erinnerung, die beiden letzten Titel Anti-DDR-Propaganda.

Nur ein kleiner Lichtblick waren Filmreihen der Volkshochschule, da bekam man in Vortragssaalatmosphäre und von gespreizt-idealistischen »Einführungen« eines Dozenten begleitet wenigstens ein paar »Klassiker« zu sehen, darunter verdächtig viele alte deutsche Filme: *Metropolis*, *Das Kabinett de Dr. Caligari*, *M* und *Dr. Mabuse*. Verdächtig, weil man inzwischen Siegfried Kracauers »Von Caligari bis Hitler« gelesen hatte, einem der an einer oder zwei Händen abzählbaren Filmbücher eines ganzen Jahrzehnts. Später, viel später erfuhr man erst, daß auch dieses Buch 1958, also dreizehn Jahre nach dem Original, nur stark gekürzt und verfälschend übersetzt veröffentlicht worden war...

Die Filmzeitschriften ersetzten einem zum Teil das Sehen der Filme; als die »Film« in jedem Heft ein Filmprotokoll abzudrucken begann und die »Filmkritik« damit anfing, »Ausgewählte Filmtexte« in der Reihe »Cine-

mathek« zu veröffentlichen, konnte man Filme wenigstens lesen.

Überhaupt der Zustand der Filmkritik ansonsten, außer den Cineastenblättern! Es gab die »Bravo« und bis in die sechziger Jahre hinein eine Frauenillustrierte, mit viel Golddruck, die »Frau und Film«. »Lux – die Seife der Filmstars« inserierte regelmäßig ganzseitig.

Die Kritik in der Tagespresse, wenn sie überhaupt stattfand, war erbärmlich: ein bißchen Inhaltsangabe, ein wenig Wertung, christlich geprägt, wohl abgeschrieben.

Dabei lenkten einen die ernstzunehmenden Zeitschriften erst einmal darauf, daß Film nicht nur mit Kunst, sondern viel mit Industrie und eine ganze Menge mit Politik und Ideologie zu tun hatte. Eine Lektion, die sich später noch auswirken sollte, spezifisch provinzlerisch.

Dabei waren alle diskussionswillig und interessiert – die Heimatzeitung, die fortsetzungsromanlange Leserbriefe abdruckte, die Aufforderung enthaltend, doch endlich auch die wichtigen Filme zu zeigen; der Kinobesitzer, der schon damals einen »Monopolplatz« hatte – er bespielte sämtliche fünf Kinos der Stadt –, der einen zum Gespräch einlud und die steigenden wirtschaftlichen Probleme der Branche erläuterte: die nachlassenden Besucherzahlen durch die zunehmende Verbreitung des Fernsehens... Aber für einen Filmfreund allein könne man schlecht ein Programm machen...

Alles zu einer Zeit, als man so nebenbei erfuhr, daß eine Zensur doch stattfand, denn Filme »aus dem Ostblock und der Ostzone« mußten, wenn sie jemand zur Kinoauswertung importieren wollte, einem »Interministeriellen Ausschuß« vorgeführt werden. Das Ergebnis war, daß man in den Sechzigern gerade damit anfing, Filme aus den sozialistischen Ländern überhaupt zur Kenntnis zu nehmen, auf dem Umweg über ausländische Festivals und die Berichterstattung von dort.

Das ist immer noch am Anfang jener Jahre.

Wo ist der deutsche Film? Es gab ihn, er machte so herum, ohne sich mit Ruhm zu bekleckern. Das wenige, was mit Anstand oder bemüht aus der Jahresproduktion hervorragte, erhielt den vom Bundesminister des Inneren vergebenen »Deutschen Filmpreis«. 1960 bekam Bernhard Wickis *Die Brücke* die »Goldene Schale« für den besten abendfüllenden Spielfilm, verbunden mit einer Prämie von 200 000 Mark; ein »Filmband in Silber« als »überdurchschnittlicher abendfüllender Spielfilm« wurde *Rosen für den Staatsanwalt* von Staudte verliehen, Anlaß für böse Kommentare über den Nestbeschmutzer – nicht den antisemitischen Studienrat Zind, den die Justiz entkommen ließ, sondern den Filmschöpfer, der die Geschichte filmisch aufgriff. 1961 und 1962 fand man im Ministerium keinen preiswürdigen Ersten. »Der deutsche Film ist in einem Tal. Seine Musen gehen rechts und links an uns vorüber«, drückte es Georg Ramseger blumig in seiner Rede anläßlich der Verleihung am 25. Juni 1961 in Berlin aus.

Die Rede wurde in der Kinoprovinz kaum zur Kenntnis genommen. Daß etwas faul war, nahm man vielleicht auf den Wirtschaftsseiten der FAZ wahr, aber der Sozialkundelehrer las in seinem Unterricht nur die Leitartikel von Seite eins vor, oder aus »Bild« und »Welt«. Auf den Wirtschaftsseiten im Januar 1962 wurde über die Pleite der Firma UFA – Film-Hansa berichtet, ein Filmverleih, nicht gerade der kleinste, unwichtigste.

Der erste Pasolini-Film war ins Kino gekommen, von einem mutigen jungen Verleih, »neue Filmform«: *Accatone – Wer nie sein Brot mit Tränen aß;* bei der Bavaria war schon die Columbia eingestiegen, Ilse Kubaschewskis Gloria-Sternenhimmel strahlte noch und funkelte, die Filme der französischen Neuen Welle liefen an, in Italien brachte eine ganze Generation junger Filmregisseure ihre Erstlinge heraus, aber wo blieben die Deutschen? Die neue Generation der Filmer der Bundesrepublik? Siebzehn Jahre nach dem Nullpunkt werkelten immer noch dieselben wie vor ihm. Selbst »die größten Regisseure Deutschlands« (Joe Hembus behandelt sie der Reihe nach in seinem legendären Pamphlet – Helmut Käutner, Kurt Hofmann, Wolfgang Staudte, Rolf Thiele) hatten ihr Handwerkszeug weitgehend in Goebbels' Filmfabrik gelernt.

Aber die Jungen kamen, sie meldeten sich zu Wort. Mit einem Manifest, das sie auf dem damals offensten Festival (es hatte das unerhörte, auffordernde Motto »Wege zum Nachbarn«), der Oberhausener Kurzfilmwoche verabschiedeten. Sie traten damit aus dem Schatten. Sie boten an, für die Summe von fünf Millionen Mark zehn Spielfilme herzustellen. Eine ziemliche Frechheit, so den Altproduzenten, den Vätern und Großvätern der vergreisten Industrie den Fehdehandschuh hinzuwerfen. Das war überfällig, sieht man sich einmal – in Filmtiteln – an, was die an Vergangenheits- und Gegenwartsbewältigung im Jahr vor Oberhausen zustande gebracht hatte: *Lebensborn* (Edeldeutschenzucht in der NS-Zeit), *Der Teufel spielt Balalaika* (deutsche Kriegsgefangene in Rußland nach 1945), *Das schwarze Schaf* (Heinz Rühmann als Pater Brown, nach Chesterton, in Merry Old England), *Die Stunde, die du glücklich bist* (Ehebruchschnulze in gehobenem Gegenwartsmilieu). Damit beherrschten hierzulande die Altfilmer die Ateliers und Regiesessel, während allerorten ein Generationswechsel stattfand, Erstlingsfilme mit neuen Themen und frischen Bildern in die Kinos drängten – in die ihrer eigenen Länder. Dort ging es auch nicht ohne Vatermord ab, aber es war doch eine Infrastruktur des Kinos und der Industrie vorhanden.

Wie es hier aussah, beschreibt Enno Patalas in seinem Bericht über Oberhausen: »Hierzulande ist die Basis, auf der neue Talente sich entwickeln können, ohne sogleich vom kommerziellen Betrieb verschlissen zu werden, unvergleichlich schmaler als in irgendeinem anderen Land Europas. Keine staatliche oder staatlich subventionierte Akademie bietet Gelegenheit zu einer Ausbildung außerhalb der Industrie; keine Cinemathek gestattet, eine universale Filmbildung zu erwerben; kein nationales Filminstitut finanziert jungen Talenten ihre Experimente; die Filmclubs sind nach hoffnungsvollen Anfängen in grauer Provinzialität versunken;...« (Filmkritik 4/62). Keine Ausbildungseinrichtung, kein zentrales Filmarchiv, keine Förderungseinrichtung für Nachwuchs, keine Forschungsstätte. Es grenzt schon an ein Wunder, daß sich in den

»Der junge Törless« von Volker Schlöndorff

»Katzelmacher« von Rainer Werner Fassbinder

»Abschied von gestern« von Alexander Kluge

folgenden Jahren praktisch über Nacht der Neue Deutsche Film durchsetzen konnte, Filmer, die nur in Ausnahmefällen — wie Volker Schlöndorff am IDHEC in Paris — eine reguläre Filmausbildung hatten.

Im Nachhinein scheint es einem auch, als ob die meisten Filme der Jungen Deutschen zu ernst, zu problembehaftet waren, zu wenig komisch — es war doch die hohe Blüte der *Beatles*-Filme von Richard Lester! —, doch war das andererseits auch wieder verständlich, wenn man sieht, welche Themen von den Machern der Altbranche unbeachtet geblieben waren. Den endgültigen Durchbruch erzielte der Junge Deutsche Film dann 1966, als Schlöndorffs *Der junge Törless* das »Filmband in Gold« erhielt und Kluge in Venedig den »Spezialpreis der Jury« für *Abschied von Gestern* (dem der Deutsche Filmpreis ein Jahr später verliehen wurde) bekam.

In Frankfurt, wohin es einmal wöchentlich ging zum Besuch der Berufsfachschule, konnten wenigstens teilweise Filmbildungslücken geschlossen werden, in den Repertoirekinos, Vorläufern heutiger Programmkinos.

Der *Abschied von Gestern*, ein Abschied aus der Provinzialität — wenigstens für einen Tag in der Woche, Anschluß an die Welt! In einem großen Kino in der Frankfurter Innenstadt, in einer Nachmittagsvorstellung im »Esplanade« saß ein Mann, von Alter und Typ einer der Erbauer der Bundesrepublik, eine Reihe vor mir. In der Szene, in der Anita G., die Heldin in Kluges Film, den Schwangerschaftstest in einer Toilette macht — das wird so dezent wie irgend vorstellbar gezeigt, weil man nur Anita G.'s Kopf sieht und nicht ihr Hantieren —, war der Mann fassungslos, minutenlang murmelte er halblaut vor sich hin: »So eine Schweinerei, so eine Schweinerei!«

Keine westdeutsche Film-Ausbildungsstätte — bis zum Jahre 1966. Am 17. September 1966 nahmen 35 Ausgewählte ihr Studium an der Deutschen Film- und Fernsehakademie Berlin auf, 850 hatten sich beworben, 74 eine mehrtägige Prüfung gemacht. Ein Jahr später begann der Studienbeginn an der Münchner Hochschule für Fernsehen und Film.

Absolventen von München: Michael Schanze, Fernsehshowstar, Wim Wenders. Absolventen von Berlin: Helma Sanders, Harun Farocki, G. P. Straschek, Wolfgang Petersen.

Das letzte Drittel des Jahrzehnts endet turbulent. Auf den Neuen Deutschen Film folgt wenige Jahre später »Das andere Kino«, die zweite Generation, zum Teil erklärte Experimentalfilmer, die sich dem »Underground« verschreiben. Der sich gerade von der Unrast der fünfziger Jahre einmal verschnaufen wollende Bundesbürger nimmt sie kaum wahr. Der deutsche Film produziert — in seinem Altbestand — Serien: Krimis nach Edgar Wallace, mehr als zwei Dutzend in den zehn Jahren, und Karl-May-Verfilmungen. Und als alles denkt, nun ist es endgültig aus mit den alten Lurchen, da überschwemmt eine Sexfilmwelle die braven Deutschen. Wobei sich vorzüglich ein ehrlich-naiver Aufklärer, ein bayrischer Spediteur und ein »Jungspezialist« hervortun: Oswald Kolle, Alois Brummer und Günter Hunold — *Das Wunder der Liebe*, *Graf Porno und...*, *Schulmädchenreport*.

Den Antels, Marischkas, Gottliebs usw. wäre zuviel Ehre angetan, sie hier mit einem Filmtitel zu erwähnen. Stattdessen ist zur Kenntnis zu nehmen, daß Rainer Werner Faßbinders erster Film entsteht, *Katzelmacher*, fast jedes Jahr ein neuer Godard kommt (deren Filme der Verfasser mit dem provinziellen Hintergrund hinfort immer erst mit jahrelanger Verspätung gut findet — oder versteht).

In Frankreich platzt 1968 das Festival von Cannes, die

»Generalstände des Kinos« werden ausgerufen, in Frankfurt am Main demonstrieren Studenten erstmals gegen den Vietnamkrieg – und gegen das Kriegerepos des Hollywood-Haudegens John Wayne, *Die Grünen Teufel*. In Fulda demonstriert auch einer dagegen, brieflich, an die Zeitung, und der Kinobesitzer fordert vorsichtshalber Polizeischutz für den Aufführungsort an. In Berlin, an der Filmakademie, wird »permanente Revolution« gemacht, und achtzehn Studenten fliegen raus (der Knall auf dem Festival, der Berlinale, kommt erst 1970, Verhoevens *O.K.* löst ihn aus.

Und endlich, endlich versöhnt ein Filmgenre Kindsköpfe, Kinonormalverbraucher und Revolutionäre! Der *Italowestern* als verkapptes Revolutionsmodell und -anleitung erlaubt, was einst bei *Fuzzy* / Al St. John nicht erlaubt war: mit Zündplättchenpistolen im Kino herumzuknallen; und wenn der Operateur im Vorführraum vergißt, die Kohlen der Projektionslampe nachzustellen und es unplanmäßig schwarz auf der Leinwand wird, dann spielt ein revolutionsromantischer Geiger im Filmclub der Universität Kampflieder zur Überbrückung, und ab und zu auch mal die Internationale ...

Zehn Filmjahre, die subjektiv in der ersten Hälfte als sich endlos dehnend, in der zweiten als sich überstürzend erfahren wurden. Zehn Jahre im Kino gewesen, manchmal halbe, auch ganze Tage, und immer noch wenig Filme gesehen!

Agnes Hüfner

Was habe ich hier?

Die versuchte Inbesitznahme des Landes oder Die Literatur der 60er Jahre

was habe ich hier? und was habe ich hier zu suchen,
in dieser schlachtschüssel, diesem schlaraffenland,
wo es aufwärts geht, aber nicht vorwärts,
wo der überdruß ins bestickte hungertuch beißt,
wo in den delikatessengeschäften die armut, kreidebleich,
mit erstickter stimme aus dem schlagrahm röchelt und ruft:
es geht aufwärts!

— Hans Magnus Enzensberger —

1960 erscheint Enzensbergers zweiter Gedichtband, er heißt »landessprache«. Im selben Jahr gibt Wolfgang Weyrauch die Anthologie »Ich lebe in der Bundesrepublik« heraus. Wolfgang Koeppen, dessen große Romane über das restaurierte Land bereits vorliegen, fragt darin: »Bin ich Hans im Glück oder das beste Persil, das es je gab?« Martin Walser, der im selben Jahr »Halbzeit«, den ersten Band seiner Trilogie über Anselm Kristlein, den Werbefachmann, veröffentlicht, beschreibt den Autor im Adenauerstaat: »Jeder ein Tänzer. Unangewandt. Absolut wie Hölderin«, und als Seele der neuen Republik findet er: »Es ist die Angst vor dem Kommunismus, die diesen Staat zusammenhält.« Der Clown Hans Schnier ist der gesellschaftlichen Realität nicht gewachsen, er landet als Bettler auf den Stufen des Bahnhofs der Bundeshauptstadt Bonn. Bölls »Ansichten eines Clowns« erscheint 1963.

1960 protestieren Schriftsteller und Publizisten gegen den Versuch Adenauers, ein regierungsamtliches zweites Fernsehen zu installieren. 1960 wird ein mit Staatsgeldern finanziertes »Rotbuch« herausgebracht; 452 Hochschullehrer, Schriftsteller und Künstler werden der »kommunistischen Kulturarbeit« überführt.

»Eine Silbe, sage ich, eine einzige kleine Bemerkung. Das ist nämlich nicht zur Vergangenheit, für Sie nicht, für Sie ist das Zukunft. Verstehen wir uns, mein lieber junger Freund? Eine ganz kleine Bemerkung — und Sie sind erledigt... Wir können uns nicht leisten, die Jugend unseres Volkes von Kommunisten erziehen zu lassen, so etwa. Ich weiß, wie man so was in die Wege leitet, habe meine Beziehungen zum Ministerium.« — Paul Schallücks Roman »Engelbert Reineke« wird 1959 veröffentlicht. Der Lehrer E. R. arbeitet an demselben Gymnasium wie vor '45 sein Vater, der durch Denunziation ins Konzentrationslager gebracht und dort ermordet worden ist. E. R., mit der lebendigen Vergangenheit konfrontiert, entschließt sich, Schule und Stadt zu verlassen. Aber nach dem Gespräch mit dem Denunzianten, einem inzwischen erfolgreichen Geschäftsmann, der mit seinen Beziehungen zum Ministerium droht, bleibt er vor Ort.

1961 erscheint bei rororo, herausgegeben von Martin Walser, die Sammlung »Die Alternative oder Brauchen wir eine neue Regierung?«, Wahlkampfhilfe für die SPD, die große oder die kleine Hoffnung.

Das Jahr 1960 mag willkürlich gewählt sein, trotzdem war kurz davor oder kurz danach die Adenauerzeit noch bei Lebzeiten zuende. Die Vergangenheit, Krieg und Faschismus, waren in erste Worte gefaßt. Auch die aus dem Krieg Gekommenen hatten zur Sprache gefunden. Wolfdietrich Schnurre: »Man konnte erst nur Hauptsätze machen. Punkt. Punkt. Punkt.« Die Bonner Republik war ins Visier gekommen. Die Bücher von Alfred Andersch, Heinrich Böll, Wolfgang Koeppen, die Lyrik von Paul Celan, Günther Eich, Ingeborg Bachmann lagen vor. Gegen Ende der 50er Jahre kamen Hans Magnus Enzensberger, Peter Rühmkorf, kamen Günter Grass, Uwe Johnson, Siegfried

Lenz, Arno Schmidt, Martin Walser dazu. Aber wo kamen sie hin? Die Erinnerungsarbeit zerschellte an einer Gegenwart, die erstarrt schien. Aus dem Neuanfang war Wirtschaftswunder, Restauration, Aufrüstung und Teilung geworden. Das geistige Klima war vom »Treibhaus« Bonn (Koeppen) bestimmt, die Moral in der Verdrängung ersoffen. In Christian Geisslers »Anfrage« (1960) wird einer, der sich bekennen will, in der Zeit des Faschismus schuldig geworden zu sein, für unzurechnungsfähig erklärt und in eine Heilanstalt überführt. Der Nonkonformismus, den Koeppen oder Walser als unwürdige Haltung beschreiben, meint eben jenes »Nicht-Zuhause-Sein«, das Enzensberger in der »landessprache« benannt hat.

Ich fege alle Hoffnungen von unserem Tisch
zehn Jahre nach Oradour.
Ich sitze in meinem Sessel aus grünem Plüsch.
Ich besinge die Müllabfuhr.

— Peter Rühmkorf —

Aus der Not, sich dieses Adenauerdeutschland nicht zu eigen machen zu können, aus dem Zorn über die schiefgelaufene, festgefahrene Entwicklung, entstanden Unruhe und Bewegung, der Anspruch mitzureden und mitzuwirken, die Gegenwartsbefragung setzte vehement ein. Damit fiel auch ein neuer Blick auf die Vergangenheit. Vor Rolf Hochhuths »Stellvertreter« (1963) war die Verbindung zwischen Vatikan und Hitlerregierung, vor Peter Weiss' »Ermittlung« (1965) die Verbindung zwischen KZ und Konzern kein Thema. Vor Walsers »Überlebensgroß Herr Krott« (1963) stand kein überlebter Kapitalist auf der Bühne. Vor Max von der Grüns »Männer in zweifacher Nacht« (1962) und »Irrlicht und Feuer« (1963) gab es keine Arbeitsunfälle in der Literatur und kaum solchen Zorn auf den Opportunismus der Gewerkschaften. »Mein Gott, was soll nur werden, wenn wir einmal gegen unsere eigenen Vertreter aufstehen müssen, weil sie Bonzen geworden sind. Beim Aufwachen aus dem Wirtschaftswunder werden wir das Frühstück bezahlen müssen.«

In den 50er Jahren war Arbeit kein Gegenstand für Schriftsteller, die arbeitenden Klassen galten als spießig, die soziale Realität schien widerspruchsfrei. Jetzt um die 60er Jahre herum wurden die Fesseln der Erwartung gesprengt, und die Literatur füllte sich mit einem unbekannten Stoff- und Formenreichtum, der von den Arbeiterschriftstellern der Gruppe 61 bis zu Helmut Heißenbüttels Modell einer neuen Literatur, der Beschäftigung mit der Sprache als Sprache, reichte.

Der sich ankündigende Übergang von der Adenauer- zur sozialdemokratischen Republik machte die Geister freier, die Erkundungslust an Geschichte und Gesellschaft wuchs. Aufklärung und Rationalität waren Maßstäbe, die ein starkes Interesse an Fakten hervorbrachten. Freilich war die Erkenntnis behindert vom anhaltend »überheblichen Mitleidsblick« (Oskar Maria Graf, 1962) gegenüber dem sozialistischen Experiment DDR, das auf deutschem Boden, separiert entstanden, einfach undenkbar zu sein hatte. So groß die Aufregung, zum Beispiel der Gruppe-47-Autoren, über den Bau der Mauer 1961 war — weil die Fehler einer von Anfang an auf Spaltung zielenden Deutschlandpolitik nun sozusagen festgegossen dastanden —, so überzeugend wirkte sich das Ereignis schließlich für das Anerkennen der Realitäten aus. Die Grenze zum Sozialismus lenkte den Blick in die eigene Politik, von der verlangt wurde, mit dem Osten Kontakt aufzunehmen.

Dabei bedeutete die Ablehnung des DDR-Sozialismus eine starke Bindung an die bürgerliche Demokratie, hohe Erwartungen gegenüber der SPD oder Hoffnungen, die von fern her kamen und sich in der Ferne erfüllten, in der kubanischen Revolution, in den Kämpfen der Befreiungsbewegungen, vor allem in Vietnam.

Am Ende des Jahrzehnts, als die Partei der Reformpolitik endlich das Sagen hatte, war die leidenschaftliche Suche der Autoren nach »einer bewohnbaren Sprache in einer bewohnbaren Welt« (Böll) erschöpft. Willy Brandt machte vor dem Warschauer Getto den Kniefall. Beim 1. Schriftstellerkongreß in Stuttgart 1970 bat er die Schriftsteller um tätige Mitgestaltung von Politik und Gesellschaft. Viele hielten das Angebot für ausreichend und richteten sich wie zu Hause ein. Einige zogen das heimatlose Leben auf den »Baustellen« (Tagebuch von Luise Rinser, 1970) vor. Andere setzten noch eine Weile die Suche fort und sprachen mit dem Vorsitzenden der neu gegründeten DKP, Kurt Bachmann, über ihre Ansprüche an eine »hiesige Partei« (Martin Walser). Wieder andere hatten das Land ganz aufgegeben. Enzensberger brachte 1970 sein »Verhör von Habanna« heraus, die Selbstdarstellung der geschlagenen Konterrevolution auf Kuba, die Enthüllung der Herrschaftsanmaßungen des internationalen Kapitals. 1970 hatte sich die Gruppe 47 schon fast aufgelöst, die Gruppe 61 schickte sich dazu an, und der Werkkreis Literatur der Arbeitswelt wurde aus der Taufe gehoben. Die Belletristik stand nicht sehr hoch im Ansehen, und die Dokumentarliteratur galt als Spezialität. Als die SPD daran ging, die neue Deutschlandpolitik in Verträge zu fassen, war die Frage »Was habe ich hier?« scheinbar nicht mehr virulent.

Zuvor hatte die Literatur damit sogar die Staatsmacht bewegt. Hochhuth, der für seinen »Stellvertreter« keinen Verleger fand, bis Erwin Piscator das Stück auf die Bühne brachte, erwirkte eine Beschwerde des Vatikans, eine Anfrage im Bundestag und öffentliches Aufsehen. Von der Grün verlor nach der Veröffentlichung von »Irrlicht und Feuer« seinen Arbeitsplatz und die Gewerkschaftsmitgliedschaft. Gerd Semmer, der Ostermarsch- und andere Lieder schrieb, als Süverkrüp sozusagen noch klein war, hatte vorübergehend Aussicht auf einen Hochverratsprozeß. Böll erhielt für den »Clown« die Bestätigung einer »bedenklichen Kritik des Industriellenmilieus« und einen Hirtenbrief der katholischen Kirche. Hochhuths Feststellung »Der Klassenkampf ist nicht zuende« von 1965 ließ Bundeskanzler Ludwig Erhard die Beschimpfung »Pinscher« einfallen, weil Schriftsteller nichts von Ökonomie verstehen. Innerliterarisch war das öffentlichkeitswirksamste Ereignis das Auseinanderfallen der Gruppe 47 1966 in Princeton über der Frage der Solidarität mit Vietnam, in der Grass und Hans Werner Richter eine Provokation des Gastgebers USA befürchteten. Überhaupt war Grass publizistisch sehr aktiv gegen Erich Frieds Gedichtband »...und vietnam und...« (1966) zum Beispiel oder gegen Peter Weiss' »10 Arbeitspunkte eines Autors in der geteilten Welt« (1965), in denen Weiss seine Arbeit in Beziehung zum Sozialismus und zu den Befreiungsbewegungen setzte. Wegen einer Geldsammlung für die vietnamesische Befreiungsfront in den Münchner Kammerspielen nach der Premiere von Weiss' »Diskurs über die Vorgeschichte und den Verlauf des lang andauernden Befreiungskrieges in Viet-Nam als Beispiel für die Notwendigkeit des bewaffneten Kampfes der Unterdrückten gegen ihre Unterdrücker sowie über die Versuche der Vereinigten Staaten von

Lützel Jeman

Dichter in Berlin

Mehr und mehr konzentriert sich das literarische Leben der Bundesrepublik in Berlin. Dort wohnen Johnson, Grass, Schnurre, Meckel, Schnell, Fuchs. Walter Höllerer, ordentlicher Professor, Herausgeber zweier Literaturzeitschriften, Poet dazu, organisiert Dichtertreffen, finanziert mit Mitteln der Fordstiftung Kurse für Jungdichter, das Literarische Colloquium, Kritikertreffen und Schauspielnächte. Als gutbezahlte artists in residence sieht man prominente Ausländer: Butor, Bachmann. Gombrowicz. Richter, Chef der Gruppe 47. hält in Berlin-Grunewald seinen Jour fix, Wagenbach hat seinen Verlag in Friedenau eröffnet. im Gästehaus der Akademie der Künste weilen gerngesehene Besucher wie Peter Weiß. Dichter. wohin man schaut. Doch was zieht sie alle nach Berlin? Was hält sie dort? Warum schreiben sie so gute Bücher? Unser Fotostrip versucht, die Antwort zu geben. Er sieht hinter die Kulissen des Betriebs und zeigt uns allen die Dichter als Menschen.

Am nächsten Morgen stattet Höllerer Hans Werner Richter einen Besuch ab.

Nun, was führt dich her, Walter?

Der Uwe ist in Schwierigkeiten. Er sucht nach einem Adjektiv. Es ging da, Moment, ja, es ging um eine Eckkneipe . . .

Etwa zur gleichen Zeit macht Johnson seinen gewohnten Morgenspaziergang. Plötzlich ruft jemand seinen Namen. Kein Zweifel, Peter Rühmkorf ist wieder mal im Lande!

Uwe, Hans-Werner rief mich gerade an. Ich wollte dir nur sagen, daß mir kein Adjektiv eingefallen ist. Aber Ingeborg kennt sich da doch aus, vielleicht . . .

Schönen Dank, Peter!

Während sich Johnson auf den Weg zu Ingeborg Bachmann macht, ist Grass nach Kreuzberg gefahren. Schnell und Stomps schlafen noch, doch Günther Bruno Fuchs ist tatsächlich schon munter.

Schön, dich wieder mal zu sehen, Günter. Nee, Adjektive sind bei mir nicht drin. Aber Eckkneipe ist gut, sehr gut sogar. Ich kenn eine ganz in der Nähe — wollen wir da nicht weiter überlegen?

Richter und Höllerer sind inzwischen nicht weitergekommen. Peter Weiß, den sie angerufen haben, ist leider gerade in Schweden, Schnurre weigert sich zu helfen, Peter Härtling, Klaus Wagenbach und das Brandtsche Wahlkontor machen unglücklicherweise einen Betriebsausflug nach Kladow. Da hellt sich Höllerers Gesicht auf. „Wofür haben wir eigentlich die Jungs vom ‚Literarischen Colloquium'?" Zehn Minuten später sind alle Jungdichter schon am Nachdenken . . .

verschlafene Eckkneipe? Das geht nicht mehr Hoffmannsthal, Sprachverlust, Wirklichkeitsschwund, Ironie, Rolle des Erzählers, Fiktion, Tod des Adjektivs, *graue, saubere, bebitzelte, kosmische,* das kann man nach Miller nicht mehr bringen, *verwegene, doofe? blutige . . .* geht das schon wieder? *abbröckelnde, schnellebige . . . eckige* Eckkneipe . . .?

Zur gleichen Zeit in Ingeborg Bachmanns Wohnung in Grunewald.

Schönen Gruß von Peter. Er meinte, du könntest mir weiterhelfen, ich suche

Hans-Werner rief bereits an. Ich wills versuchen, Uwe. Wenn du derweil einen Reim auf „tränenblind" finden könntest? Ich komme mit meiner Elegie nicht weiter . . .

20 Uhr 30 im Flughafen-restaurant. Eine von der Ford-Foundation gestellte Sondermaschine hat Robbe-Grillet aus Paris hergeholt. Kann er helfen? Höllerer schildert ihm das Problem. Doch der Franzose hat keinen guten Tag.

Nichts scheint zu klappen. Es wird immer später. Der Bachmann ist nichts eingefallen. Das Colloquium hat sich vertagt. Johnson ist nach Hause gefahren. Höllerer streitet sich mit Robbe-Grillet. Das Wahlkontor ist baden gegangen. Da klingelt es an Johnsons Haustür.

Und jetzt macht die Arbeit wieder Spaß!

Nacht liegt über Berlin. Die Bürger schlafen, doch in allen Dichterstuben brennt noch das Licht. Morgen wird ein anderer die Hilfe seiner Kollegen brauchen. Und alle werden helfen. Wo in Deutschland wäre das sonst möglich? Nur in Berlin, der Stadt, in der sich nicht zufällig das literarische Leben Deutschlands konzentriert. ∎

Amerika, die Grundlagen der Revolution zu vernichten« (1968) flogen Regisseur Peter Stein und einige Schauspieler sowie das Stück aus dem Programm. Reinhard Lettau wurde nach einer Rede über die Servilität der Presse als lästiger Ausländer aus Westberlin ausgewiesen (1967). Springer, Notstandsgesetze, Vietnam waren die neuralgischen Punkte der Auseinandersetzungen der Schriftsteller untereinander und mit der Staatsmacht, die sich nach 1966 CDU und SPD teilten.

Ab 1967/68 übernahm die Studentenbewegung die Erschütterung des bundesdeutschen Ruhestandes, und Heinrich Böll schickte Beate Klarsfeld, die 1969 Bundeskanzler und Altnazi Kiesinger geohrfeigt hatte, Blumen.

Ziemlich einig waren sich die Schriftsteller in der Beurteilung einer Gegenwart, die vom Fortwirken des Personals aus der Hitlerzeit geprägt war. Viele stellten dagegen die Verantwortung des einzelnen. In Hochhuths »Stellvertreter« geht einer, der Priester Riccardo, mit ins KZ, eine Provokation der auf Ausgleich mit dem Faschismus bedachten päpstlichen Politik, eine individuelle Tat der Selbstachtung. In Siegfried Lenz' »Deutschstunde« (1968) versucht der junge Siggi Jepsen das Wirken faschistischer Ideologie zu begreifen und stößt dabei auf einen pervertierten Pflichtbegriff, der jede Unmenschlichkeit abdeckt. Seine Selbstbefragung endet damit, daß er etwas Neues anfangen will. »Etwas Neues? Was soll das sein...? Noch gibt es Möglichkeiten. Aber werde ich sie nutzen?« Drei Jahre vorher hatte Wolfgang Hildesheimer »Tynset« veröffentlicht, das Buch ohne Möglichkeiten. »Das Entsetzen ist nicht an eine Stätte gebunden, es kennt auch keinen Ort, es wächst in der Zeit, und überall gleichzeitig, mancherorts unsichtbar, aber allgegenwärtig, oft verdeckt, aber es wächst, es gedeiht, es blüht, es trägt Früchte.«

Auf der Suche nach gesellschaftlichen Kräften, die am Neuen mitwirken könnten, bewegen sich die Schriftsteller in enormer Entfernung vom Volk. Noch Jahre später ist es das »Volk von Mitläufern« (Andersch). Durch Max von der Grün und die Autoren der Gruppe 61 kommen Stoffe aus dem Arbeitsleben in die Literatur, die vor allem das ausgebeutete Subjekt und eine ausbeutende Herrschaftsklasse zeigen. Doch sind Romane wie Christian Geisslers »Kalte Zeiten« (1965), in denen die Frage nach der Veränderung eines Klassenbewußtseins gestellt wird, das vom System »ganz schön in die Mangel« genommen wird, selten. Allerdings sind Erfolge in der Wirklichkeit auch kaum zu vermelden. So beschreibt Geissler zum Beispiel einen Schriftsteller, der als Agitator nach Hamburg kommt und dessen Wahrheiten keiner hören will. Die Orientierung auf Protokolle und Reportagen – Erika Runges »Bottroper Protokolle« erscheinen 1968, Günter Wallraff geht ab Mitte des Jahrzehnts vor Ort nachsehen, wie Entfremdung funktioniert (»Wir brauchen Dich«, 1966) – ist auch ein Versuch, sich dieser anstandslos angepaßten Arbeiterbewegung zu nähern, sie zu begreifen, ein genauer zu betrachtender Forschungsgegenstand. Gegen Ende der 60er Jahre gehen Faßbinder, Kroetz, Sperr in die Randbereiche und erkunden die Sprach- und Bewußtseinslosigkeit der »kleinen Leute«, die sie in der Provinz ansiedeln.

Dabei sind Begriffe wie System und Sozialismus seit Anfang des Jahrzehnts keine Fremdwörter in der Literatur. Auch wird in den 60ern Marx wieder gelesen, und die Literatur der DDR darf durch die Mauer in den Westen. Aber wer nicht wie Hochhuth eine gerechtere Klassengesellschaft will, sucht eher außerhalb des Landes. Peter Weiss ist mit seinem »Marat«-Stück (1964) der erste, der in den beiden Hauptfiguren, Marat und Sade, das Thema Revolutionär und/oder Individualist aufgreift. Von den linken Autoren ist Weiss derjenige, der ausdauernd an der Frage, wie es zur sozialen und politischen Befreiung kommt, arbeitet. Der deutschen Arbeiterbewegung nähert er sich langsam von außen, 1973 beginnt er mit der »Ästhetik des Widerstands«. Außen, das ist ab 1965 vor allem der vietnamesische Befreiungskampf, der besonders von Martin Walser und Erich Fried als unsere Angelegenheit behandelt wird. Walser: »Das ist unser Krieg. Mit vollem Recht sprechen die amerikanischen Militärsprecher auf den Pressekonferenzen in Saigon von den Free World Forces. Die Streitkräfte der Freien Welt. Das sind unsere Streitkräfte... Die Amerikaner sind unsere engsten Verbündeten, unsere engsten politischen Freunde. Sie führen diesen Krieg auch in unserem Namen.« (»Praktiker, Weltfremde und Vietnam«, Rede aus dem Jahr 1966, die in einem Essayband von Walser erschien, der Titel: »Heimatkunde«.)

Vietnam ist Deutschland
sein Schicksal ist unser Schicksal
Die Bomben für seine Freiheit
sind Bomben für unsere Freiheit.

– Erich Fried –

»Unsere Freiheit«, das war für die meisten nicht ironisch gemeint. In der politischen Betätigung, ob im Wahlkontor der SPD 1965, ob in der Solidaritätsbewegung für Vietnam und in den Bewegungen gegen die Notstandsgesetze und das Springermonopol, an denen Schriftsteller aktiv teilnahmen, war die Grundlage im wesentlichen die Vorstellung einer sowohl antifaschistischen als auch sozial gerechteren Demokratie, deren Garant die SPD schien.

Der Schock der Großen Koalition von 1966 war groß, Notstandsgesetze und Atombewaffnung wurden von allen Bonner Parteien befürwortet. Er war das Ende der Hoffnungen, linksliberale – wie sie selber es genannt hätten, sozialistische – und bürgerliche Vorstellungen unter einen Hut bringen zu können. Kein Wunder, daß Enzensberger im parlamentarischen System keine Klassenkampfmöglichkeiten mehr erkennen konnte und die Literatur erst einmal totsagte (»Einige Allgemeinplätze, die Neueste Literatur betreffend«, Kursbuch 15, 1968). Kein Wunder, daß ab 1969, als die sozialliberale Regierung endlich dran war, nur die Pragmatiker ihren Identifikationsanspruch eingelöst sahen.

Die große Aufbruchstimmung vom Anfang der 60er Jahre, die für einige noch einmal in der außerparlamentarischen Bewegung Hoffnung und Zukunft enthielt, ging an der Fixierung auf die SPD und am Desinteresse für die Geschichte des sozialistischen Deutschland langsam kaputt.

Udo Lindenberg / Horst Königstein

We've Gotta Get Out Of This Place

Als Elvis Presley 1958 in der Bundesrepublik als GI stationiert wurde, sah es so aus, als wäre die Rock'n'Roll-Zeit wieder vorbei. Die Chefs der Plattenindustrie schickten frischgewaschene Teenie-Stars mit Schmalztolle und Schnullermund ins Rennen (z. B. Fabian, Ricky Nelson) und glaubten, alles wieder unter Kontrolle zu haben. Unterhalb dieser allseits geförderten offiziellen Platten-Kultur entwickelten sich jedoch ganz eigene musikalische Gegenwelten: In Liverpool und Hamburg beispielsweise waren Jugendliche derart vom Rock'n'Roll angezündet, daß sie ihr letztes Taschengeld ausgaben, um an Platten-Importe aus Amerika ranzukommen. In schmutzigen Kellerlöchern oder nachmittags in der Schulaula probten Nachwuchsrocker mit Teekisten und Waschbrett (Skiffle) oder mit notdürftig übers Radio verstärkten elektrischen Gitarren amerikanische Folklore und »Whole Lotta Shakin' Goin' On«. Mit Peter Kraus und Ted Herold hatte das nicht viel zu tun. In England machten Jugendliche eine ähnlich aufregende Entdeckungsreise ins Rock'n'Roll-Land. Der Liverpooler Disc-Jockey Billy Butler erzählt: »Wir haben nichts von dieser Musik im Radio gehört oder im Fernsehen gesehen. Deshalb haben wir diese Platten uns selbst vorgesungen oder vorgesummt. Dann haben wir uns 'ne Gitarre gegriffen und es probiert. In jedem von uns war ein kleiner Star versteckt: wir wollten immer die ersten und die besten sein. Das war's. Beim Skiffle ist zum erstenmal etwas in uns mulmig geworden – das war aufregend und schnell. Da sind Sachen angerührt worden, von denen vorher keiner wußte, daß es sie gab.«

Gymnasiasten und Studenten pflegten zu jener Zeit den Jazz, den sie als Ausdruck ihrer Anti-Haltung entdeckt und in »Exi-Kellern« heimisch gemacht hatten – schwarze Hose, schwarzer Rollkragenpullover, bleiches Gesicht, unheimlich »coole« Haltung: Morgen macht die Atombombe sowieso alles kaputt. Ringo Starr erzählt über seine Liverpooler Zeit: »Die Skiffle-Mode war '58, '59. Damals verließ ich gerade meine Rocker-Gang. Ich war dann in einer Band mit Freunden, die zusammen in der gleichen Fabrik arbeiteten. Wir spielten mittags für die Männer unten im Keller. Das war immer kostenlos. Dann waren Wettbewerbe in den Tanzlokalen. Wir haben diese Wettbewerbe gewonnen und waren bald bekannt: die Eddie-Clayton-Skiffle-Group. ...und dann Rory Storm. Rory Storm spielte zu der Zeit Rock'n'Roll. Er war populärer als die allerersten Beatles-Formationen. Wir sind damals aus dem Cavern rausgeflogen, weil wir Rock'n'Roll gespielt haben. Das war so ein Exi-Lokal, in dem sonst ausschließlich Dixieland-Jazz gespielt wurde. Wir durften ein paar Wochen lang nicht auftreten. Dann haben sie gemerkt: Rock'n'Roll ist in. Also müssen wir Rock'n'Roll haben.«

In den frühen 60er Jahren merkte man diese Bewegung am deutlichsten in Hamburg: In den neondurchglänzten Kellerbars probierten englische und deutsche Jugendliche gemeinsam eine Revolte, die auf der Bühne des »Star-Clubs« und im »Top Ten« ihren ungehobelten Ausdruck fand. Was dann Ende '62 auf Platten zu kaufen war (»Twist And Shout« beispielsweise), hatte schon einen sorgfältigen Glättungsprozeß durchgemacht.

John Lennon sagt: »Unsere besten Nummern sind nie aufgenommen worden... wir waren eine Bühnenband in Liverpool, Hamburg und in anderen Tanzpalästen, und was bei uns rüberkam, war fantastisch, wenn wir simplen Rock spielten – keiner in England kam da ran. Als wir dann Erfolg hatten, wurden die Kanten abgeschliffen. Brian (Epstein) hat uns in Anzüge gesteckt und all das. Das war unser Ausverkauf. Unsere Musik war bereits tot, bevor wir die Tournee durch die britischen Theater machten.« *(Lennon Remembers)*

Ringos Erinnerung an die *Reeperbahn:* »Und dann Hamburg, völlig verrückt, die Reeperbahn. Da war ich nicht, wie jetzt, in einem großen Hotel, sondern in der deutschen Seemannsmission. Soviel Geld gab's ja auch nicht. Das war jedoch völlig egal, denn es war alles so aufregend. Als ich hier war, hat man mir gesagt, daß auf der Reeperbahn, laut Gesetz, jeder überfahren werden kann, sobald das Auto gehupt hat. Da lagen also die Angedetschten im Rinnstein. Und dann erst in diesem Club: Da säuberten Typen ihre Kanonen und sagten: ›Du spielen *What'd I Say*‹. Das war wie in Chicago. Also spielten wir *What'd I Say*.«

Jugendliche probierten die Grenzen aus, die Ordnungshüter reagierten hektisch. Die sogenannten »Twistkrawalle« in München im Sommer 1962 waren wie ein Signal: Nur weil einige junge Leute Gitarre spielten und Hunderte dazu auf der Straße tanzten, kam es nächtelang zu Polizeieinsätzen mit Knüppel und Wasserwerfern, Verletzten und Festnahmen. Es sah so aus, als wäre die Umsetzung bestimmter Träume in die Wirklichkeit nicht erlaubt − als müßten »die Erwachsenen« Erinnerungen an eigene Fantasien und Wünsche bekämpfen. Und schon wurden die ersten Zeichen einer neuen Gegenkultur sichtbar, die in Amerika an die (politische) Folksong-Bewegung der 30er und frühen 40er Jahre anknüpfen konnte: das Gemeinschaftssingen (»Hootenanny« − Woody Guthrie, Pete Seeger, später dann Joan Baez, Bob Dylan etc.), das zum Forum der Kritik an herrschenden Zuständen wurde (Rassentrennung, Armut in Amerika, korrupte Politik, Angst vor dem Atomtod, Krieg in Vietnam etc.). Mit dem Präsidenten John F. Kennedy wurde 1963 eine Symbolfigur ermordet, die Hoffnungen auf gesellschaftliche Veränderung geweckt hatte. Resultat war − in Amerika − Enttäuschung und Resignation. Viele zogen sich wieder zurück und arbeiteten an Ideen über eine andere Lebensform, die »außerhalb der Gesellschaft« durchgezogen werden sollte. Hippies, Drogen, organisierter Widerstand der Schwarzen, Kriegsdienstverweigerung usw. Das Bild war bunt, vielfältig und äußerst irritierend: »Denn irgend etwas passiert hier − aber sie wissen nicht, was es ist − nicht wahr, Mr. Jones?« (Bob Dylan). Die meisten, die so rumprobierten, waren Bürgerkinder. Viele hatten sich nach kurzer Zeit ausgetobt, nahmen die Blumen wieder aus dem Haar und tauschten ihre Träume gegen eine »ordentliche« Karriere ein. Arbeiterkinder lernten solche Spielwiesen kaum kennen: sie mußten gleich nach der Schule in die Lehre. Arbeiterkinder, wenn sie's überhaupt schafften, konnten gerade noch als Beat-Musiker oder Fußballer eine wirkliche Aufstiegschance sehen. Eric Burdon von den »Animals«: »Wir wollten, daß die ganze Welt uns so kennt, wie die Leute in unserer Straße.« Das Ziel war klar: Raus aus der Maloche! (So sangen die Animals aus Newcastle *We've Gotta Get Out Of This Place*.) Die ganze Welt sollte sagen: »Da geht der berühmte Eric!«

Die Jahre 1964 bis 1968 sind die Jahre von *Satisfaction*, von *My Generation*, von *Substitute*, von *Like a Rolling Stone*, von *White Rabbit*, von *Sergeant Pepper*, von *Dead End Street* − von Hunderten neuer Songs, die den Rhythmus geliefert haben für die *Street Fightin' Men* und die aufsässigen Sprüche an Häuserwänden und auf Transparenten vorformulierten. Der Unterschied zu den späten 70er Jahren: Die kalte Wut der Punk-Rocker ist nur auf den ersten Blick den Brutalakkorden der frühen Who, Stones oder

Kinks vergleichbar. In den 60er Jahren war mehr Hoffnung drin. Die Sicherheitsnadel in der Haut demonstriert: Schaut her! So macht ihr uns kaputt! Viele haben tatsächlich keine Mark auf der Tasche, vor allem in England. Da ist kaum noch was, woran diese Jugendlichen glauben können. Ihr Rumgammeln ist keine flotte Parka-Wandernummer mehr, sondern erzwungen: Jugendarbeitslosigkeit, keine Chance für einen Job. Viele spielen schon mit einer Hakenkreuzbrosche am Jackenkragen. Der »allgemeine« Reichtum der 60er Jahre und der ungebrochene Fortschrittsoptimismus (»Alles wird überhaupt immer besser«) sind wirtschaftlicher Unsicherheit gewichen. Nach dem Aufbruch in den 50er und 60er Jahren sieht es jetzt wieder düster aus: Die meisten klammern sich ängstlich an die Ordnung der »guten alten Zeit«. Heute liest sich eine Beschreibung des »Gammlerproblems« aus dem Jahre 1966 (Wiener Tageszeitung »Die Presse«) einfach nur noch naiv und lieb: »Zum ersten Mal in der Geschichte Schwabings sind sieben langmähnige ›Gammler‹ im Morgengrauen von Bäumen des Englischen Gartens runtergeholt worden. Sie hatten dort oben übernachtet und wurden zu ebener Erde von Beamten der Münchener Polizei erwartet. Der Weckruf lautete: ›Ausweiskontrolle‹. Bisher hatten die arbeitslosen jungen Herren mit den Pilzköpfen hinter dem Zaun des staatlichen ›Holzhofs‹ im Englischen Garten ihre kurzen Nächte verbracht. Dort waren sie wegen Hausfriedensbruch an die Luft gesetzt worden. Auf den grünen Wiesen des größten Münchener Parkgeländes wurde es ihnen zu kühl. ›Der erste Schnee wird das Problem klären‹, haben optimistische Polizeibeamte des Schwabinger Reviers vorausgesagt.«

Wenn Mitte der 60er Jahre in der Bundesrepublik englische oder amerikanische Rock-Musik gespielt wurde, dann kam gerade noch der Beat an. Nur selten wurde − gerade bei der schwarzen Musik (Rhythm and Blues, Soul) − die Geschichte klar, die hinter Musik und Text stand. Die Disc-Jockeys sagten: »Hier kommt wieder ein heißer Knaller...«, und mehr erfuhr der Hörer meist nicht. Dabei drückte sich beispielsweise in den Songs der Schwarzen eine ganz andere Beziehung zum Alltag und zum Leben aus, als in den Herz-Schmerz-Ohrwürmern der Hitparaden-Verkäufer. John Lennon erzählt in *Lennon Remembers*, wie entsetzt die Beatles waren, als bei ihrem ersten Amerika-Besuch 1964 kaum ein Mensch Chuck Berry kannte. Über solche Musik konnten die Amerikaner nur lachen. »Unsere Botschaft war: hört euch diese Musik an.

In Liverpool war das genauso, wir kamen uns sehr exklusiv und underground vor, weil wir all diese alten Platten hörten. Und sonst hat die keiner angehört – außer Eric Burdon in Newcastle und Mick Jagger in London. So allein waren wir damit ... Wir kamen nach Amerika und es war genauso: keiner hörte sich Rock'n'Roll oder schwarze Musik an. Wir kamen in das Ursprungsland und keiner wollte es hören.« Keiner wollte vor allem die Geschichten hören, bis die weißen Rhythm-and-Blues-Fans die Musikhörer mit der Nase drauf stießen: wer Robert Johnson war, wo Muddy Waters Musik macht und wovon Otis Redding in *Sittin' On The Dock Of The Bay* singt – von arbeitslosen Schwarzen nämlich, die über einen ganzen Kontinent wandern, um irgendwo im Hafen Güter zu verladen. Und dann kriegen sie auch da wieder keine Arbeit.

Immer dann, wenn in den nächsten Jahren Radio, Fernsehen und die Zeitungen sensationelle Ereignisse in den Jugendkulturen meldeten – ob Studentenrevolte oder das Woodstock-Festival (1969) –, so erwischten sie immer nur das Finale. Verfall und Verkauf waren längst in Sicht, Plastikschmetterlinge für 1,50 DM. Aus dem spielerischen Umgang mit bewußtseinserweiternden Drogen wurde Haschisch-Chic und mörderische Spritz-Touren. In Stadions wurden riesige Verstärkertürme aufgebaut, und jeder Musiker spielte technisch so perfekt, wie er konnte. Aber die Botschaft ging verloren. Die »Politologen« andererseits konnten sich über Mittel und Ziele ihrer Aktionen nicht einig werden. Dabei war der Zug schon ohne sie abgefahren. Was nützte es, wenn beispielsweise Watergate und das Ende des Vietnam-Krieges all jenen im nachhinein recht gab, die 1968 noch als Landesverräter beschimpft und verfolgt worden waren?

Die Musik jener Zeit spielte schon mit Bildern, die nur noch entfernt mit der Wirklichkeit zu tun hatten: die Untergangsstimmung von *Salty Dog* (Procol Harum) und der bösartige Comic-Strip, wie verteufelt der Lauf der Welt ist: *Sympathy For The Devil*.

music straight from the jungle, and a sub-
...ger for mass juvenile delinquency.
...ndance on its birth,

Vietnam was the first war that was fought against a background of rock & roll from a transistor radio.

Rändi Warwel

Als der Stein ins Rollen kam

Bunte Bilder zur
Rockgeschichte

LONNIE DONNEGAN

■ CLIFF RICHARD

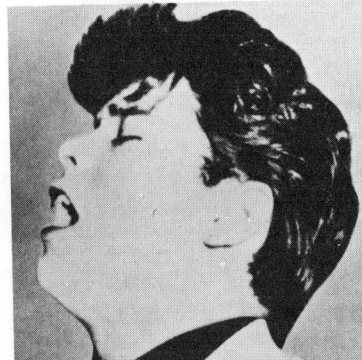

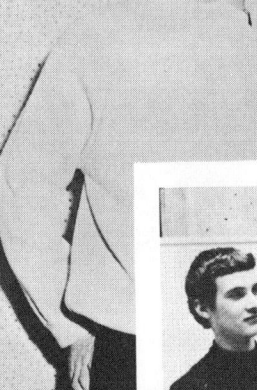

■ BUDDY HOLLY

THE RATTLES + ACHIM REICHEL

Die amerikanische Kultur tritt auf der Stelle.
Buddy Holly ist tot. Die Unterhaltungsbranche
sucht nach Maßstäben. Trotz **Phil Spector**, den
Four Seasons und den Girl Groups brauchen die
Teens mal was für den Kopf. Die Briten
schminken ihre Rocker mit der BBC-Quaste blaß
und farblos. Topact: **Cliff Richard**. Profumo zu
Keeler: „Sag mal, Chris, verliert dein Kaugummi
nicht sein Aroma, wenn du ihn des Nachts auf den
Bettpfosten klebst?" **Lonnie,** antworten Sie!
Chris Barber macht Dixieland, doch die Kids
wollen nicht mehr.
Rhythm & Blues ist angesagt. Aber bitte
authentisch. Ob aus den Slums oder den Schools
of Art, es brodelt gegen Stock und Hut: Rhythm
& Blues. Doch bevor die Briten ihre eigene
Identität finden und den Amis zeigen wo's lang
geht, wird im Hamburger Star-Club gerockt. Hier
werden die Nächte zum Tag, und wer's auf der
Reeperbahn nicht schafft, hat auch beim
Heimspiel Trauer.
Zur gleichen Zeit: Liselotte Pulver geistert
durchs Spukschloß im Spessart. Im zweiten Stock
des Hauses schnarcht Dornröschen gar
jämmerlich. Wird der Rockprinz Rattlereichel
die Unglückliche noch vor Ende des Films
wachküssen?
Britische Invasion nennen die Chronisten die
Beat-Welle, die die USA Anfang der sechziger
erreicht und mit einigen Hochauläufern auch
unsere Breitengrade bewegt. Teilweise sind die
Namen der Kapellen klangvoller als deren
musikalische Ergüsse. Namhaft sind: **Freddie &
the Dreamers, Swinging Blue Jeans, Jerry and
the Pacemakers.** Wesentlich sind: **The Searchers.**
Ihr „Needles and Pins" ist gut gemachte
Popmusik, kunstfertig produziert, niveauvoll
arrangiert, der Zeit voraus? Laster Bangs, ein
Rockkritiker: „Es war die Höflichkeit und
allgemeine musikalische Ordentlichkeit, die sie
sowohl zu Propheten des Folkrock als auch
letztlich zu Verlierern im Zeitalter der
Beatlemanie gemacht hat."

Das Beatlefieber hat Anfang 64 seinen Höhepunkt. Britische Gruppen tummeln sich erstmals in den US-Charts. 50.000 Dollar kostet der Werberummel für „I Want To Hold Your Hand" allein in New York. Im November 63 wird Kennedy erschossen. Die Pilzköpfe treten Anfang 64 in der amerikanischen Ed-Sullivan-Schau auf. Weihnachten: **Ringo** läßt sich die Mandeln abfeilen. Weltweit werden Nachtwachen abgehalten. Die **Rolling Stones** erobern Marktanteile.

Foto: Phonogram GmbH

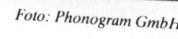
■ THE MONKEES

Auf der Insel werden die **Kinks** gegründet. **Ray Davies** ist der Mann, der neue Töne anschlägt. Klassengegensätze sind ätzend. „You really got me" ist heavy und geht los wie ein Preßlufthammer. Heavy metal 1965. Im Bremer Beat-Club: Die Kinks mit Bügelfalte. Man gibt sich höflich. Im Hamburger Star-Club heißt live auch mal Putz machen. Die **Pretty Things** sind das, was den Stones angedichtet wird: Igittigit. **Casey Jones** hat gut lachen: Hahahaha hehejo. **Sam the Sham**: Volle pulle. Kurzfristig muß der Star-Club auch mal schließen. Die Journalisten können das Wasser nicht mehr halten; die Fans weinen. Presserummel für den Jugendschutz?

Nachdem ein Wissenschaftler namens Hardy in den USA einem herzkranken Patienten ein Schimpansenherz eingesetzt hat, welches nur 90 Minuten tuckert, setzen die Amis **The Monkees** in die Welt. 1965 verkauft **Herman and his Hermits** mehr Singles als die **Beatles**. Weltweit. Herman mit den hervorstehenden Zähnen trällert, und die Misses Brown und ihre lovely Daughters schmelzen wie Marchmellows auf dem Grill. Endlich gehört der Poprock allen Menschen. Selbstverständlich.

Foto: Radio Bremen

■ THE KINKS

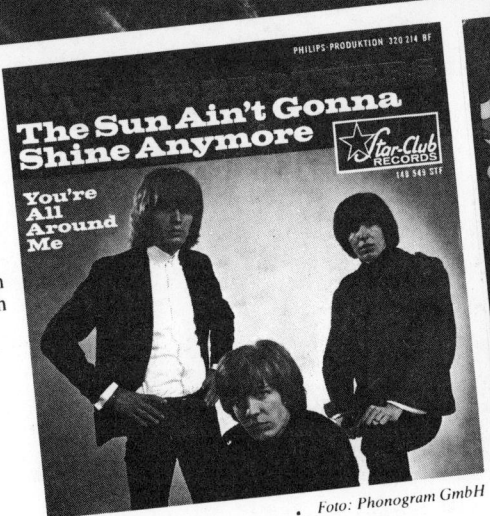

Auch die **Troggs** und die **Tremeloes** haben Hits. **Dave Dee, Dozy, Beaky, Mick und Titch** haben Witz. Die Teenies sind high und lustig. Die etwas abgeklärteren Fans setzen auf die **Walker Brothers.** Die wiederum setzen auf Show mit Pathos und Stil. Doch der Rock-nur-so-zum-Spaß ist auch wieder am abklingen. Aus dem Äther klingt schon die progressive Welle.

Foto: Phonogram GmbH

Foto: Phonogram GmbH

Akt Nr. Zwei: 1967 wird Sgt. Pepper von den **Beatles** geboren. Die **Stones** setzen dagegen: „Satanic Majesties Request". Ist das bitte Kunst? Die mittlerweile entstandene Rockpresse antwortet einhellig JA. Das Publikum ist schon lange nicht mehr einer Meinung. Die **Beatles** haben mit den neuen Gruppen kaum noch etwas gemein. „Supergruppen" mit irrem instrumentalen Improvisiergehabe machen Schlagzeilen. Protestidole wie **Dylan**, **Zappa** oder die **Fugs** machen gute Texte und Poster. Herr Zappa scheißt auf den Rest der Welt. Indes: die LP wird zum Werk, der Gitarrist zum Gitarjero. Der Plattenverleger wird zum Finanzaristokraten. Der „Gegenkultur" fehlt's nicht an Stil. Ob **Cream** oder **Bee Gees** – Geld stinkt nicht. Love & Kies.

■ THE CREAM *Foto: Polydor*

■ JIMI HENDRIX *Foto: CBS*

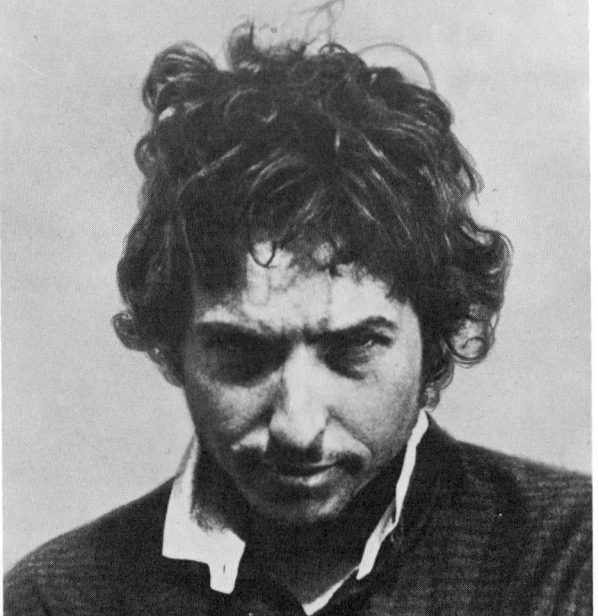

Mittlerweile kommen die psychodelischen Kicks wieder aus USA. Die Briten geben sich kalifornisch. Ein bißchen Wibbern, elektronisch wabern und rauchen, **Pink Floyd** landet mit Arnold Layne eine Hit-Single. Die Drogenära fordert ihren Tribut. Der **Pink Floyd**-Kopf Syd Barrett wird blöde. Opfer werden in dieser Zeit einige gebracht. **Jimi Hendrix** setzt zwar Meilensteine, doch musikalisch landet er in einer Sackgasse. Ende der 60er Jahre verläßt ihn der Blues ein für alle mal. Jim Morrison von den **Doors** stirbt stilecht, ein Amerikaner in Paris. Und auch die Zeit der Kaftane und Meditationen macht keinen rechten Sinn. Und wieder besinnt man sich auf Mutter Rock'n'Roll. Auf der einen Seite der Rock-Barrikade wenigstens. Auf der anderen? Die Schnulze schnulzt, und für **Tom Jones** fallen die Damen in Ohnmacht.

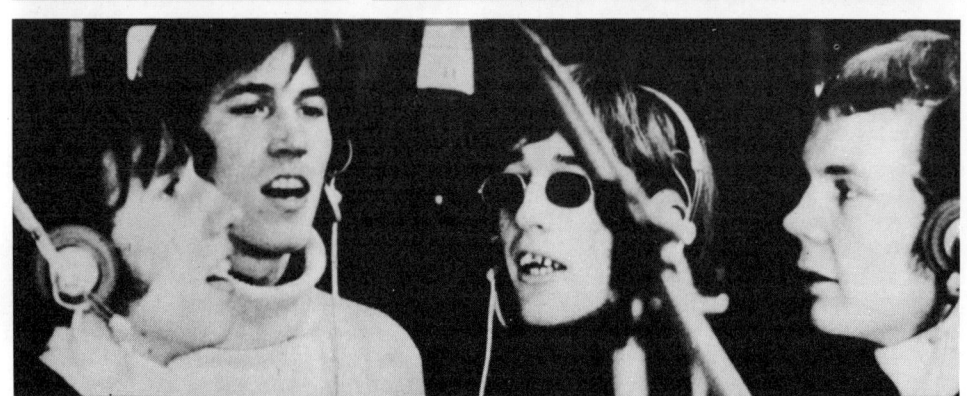

■ TOM JONES

■ THE BEE GEES   ■ BOB DYLAN *Foto: CBS*

■ JANIS JOPLIN *Foto: CBS*

Das Rockpublikum ist altersmäßig Ende des Jahrzehnts nicht mehr homogen. Der Nachkriegsbabyboom trägt Früchte. Da sind die, die mit **Cliff Richard** groß geworden sind und auch noch die, die von **Keith Richards** den Anstoß bekommen haben und die ganz jungen, die Kinder der ersten Generation. Sagen Sie, Herr McCartney, wann wollen Sie die Bretter, die die Welt bedeuten, verlassen? Und der liebe Beatle antwortet: „When I'm sixtyfour".

Die Industrie erkennt spätestens zu dieser Zeit ihre Möglichkeiten. Festivals werden organisiert, Mythen werden gezimmert: Monterey, Woodstock, Altamont. **Janis Joplin** auf der Woodstockbühne: „Früher waren wir nur wenige, jetzt gibt es Massen und Massen und Massen von uns." Einige aus dem grauen Heer der bunten Massen überstehen die Festivals nicht. Die Toten von Woodstock sterben hinter den Kameras. Die Presse nimmt keine Notiz. Beim Rolling Stones-Gig auf der Altamont-Rennbahn erstechen sogenannte Ordner einen Zuschauer. Rhythm & Blut. 2.000 Lightyears from home. Der Schock von Altamont steht im herben Kontrast zur werbeträchtig

geschneiderten friedlichen Message des Mediums Rockmusik.
Die der Rockmusik angedichtete Kraft zur Bewußtseinserweiterung oder Veränderung, ist nur Teil einer Kultur, die auch Anfang der Siebziger in voller Blüte steht. Vor dem Hintergrund politischer und sozialer Stimmungen, versteht sich. 1970 stirbt Janis Joplin, doch nach einer Schweigeminute öffnet sich der Vorhang des Rocktheaters erneut...

Randi Warwel
Yeah Yeah Yeah

Die Beatles?

Ach so, ja.

Vier Typen, denen das Schicksal die Virtuosität nicht in die Wiege 3. Klasse gelegt hat, trifft das Glück wie ein Hammer.

Liverpool ist verrottet. Die Malocher haben nichts zu lachen, doch vier schaffen den Ausbruch aus dem Nichts. Die Burschen haben den Rock'n'Roll. Sie schreien es heraus... Und? Werden gehört. Erst in Liverpool, dann in London. Über New York fegen sie hinweg wie ein Hurrican.

Die Welt hält die Luft an. Hysterie, Orden, Ordner, Roll & Royce. Ob in Tokio oder Jericho – die Trompeten der Fab Four verkünden ein neues Zeitalter.

Und während die Hip-Generation »All You Need Is Love« einstudiert, beginnen US-amerikanische Bomberpiloten die Zivilbevölkerung von Vietnam mit Napalm auszurotten.

Auf das Konto der vier gehen – zwischen 1962 und 1970 – dreizehn Langspielplatten und zweiundzwanzig Singles. Das bringt zwischen 1963 und '68 ungefähr siebzig Millionen Pfund. Wahnsinniger Reichtum setzt dem Rock'n'Roll-Märchen ein Ende.

Die vier Typen haben Meilensteine gesetzt und Diamanten geerntet. »Lucy In The Sky with Diamonds«. 1970 bricht das Quartett auseinander. Was war geschehen?

1960 gründet John Lennon die Beatles. Im April reisen sie als »Silver Beatles« nach Hamburg. '60/'61 tingelt die Gruppe zwischen Liverpool und Reeperbahn. Die Hamburgerin Astrid Kirchherr, existentialistische Mode- und Photodesignerin, freundet sich mit den Jungs an. Ihre Erfindung: Stagedress plus Haarschnitt. In dieser Zeit nimmt der Orchesterchef Bert Kaempfert für die Polydor eine Platte auf: Tony Sheridan singt »My Bonnie« und »When The Saints«, die Beatles schrubben als »Beat Brothers« den Rhythmus dazu und werden mit 300 DM einmalig abgefunden. In den Hamburger Clubs arbeiten sie an ihrer Bühnenpräsenz. Preludin macht schlank und hält wach.

Noch bevor Nikita Chruschtschow sie als Sumpfblüten und Neandertaler tituliert, die Beatles als Ausdruck kapitalistischer Dekadenz einstuft, lernen die Liverpooler mit Nutten und Nepp umzugehen. In England schockiert noch der zweiteilige Badeanzug.

Zurück in Liverpool, zeigen sie, was sie auf Sankt Pauli gelernt haben. Lennon schreibt nebenbei in einer Zeitschrift, die über Clubs, Crime und natürlich über die Beatles berichtet. Das Blatt findet reißenden Absatz. Auch in dem Plattenladen, in dem ein Herr Namens Brian Epstein bedient. Als dieser eines Tages gefragt wird, ob er schon mal was von einer Single mit Tony Sheridan und den Beatles gehört habe, muß er passen. Obwohl sein Laden einer der best sortierten ist. Klar, Epstein besorgt die Scheibe, und sie verkauft sich mittelmäßig. Doch von der Begleitcombo zu den wirklichen Beatles ist nur ein kurzer Weg. Brian Epstein übernimmt das Management dieser erfolgversprechenden Rock'n'Roll-Truppe.

1962 spielen die Beatles letztmalig drei Monate im Hamburger Star-Club. An den Trommeln hat mittlerweile Richard Starkey, kurz Ringo genannt, Platz genommen. Paul McCartney spielt Baßgitarre, George Harrison Lead und John Lennon den Rhythmus.

Am 7. März 1963 erscheint in England das Album »Please, Please Me«. Die Vier treten in Anzügen auf, die verdammt viel Ähnlichkeit haben mit der letzten Kollektion des Pariser Kleidermachers Pierre Cardin. Pariser Chic und Rock'n'Roll? Verträgt sich das? John Lennon: »...Brian steckte uns in Anzüge und so, und wir brachten es sehr, sehr weit. Aber wir verkauften uns... Die Musik

war tot, bevor wir überhaupt auf eine Theatertournee durch GB gingen. Wir fühlten uns völlig beschissen, weil wir unser Ein- oder Zweistundenprogramm auf zwanzig Minuten reduzieren mußten, worüber wir uns in einer Hinsicht freuten, aber wir hatten die gleichen zwanzig Minuten jede Nacht zu wiederholen. Die Beatlesmusik starb damals, musikalisch gesehen. Deshalb haben wir uns als Musiker nie weiterentwickelt, wir murksten uns selber ab. Und das war das Ende davon. George und ich bekannten uns am ehesten dazu; wir vermißten die Auftritte in den Clubs, weil wir dort Musik spielten; und später wurden wir Techniker, wirtschaftlich erfolgreiche Schallplattenkünstler − was etwas anderes war −, denn wir waren wichtige Leute, und egal in welches Medium du uns stecktest, es war auf irgend eine Art lohnend.«

»Das Jahr 1963«, so schreibt die Londoner Times in einem Rückblick, »war das Jahr der Beatles.« Von März bis August bleibt »Please, Please Me« in den Hitlisten. In Deutschland erscheint die LP als Hör zu-Langspielplatte. Covertext: »Spaß zum Zuhören und − beim Tanzen. Sie wissen ja: Jeder Beatle-Titel eine Sensation. Über die Beatles-Perücken kann man streiten. Über die Musik nicht.«

Doch die Fans streiten weder über das eine, noch das andere. Sie kaufen, was ihnen ein mittlerweile entstandener Industriezweig offeriert. Und wenn auch die Begeisterungswelle für Ramsch mit Beatles-Signet wieder nachläßt, die Schallplatten des Quartetts bleiben der Exportschlager der britischen Wirtschaft.

Am 11. Juni 1965 nimmt Queen Elli die Beatles in die Birthday Honours List auf, indem sie die vier zu Mitglie-

dern des Most Excellent Order of the British Empire ernennt. Ringo, Paul, George und John dürfen nun die Initialen M.B.E. hinter ihren Namen führen.

Auf die Frage eines Reporters, »Was war Ihre Reaktion, als Sie die Nachricht bekamen?«, antwortet Paul: »Ich finde, es ist wunderbar. Was wird Paps dazu sagen?« Vier Jahre später schickt John Lennon seinen Anhänger wieder an die Königin zurück. Aus Protest gegen die britische Einmischung in Biafra und den US-amerikanischen Vietnamkrieg.

Das Jahr '65 beweist: Das Quartett ist in der Lage, alle bislang aufgestellten kommerziellen Rekorde zu brechen. Geistreich und witzig arbeiten sie, bewußt oder unbewußt, an einem Image, nie abgehoben von den Fans. Unumwunden geben sie zu, daß sie in erster Linie am kommerziellen Erfolg interessiert sind. Um welchen Preis? Die Frage klingt lächerlich.

Lennon: »...Da saßen wir manchmal mit dem Gouverneur zusammen und mußten uns von diesen verzogenen pißköpfigen Bürgerärschen beleidigen lassen, die irgendwelche abfälligen Bemerkungen über unsere Herkunft aus der Arbeiterklasse oder über unsere Manieren vom Stapel ließen. (...) das ganze Geschäft war schrecklich.«

Die Tatsache, daß sie eine enorme Anzahl von Platten innerhalb einer relativ kurzen Zeit auf den Markt werfen, ist neu in der Branche. Ebenfalls neu im Biz ist, daß da zwei Schreiber erheblich kreativer sind als alle ihre Vorgänger in Sachen Rock.

Das Gespann Lennon/McCartney entwickelt eine künstlerische Einzigartigkeit, die den Kurs in der Entwicklung der Rockmusik vollständig verändert. Als sie sich die

Pomade aus den Haaren waschen, spülen sie ansatzweise den rauhen Beat eines Little Richard mit heraus, doch schon in den ersten Jahren ihres Schaffens beweisen sie sich als Meister der gesamten Rockpalette. Rhythm and Blues heißt »Roll Over Beethoven«, »Money« oder »Long Tall Sally«. Die Buddy Holly-Nummer »Words Of Love« steht für Rockabilly. »I'll Follow the Sun« kommt leicht folkig daher, und beim Hören von »If I Fell« haben die ihren Spaß, die traditionelle Balladen schätzen.

Da die Beatles es darüberhinaus noch schaffen, sich nicht selber zu plagiieren, jede neue Produktion einen neuen Stoff abwarf und Beweis für die totale Creativität der Schreiber und Komponierer ist, festigt sich ihre Position als Kunstschaffende. Und als im Sommer '65 »Yesterday« veröffentlicht wird, erkennt auch der letzte Erziehungsberechtigte, daß die Pilzköpfe nunmehr die Aggressivität von Schwammerln haben. Elegant, glatt und sentimental, geradezu kammermusikalisch brummt das Cello aus den Lautsprecherboxen.

Ende des Jahres erscheint »Rubber Soul«. Auch »Michelle« wird ein Hit.

Der Gebrauch neuer Instrumente ist neben den klassischen Assoziationen der wohl spezifischste Beitrag des Albums zur Rockhistorie. Sicher, die Yardbirds hatten auch schon mit indischen Tönen gespielt, doch George Harrisons Sitarspiel läßt die Gurus auf allen Kontinenten zu ihren Glöckchen greifen.

1966 erscheint das Album »Revolver«. Die Tendenz zum Experiment nimmt zu. Das Jahr ist auch das letzte, in dem die Beatles live auftreten. Am 23. Juni starten sie zu einer zweiteiligen Welttournee. München, Essen und Hamburg sind die Deutschland-Stationen. 100000 Leute drängen sich im Fußballstadion von Manila. Am 29. August geht im Candlestick-Park von San Francisco der letzte Auftritt der Fab Four über die Bühne. Die Beatles sind nach dieser Tour nur noch formal eine Einheit. Zu unterschiedlich verläuft bei ihnen die persönliche Entwicklung.

Harrison läßt sich zu Ravi Shankar jetten, um beim Sitarspiel zur inneren Ruhe zu finden. Lennon düst in die Lüneburger Heide, weil er sein Solodebüt als Schauspieler in Richard Lesters »How I Won the War« vorbereitet, Paul zieht zu seinem Hirtenhund, und Ringo pflegt seine Vibes bei Muttern und Sohnemann.

Anfang 1967 erscheint »Sgt. Pepper's Lonely Hearts Club Band«, das erste Konzept-Album in der Rockgeschichte. Im August stirbt Brian Epstein.

Als der Beatlefilm »Magical Mystery Tour« von der Presse zerrissen wird, ist den vieren klar, daß ihnen das Beatle-Glück nicht bis in alle Ewigkeiten hold ist. Selbst Yogi Maharishi kann ihnen keine Garantiekarte für das Gelingen neuer Unternehmungen mit auf den Weg geben. Entspannt und locker schleudern sie mit der Apple Corporation Limited ins Chaos.

London swingt, Harold Wilson geht selbst beim Streik der Hafenarbeiter nicht die Pfeife aus, und die Beatles genehmigen sich beim Sieg der Briten über die deutsche Fußballcrew einen Victory-Joint extra. Der Apple-Laden ist keine Goldgrube.

Noch einmal steigt das Beatlefieber sprunghaft an. Das weiße Album ist zwar nicht mehr das Werk einer Gruppe, sondern das Werk von Solisten, doch zeigt sich schon hier, welche Wege die einzelnen anschließend einschlagen werden.

George Harrison gewinnt als Sänger und Komponist eigenständiges Format. John Lennon hat mit Yoko Ono eine Partnerin gefunden, mit der er seinen Sarkasmus und seine Widerborstigkeit auslebt. Paul schreibt weiterhin hübsche und melodiöse Liedchen, die den Charme seines Rasierwassers haben, und Ringo weiß wiedermal nicht, wie das alles enden soll.

1969 erscheinen von den Beatles noch zwei Langspielplatten: »Let It Be« und »Abbey Road«, und als 1970 das Ende der Fab Four bekanntgegeben wird, kann sich schon kaum jemand an Mary Hopkins erinnern, die auf dem beatle-eigenen Label Appel mit »Those Were The Days« einen ziemlichen Erfolg hatte.

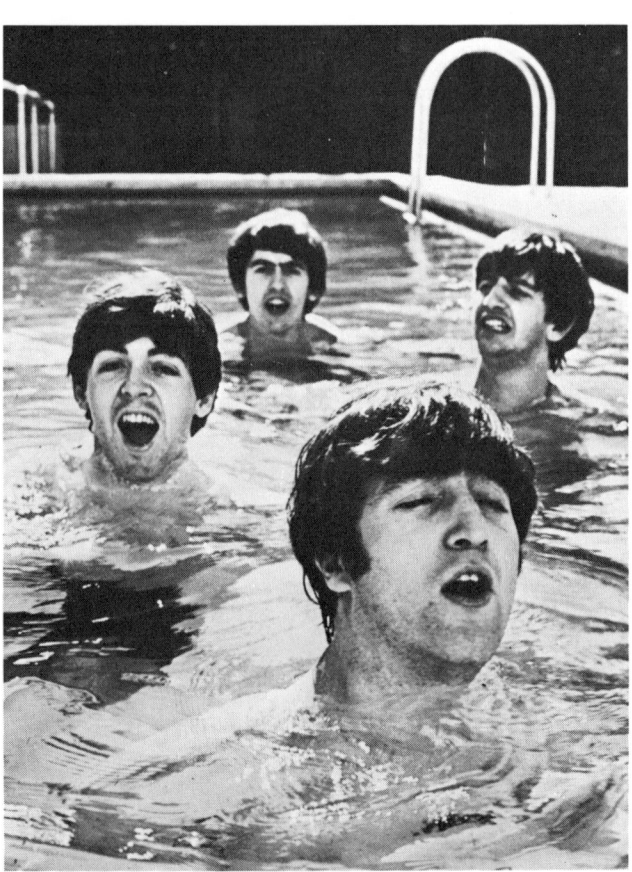

Gabriele Huster

Ich habe Mick gesehen

Ich habe Mick gesehen

3. April 1967

31. März. Vor der Westfalenhalle in Dortmund.
Es ist halb sieben. Um acht erst soll das Konzert
beginnen, das Konzert der Rolling Stones. Vor der
Halle brodelt es wie in einem Hexenkessel.
Typen, die man nicht mehr "rassig" nennen konnte.
Mein Freund Peter konnte nur den Kopf schütteln,
als er einige Halbstarke sah, denen die Haare
fast bis zum Gürtel reichten, was nicht übertrieben ist. Dabei sind seine Haare auch nicht grade
kurz zu nennen. Wir traten von einem Fuß auf
den anderen, so kalt war es. Schließlich er-
barmten sich die Wärter und ließen uns herein.
Sie saßen in Eisenumzäunungen, fast wie in
Käfigen. Damit keine Mißverständnisse entstehen, als die "Raubtiere" wurden wir angesehen, die Stonesfans.
Peter hatte mir eine Karte geschenkt, er ist so
süß zu mir, ich weiß gar nicht, wie ich das
wieder gutmachen soll... Wir saßen auf unseren Plätzen, tolle Plätze, Balkon 1. Reihe.
Nachdem wir über eine Stunde gewartet hatten,
kam ein Typ auf die Bühne, der noch mal
jung spielen wollte und sich deshalb in eine
enge Hose gezwängt hatte. Er trug ein
Blümchenhemd und hatte seine Haare nach
vorne gekämmt. Er kündigte "The Batman"
an, eine neue deutsche Gruppe, die sich
alle Mühe gab, uns in Stimmung zu bringen.

Ich war nicht richtig bei der Sache, denn bei mir
meldete sich das schlechte Gewissen. Meinen
Eltern hatte ich nämlich erzählt, ich wäre
bei meiner Dortmunder Freundin zu einer Party
eingeladen, da ich außerhalb wohne, solle
ich auch dort übernachten. Die Freundin saß
zwei Reihen vor mir, auch mit ihrem Freund.

Nacheinander traten "The Creation"
mit "Painter man", ganz große Klasse, Achim
Reichel und schließlich die "Easy Beats" auf.
Little Stevie war der erste, der Schreie erntete.
Er machte eine ganz heiße Schau, schmiß
sich auf den Boden, sprang wieder in die Höhe.
Ein ganz süßiger Boy. Die Atmosphäre war
einmalig. Man kann es nicht richtig wieder-
geben, so was muß man selbst erlebt haben.
Die Verstärkungsanlagen waren auf überlautstär-
ke eingestellt, wie uns der Opa im Blümchenhemd mitgeteilt hatte. Er hatte auch gesagt, daß
keine Polizei da wäre. Der Schuft, mit dem Fernrohr, das ich mitgenommen hatte, hatte ich bereit an die 50 Polizisten hinter dem Vorhang er-
späht. Aber noch etwas anderes hatte ich entdeckt, nämlich Brian Jones, der unauffällig in
der Absperrung stand. Seine berühmte lila Samt-
jacke und ebenso berühmten breiten, schwarzen
Hut konnte ich sofort erkennen. Als die letzten Töne von "Friday on my mind" verklungen
waren, wußten alle: jetzt kann es sich nur
noch um Minuten handeln. Denkste...
Der Opa kam zum Vorschein und kündigte erst
mal eine Pause an. Halb zehn. Die Uhr schlug
dreimal, und dann, endlich kamen sie! Der Saal
kochte über. Aber sie nahmen ganz leise ihre Instrumente, Mick zog seine Carnaby-Jacke aus,
was die ersten Schreie zum Erfolg hatte. Sein weißes
Rüschenhemd kam zum Vorschein. Es begann mit
"The last time", "Get off of my cloud", "Lady
Jane", "Paint it black" und viele andere folgten.
Micks Hemd war aus der Hose gerutscht. Se-
kundenlang wurde sein Bauch sichtbar. Die
Mädchen sprangen von den Stühlen. Die Bühne
wurde gestürmt. Die Polizei trat in Aktion.

Halbohnmächtige Mädchen wurden von der Bühne gezerrt. Neben mir saß ein Junge, der auf seinem Rücken ein Bild von Charlie Watts befestigt hatte. Er schrie immer in die Menge hinein: "Charlie, Charlie!" und bildete sich tatsächlich ein, daß sein Charlie ihn hören würde.

Meine Reaktion war ganz anders, als ich sie mir je vorgestellt hatte. Ich verstehe es heute selbst nicht mehr. Ich saß wie angenagelt auf meinem Stuhle und bekam keinen Ton heraus, während hinter mir die Mädchen auf den Stühlen standen und sich die Kehle wund schrieen. Ich wollte mitsingen, wie es alle um mich taten, aber ich saß da stocksteif, preßte das Fernrohr vor meine Augen und beobachtete jede einzelne Bewegung von den Stones, von Mick.
Er ist für mich der Traumboy. Es war ein Erlebnis, ihn zu beobachten. Er machte fast überhaupt keine Schau, hatte es auch nicht nötig, denn es gelangte schon zu Schreikrämpfen, wenn er nur von einem Fuß auf den anderen trat. Überall hört man jetzt, die Stones wären unfreundliche Typen, die auf die Sympathien ihrer Fans pfeiffen! Alle, die sie an dem Abend in Dortmund gesehen haben, können bezeugen, daß das großer Quatsch ist. Nach "Let's spend the night together" wollten die Stones endlich Schluß machen. Doch als die Fans protestierten, spielten sie noch "Satisfaction" und eine neue Nummer von ihrer LP "Between the buttons". Dann verbeugten sie sich und ließen eine völlig aufgelöste Horde ihrer Fans zurück. Wie lange habe ich gebraucht, um wie-

-der auf den Boden der Wirklichkeit zurückzukommen? Peter mußte mich regelrecht wachrütteln.
An diesem Abend konnte ich nicht einschlafen. Der Plattenspieler meiner Freundin stand neben meinem Bett. Ich hörte mir sämtliche Stonesplatten an, die meine Freundin besitzt.
Am anderen Morgen zog ich mein neues Schockfarbenkleid an, verabschiedete mich von meiner Freundin und ihren Eltern. Peter wartete schon auf mich. Er ist überpünktlich, wenn ich ihn nicht hätte! Ich dachte die ganze Zeit an den vergangenen Abend, so daß ich mehr als einsilbig war. Peter wurde schon wütend. Schließlich traf er vor dem Bahnhof einen alten Freund aus der Zeit, wo er noch in ein Internat gegangen ist, und vergaß mich völlig. So ist er, wenn er mit mir alleine ist, ist er der süßeste Junge, den man sich denken kann, aber wenn ein anderer Junge dabei ist, dann ist es aus. Aber so sind, glaube ich, die meisten Boys. Nun, ich langweilte mich jedenfalls und wußte auch, daß sich die beiden ohne mich genauso gut unterhalten konnten. Also ging ich in die Bahnhofshalle hinein und bekam plötzlich Lust, auf Entdeckungsreise zu gehen. Ich ging durch einen Erfrischungsraum und kaufte mir eine Cola, durch einen Wartesaal in einen anderen Raum, an dessen Wänden hingen Zeitungen in Kästen. Ich las: "Rolling Stones heute morgen um 11 Uhr auf dem Marktplatz. Freikonzert." Mein erster Gedanke war: Sofort hin! Mein zweiter Gedanke: Heute ist der 1. April, und auch die Zeitung macht manchmal ihre Witzchen, besonders wenn es sich um hysterische Jugendliche

Mick – Porträt von Gabriele Huster, 1967

handelt. Außerdem war ich sicher, daß die Stones um 11 Uhr noch im Bett liegen. Ich las die Beschreibung des gestrigen Abends. So stand ich eine Zeit lang vor dem Kasten, dann drehte ich mich um und stieß dabei vor einen Jungen, der hinter mir stand und ebenfalls die Zeitung studierte. "Entschuldigung", murmelte ich. Dann konnte ich mit Mühe einen Schrei unterdrücken. Trotz riesiger Sonnenbrille und bis zu den Ohren hochgeschlagenem Kragen erkannte ich --- Mick! Meine Reaktion war blitzschnell. Wenn Du jetzt einen Schreikrampf bekommst, haut er sofort ab, dachte ich. Aber wenn Du ganz vernünftig "Hallo Mick" sagst, kannst Du vielleicht ein paar Minuten mit ihm quatschen. Der Gedanke daran war ungeheuerlich, ich weiß auch heute nicht mehr, wo ich die Geistesgegenwart hergenommen habe. Jedenfalls sagte ich möglichst natürlich, aber mit leicht belegter Stimme: "Hello, Mick". Er grinste. Mein Herz klopfte bis zum Hals. Meine ohnehin schon kläglichen Englischkenntnisse waren wie weggeblasen. "How do you do?", stotterte ich. Dafür ging es wirklich nicht. Aber er war der tollste Junge, den ich je gesehen habe, und er lachte so lieb, daß meine ganze Angst verflog. Außerdem sah er kein bißchen mehr nach Star aus, sondern wie ein ganz besonders süßer Junge. Er trug eine dunkelgrüne Jacke mit gelben Blumen, dazu ein gelbes Hemd, enge Hosen und Cordschuhe. Ich war sofort in ihn verliebt. Er sagte mit seiner tollen Stimme, daß er sich freue, daß ich etwas Englisch könne, denn Deutsch wäre sehr schwer für ihn. "Englisch ischt gar nicht so schwer, nischt wahr?", fragte er. Ich lachte. Ich hatte meine Fassung wiedergewonnen. Ich fragte ihn, ob ihm Deutschland gefiele. Er fände die deutschen Fans ganz fab, sagte er. Sie wären eigentlich die einzigen echten Beatfans, die ihnen noch übrig geblieben wären, in England wäre eine große Sweetwelle im Augenblick, deshalb wären sie gar nicht so gefragt. Er hat zwei süße Grübchen, wenn er lacht und auch, wenn er spricht. Er hat auch die Haare viel kürzer, als ich sie in Erinnerung habe, es stand ihm ausgezeichnet. Wenn auch noch so viel Schlechtes über Mick und über die Stones gesprochen wird, wer ihn einmal gesehen hat, der kann ihn nur noch lieben. Mick erzählte mir, daß Brian sehr musikalisch sei, er spielt sieben Instrumente. Keith und er machen die Musik und den Text. Das wußte ich ja alles schon, aber trotzdem machte es mich so unsagbar glücklich, daß er etwas sagte, und ich allein durfte ihm zuhören. Aber es mußte ja einmal zuende sein. Nach etwa zehn Minuten, die mir wie eine kleine Ewigkeit, aber trotzdem viel zu kurz vorgekommen waren, kam ein junger Mann hereingestürmt, ich glaube, es war Andrew Oldham und beschwor

Mick, sich zu beeilen, der Zug nach München würde in 15 Minuten abfahren. Als er mich sah, grinste er, als wollte er sagen: Kannst Du es eigentlich nicht lassen, Mick? Er wartete vor der Tür, daß Mick ihm folgen würde. "Okay", sagte Mick. Er schaute mich sehr lieb an, half mir in meine Cordjacke, nahm dann meine Hand und sagte: "Sweet girl, du bist ein sehr süßes Mädchen." Ich lächelte tapfer. Du darfst jetzt nicht heulen, flehte ich mich an. Ich sagte: "Tschau, Mick" und ging hinaus. Meine Beine wackelten. Das letzte von ihm habe ich nur noch verschwommen wahrgenommen: sein Lächeln, das verständnisvolle Grinsen von Andrew Oldham, vielleicht war er es gewohnt, daß Mick den Mädchen den Kopf verdrehte.

Vor dem Bahnhof sah ich Peter. Er fragte grade einen Jungen: "Hast Du ein Mädchen...?" "Hier bin ich, Peter", sagte ich. Erst schaute er mich vorwurfsvoll an, dann merkte er, daß etwas nicht stimmte. "Ich habe eben mit Mick Jagger gesprochen", sagte ich. Jeder andere hätte z mich jetzt für verrückt erklärt oder mich ausgequetscht wie eine Zitrone. Peter nicht. Er versteht mich immer. Ich weiß genau, daß ich zu ihm gehöre. Trotzdem kann ich diese Begegnung mit Mick nie vergessen. Ich habe unglaubliches Glück gehabt, ihn zu treffen. Aber immer, wenn ich daran denke, bin ich etwas traurig, vielleicht weil ich genau weiß, daß ich die Stones, daß ich Mick nie wiedersehen werde.

Meine Eltern haben erfahren, daß ich heimlich bei den Stones war. Sie haben eigentlich fab reagiert, ich habe wenig Krach gekriegt. Aber sie würden mich nie wieder zu diesen "ungewaschenen, asozialen Halbstarken" fahren lassen, auch später nicht. Sie waren mir weder ungewaschen, noch asozial vorgekommen, und ich glaube nur das, was ich mit eigenen Augen gesehen habe. Mick habe ich mit eigenen Augen gesehen.

Ob einer Beatles- oder Stonesfan war, das sagte damals alles. Für mich keine Frage — mein Idol: Mick Jagger — wild, verkommen, sexy! Die geschockten Erzeuger waren ratlos.

Meine »wilden Jahre«: von 1963–67 Internat, ein »Mädchenstift« auf dem Land. Die Eltern hatten Höhere-Tochter-Ambitionen und erhofften sich optimale Kontrolle. Daß ich nicht lache! Hier fing alles an: Aus der angepaßten Zehnjährigen mit schicker Innenrolle und Pepitakleidchen wurde binnen kurzer Zeit der ausgefranste abgewetzte Beatnik. Runter mit den Haaren, rein in Parka und Jeans (natürlich »die Echten« von Lewis), die die älteren

Das Doppelleben der Gabi H. So wollten sie die Eltern: in vorsichtigem Mini mit Handtäschchen — und so sah sie sich selbst: in abgewetzten Jeans, mit Parka und Gitarre.

Schülerinnen ausrangiert hatten. »Nietenhosen« wurden die damals noch genannt. »Und sowas findet ihr schön? Das sind doch Arbeiterhosen!«

Sieben Griffe auf der Gitarre, für »Eve of destruction«, »Universal soldiers« und »House of the rising sun« hat's gelangt. Die »Bravo« (streng verboten) horteten wir unter den Matratzen. Mittwoch nachmittags die »Bravo-Hitparade« und jeden Abend »Hallo Twen« mit Manfred Sexauer. Geschwoft wurde jede freie Minute. Wir waren voll drauf. An Sommerabenden ging's — Arm in Arm mit der Freundin, Penatencreme auf den Lippen, Kofferradio untergeklemmt — ins Dorf: den Boys auflauern. Jedesmal die gleiche nervenaufreibende Ungewißheit, ob Bübi, Heinzi oder Pedder aufkreuzen würden, sowie die Angst, von der Stiftsdomina entdeckt zu werden. Auf diese Boys stand Rausschmiß! Die waren echt »asozial«! Halbstarke! Verknallt war ich in Heinzi. Der konnte noch nicht mal mir und mich auseinanderhalten.

Drei tolle Jahre! Alles drehte sich um Boys und Beat.

Ein Schock, als meine Eltern mich von heut auf morgen nach Hause holten. Aus der Traum! Meine erste Liebe, meine Gruppe, meine beste Freundin — von allen abgeschnitten, alles kaputt. Die Grausamkeit meiner Eltern zerriß mir das Herz.

Jetzt begann ein Doppelleben: Gegenüber den Kontrolleuren in der Schule und Zuhaus hab ich mich getarnt. Abends im Bett kamen Trauer und Wut. Tränen über'm Album mit Fotos von Heinzi und den Freundinnen. Ein japanischer Transistor unter'm Kopfkissen. Radio Carolina, haha, said the clown. Heiße Gefühle für Mick, in dessen Armen ich lag.

Die neue Schule — eine Katastrophe. Keiner kannte, keiner mochte mich. Häßlich war ich und klobig mit meinen dicken Beinen, die ich nun wieder zeigen mußte. Meine Rache konnte nur passiv sein: Leistungsverweigerung — aber sie war niederschmetternd für meine Eltern. Zweimal habe ich die gleiche Klasse wiederholen müssen.

1967 dann die Stones in Dortmund. Ich mußte hin, das war klar. Hab' meinen Eltern irgendwas vorgeflunkert.

Die Idee zu meiner Mick-Jagger-Story kam mir, weil die Teenagerzeitschrift MP (Musikparade) damals Stories von Teenies abdruckte, die »ihrem Star« begegnet waren. Nachdem meine Mutter ohnehin spitzgekriegt hatte, daß ich bei dem verbotenen Konzert war, hat sie meine Geschichte sogar für mich getippt. Ich glaube, daß sie den Text auch »entschärft« hat. Er ist im Ton braver als ich damals war.

MP hat meine Story aus unerfindlichen Gründen nicht angenommen. Für mich war damals sicher mit dem Schreiben schon der Zweck erfüllt. Das loslegen Dürfen, den boyfriend, den ich nicht hatte, die Begegnung mit dem Idol herbeifantasieren, die öde Wirklichkeit sprengen — das war's wohl.

Die Rock-Kultur der Sechziger — soweit wir ihrer über Schallplatten, Rundfunk und »Bravo« habhaft werden konnten — war »Rettung« für viele Wirtschaftswunderkinder wie mich, Überlebensmöglichkeit für den besseren, den »subversiven« Teil in mir, für ein Stück Lebendigkeit, das ohne dieses Ventil auf der Strecke geblieben wäre. Erst die Siebziger zeigten uns Wege auf, den Protest gegen die Regeln der Alten bewußter zu formulieren. Bis dahin mußte Mick Jagger für mich kämpfen. Nicht so sehr mit »Street fighting man«, vielmehr mit »Let's spend the night together«!

Wo stünden wir heute ohne euch? Beatles, Stones, Kinks, Spencer Davies, Eric Burdon und Bob Dylan — habt heißen Dank!

Anke Kuckuck
Mini, Twist & Twiggy

»Bravo« über Manuela: »Ihre Geschichte — das ist die Geschichte eines Mädchens mit einem Traum. Unbeirrt hat Manuela an diesem Traum festgehalten. Heute ist aus diesem Traum wunderbare Wirklichkeit geworden. Wer nächste Woche Bravo liest, wird Manuela noch mehr lieben.«

Die Zeit war nicht so, daß ich mich gerne an sie erinnere. Aber als sie vorbei war, hatte ich das Schlimmste überstanden. Meine Pubertät, meine Entwicklung vom »Kind zur Frau« fiel in die Jahre '60 bis '70. Und heute kommt es mir so vor, als hätte nicht nur ich streckenweise nicht gewußt, wo's lang geht. Klar, irgendwie und irgendwo hatte auch die Bundesrepublik Deutschland noch was Pubertäres — politisch gesehen. Und die Leute meiner Altersklasse und etwas drüber haben ziemlich gestrampelt und geackert, um sich und den ganzen »Politkram« aus der Scheiße zu ziehen. Ich war »politisch gesehen« inaktiv, hörte nur gelegentlich, daß das alles »wahnsinnig wichtig« sei und »man unbedingt was tun müsse«. Meine Eltern waren genau vom Gegenteil überzeugt. Und da ich sowohl gegen alles war, was von ihnen kam, als auch gegen das, von dem andere Zeitgenossen meinten, daß ich es tun müßte, ging es damals in meinem Kopf ziemlich chaotisch zu. Eben deshalb und weil alles so kompliziert war, hatte ich mich wohl entschlossen, im wesentlichen gar nichts zu tun. Ich habe ausgesprochen viele Energien darauf verwendet, die Strömungen der Zeit aufzugreifen und nachzuäffen.

Gudrun, zwei Jahre älter und damit glücklicher als ich, zeigte mir die entscheidenden Hüftschwenke und Armverrenkungen zu Chubby Checkers »Let's Twist Again« (1960). Ich sang Manuelas »Schuld war nur der Bossa Nova« (1963) und wußte doch kaum, was damit gemeint war. Ich übte verzweifelt ihren deutsch-ausländischen Zungenschlag und fühlte mich direkt angesprochen von ihrem Song »Ich geh' noch zur Schule«. Völlig unerklärlich war mir die Vorstellung, daß Gitte in so einen Langweiler wie Rex Gildo verknallt sein sollte, wo ich noch kurz zuvor (1963) mit ihr davon geträumt hatte, 'nen Cowboy als Mann zu wollen. Und dann der Minirock! Mein erster (1968 — zwei Jahre nach seiner Erfindung) war absolut häßlich und innerhalb unserer Familie *die* Sensation, trotz (oder gerade wegen?) meiner krummen Beine. Dazu malte ich mir schwarze Balken über die Augenlider und versuchte zu hungern. Ich war nämlich viel zu fett für die unglaublichen Twiggy-Maße von 78-55-80 (zum Vergleich: Brigitte Bardot damals 93-50-85). Twiggy, die goldene Bohnenstange, der dürre Kleiderständer aus dem swinging England.

Ich stand stundenlang vor dem Badezimmerspiegel und versuchte, mir mit Hilfe von Haarspray und Tesafilm Sechserlocken vor die Ohren zu legen. Obgleich es hier und da klappte, fand ich mich farblos und dämlich. Nicht ganz zu Unrecht, wie mein Konfirmationsfoto aus jener Zeit beweist. Ach, es war scheußlich damals. Das Gute an den Sechzigern ist lediglich, daß sie vorbei sind. Grund genug, noch einmal nachzugucken, was ich da glückstrahlend hinter mir gelassen habe.

Der Twist versprach, was die 60er für mich nicht hielten. Er machte mich neugierig auf meine Körperteile. Vom Rock'n'Roll relativ unbeleckt, fühlte ich beim Twist zum erstenmal den Rhythmus in Bauch und Bein. Da war was, bei dem ich nicht wie Mama an was Männlichem hängen mußte, um mich nach Musik bewegen zu dürfen. Es ging ganz alleine zu Hause. Und Gudrun half mir, die richtigen Schwünge zu üben. »Twist and Shout« — beides gehörte nicht unbedingt zu einem netten Mittelstandsmädchen. Die Hände gestreckt vor dem Bauch, die Beine leicht gespreizt, das verwegene Wackeln der Hüften und dann ganz nach hinten rüber. Heißa!

»Geschmacklos«, »obszöne Sexualität«. Na klar. Hüfte und Becken hatte ich bisher an mir noch nicht entdeckt. Tanzen ohne Regeln. Leben ohne Regeln. Das war's, was ich mir wünschte und wovon ich in meinem Schleiflack-Mädchenzimmer träumte — hinter verschlossenen Türen.

Gitte, die noch 1963 'nen Cowboy als Mann wollte, sang schon ein Jahr später mit dem ehemaligen Regensburger Domspatz Rex im Duett.

In Ägypten wurde der Twist verboten. Grund genug, weiter zu twisten, auch wenn die Schlaumeier in den Zeitungen schrieben: »Twist ist tot, es lebe der Bossa Nova.« To twist heißt »sich winden, sich verdrehen, verflechten«. Selbiges, nimmt man es im Nachhinein wörtlich, reicht natürlich nicht zur Selbstverwirklichung, war allein noch nicht die Freiheit, die ich wollte. Dabei war mir doch egal, ob die Onkel Doktors fanden, daß Twist »vielfach zu

Meniskus- und Bandscheibenschäden« führte, oder ob die Ungarn den Tanz als »Therapie gegen Rheumatismus« empfahlen. Wichtig war für mich, wenn in der Zeitung stand: »Sein Leben ist Twist.« Gemeint war Drafi Deutscher, der mit seiner Combo 1963 beim Twist-Festival in der Berliner »Neuen Welt« mit 17 Jahren die »Goldene Gitarre« gewann. Manuela sang »YaYa Twist«; und sag mir einer, ich hätte sie nicht toll gefunden, diese süße Teeny-Maus mit ihrer Turmfrisur, diesen ledernen Schreihals mit der heißen Gitarre auf den Knieen. Beide hatten soviel Erfolg, wie ich ihn gerade gebraucht hätte, um frei zu sein. Dabei war ich erst zehn, elf, zwölf Jahre alt.

Unser mühsam erspartes und lange nicht abbezahltes Einfamilienhaus, in dem die aus den Fuffzigern übriggebliebenen Cocktailsessel noch einmal mit Blümchenmuster überzogen wurden und später der Sesselgarnitur wichen, wurde für mich zum Symbol dieser Zeit. Kleinfamilie lebt isoliert, hat's – wie man sieht – zu was gebracht, Probleme sind hinter den Gardinen zu lösen und gehen keinen was an, um den Garten gehört ein Zaun, damit niemand reingucken kann. Und verlassen wir alle unser Häuschen, verhalten und verkleiden wir uns so, wie es sich gehört. Igitt. War das überall so? Ist das immer noch so?

Als »anreizend« auf die Menschenmenge hatte ein Münchner Gericht den Twist einer 19jährigen Handelsschülerin und eines 18jährigen Angestellten bezeichnet. Sie hatten auf der Leopoldstraße getanzt und bekamen wegen »Landfriedensbruch« sechs Monate Jugendstrafe auf Bewährung. Ja, richtig: Mit achtzehn galt man vor 20 Jahren noch nicht als volljährig.

Aber ich ging noch nicht auf die Straße, weder zum Twisten noch zum Demonstrieren. Mädchen meiner Herkunft gingen auf's Gymnasium, um was Besseres zu werden, und danach schnurstracks nach Hause, um Marika Kilius und Hans-Jürgen Bäumler Eiskunstlaufen zu sehen. Und dann waren da noch Gitte und Rex Gildo, der in Wirklichkeit Alexander Ludwig Hirtreiter hieß (und heißt).

»Sie lieben sich, sie lieben sich nicht, sie lieben sich, sie lie...«

Wie konnte die Cowboy-Gitte nur mit so einem blöden Kerl im Duett singen! Vor Chris Howland im »Studio B«

gab sie die Affäre auch noch zu. Und später war's dann doch wieder nichts auf ewig. Genau wie bei Kilius/Bäumler. Auf niemanden war Verlaß. »Sexy-Rexy« – ha, daß ich nicht lache. Da konnte ich schon eher ihren Flirt mit dem niedlichen Thomas Fritsch verstehen. Und ganz toll war ja auch dieser Typ, der immer in den Karl-May-Filmen den jungen, guten Cowboy spielte. Wie hieß er doch gleich? Götz George.

Na gut! Mit Gitte habe ich mich 1970 versöhnt, als dann endgültig die Turtelei und Singerei (»Geh'n Sie aus vom Stadtpark«) mit Rex vorbei war. Heute singt Gitte: »Ich bin stark.« Das habe ich wohl damals gespürt und die Sache mit Rex nicht verstanden.

Nach Winnetou und Old Shatterhand begann die Ära, in der ich mich dann doch auf die Straße begab – und sei es nur, um jene Jungs zu treffen, von denen ich endlich mal wissen wollte, was Aufklärung ist. Leider hatte ich den Eindruck, daß ich für niemanden die Richtige sein könnte, denn Twiggy war aufgetaucht. Einfach so. Ohne Vorwarnung. Da wächst nun langsam der Busen, der Hintern wird rund, die Beine kriegen Formen, und man hat reichlich genug damit zu tun, sich äußerlich zu verändern, und schon kommt ein 17jähriges Mädchen daher, flach wie das Bügelbrett hinter dem eingebauten Küchenschrank, nennt sich mit dreifach-falsch-bewimpertem Augenaufschlag Twiggy (»Zweiglein«) und wird, mir nichts dir nichts, zum Mode-Idol, verdient in ihrer Kümmerlichkeit Hunderttausende von englischen Pfund, später amerikanischen Dollars (wegen der Steuer). Und so wie das »Phänomen des Jahrhunderts« wollte ich schließlich auch sein. Denn: Twiggy sieht auch aus, als wüßte sie noch nicht so viel vom Leben. Twiggy ist auch noch nicht richtig Frau und nicht mehr richtig Kind. Und Twiggy ist klapperdürr. So was hat die Welt noch nicht gesehen. Sie wiegt 41 Kilo und hätte im Nachkriegsdeutschland zehn Jahre zuvor keine Chance gehabt. Wer mag sich schon gerne an Hungerzeiten und Auszehrung erinnern. 1967 erinnerte sich augenscheinlich niemand mehr daran. Das Photomodell füllte die Modeseiten großer Illustrierten. Ihre Mode war unsere Mode. Sie hatte kurze glatte Haare, tiefe Augen und einen großen Mund. Und sie trug ihre Kleider und Röcke stets 20 bis 25 Zenti-

Drafi Deutscher, 1967 von »Bravo« zum »Sänger des Jahres« gekürt, war nach seiner Verurteilung wegen »Verführung Minderjähriger« weg vom Fenster.

Mini, Charme und tiefer Blick: Twiggy mit John Steed.

scher Kriminalpsychologen die Gefahr von Sexualdelikten. In manchen Situationen stelle der Minirock einen zusätzlichen Anreiz dar und könne selbst Männer animieren, die ursprünglich gar keine böse Absicht gehabt hätten. Die Minirockträgerin solle vor allem nicht provozieren. Die späteren Verbrechensopfer zögen oft ohne Begleitung von Diskothek zu Diskothek und stiegen sogar zu fremden Männern ins Auto...«

Wer also trägt die Schuld und vor allem die Verantwortung für männliches Fehlverhalten? Die Minirockträgerin.

Anno 1968 schienen die Männer noch gefestigter ob solcher Versuchungen. Im Sittendezernat in München wurden damals 169 Fälle von Notzucht untersucht, und in einem einzigen dieser Fälle redete sich der Täter darauf hinaus, die Frau, die er zu vergewaltigen versuchte, habe einen kessen, kurzen Rock getragen. Auch die Berliner »Sitte« stellte keinen Anstieg der Verbrechensstatistik fest.

Für mich war der Mini mit 15, 16 Jahren ein Stück Rebellion. Weg mit allen Normen und Rocklängen-Diktaten. Je kürzer, desto provozierender. Ob dicke oder dünne Beine − Hauptsache, shocking.

Und der Mini, den die Engländerin Mary Quant 1965 »erfand«, schockte nicht nur Männer. Ich erwähnte Tante Elli, die es einfach empörend fand, wie leichtfertig wir Mädchen mit unseren Beinen umgingen. Ihre eigenen hielt sie sorgsam unter Stoff versteckt. Wahrscheinlich, um sie für ihren Mann aufzusparen, mit dem sie im abgedunkelten Schlafzimmer schlief und der heimlich großen Gefallen an den unbedeckten Beinen junger Mädchen fand.

Die eine Sorte Frauen schrie: »Der Mini befreit uns«, die anderen riefen: »Der Mini, ein Werk des Teufels«, der dritte Typ Frau meinte: »Der Mini macht uns zu Sex-Objekten.«

Niemals zuvor hatte in der rund 5000 Jahre alten Mode-Geschichte ein Kleidungsstück so viel Aufsehen erregt. Geht man die Reihe der angezogenen Menschen im Laufe der Jahrhunderte durch, so stellt man fest: Der Mini war gar nicht neu. Es trugen ihn bis 1965 nur ausschließlich die Männer. Die Frauen aber kannten weder Mini noch Hotpants (mal abgesehen von den sogenannten Naturvölkern), und schon das Lüften eines weiblichen Knöchels kam zu manchen Zeiten einer Aufforderung zum Geschlechtsakt gleich. Die Damen gingen lang bis zur skandalumwogten Charleston-Zeit so um 1928. Zur Massenbewegung wurde der Mini erst mit Mary Quant und Twiggy.

Seither rätseln die Modeexperten: »Ist der Mini tot?« »Wann kommt er wieder?« Der Mini − gestylt, geschliffen, zum Gradmesser für schöne Beine und Lust-Rock verkommen − hat in den 19 Jahren seines Bestehens für die dämlichsten Schlagzeilen gesorgt. Er hat nicht nur Beine, sondern auch Moralvorstellungen und Gesinnungen enthüllt. Hier und da taucht er immer mal wieder auf. Bei den Punkfrauen Mitte der Siebziger, die breitere Ledergürtel und langgezerrte T-Shirts mit schwarzen Strumpfhosen trugen. Bei Nena und Co in glockenförmiger, pastellfarbener Variante. Und sogar unsere Brüder und Schwestern im Osten, bei denen der Mini 1965 nicht gern gesehen und erst 1970 als gesellschaftsfähig erklärt wurde, haben 1983 die offizielle Erlaubnis für den Mini erhalten. Paula Putz stellte in der Nationalzeitung die neuesten »glockig schwingenden und betont knapp sitzenden Röcke aus Jeans-Stoff« vor.

Das Ende dieser Geschichte über Pubertät und 60er, über Gitte und Twiggy, über Twist und Shout beinhaltet gleichzeitig ihre Fortsetzung. Wie singt Gitte heute doch so laut? »Ich will alles.« Ich auch.

meter über dem Knie. Sie war das Minimädchen der Minizeit. Und wenn ein Kleidungsstück in den letzten Jahrzehnten wirklich Furore gemacht hat, dann war es der Minirock. Schließlich enthüllt er seit nunmehr 19 Jahren Knie und Doppelmoral und ist als Bekleidungsstück noch nicht − wie soviele Modeerscheinungen vor ihm − in der Versenkung verschwunden.

Mein erster Minirock war rotweiß kariert. Er unterschied sich in der Länge bzw. Kürze keineswegs von den Beinkleidern, die ich heute trage. Allenfalls Schnitt, Farbe, Material und Zubehör gefallen mir heute besser. Außerdem versuche ich nicht länger, es Twiggy gleich zu tun. Ihre Spindeldürre ist unerreichbar und heute auch nicht mehr erstrebenswert für mich. Ich war erst 1968 so weit, meinen Rocksaum Zentimeter um Zentimeter gen Schritt zu kürzen. Besonders radikal war ich wohl nicht. Dennoch: meine Eltern schüttelten den Kopf. Tante Elli war ernstlich empört. Unser Nachbar tat lieber so, als gucke er nicht hin.

Ein Ärgernis, ein verwegenes Teil, ein Diskussionsgrund ist der Mini seit damals allemal geblieben. All' die hohen Herrn und kleinen Spießer zerreißen sich noch immer das Maul und überlegen trotz »sexueller Revolution«, wie sie ihre Verklemmtheit, ihre Doppelmoral und ihre Angst vor der eigenen Geilheit am besten hinter Empörung und wissenschaftlichen Argumenten verstekken können. Das bloße Knie einer Frau scheint noch immer hochexplosiv zu wirken. Oder ist es eher die gefährliche Annäherung an jene Stelle, an der die Beine zusammenlaufen und die die Quelle von Freud und Leid ist? Jedenfalls wurden und werden damals wie heute Kriminologen, Theologen und Soziologen bemüht, die dann etwaige Ausfallserscheinungen von Männern beim Anblick eines Minis ins rechte Licht rücken. Ich fand kürzlich eine Meldung aus Österreich: »*Wien. Die mit dem Frühling kürzer werdenden Röcke erhöhen nach Ansicht österreichi-*

Sabine Weißler
Plastikmeere

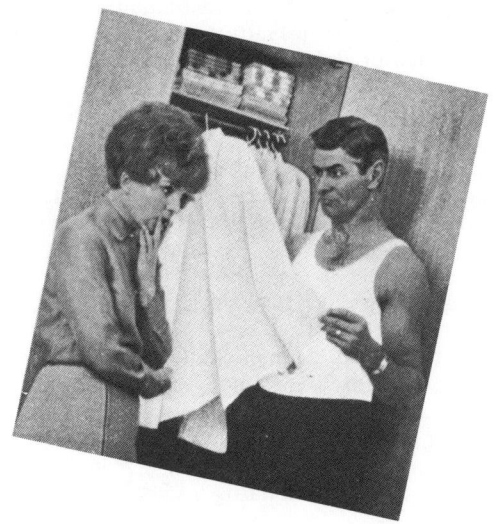

Leichteres Leben dank Plastik

»I was born with a plastic spoon in my mouth«
— The Who, 1967 —

Die Bundesbürger lieben Plastik. Sie produzieren es eifrig und sie verbrauchen es gerne. Im Laufe der sechziger Jahre mauserte sich die Bundesrepublik zum drittgrößten Kunststofferzeuger der Welt. Mit ihrem Verbrauch von Kunststoffprodukten liegen die Bundesrepublikaner sogar auf Platz 1 der Weltrangliste. Um diesen einsamen Gipfelplatz zu erklimmen, wurde der Kunststoffverbrauch in der BRD in den Jahren zwischen 1960 und 1970 fast vervierfacht.

In den fünfziger Jahren hatten vor allem Küchenartikel und synthetische Gewebe den geheimnisvollen Glanz des Neuen. Sie waren in ihrer duftigen Pastellfarbigkeit und ihren eigenartigen Formen, die das Material ermöglichte, eine ästhetische Sensation.

In den Sechzigern setzten sich die Kunststoffgüter weniger spektakulär, dafür aber massenhaft durch. Der riesenhafte Anstieg in der Kunststoffverpackungsproduktion zwischen 1961 und 1969 ist weniger durch die künstlerischen Möglichkeiten, die die leicht formbaren und unendlich wandelbaren Stoffe bieten, erklärbar, als vielmehr durch soziale Veränderungen: 1960 gab es in der BRD 17 000 Selbstbedienungsläden, 1969 immerhin fünfmal soviel, nämlich 86 000. Damit erreichte der Selbstbedienungsanteil am Gesamtumsatz des Lebensmitteleinzelhandels 80 Prozent. Die Waren mußten nun in Teilmengen angeboten werden, da kein Krämer mehr das Mehl, die Butter oder den Quark in den gewünschten Mengen abpacken konnte. Außerdem wuchs die industrielle Produktion von Lebensmitteln. Das brachte die Notwendigkeit von konservierenden, luftdichten Verpackungen mit sich. Diese Verpackungen mußten aber trotzdem auf die Ware schließen lassen. Das war nicht immer durch Glas zu gewährleisten. Brot kann man nicht in Glas verpacken. Hier boten sich die − noch recht neuen − Polyäthylenfolien an. 1969 bestand bereits jede dritte Lebensmittelverpackung aus Kunststoff.

Eine Folge des wachsenden Wohlstands ist die Zunahme von Spontankäufen. Und Spontankäufe mußten »tragbar« gemacht werden. Zum Beispiel durch die Plastiktüte. Die Plastiktüte begann ihren unaufhaltsamen Erfolgsweg um 1964. Am Anfang hatte sie einige Kinderkrankheiten zu überwinden. Zum Beispiel waren die Farbdrucktechniken noch nicht ausgereift, und die Tüten färbten ab. Es wurden Regreßansprüche vor Gericht gestellt.

Plastiktüten sind umweltfreundlich. Sie verbrennen zu Kohlenoxyd und Wasserstoff und riechen dabei wie eine frisch ausgeblasene Wachskerze. Sie unterscheiden sich im Grad der hervorgerufenen Umweltbelastung von den verschiedenen PVC-Erscheinungsarten.

PVC findet sich im Alltag häufig als Weich-PVC in Form von Kunstleder, Dekorationsfolie (»d-c-fix«) und Bodenbelag. PVC ist ein in der Produktion problematischer Stoff. Es kam zu Fällen von Hautkrebs bei an der Produktion beteiligten Arbeitern. Wenn PVC verbrennt, entsteht Salzsäure.

Kunstleder aus PVC erfreute sich in den sechziger Jahren wachsender Beliebtheit. In der Zeit zwischen 1967 und 1969 machte die Kunstlederproduktion einen regelrechten Sprung nach oben. Dies ist auf die vermehrte Verwendung von PVC-Kunstleder in der Möbelproduktion zurückzuführen − wer erinnert sich nicht an die Sofas aus »Echt Skai«.

Noch eine andere Entwicklung in der Kunststoffproduktion nahm in den 60er Jahren ihren Anfang. In der Industrie − wie auch in den privaten Haushalten − setzte sich in den 60ern das Öl mehr und mehr durch. Für die Kunststoffverarbeitende Industrie ist Öl nicht nur Energielieferant, sondern auch Rohstoff. Trotzdem ist ihr Ölverbrauch relativ gering.

In den sechziger Jahren gelang der endgültige Durchbruch der Kunststoffe in den Alltag. Heute werden sie in ihrer Erscheinungsform als Verpackung allerdings kaum noch bewußt wahrgenommen. Man sieht eben den Putenschenkel − und beachtet nicht die Klarsichtfolie, die es erst ermöglicht, daß das Hühnerteil in ungekühlten Regalen im Supermarkt gestapelt werden kann.

Die Meereswellen, über die Jim Knopf in der Augsburger Puppenkiste schipperte, waren eigentlich Plastikplanen. Das wußten selbst wir Kinder schon, aber es störte uns nicht.

Sabine Weißler
Sexy Sixties

»Die Sexwelle« wird Mitte der Sechziger das Auftauchen von Nacktheit und Sexdiskussionen in der Öffentlichkeit genannt. Plötzlich fallen die Hüllen und die Verkaufsziffern steigen. Wer gern reich sein möchte wie Herr Gernreich, der Modeschöpfer aus NY, versucht es 1963 mit »oben-ohne« Trägerkleid. Ab 1964 braucht man dann solche Einfälle nicht mehr, um entblätterte Busen zeigen zu können. Die Titelblätter der Magazine sind dabei noch züchtig. Sie belassen es bei der Andeutung, daß das fotografierte Porträt mit tiefem Dekolleté nicht durch BH-Träger an den Schultern verunziert wird. So kann man sich noch ausmalen, was weiter unten zu sehen wäre. Ob man richtig fantasiert hat, weiß man, wenn man weiterblättert.

Wirklich kraftvoll setzt sich diese Welle – nachdem die »Freßwelle« und die »Reisewelle« vorausgingen – erst ab ca. 1966 durch und erreicht 1968 ihren Höhepunkt, als absolut nichts mehr nicht mit Sex in Verbindung gebracht wird.

Dem optischen Durchbruch gehen Skandale in den fünfziger Jahren voraus: Um die wenige Sekunden nackt gezeigte Hilde Knef im Film »Die Sünderin« oder um den Kinsey-Report, der das Sexualverhalten der US-Amerikaner untersucht oder um den schwedischen Film »Das Schweigen«, in dem 1963 ein leibhaftiger Geschlechtsverkehr zu sehen ist.

Der Rock'n Roll und der narzistische Körperkult der Halbstarken erschreckte Eltern, die aus den 30er Jahren eine entlebendigte, lust- und glücklose Einstellung vermittelt bekommen hatten. Doch die Halbstarken und ihre steilen Bräute hatten es schwer. Die »Ära Adenauer« war sauber und hatte für schmutzigen Sex keinen Platz. Was sollten sie mit ihren entdeckten Lüsten, mit den schwingenden Hüften aus Tüll, den wogenden Brüsten der BB und dem weichen Gang des James Dean anfangen?

Die Halbstarken heirateten und versuchten, ihre Erotik unbeaufsichtigt in der Ehe zu erleben. Zwischen 1960 und 1964 steigt die Zahl der Frühehen deutlich an; »fast ein Drittel von Deutschlands Bräuten trägt am Tage der Eheschließung ein Kind entweder auf dem Arm oder unter dem Herzen«, meldet 1966 »Der Spiegel«. Zur bundesdeutschen Wirklichkeit kommen hinzu 1 Mio. verbotener Abtreibungen im Jahr, die unter Lebensgefahr und in geschätzt über 15000 Fällen mit tödlichem Ausgang in demütigender Weise ausgeführt werden. Darüber wurde in einer großen Serie erstmals 1960/61 im »Stern« diskutiert. Der gleiche Arzt, der dort in seinem Bericht die menschenverachtenden Auswirkungen des § 218 schilderte, brachte es fertig, am Schluß seines Artikels ein Bekenntnis für diesen Todesparagraphen abzulegen. Eine repressive Gesetzgebung und eine konservative Ärzteschaft machten es den Menschen unmöglich, sich mehr und glücklicher mit ihren Lüsten zu beschäftigen. Zum Beispiel verbot die sogenannte »Himmlersche Polizeiverordnung« bis in die 60er Jahre hinein jegliche Werbung für Verhütungsmittel.

Es gab auch noch (bis Ende der 60er Jahre!) den Kuppeleiparagraphen, der Vermietern, Bekannten und sogar Familienangehörigen (also auch Eltern) verbot, unverheirateten Paaren Räumlichkeiten zur Verfügung zu stellen, in denen diese »Unzucht« treiben konnten (alles, was Unverheiratete sexuell miteinander unternehmen konnten, war »Unzucht«). Anzeige konnte jeder erstatten, zum Beispiel jeder Nachbar. Auch deswegen war es fast unmöglich in dieser Zeit, unverheiratet zusammenzuleben. War man erst verheiratet, blieb man – unaufgeklärt und verängstigt – sich selbst überlassen.

Die verzweifelten Paare suchten Rat in den Eheberatungsstellen, die sich von 17 im Jahre 1958 auf 125 im Jahre 1965 vermehrten. Als Gründe für die wachsende Nach-

Gernreichs »Oben ohne«-Badeanzug

Nummer **9**   3. März 1968, 90 Pfennig, bei Hauslieferung zuzügl. ortsübl. Zustellgebühr

NEUE
JLLUSTRIERTE
REVUE

C 5155 C

Ehe-Intrige gegen Vico Torriani

Justiz-Skandal

Unschuldige Mutter als Abtreiberin bestraft

Drei Mädchen ermordet

Der Lustmörder von Carolina

Oswalt Kolle:

Sexualität vor der Ehe

frage werden angeführt: verändertes Rollenverständnis, Undeutlichkeit des Ehe- und Familienbildes und das, »was man heute den ›sozialen Hiatus‹, d. h. die Kluft zwischen aufgestauten Ansprüchen und nachhinkendem Einkommen nennt, in der alsbald die Unzufriedenheit zu beginnen pflegt«. Ehe ist, wie jede menschliche Beziehung, von der Gesellschaft beeinflußt. Ein zeitgenössischer Familiensoziologe stellt treffend fest: »Die Gesellschaft selber ist ganz offensichtlich ratbedürftig.«[2]

Durch Filmskandale und vor allem durch die Diskussion um die neuentwickelte Anti-Baby-Pille hatte das Thema »Sex« eine breite Öffentlichkeit erreicht. Die Ehe- und Sexualprobleme der zwischen persönlichen Erfahrungen und gesellschaftlicher Wirklichkeit irregewordenen Generation wurden mehr und mehr publik. Die Jugend der 50er Jahre konnte erst in den 60er Jahren, nachdem sie das Elternhaus abgeschüttelt hatte, daran gehen, ihre Neugier zu stillen und ihre Unwissenheit zu beseitigen. Sie wurde zu dankbaren Konsumenten für jedes winzige Stück, das an Aufklärung geboten wurde und das ein bißchen den Schein von Hemmungslosigkeit und Freiheit verbreitete. Presse und Industrie erkannten den Bedarf und unterstützten ihn nach Leibeskräften.

Die Werbung hatte die verkaufsfördernde Wirkung des Sex schon früh entdeckt. In den fünfziger Jahren galt Reklame für Miederwaren und Tampons als unanständig. Zehn Jahre später saß eine nackte Frau in einer mit trübem Wasser gefüllten Badewanne und genoß die pflegende Wirkung von Fenjala, oder sie räkelte sich unter kühlen Brausen und lobte Badedas. Schon in der ersten Hälfte des siebenten Jahrzehnts und bevor die Redakteure Sex auf die Titelblätter brachten, hatte die offensichtliche Verknüpfung von Sex und Ware angefangen. Zunächst noch, um mit Sex die Ware an den Mann zu bringen; der nächste Schritt war dann, die Ware Sex zu vertreiben.

Während sich mit den sexuellen Problemen der Menschen eine ständig wachsende Zahl von Psychologen und Sozialarbeitern in immer mehr Beratungsstellen abmühte, feierte die platte, unkommentierte, aber nichtsdestoweniger aussagekräftige Zurschaustellung von mangelhaft erotisierter Nacktheit ihre profitablen Orgien. Bei Blättern wie »Spontan« oder »Konkret« verkam der Anspruch von sexueller Befreiung und Darstellung der Verbindung

von Erotik und Politik häufig zu einem Nebeneinander von Pin-ups und Nachrichten. Auch den Konkret-»Machern« steckten die prüden Zeiten noch tief in den Knochen und sie hatten ihre eigene Mühe damit, sie zu überwinden.

Der sehr ernsthafte Versuch zur Überwindung sexueller Tabus und einer ganz persönlichen wie gesellschaftlichen Befreiung von repressiven Normen wurde auch von den Studentinnen und Studenten gemacht, die 1965 die erste sogenannte »Intimberatungsstelle für Studenten« an der FU stürmten. Die Leiterin, die Nervenärztin und Psychotherapeutin Frau Lange-Undeutsch berichtet: »Wir hatten uns die Teilnehmerzahl etwa bei 20 gedacht. Aber schon am ersten Abend kamen ins Studentendorf nach Schlachtensee 34, darunter 29 junge Männer und 5 Mädchen. Am zweiten Abend waren es bereits doppelt soviel, und beim dritten Male kamen an die hundert Studenten und Studentinnen.«[3]

»Konkret« und »Spontan« wurden, genauso wie unzählige kleine und große Aufsätze und Artikel, Organe für Überlegungen, die man zur sexuellen Befreiung anstellte. Der SDS-Vorsitzende von 1966/67, Reimut Reiche, stellt in einer solchen Schrift bereits 1968 einen Hauptunterschied zwischen sexueller Revolution und Befreiung auf der einen Seite und Sex-Markt auf der anderen Seite heraus. Er erkennt, daß in der Sexwelle erotische Bedürfnisse der Menschen geweckt werden, deren Befriedigung durch die Instrumentalisierung zugunsten einiger weniger, die an der Sex-Welle verdienen, unmöglich gemacht wird. Der ehemalige psychologische Berater der Berliner Polizei beschreibt diesen Mechanismus folgendermaßen: »Totale Triebunterdrückung produziert genau jene Untertanenhaltung, die ein Gesellschaftssystem braucht, das auf Herrschaft einiger und Beherrschung vieler gegründet ist.«[4]

Über Abtreibung, Empfängnisverhütung, vorehelichen Geschlechtsverkehr und ähnliche Themen werden die Schüler jetzt im Haus des Deutschen Gewerkschaftsbundes von einem Medizinstudenten der FU belehrt. Doch Berlins Schülergewerkschaft ging noch weiter: Nicht nur theoretische, sondern auch praktische Hilfe steht auf ihrem Programm. In einem Flugblatt boten die Schülergewerkschaftler an: »...möglichst alle Schüler, die daran Interesse haben, beim Problem der Beschaffung von Anti-Baby-Pillen zu beraten«.

Das Beispiel machte rasch Schule. Zur Zeit des Redaktionsschlusses dieser Ausgabe bestanden Gruppen von 15 bis zu 80 Schülerinnen und Schülern, die mit Hilfe von Abiturienten und Studenten »Selbstaufklärung« betrieben, in Berlin, Hamburg, Frankfurt, Baden-Baden, München, Göttingen, Marburg, Gießen, Darmstadt, Mannheim, Eßlingen, Homberg, Fritzlar, Hilden und Düsseldorf. In Hamburg-Blankenese wird ein Sexfragebogen vorbereitet.

»Nur krasser Hunger und verweigerte Brunst«, schrieb einst der Dichter, Orgelbauer und Komponist Hans Henny Jahnn (»Fluß ohne Ufer«, »Lübecker Totentanz«), vermögen Revolutionen zu erzeugen.« In einer mit Buttertorten und Brathähnchen eher überfressenen Gesellschaft proben Deutschlands in Sachen Liebe unterernährte Oberschüler den Aufstand. Doch die Schülerinnen und Schüler, die im Kampf gegen die Prüderie der Schule und die Doppelmoral der Gesellschaft sich zusammengeschlossen haben, könnten möglicherweise auch noch anderen Mißständen auf die Spur kommen und über andere Fragen nachzudenken beginnen als nur über Fragen des Liebeslebens.

(aus Konkret, 10/67)

Die Flut der Artikel, Vorträge, Diskussionsveranstaltungen und Zirkel zur Frage der sexuellen Aufklärung als Teil der politischen Emanzipation war unvorstellbar. Keine Schüler-, keine Studentenzeitung, in der dies nicht – weit vor Vietnam, Notstandsgesetzen, Schulreform etc. – das Thema Nummer eins gewesen wäre, von Eltern und Behörden meist schärfstens bekämpft und mit Sanktionen belegt.

In der Allgemeinheit dagegen ging es weniger um den offensichtlichen Zusammenhang von Sexualität und Politik. Der Punkt, um den in den Illustrierten und Aufklärungsfilmen jeder Couleur die Diskussion kreiste, war die Frage, ob, wie, warum und vor allem mit welchen Folgen Frauen und Mädchen sexuelle Lust empfinden können und *wollen*. Mutmaßungen, Ratschläge und Warnungen türmten sich aufeinander – während die Frauen und Mädchen darangingen, ihre Lust erstmals massenhaft, hemmungslos und ohne Angst zu genießen.

„Sehr brav! Sehr lebendiger Unterricht! Aber kommen Sie nun von den südamerikanischen Flüssen auch mal zu den Städten der engeren Heimat, Herr Kollege!"

»Ich kenne eine Menge Mädchen, die gerade 20 sind und schon mit zehn, fünfzehn verschiedenen Männern geschlafen haben. Ich glaube, daß in letzter Zeit die Mädchen immer hemmungsloser werden. Weil es ja auch kein Risiko mehr gibt. Dadurch, daß es Verhütungsmittel gibt, die absolut sicher sind, und man keine Angst mehr vor einem Kind hat. Darum ergreifen die Mädchen immer mehr selbst die Initiative und schlafen mit jedem, der ihnen gefällt.«

»Und Sie?« frage ich vorsichtig.

»Na ja«, sagt sie, »ich schlafe auch mit dem, der mir gefällt! Aber nicht so oft«, fügt sie hinzu.

»Was würden Sie tun, wenn Sie merken, daß Sie schwanger sind?«

Das Mädchen runzelt die Stirn: »Ehrlich gesagt, ich habe selbst einmal vor der Frage gestanden. Meine Periode blieb aus, und ein Arzt sagte mir, ich sei schwanger. Ich erzählte das meiner Mutter, die machte ein furchtbares Theater und wollte mich rausschmeißen, half mir aber nicht. Dann fuhr ich zu meinem Freund, und der sagte, wir wollen heiraten. Das wollte ich aber nicht. Ich will doch nicht geheiratet werden, nur weil ich ein Kind bekomme. Dann lief ich von einem Arzt zum anderen: immer dasselbe ›Tut mir leid, so etwas tue ich nicht‹. Der neunte Arzt endlich verschrieb mir Tabletten. Die bewirkten nichts. Er verschrieb sie mir noch einmal, ich nahm sie alle einmal, und dann setzten furchtbare Blutungen ein, und ich hatte einen Abortus. Es war fürchterlich. Ich war allein in Hamburg in einem Hotelzimmer und dachte, ich muß sterben. Aber ich hab's überstanden. Mein Gott, heute würd' ich das nicht noch einmal tun.«

»Was würden Sie denn heute tun?« »Heiraten würde ich noch immer nicht. Ich würde einfach das Kind zur Welt bringen. Irgendwie schlägt man sich schon durch.«

»Liebe ist etwas Schönes, etwas, was Spaß macht, was Lustiges«, sagt sie. »Natürlich hat es mit Sex zu tun. Und ich finde«, fügt sie mit einem Augenzwinkern hinzu, »lieber Sex ohne Liebe als gar kein Sex.« Natürlich ist sie für voreheliche Beziehungen und findet die meisten deutschen Mädchen noch immer zu prüde. »Sie haben alle einen Freund, mit dem sie schlafen, aber sie haben ein schlechtes Gewissen dabei. Sie machen sich Gedanken, ›ob ich's wohl tun soll und ob er mich auch liebt...‹. Wenn ich das schon höre! Man sollte leben und frei und offen und ehrlich zu sich selbst sein. Sex ist doch ganz einfach etwas Schönes und bekanntlich ja auch Gesundes...«

(aus einer Umfrage von »Konkret« 1966)

▶▶ Die geheimen sexuellen Wünsche des Mannes werden den Frauen nach diesem Film nicht mehr so rätselhaft und unheimlich sein. ◀◀

Oswalt Kolle

Dein **Mann** das unbekannte Wesen

ARCA

Constantin-Film

Denn die Antibabypille hatte sie erstmals in der Geschichte der Menschheit in die Lage versetzt, Sex und Kinderkriegen *sicher* voneinander zu trennen. Es war nur noch *ihre* Entscheidung, *sie* bestimmten erstmals *wirklich* über sich als sexuelle Wesen, waren nicht mehr angewiesen auf das Verständnis (sprich: reines Händchenhalten, oder, wenn's hochkam, gegenseitiges Onanieren), die Rücksicht (sprich: Präservativ, Coitus interruptus und was es da mehr an Schrecklichkeiten gab), die Hilfe des Mannes (sprich: Heirat, wenn's »schief« gegangen war), oder, noch schlimmer oder auch nicht, auf Engelmacherinnen und geldgierige Ärzte in ihren heimlichen Abtreibungsküchen.

Viele Männer, vor allem die jungen, waren ebenso erleichtert wie die meisten Frauen. Kein Wunder aber auch, daß manch einer seine persönliche Macht oder gar die Struktur unserer abendländischen Kultur ins Wanken kommen sah. Und man findet in einem Sex-Nachschlage-Bestseller sogar Einschätzungen über die Rollenverteilung von Mann und Frau in der Sexualität wie in der Gesellschaft, die schlichtweg verblüffen. »Wie ein Fluch hat sich im abendländischen Kulturbereich die Meinung ausgewirkt, der Mann habe während der Vereinigung vorwiegend die Aufgabe, seiner Frau Lust zu bereiten. Der Mann wurde dadurch zu einem Lustinstrument der Frau herabgewürdigt.«[5]

Der eigentliche Aufklärungspapst im Westdeutschland der bürgerlichen Sex-Welle war Oswalt Kolle, ein netter Mensch, der es gut meinte mit den jungen (und auch älteren) Ehepaaren, die keine Ahnung hatten, was sie da nacht-ein, nachtaus trieben.

Familie Kolle am Strand von Sylt

Der Vorsitzende Oswalt K. über den Vorsitzenden Oswalt K.:

Abend für Abend findet in unserem Lande vieltausendfach ein Kampf statt, der selten unentschieden endet.

Der Kampf der Geschlechter wird im Schlafzimmer ausgetragen. Das Ergebnis wird für beide Teile unbefriedigend und vertieft die Kluft nur, anstatt sie zu schließen.

Ich habe versucht und versuche es immer wieder, den hochgeputschten Kampf der Geschlechter gegeneinander zu befriedigen.

Er wurde durch seine sexualkundlichen Artikel in der »Neuen Revue« berühmt, denen er eine Vielzahl von Filmen hinterherschickte – allesamt Kassenschlager. Er sieht das Problem schon etwas anders: »Jahrtausendelang haben die Männer aus mehr eigennützigen Gründen der ›anständigen‹ Frau verwehrt oder übelgenommen, wenn sie Lust empfand oder die Lust gar zeigte.«[6] Was macht die arme Ehefrau denn nun? Lust ja oder nein? Ja, oder doch??

Was von Oswalt Kolle noch gutgemeint als Aufklärung empfunden wird, mit einigen Möglichkeiten der bewußteren, lustvolleren und glücklicheren Lebensgestaltung, stellt sich in einer unfreien Gesellschaft dar als Sackgasse sexueller Befreiung und als ein Fest der Entfremdung des Menschen weg von seinen Bedürfnissen, weg von seinem Körper, weg von seinen individuellen Qualitäten und auch als weit entfernt von einer wirklichen Erotisierung des Alltags.

Der Eros der bürgerlichen Sex-Welle war ein Strohfeuer. Er hatte nichts von jener »kulturschöpferischen Macht«, die Herbert Marcuse – einer der wichtigsten Theoretiker der sechziger Jahre – dem Eros zuerkennt. »Das erotische Ziel, den gesamten Körper als Subjekt – Objekt der Lust beizubehalten, verlangt nach fortgesetzter Verfeinerung des Organismus, nach Intensivierung seiner Empfänglichkeit, nach Zunahme seiner Sinnlichkeit. Das Ziel schafft seine eigenen Pläne der Realisierung: Abschaffung der Mühsal, Verbesserung der Umgebung, Überwindung von Krankheit und Verfall, Beschaffung von Luxus. All diese Tätigkeiten entspringen direkt dem Lustprinzip und begründen gleichzeitig Arbeiten und Werke, die die einzelnen zu ›größeren Einheiten‹ zusammenführen.«[7] Dieser Lebensgestaltung muß eine radikale Veränderung der Gesellschaft vorausgehen. Nur dann kann befreite Sexualität ihre kulturschöpferischen Qualitäten entfalten.

1 Gubalke, Wolfgang, Bräute – Kurse zwischen Realistik und Romantik, in: Tübinger Brief, Mitteilungen, Berichte und Notizen aus dem Jugendsozialwerk, 3/64
2 Groeger, Guido, Die Bedeutung der Beratung in der heutigen Gesellschaft, in: Soziale Arbeit, 2/1965
3 Interview in: blickpunkt 4/1965
4 Kentler u. a., Für eine Revision der Sexualpädagogik, München 1967
5 Boschmann, Rüdiger, Sexspiel – Hingabe und Ekstase, Flensburg (Beate Uhse) 1968, S. 243
6 Kolle, Oswalt, Das Wunder der Liebe, Zürich 1967, S. 314
7 Marcuse, Herbert, Triebstruktur und Gesellschaft, Frankfurt/M. 1971, S. 209

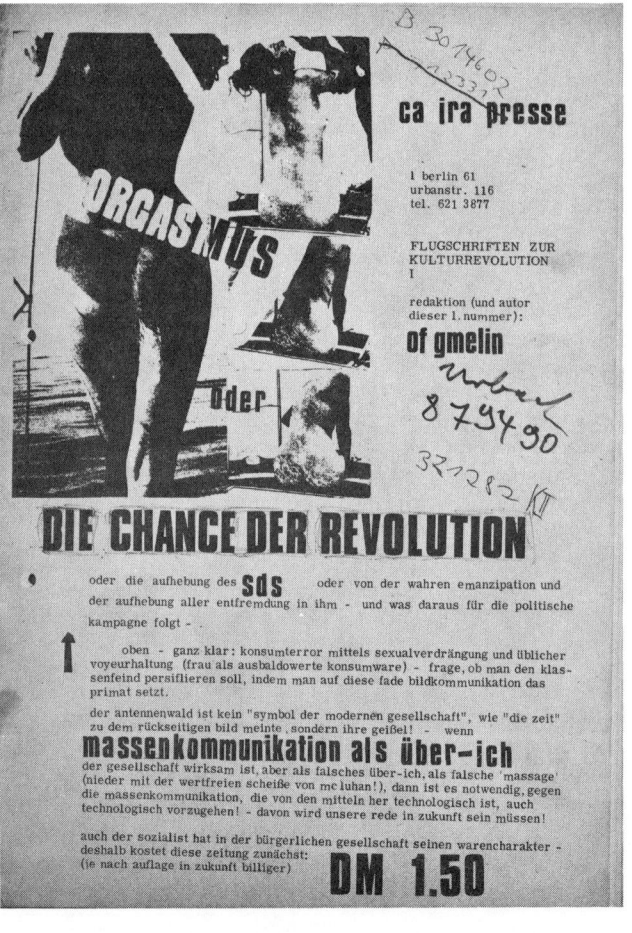

100

Eckhard Siepmann
Genital versus Prägenital
Die Großväter der sexuellen Revolution

Bei der Aneignung der »Kritischen Theorie«, die ebenso auf Freud wie auf Marx basiert, merkten die Antiautoritären sehr schnell, daß ohne Kenntnis der psychoanalytischen Theorien eine zeitgemäße Analyse der Gesellschaft nicht möglich ist. Stärker als in den 20er Jahren, als die Kritik im Vordergrund stand, fiel aber nun, da es um *praktische* Veränderung ging, die gesellschaftliche Praxisferne Freuds auf. Wie sollte der Bogen von der Psychopathologie des Alltagslebens zur handfesten Revolutionierung des Alltags geschlagen werden?

In dieser brenzligen Situation wurde Wilhelm Reich, ein Schüler Freuds entdeckt, zu dessen Programm es gehörte, »6000 Jahre Ausbeutung, Mystizismus und Sexualunterdrückung« zum Stillstand zu bringen. Die Antiautoritären, unermüdlich auf der Suche nach außerökonomischen Argumenten, durch die das traditionelle marxistische Arsenal bei dem angestrebten Dialog mit den Massen erweitert werden könnte, auf der Suche nach einer Möglichkeit, den Kapitalismus für die Lustarmut des Alltags haftbar zu machen, trauten ihren Ohren nicht. »Jahrtausende alte Unterjochung des Trieblebens hat erst den massenpsychologischen Boden geschaffen, Autoritätsangst, Hörigkeit, unglaubliche Bescheidenheit auf der einen, sadistische Brutalität auf der anderen Seite, auf deren Grund sich eine 200 Jahre alte kapitalistische Profitwirtschaft austoben und erhalten kann.«

Noch ehe die großen Verlage die Situation begriffen, waren die ersten Raubdrucke auf dem »Markt«, das heißt in den Kneipen, in der Mensa, bei den Teach-ins; Wilhelm Reich wurde damals wahrscheinlich mehr geraubdruckt als irgendein anderer Autor – Hinweis genug, wie begierig er aufgenommen wurde. Die erste Schrift, eine DIN-A-4-Schwarte, von der K I aufgelegt, trug in riesigen Buchstaben einen Titel, der für an Kolles unbekannten Wesen geschulte Ohren eine rasierklingenhafte Direktheit hatte: DIE FUNKTION DES ORGASMUS (1927). Der Arzt Reich hatte festgestellt, daß die Psychoanalyse in einzelnen Fällen temporäre Heilerfolge haben kann, die aber folgenlos bleiben, solange das Realitätsprinzip, das die Krankheit verursacht, unverändert bleibt. Anders als seine gutverdienenden Kollegen zog er den Schluß, daß die Psychoanalyse zur praktischen Umwälzung der Wirklichkeit beitragen müsse, um langfristig helfen zu können. Er gründete die Sexpol-Bewegung und organisierte sich in der Kommunistischen Partei.

Der zweite Raubdruck, der alsbald kursierte, war die kleinformatige MASSENPSYCHOLOGIE DES FASCHISMUS. In dieser 1933 – bereits im Exil – veröffentlichten Schrift analysierte Reich die tiefenpsychologischen Strategien der Nazis, die Instrumentalisierung der Sexualunterdrückung für die Durchsetzung des Führerkults, und kritisiert gleichzeitig die antifaschistischen Strategien, die auf Aufklärung abzielen und dabei die unbewußten Bereiche ausklammern, also eben jenes Terrain, in dem die Faschisten laut Reich ihre Saat ausstreuten. Mit diesem Kurs ging Reich auf Konfrontation mit der bürgerlichen Internationalen Psychoanalytischen Gesellschaft und zugleich mit der Kommunistischen Partei: Aus beiden wurde er ausgeschlossen.

Noch 1966 kam dann die gewerkschaftsnahe Europäische Verlagsanstalt, schneller als alle Raubdrucker, mit einem Buch heraus, das Reich 1936 in Kopenhagen veröffentlicht hatte: DIE SEXUELLE REVOLUTION. Untertitel: Zur charakterlichen Selbststeuerung des Menschen. Diese Schrift, heute als Taschenbuch wiederaufgelegt, sei der kritischen Lektüre allen empfohlen, die in dem Verhältnis von Sexualität und Politik einen maßgeblichen Faktor für die Veränderung der Welt sehen. Im ersten Teil analysiert Reich aufs neue die bürgerliche Sexualmoral mit ihren bewährten Unterdrückungsmechanismen Ehe und Familie als Garanten des kapitalistischen Herrschaftssystems. Im zweiten Teil beschreibt er die sexuelle Revolution in der frühen Sowjet-Union und ihre Bremsung im System des entwickelten Stalinismus.

»Die sexual-ökonomische Selbststeuerung«, wie Reich sie sich vorstellte, ist darstellbar als ein einfaches kybernetisches System der Problembewältigung der gesamten sozialen Realität einschließlich der Sexualität. Das an sich »steuernde« Moment ist eine Art »Libidokreislauf«: Die sich frei entfaltende Genitalität streift die Fesseln und Zwänge der prägenitalen Partialtriebe ab und ordnet sie der – heterosexuellen – Genitalität unter; die Destruktionstriebe verlieren die Möglichkeit, sich sexuell zu engagieren und müssen sich für sozial nützliche Tätigkeiten absorbieren lassen; der »potente, liebesfähige, sexualbejahende« (S. 45) Charakter bildet sogar zwanglos die Tendenz zur monogamen Bindung auf Zeit aus (»sexuelle Dauerbeziehung«, S. 152 f.), weil sowohl der Zwang zur neurotisch bestimmten Polygamie (Don-Juanismus) als auch der Zwang zur neurotisch bestimmten Monogamie (Besitzeifersucht, vor-ödipale Fixierungen etc.) ihre Basis verlieren und das zwanglos-sexualbetonte »Kennenlernen« des Partners einen tragfähigen Selbstwert gewinnt, der nurmehr der »natürlichen Abstumpfung« unterliegt (auf die seltsamer- und bezeichnenderweise auch Reich nicht verzichten kann) und dann auch wieder mit einem Minimum an Zwang, Ängsten und Versagungen gelöst werden kann.

(Reimut Reiche, in »neue kritik« 48/49/1968)

Indem Reich die Lösung der verschiedenen pathologischen Konflikte von der ungestörten Entfaltung der »genitalen Libido« abhängig macht, sich schnurstracks auf die Herstellung des »Primates der Genitalität« konzentriert, gerät er in einen in den 60er Jahren nicht ausdiskutierten Gegensatz zu dem Libido-Theoretiker par excellence der Antiautoritären, zu Herbert Marcuse. In seinem 1955 in den USA veröffentlichten Buch TRIEBSTRUKTUR UND GESELLSCHAFT (»Eros und Civilisation«), das zum theoretischen Fundament des Hedonismus der Antiautoritären wurde, erkennt Marcuse in der Reduktion der Sexualität auf die Genitalität eine Verarmung, die ein gezieltes Produkt kapitalistischer Sexualunterdrückung ist. Er propagiert die Resexualisierung aller Körperzonen, den Ausbruch aus der »unter das genitale Supremat gezwungenen Sexualität zur Erotisierung der Gesamtpersönlichkeit«. Dieser Ausbruch »würde sich als erstes in einem Wiederaufleben der prägenitalen polymorphen Sexualität und in der Abnahme des genitalen Supremats manifestieren. Der Körper in seiner Gesamtheit würde ein Objekt der Besetzung, ein Ding, dessen man sich erfreuen kann – ein Instrument der Lust. Diese Veränderung im Wert und im Ausmaß der libidinösen Beziehungen«, so Marcuses Utopie, »würde zu einer Auflösung der Institutionen führen, in denen die privaten zwischenmenschlichen Beziehungen organisiert waren, besonders der monogamen und patriarchalen Familie«. Geschrieben im Staat von Dulles und Eisenhower!

Unter den Kontrahenten Reich / Marcuse stand außer Zweifel: Sexuelle Emanzipation ist nur möglich innerhalb der Atemlosigkeit, die allein der Kampf um die gesellschaftliche Befreiung erzeugt.

Diese Skizze ist gewidmet einer kleinen kämpferischen Gruppierung, bei der die Erbschaft der 60er Jahre bestens aufgehoben ist: der Bunten Liste Freiburg und ihrer Reich-Initiative.

Klaus Hartung
Die Psychoanalyse der Küchenarbeit

Selbstbefreiung, Wohngemeinschaft und Kommune

Der Blick zurück läßt überschrittene Schwellen kaum noch erkennen. Wer wollte sich noch der Widerstände gegen den ersten Schritt auf den verbotenen Rasen erinnern, wiewohl dieser Schritt möglicherweise konsequenzenreicher war als manche militante Demonstration; wer kann sich die Qualen noch vergegenwärtigen, die dem ersten Steinwurf vorausgingen. Die Schwellen waren da, weil Angst auf ihnen lag. Was aber hat das Überschreiten dieser und anderer Schwellen zu einem historischen Schritt gemacht? Das »epatez le bourgeois«, das Schockieren des Bürgers, gab es schließlich immer, und immer gab es eine Bohème, eine Szene, die mit den Regeln brach. Um eine vorläufige Antwort zu geben: Das »epatez le bougeois« war die Dokumentation einer Unabhängigkeit, war ein Akt des Mutes und zugleich Konstituens eines Lebens außerhalb der Gesellschaft. Der kulturrevolutionäre Aufstand in den 60er Jahren unterschied sich genau an diesem Punkt. Nicht Mut, sondern Eingeständnis der gemeinsamen Ängste, nicht Behauptung der Unabhängigkeit, sondern Flucht nach vorn aus einem kleinbürgerlichen Verhängnis meldete sich da an. Das machte das Auftreten der K1 so unerträglich: Sie artikulierte, was anderen kaum noch zu verdrängen gelang.

Revolutionstheorien

Von Revolutionstheorien wird nicht mehr geredet, und das Fehlen einer revolutionären Theorie gesteht man allenfalls im kleinen Kreise ein. Dennoch liegt der Traum von der verändernden Macht des Gedankens, wenn er einmal die Massen ergreift, gar nicht so fern von der Realität. Kaum eine politische Theorie war erfolgreicher als jene, wonach die Revolutionäre sich revolutionieren müssen, wonach ohne Veränderung des Alltagslebens es keine Veränderung der Gesellschaft geben wird. Dieser Gedanke ist tatsächlich zum Maulwurf geworden. Er hat sich gegen die Liquidation seiner ersten Propagandisten behauptet. – Als 1970 die Spaltung der Bewegung anfing, nahmen die selbstlosen Freunde des Proletariats Abschied von der antiautoritären Bewegung, ließen sich die langen Haare schneiden und legalisierten ihre »Verhältnisse«. Die Stadtguerilla suchte ihren Untergrund in der gehobenen Mittelklasse und mußte sich folgerichtig ihr anpassen. Das rebellisch gewordene Leiden an der kleinbürgerlichen Herkunft und seine Wendung in kulturrevolutionäre Politik war nun selbst kleinbürgerlich. Die Organisation allein versprach Erlösung von diesem Makel. Und die vielen, die mit ihren aufgebrochenen Widersprüchen noch nicht fertig waren, durften die sich blitzschnell vermehrenden therapeutischen Sekten besuchen. – Die politische Bühne in den letzten 20 Jahren hat viele Szenenfolgen gesehen und viele Wechsel revolutionärer Kostüme, die Roten Garden und die Umherschweifenden Haschrebellen, die Spontis und die Stadtguerilla, die kommunistischen Kader und die Großstadtindianer. Fast unabhängig davon ging die Zersetzung der herrschenden Alltagskultur weiter, bis hin zur alternativen Szene, zur Gegenkultur oder »zweiten Kultur«. Wer vor 20 Jahren angesichts eines Trupps von Bauarbeitern noch überlegte, ob er die Straße wechseln sollte, weil man manchmal müde war, dauernd wegen der langen Haare angemacht zu werden, hätte sich kaum vorstellen können, daß heute langhaarige Bauarbeiter in der alternativen Frühstückskneipe sitzen.

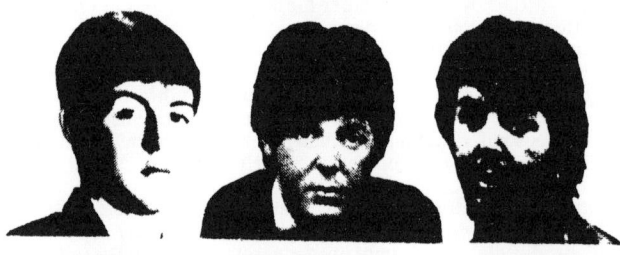

Die Haare werden länger...

Männer, laßt die Haare wachsen!

Dann habt ihr mehr Chancen bei Frauen und Chefs

Von HANS-DIETER FISCHER

Frankfurt, 12. Januar
Er muß nicht reich sein, aber tolerant. Er muß nicht schön sein, aber lange Haare haben. Deutschlands Frauen zwischen 16 und 50 stellen sich einen Idealmann vor, der statt nach Haaren in der Suppe zu suchen, jede Menge Haare zum „Drinrum-Wühlen" auf dem Kopf hat.

Die Begeisterung für Haare, die sich über dem Kragen kräuseln, läßt auch mit steigendem Alter der Damen nicht nach. Selbst von den Frauen um 50 liebt es mehr als jede zweite bei den Männern haarig.

Das Institut für Rationelle Psychologie in München stellte bei Tests fest: Viele Frauen haben einen regelrechten „Samson-Kom-

plex". Sie halten die langen Haare für ein Zeichen von Freiheit und Unabhängigkeit. Sie glauben, daß langhaarige Männer

● im Beruf eher etwas riskieren und nicht ständig Angst um ihr Pöstchen haben,

● zu Hause nicht dauernd den Herrn und Gebieter herauskehren,

● öfter als andere zeigen, was unter ihren langen Haaren steckt.

Der Kurswert der langhaarigen Männer ist aber nicht nur in der Liebe gestiegen. Mehr und mehr Chefs geben Männern mit längeren Haaren den Vorzug. Sie glauben, daß solche Mitarbeiter geistig beweglicher sind, mehr Mut zum Risiko und mehr Einsatzfreude haben.

Diese Chefs und Frauen irren sich! Die Münchner Soziologin Gisela Pök hat in einer Untersuchung nachgewiesen: Die Unterschiede zwischen langmähnigen und kurzhaarigen Männern sind wirklich nur rein äußerlich. Nachgemachte Beatles sind genauso tolerant oder spießig, so mutig oder ängstlich wie ein spiegelblanker Glatzkopf.

Bild-Zeitung

Selbstbefreiung

Selbstbefreiung, Kulturrevolution, Revolutionierung des Alltags: legendäre Figur für einen Prozeß, für den diese emphatischen Formeln stehen, ist sicherlich die K 1. So fest ihre historische Rolle zu sein scheint, so schwankend ist ihr Bild. Viele, zuviele Erben berufen sich auf sie, die Wohngemeinschaften, die therapeutischen Sekten, die kollektiven Kindererzieher und Bezugspersonen, die Knastgruppen und die rituellen Vereinigungen sexueller Befreiungen. Auf die K 1 wird sich sicherlich die »Beziehungsdiskussion«, der unvermeidliche Intim-Jargon des »irgendwie« und »irgendwo« berufen. Und was heute der alternative Alltag an Supermarkt der Lebensformen anzubieten hat, läßt die Anfänge geradezu asketisch erscheinen.

Selbstbefreiung ist ein merkwürdiges Wort. Die Springerpresse und der illustrierte Schmierenjournalismus übersetzten es sofort mit Enthemmung. Die »Liebeskommune vom Stuttgarter Platz« wurde zur Projektionswand, zur pornographischen Videokassette, deren Film im kollektiven Unbewußten non-stop zu laufen begann. Aber dennoch läßt der Skandal, der mächtige kulturzersetzende Schub, der von solchen Ansätzen wie der K 1 ausging, sich so nicht erklären: denn zur gleichen Zeit begannen die Pornokinos zu florieren. Beate Uhse offerierte längst schon mehr Details für die in Gang gesetzte sexuelle Phantasie, ganz zu schweigen von der tiefen Erschütterung der Sexualnormen durch die Pille.

Auch wenn man vergleicht, was gegenwärtig Menschen, sei es unter Bhagwan, sei es unter dem forschen Sadismus von Gruppentherapeuten hinnehmen, um ein unklares »Selbst« aus ihrer persönlichen Realität herauszuzerren, dann zweifelt man doch an der Genealogie der Verhaltensänderungen, ganz abgesehen davon, daß die antiautoritäre Kommune eine derartige ritualisierte Glückssuche schärfstens verurteilt hätte. Selbst wenn man die Ansätze der 60er Jahre, anders zu leben, als Durchbruch einer vernünftigeren Lebensgestaltung begreifen will, in der es mehr Kommunikation gibt und in der sich die Überlebenschancen des einzelnen erhöhen durch den kollektiven Zusammenhang, so kommt man doch keinen Schritt näher an das Skandalon »Kommune« und an ihr fortdauerndes mythisches Gewicht.

»Kommune 1«

Wohngemeinschaft und Kommune

Außerdem: Wohngemeinschaften gab es schon vorher. Ich lebte schon seit 1964 in einer »WG«. Wir waren da alle politisch aktiv, es gab auch schon die Diskussionen um den Abwasch, eingeschlossen die Psychoanalyse der Küchenarbeit. Auch kam es vor, daß die Freundin des einen am Morgen aus dem Zimmer des anderen nebenan trat, was es dann manchmal schwierig machte, die Reihenfolge der Badezimmerbenutzung am Morgen festzulegen. Zu dieser Zeit war ich schon im SDS. Als dann aber 1965 einige junge SDS-Genossen in den Landesvorstand gingen und zugleich in die SDS-Wohnung einzogen, um Leben und politische Arbeit zu verbinden, war ich empört. Noch skandalöser war es, daß in dieser Wohnung die herrschende Sexualunterdrückung aufgehoben werden sollte. Ich und viele andere SDS-Genossen reagierten hämisch-süffisant: »Die haben's ja auch nötig«. Rainer Langhans wohnte eine kurze Zeit in meiner Wohngemeinschaft. Ich lernte ihn als ziemlich neurotisch kennen. Er hatte Probleme mit seiner Freundin, von denen ich gar nichts wissen wollte. Dann, mit der K 1, war seine Neurose in der Öffentlichkeit. Es war der Aufstand der Geschädigten, die ihre Misere veröffentlichten. Darin lag der Skandal, die Peinlichkeit für uns

103

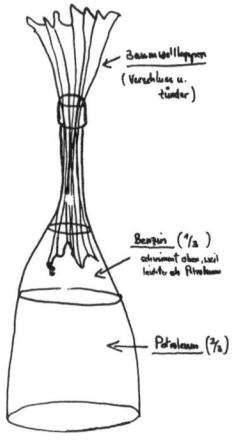

Die Kommune in der Stephanstraße bewohnt und verlassen

rationale Funktionäre des SDS. Diese Selbstentblößung entblößte auch uns. Es brachte uns in den Verdacht, daß unserem politischen Handeln ganz persönliche Motive unterlagen, daß wir möglicherweise für Vietnam auf die Straße gingen, weil wir auch sonst frustriert waren.

Kunzelmanns epochemachender Satz, daß man auch über seine Orgasmusschwierigkeiten reden müsse, wenn von Politik geredet wird, formuliert exakt die damalige Situation. Die Reaktion der meisten SDSler (mich eingeschlossen) war: Siehe da, er gibts sogar zu. Aber das Wort war entschlüpft und nicht mehr gut zu machen. Die Intervention der K 1 hatte ein für allemal die Trennung Politikmachen/Alltag zum Widerspruch verschärft, hatte sie akut gemacht. Hier liegt für mich der Hauptgrund, daß die Studentenbewegung nicht zur Bewegung für Studenten verkam, sondern zur antiautoritären Bewegung wurde, deren Schockwellen nach wie vor zu spüren sind.

»Deutschlands schönster Kommunarde« vorher und nachher

104

Die bürgerliche Presse hatte es bald raus: Die Berliner Kommunen boten gar keinen leicht konsumierbaren, gewaschenen Sex, »Quick« sprach 1967 mit Ekel von »verschwiemelten Kommunarden«, und das »Neue Blatt« konstatierte, daß der »Liebeskommune« die Frauen weglaufen. Dennoch: Der Haß blieb, und das war berechtigt. Denn indem die ersten Kommunarden so schamlos ihr »Selbst« entblößten, ihre sexuellen Schwierigkeiten öffentlich machten, ihre bürgerliche Herkunft, ihre Probleme mit den Eltern zugänglich machten, trafen sie die bürgerlichen Normen an einer viel empfindlicheren Stelle als an einer längst schon obsolet gewordenen Sexualmoral. Sie verrieten ihre Familiengeschichte, sie verrieten ihre Privatheit. Vor allem aber kehrten sie das Verhältnis von stark und schwach um. Die provozierende These (und Praxis) war: Wer leidet, hat etwas zu sagen. Nicht der intellektuell gewappnete Politfunktionär hat etwas zu sagen, sondern gerade der, der Schwierigkeiten hat, sich zu artikulieren, der Angst hat, der soll ans Podium. Hier liegt tatsächlich der Kern kollektiver Lebensveränderung, in der Einsicht nämlich, daß das Kollektiv dann stark ist, wenn es auf den Schwachen hört.

Wenn der Schlüssellochblick der bürgerlichen Presse schmutzige Matratzenlager, Frauen in Unterwäsche, strähnige Haare entdeckte, so war die Empörung über Promiskuität nur hilflos. Dahinter steckte richtige, aber begriffslose Beunruhigung. Die Illustrierten vermochten nicht den Zusammenhang zwischen langen Haaren, Psychodiskussionen, Reich-Exegese und politischen Provokationen entziffern, wohl aber denunzieren. Was sie ahnten und nicht begriffen, war, daß die revolutionäre Sprengkraft gerade in der kollektiven Wendung der individuellen Misere, daß eine ungeheure politische Produktivkraft in der Aufhebung der individuellen Widersprüche liegt, wenn es auf der Straße geschieht.

Fritz Teufel und Rainer Langhans mit ihrem Anwalt Horst Mahler auf dem Wege zur kulturrevolutionären Praxis in Moabit

Totalisierung der Politik

Politische Produktivkraft? Es ist ein emphatischer Begriff aus jenen Jahren. Um jenen Umsturz im Verhalten, jene Zersetzung der herrschenden Kultur zu verstehen, muß man erkennen, daß die K 1 zunächst nicht die Öffentlichkeit provozierte und provozieren wollte. Sie legte sich vielmehr mit dem SDS an. Ihre Einsicht war es, daß die Protestbewegung von der »repressiven Toleranz« der Gesellschaft geschluckt würde, wenn sich die Revolutionäre nicht selbst revolutionierten. Politische Arbeit, in der das Privatleben sich nicht auflöst, wird niemals radikal sein. Nicht

Totalisierung des Glücksanspruchs formulierte die K 1, sondern die Totalisierung der Politik. Insofern führt kein Weg von der K 1 zu den orange people und therapeutischen Sekten (auch wenn einzelne Kommunarden dort angelangt sind).

Die Entdeckung der Justiz

Noch vor der Konstituierung der Kommunen fand im November 1965 die sogenannte Plakataktion statt. Einige SDS-Mitglieder hatten sich Plakate gegen den Vietnam-Krieg aus München besorgt. Diese Plakate besagten, daß Proteste gegen den Vietnam-Krieg den US-Imperialismus nicht erschüttern, sondern daß allein die (dick rot gedruckt) Revolution im eigenen Lande helfe. Diese Plakate wurden nachts in der Innenstadt geklebt. Es kam zu einigen Verhaftungen und zu einer fürchterlichen Aufregung im SDS. Der Text sei unvermittelt, anarchistisch, falle der SDS-Politik in den Rücken und überhaupt: die illegale Aktion! Besondere Empörung löste ein Rechtfertigungsversuch der Akteure aus: Man hätte erfahren wollen, wie die Staatsgewalt reagiert. Das war nun ganz schlimm, das mußte ja jeder politisch aufgeklärte Genosse ohnehin wissen. Zu diesem Zeitpunkt wurde gerade in Arbeitskreisen die »formierte Gesellschaft« Ludwig Erhardts analysiert und die Totalität staatlicher Macht entziffert. Und da versuchte nun eine kleine Gruppe, quasi spielerisch »Erfahrungen zu machen«!

Diese Auseinandersetzung zog sich durch die ersten Jahre der antiautoritären Bewegung und bekam eine entscheidende Bedeutung nach Gründung der Kommunen. Deren Mitglieder waren die ersten, die Steine warfen am 2. Juni, die die Bannmeile vor dem Schöneberger Rathaus verletzten, die jeden Protest in eine wirkliche Provokation verwandelten. Daß Fritz Teufel verhaftet wurde und dann gegen Teufel und Langhans die ersten Prozesse begannen, war gewollte Konsequenz. Ihr Auftreten in Moabit war ihre wirkliche politische Leistung, ihre kulturrevolutionäre Praxis. Sie waren die ersten Angeklagten der Nachkriegsgeschichte, die die Prozeßszene zum Tribunal machten. Das Gericht konnte von ihnen dargestellt werden als Repräsentanz aller erlittenen Zwänge, aller autoritären Unterwerfungen von Kindheit an. Das zähe, witzige Durchbrechen der Spielregeln vor Gericht, die Fähigkeit, das letzte Wort zu haben, vollendeten einen Befreiungsprozeß, der in der Kommune selbst nur angelegt war.

Die Kinder

Die Kommunekinder waren von Anfang an Objekte tiefsten Bedauerns in der bürgerlichen Öffentlichkeit. Sie galten als verwahrlost, verführt, sie lebten überhaupt am falschen Ort. Im nachhinein sind Zweifel erlaubt, ob es ihnen wirklich gut ging. In der K 1 war kaum Zeit für sie, da waren die politischen Termine, die Prozeßtermine. In der K 2 war manchmal zuviel Zeit für sie. Sie wurden zu Studienobjekten. Ihre Analität wurde minutiös diskutiert und ihre ödipalen Probleme wurden durchforscht. Für sie begann abrupt die antiautoritäre Erziehung, die oft nur die kaum beendete autoritäre Erziehung ihrer Eltern negierte. Weihnachten 1969 wurde in der K 2 ein Weihnachtsbaum für die Kinder angezündet, den diese zu ihrem Entsetzen exemplarisch verbrennen sollten. Doch es wäre genauso leicht wie verfehlt, darüber zu spotten. Auf paradoxe Weise wurden in diesen Zusammenhängen Kinder als autonome menschliche Wesen richtiggehend entdeckt und ernstgenommen. Die aus diesen Ansätzen entfaltete Praxis der antiautoritären Erziehung übersprang wie ein Funke tausend politische Barrieren. Ein Eckpfeiler deutscher Tradition brach mit ihr zusammen.

106

Lutz von Werder
Kinderläden

Versuch der Umwälzung der inneren Natur

Internationaler Vietnam-Kongreß 1968 im Audimax der TU Berlin

Durchaus: Abgeschnittene Schwänze

Auf dem Flugblatt waren abgeschnittene männliche Genitalien zu sehen. Das wirkte. Es ging also gegen die Häuptlinge. Mehrere Frauen drängelten sich in der Vollversammlung des Berliner SDS am 10.10.67 ans Mikrofon. Christian Semler, der gerade über die Fortschritte der Betriebsarbeit berichtete, wurde unsanft beiseite geschoben. »Endlich ist es soweit. Wir ergreifen das Wort. Wir, der stumme Teil des SDS. Wir machen hier und jetzt Revolte. Gegen Euch Männer. Wir sehen klar, daß unsere Unterdrückung mit Euch zusammenhängt.« Das war die Spaltung, lange bevor jeder seine eigene Partei aufbaute. Der Tumult war erheblich. Mehrere führende Genossen wollten sich erklären. Aber die Frauen wehrten sich. Zaghafte Ansätze, sie zum Rückzug zu zwingen, begannen mit dem Hinweis auf die Gefahr der Ablenkung vom Hauptwiderspruch. Ein Genosse, ich glaube es war Bernd Rabehl, ich bin aber nicht sicher, gab sich Mühe, etwas über den Penisneid loszuwerden. Aber das war eher etwas für Männer als für Frauen. Die hatten einen entscheidenden Schritt in der Entwicklung der antiautoritären Revolte der 60er Jahre getan. Sie erweiterten den Begriff der Emanzipation: Ohne Befreiung der Frau von Kindern, Hausarbeit und Männerwirtschaft keine Zeit und keine Kraft und kein Mut zum aufrechten Gang als Frau. Das ahnte in der VV noch keiner. Aber die abgeschnittenen Schwänze, die traurig sich hängen ließen, wiesen auf ein Ende. Das Ende der unbeschwerten traditionellen Erektion und der gutmütig leidenden, freudlosen Penetrationsbereitschaft unter anderem.

Nun spricht Rudi Dutschke

Rudi sprach lange, malerisch, engagiert mit seiner rauchigen Stimme. Sein Gesicht glänzte von verhaltener Wut. Es gab zu viel Undialektisches in der Welt. Ein Panorama der Weltökonomie und der Weltrevolution verzeichnete allerdings Ansätze. Von Vietnam über Nah-Ost bis zu den Black Panther. Vietnam Kongreß 1968. Das Audi-Max der TU Berlin roch säuerlich. So voll, so dichtgedrängt. Che war unser Über-Ich. Weg vom Alltag, von Familie, Job, Steuerabrechnung. Das war durchaus unterschwellig zu spüren. Als die mitgebrachten Kinder den langen Reden nicht mehr folgen konnten, mußten die Mütter sich auf den Fluren um ihr Spiel kümmern. Dort trafen nun mehrere Mütter zusammen. Eine Gruppe bildete sich. Der Funke der Solidarität unter den Kindern sprang auf die Mütter über. Die Idee kam auf: Das machen wir öfters. Das machen wir täglich. Klar, in einem Laden, denn es gab in Berlin, wegen der Zentralisation des Handelskapitals, preiswerte Straßenläden. »Wir machen Kinderladen. Wir treiben die Veränderung unseres Lebens in der Familie voran. Wir machen uns Luft vom Mutterzwang und der stillen Fabrikation autoritärer Kleinbürger.« Rudi Dutschke redete noch lange. Er bekam den Fall der Profitrate, die Todeskrise des Systems, noch voll in den Blick, ohne gleich an die Apokalypse zu denken. Er leitete auch ab, daß die Studenten angesichts der fortschreitenden Subsumption der Wissenschaft unters Kapital Avantgardefunktion hätten. Draußen hatte sich auf den Fluren ein Kinderladen gebildet. Relativ geräuschlos. Der erste. Seit Vera Schmidt. Seit Wilhelm Reich das Moskauer Kinderlaboratorium die »größte Tat seit der Pariser Kommune« genannt hatte.

Kochkünste der inneren Natur

Die Kinderladen-Idee wurde von der Kommune II, vom Aktionsrat zur Befreiung der Frau, von sich rasch bildenden Initiativgruppen unter den linken Studenten, unter Künstlern und Berufslosen Berlins verbreitet. Im Mai 68 existierten 3 Läden, im Februar 69 arbeiteten 15 Gruppen. 11 davon hatten schon einen Laden bezogen. Auch in unserer Wohngemeinschaft begann der Gründungsprozeß. Er begann mit Kleinarbeit. Laden finden, mieten, renovieren, ausbauen, einrichten. Das brauchte viel Zeit. Im SDS fing man sich leicht den Vorwurf »idealistischer Abweichler« ein, wenn man es zu viel mit dem Privaten hatte. Auch in der Kinderladengruppe fuhr die Gruppendynamik ab. Die Verteilung von Funktionen wurde nur mühsam auf Diskursniveau gebracht. Alle fühlten sich mit gutem Grund überfordert. Aber: alle wollten aus den alten Verhältnissen heraus. Raus aus der Enge der Kleinfamilie, dem Tanz um ein wenig Liebe, dem Streit um die gerechte Teilung der Erziehungs- und Betreuungsarbeit. Die neuen Verhältnisse: Mehrere Elternpaare machen zusammen eine Wohngemeinschaft. Alles wird geteilt, und die Teilung wird in der Wohnöffentlichkeit ausgehandelt. Die Kinder werden eine autonome Gruppe. Die Eltern machen Politik, und die Kinder befreien sich von den Eltern. Wer als Elternpaar weiter sich vereinzeln wollte, sollte wenigstens über einen Kinderladen einen ersten Schritt ins neue Leben machen. Die Umsetzung dieser Alternative vermittelte viel über die Gewalt der inneren Natur: der Triebe.

Wir fahren mit anderen Eltern an die See. Sonne und Kinder. Wir machen es den Kindern nach. Wir ziehen uns aus. Es ist nichts dabei, obwohl es alle zum ersten Mal machen. Aber abends will Peter nicht mehr mit uns zusammen sein. Er ist eifersüchtig auf einen anderen Mann. Peter nimmt das Auto und verschwindet für zwei Tage, kehrt dann wieder, zwingt seine Familie zur Abreise. In der Elterngruppe lockern sich die alten Beziehungen. Ein Druck auf die Zweierbeziehungen entsteht: nicht gleich die Schwänze abschneiden, aber wechseln. Auch die Rollen tauschen. Das Oben und Unten. Hinter den stillen Charakterfassaden erscheinen orgiastische Bedürfnisse. Die weibliche Frigidität verschwindet mit der Routine der Hausarbeit. Unter den Kindern entwickelt sich das freie Spiel der Konflikte, sozialdarwinistisch. Bezugspersonen werden tatsächlich variabler. In diese Kindheiten schien vielleicht etwas, worin bisher noch keiner war: Heimat. Über dem Kinderalltag schwebt ein Programm: Freispiel, auch wenn sich die Eltern über Saubermachen und Essenkochen im Laden in die Wolle kriegen.

Gegenüber dieser neuen Lebenswelt erscheinen die öffentlichen Kindergärten als repressiv, undemokratisch, steril, unpädagogisch. Die sozial-liberale Bildungspolitik sah sich gezwungen, eine Prise antiautoritären Giftes in ihre Abkündigungen zu mischen.

Liebespädagogik im Orwellsystem

Lothar Binger, damals Drucker, hatte als alter Publizistik-Student eine Idee: eine Zeitung. Der Zentralrat der Kinderläden hatte mit seiner Broschürenreihe »Anleitung für eine revolutionäre Erziehung« Nr. 1 bis 6 schon gezeigt, was die neue Pädagogik ausmacht: Abbau der Eltern-Kind-Fixierung durch Gruppentherapie, Übertragung der Kinderbedürfnisse auf das Kinderkollektiv, Freiheit in der

Befriedigung libidinöser und sexueller Bedürfnisse, keine Anwendung von Strafen, Entwicklung von Lernprozessen vom Kinde aus. Da waren dann Vera Schmidt, Walter Benjamins Kindertheater, die sozialistischen Pädagogen Bernfeld, Rühle, Hörnle, Kanitz wiederauferstanden. Diese Broschüren wurden ein Modell für einige Lektoren, die ihre Verleger zur Kopie animieren konnten. Linke Pädagogik wurde nun ein wichtiges Glied im Sortiment. Lothar Binger aber wollte einen Schritt weitergehen. Die Kinderladenbewegung sollte über eine Zeitung ein Forum der Diskussion und Verallgemeinerung ihrer pädagogischen Erfahrungen erhalten. Er lud uns ein. Wir saßen auf dem Fußboden, bei Tee und Keksen. Ich stellte einen sehr abstrakten Artikel über die Ersetzung der Familienerziehung durch Kinderräte vor. Der Artikel fiel durch. Das lesen unsere Eltern nicht, sagte Lothar. Was dann erschien, in acht Nummern, wurde auch nicht gelesen. Aus der Zeitung wurde ein Vereinsblättchen. Das zeigte einen Widerspruch: zwischen theoretischem Anspruch und der alltäglichen Praxis. Der Weg vom Freud-Studium zum angstfreien Leben mit Kindern geriet zu lang. Viele Eltern wurden langsam berufstätig. Einige aktive Eltern wollten nun auch Berufsrevolutionäre werden und rückten von der Kinderkiste etwas ab. Die Diskussion zwischen den Läden über die Liebespädagogik war bald sehr flau. Um so lauter ereiferten sich die Presse und die Wissenschaft. Sie begannen zu warnen, zu drohen, zu pöbeln. Wieder einmal waren mit der Familie die Fundamente des Abendlandes in Gefahr. Diesmal ging die Gefahr von 15 kleinen Gruppen aus und von glücklichen Kindern.

Der »Stern« öffnet allen die Augen

1969 ließ der Stern fünf Millionen Leser hinter die Kulissen der Kinderläden blicken. Sie erkannten ein Horrorkabinett. Natürlich waren die Reporter auf der Sitzung des Zentralrates der Kinderläden gewesen. Der wollte aber nicht mit dieser Presse kooperieren. Da schimpften die Journalisten: »Wir bekommen unsere Informationen auch so.« Das stimmte. Nach diesem lauten Knall war der Staat

gefordert. Er kam, was damals noch ging, mit dem Zuckerbrot. Eltern-Kinder-Gruppen konnten, auf Antrag, finanzielle Förderung erhalten. Unter der Bedingung der Einhaltung von Auflagen. Die sozial-liberale Koalition versprach einen Reformschub auch im Vorschulbereich. Professionelle Erzieherinnen wurden in den Läden eingestellt, und die Eltern überließen ihnen schnell das Feld.

Die Kinderladenbewegung gerät in den Zwiespalt zwischen Anpassung und Widerstand. Viele neue Eltern distanzieren sich vom Revolteelan der Gründergeneration. Sie leben nicht in Wohngemeinschaften. Sie wollen auch keine Beziehungsexperimente. Sie betrachten ihr Leben und die Gesellschaft pragmatisch. Wie später Helmut Schmidt.

Die Freiheit zur Onanie stirbt

Angesichts der SPD auf dem Weg zur Staatsmacht radikalisierte sich der SDS in Richtung Marxismus-Leninismus. Auf der letzten Bundeskonferenz des Vereins in Frankfurt im April 1969 stritt man schon hitzig über die Umwälzung der Arbeit und nicht mehr um Erziehung und Familie. Das Lesen der gelben Schriften des großen Steuermanns und das Studium der blauen Bände von M & E trugen ihre Früchte. W. F. Haug war sicherlich sehr zufrieden. Auch in der Kinderladen-Diskussion in Frankfurt rangelten nun psychoanalytische und marxistische Positionen. Aus rund 20 Städten der BRD waren Kinderladengruppen angereist, um zu erkennen, daß in der Berliner Ladenscene der Kampf zweier Linien entbrannt war. Die Wende im SDS zum Proletariat bedeutete im Kinderbereich: Wende zum Arbeiterkind. Kinderemanzipation sollte nicht mehr die »Freiheit zur Onanie« (ein Genosse in Frankfurt) bedeuten, sondern die Befreiung des Arbeiterkindes von den Lasten der Ausbeutung. Die Vertreter des Kinderhauses an der TU Berlin sagten es klar und deutlich: »Ihr wollt mit den Kinderläden nur die Privilegien eurer Mittelschichtkinder verteidigen. Die Kinderläden müssen aber als pädagogische Inseln liquidiert und in den Dienst der Arbeiterkinder gestellt werden.« Die Angegriffenen antworteten:

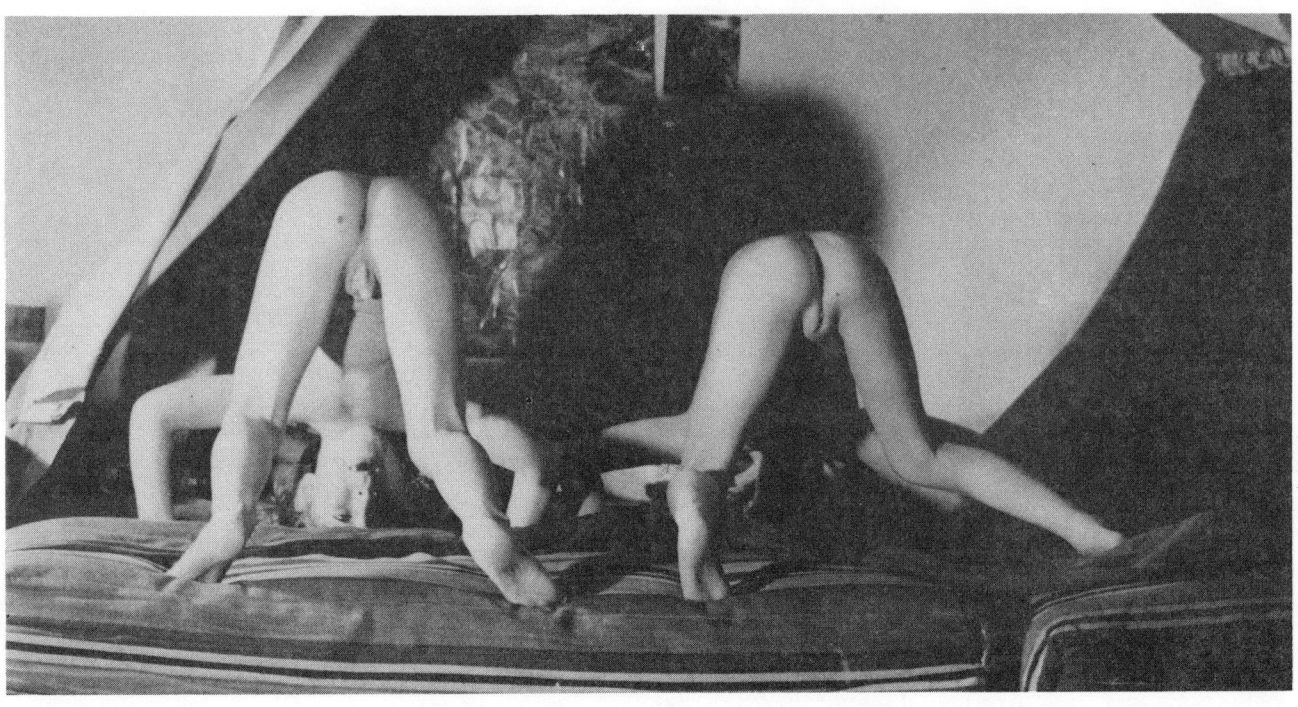

»Ihr wollt eine Klasse befreien, die es gar nicht mehr gibt. Aus der konkreten Arbeit rettet ihr euch in Illusionen über den Aufbau einer proletarischen Partei.« Die Gegenantwort: »Ihr habt Marx und Engels nicht gelesen. Ihr seid in eurem Freud versumpft. Ihr denkt noch in kleinbürgerlichen Begriffen.« Hinweise auf den Stalinismus wurden schon belacht. »Das antiautoritäre Chaos ist jetzt vorbei. Es geht um disziplinierte, harte Arbeit. Frauenemanzipation, Kindererziehung, alles muß sich den Änderungen des Parteiaufbaus und der Parteiführung unterordnen.« Der SDS löste sich auf. Überall taumelten die selbsternannten Kader im Gründungsrausch. Auch, ich sah damals überhaupt nicht, daß der Verzicht auf die Psychoanalyse in der Kindererziehung falsch war. Ich war wieder von der Gewalt der objektiven Verhältnisse behext und vergaß den subjektiven Faktor, die politische Kraft der Utopie und der Ekstase. Ich stand auf der Seite derer, die das Arbeiterkind befreien wollten.

In unserem Kinderladen hatten die Eltern die Klassiker der sozialistischen Erziehung: Rühle, Kanitz, Bernfeld, Hörnle gelesen. Ihre Losung: Erst die Einheit von Erziehung und sozialer Umwälzung schafft den neuen Menschen, wies uns über die Enge unserer Erziehungslaboratorien hinaus. Wir wollten runter von unserer Erziehungsinsel im Bürgerbezirk. Wir zogen ins proletarische Kreuzberg, Fichtestraße 12. Arbeiterkinder drängten dort durch die Tür des neuen Ladens. Sie leerten den Eisschrank, verkloppten unsere Kinder, machten das Spielzeug kaputt. Nun spaltete sich die Elterngruppe. Die meisten waren für proletarische Märchen, besonders wenn sie den Kindern einfühlsam von Reinhardt Wolff erzählt wurden, aber nicht für den Arbeiterkinderclub »Rote Panther«. Der Kinderclub zog aus. Die Arbeiterkinder kamen nicht mehr in den Laden.

Der Rote Panther wird eingesperrt

Peter war der unbestrittene Führer unserer proletarischen Kindergruppe. Er war bei den wichtigsten Aktionen: go in im Rathaus Kreuzberg, Vietnam-Demonstration Ende 1969 dabei. Er war es, der den SPD-Stadtrat Erwin Beck fragte: »Was tust Du für uns Arbeiterkinder? Warum gibt es keinen Abenteuerspielplatz in der Fichtestraße?« Und der Genosse Beck antwortete: »Ich bin ein Schüler Bernfelds, und ihr Kinder sollt es gut haben.« Sie hatten es aber nicht gut. Peters Eltern waren geschieden. Er lebte in feuchter Wohnung bei seinem Vater. Der war oft in der Kneipe, auf Arbeit, nicht zu Hause. Peter ging dann auch wenig zur Schule. Eines Tages kam er nicht mehr in die Gruppe. Er war in ein Heim eingewiesen worden, in Westdeutschland. Wir protestierten beim Sozialamt, ohne Erfolg. Peter hatte tatsächlich ein politisches Bewußtsein. Er las mit 12 Jahren die Mao-Bibel. Wie er uns aus dem Heim schrieb, baute er dort eine rote Kindergruppe auf. Er schrieb auch: »Wenn ich rauskomme, stoße ich wieder zu den Roten Panthern. Ich werde nicht vergessen, daß ich ein Roter Panther bin.« Er kam mit 16 Jahren aus dem Heim. Da gab es die »Roten Panther« schon lange nicht mehr. Er mußte auch lächeln, als man ihn einmal auf diese Gruppe ansprach.

Heute verbreiten die Kinderläden noch den Geruch von Revolte und Kinderverführung. Es ist aber wohl so, wie es Ernst Bloch sieht. Auch hier liegt für die Zukunft einiges in der Vergangenheit begraben. Der Traum von der befreiten Kindheit.

Trau keinem über 130*

Merke: **Soziale Marktwirtschaft ist besser**

*Karl Marx (1818-1883) Begründer des Marxismus

Dies ist eine Anzeige des
ARBEITSKREISES SOZIALE MARKTWIRTSCHAFT
8 München 40, Tengstraße 45

ANZEIGE

Irgend etwas hat uns zur erfolgreichsten internationalen Fluglinie gemacht.
Was glauben Sie, sind es unsere günstigen Jugendtarife?

Verlaßt unser Land. Mit 25% Er- mäßigung.

Man kann gegen Euch sagen, was man will. Immerhin habt Ihr einiges erreicht.

Da man aber unzweifelhaft Dinge objektiver beurteilen kann, wenn man sie gesehen hat, andererseits junge Leute meistens finanziell nicht gut gestellt sind, geben wir allen zwischen 12 und 22 Jahren 25% Ermäßigung. Für alle Flüge in West-Europa, Amsterdam eingeschlossen.

Über alles Wissenswerte gibt unsere extra erstellte purpurrote Broschüre Auskunft (sie wird in neutralem Kuvert zugeschickt).

Aber auch in jedem IATA-Reisebüro weiß man darüber sehr gut Bescheid.

Bleibt noch die Antwort an jene Zaghaften, die auch das Zurückkommen in Betracht ziehen: Kommt. Auch der Rückflug ist 25% ermäßigt.

 **Lufthansa**

Flugscheine in jedem IATA-Reisebüro mit Lufthansa-Agentur.

„Fortschritt ja- Anarchie nein!"

Unsere Jugend ist kritisch und voller Unruhe. Das ist ihr gutes Recht. Damit müssen wir uns auseinandersetzen. Denn auch wir sind für den Fortschritt. Auch wir wollen Reformen.

Aber wer Reform sagt und Anarchie meint, der stößt auf unseren entschlossenen Widerstand. Wer zerstören will, was unser Volk in harter Arbeit geschaffen hat, der werden wir daran hindern. Für Krawall und Terror ist in Deutschland kein Platz. Unser Land muß in Ordnung bleiben. Unsere Demokratie, unser Rechtsstaat.

Bundeskanzler Kiesinger weiß, worauf es ankommt. Er und die CDU haben ein klares Programm.

Sicher in die 70er Jahre
CDU

Unruhen. Streiks. Revolution. Worum geht es dabei eigentlich?

IOS
INTERNATIONAL OVERSEAS SERVICES

Zeitschriftenanzeigen des »Arbeitskreises Soziale Marktwirtschaft«, der »Lufthansa«, der »CDU« und der Investmentfirma »IOS«

Ulrike Marie Meinhof
Offener Brief an Farah Diba

Guten Tag, Frau Pahlawi,

die Idee, Ihnen zu schreiben, kam uns bei der Lektüre der »Neuen Revue« vom 7. und 14. Mai, wo Sie Ihr Leben als Kaiserin beschreiben. Wir gewannen dabei den Eindruck, daß Sie, was Persien angeht, nur unzulänglich informiert sind. Infolgedessen informieren Sie auch die deutsche Öffentlichkeit falsch.

Sie erzählen da: »Der Sommer ist im Iran sehr heiß, und wie die meisten Perser reise auch ich mit meiner Familie an die persische Riviera am Kaspischen Meer.«

»Wie die meisten Perser« − ist das nicht übertrieben? In Balutschestan und Mehran z. B. leiden »die meisten Perser« − 80 Prozent − an erblicher Syphilis. Und die meisten Perser sind Bauern mit einem Jahreseinkommen von weniger als 100 Dollar. Und den meisten persischen Frauen stirbt jedes zweite Kind − 50 von 100 − vor Hunger, Armut und Krankheit. Und auch die Kinder, die in 14tägigem Tagewerk Teppiche knüpfen − fahren auch die − die meisten? − im Sommer an die Persische Riviera am Kaspischen Meer?

Als Sie in jenem Sommer 1959 aus Paris heimkehrend ans Kaspische Meer fuhren, waren Sie »richtig ausgehungert nach persischem Reis und insbesondere nach unseren natursüßen Früchten, nach unseren Süßigkeiten und all den Dingen, aus denen eine richtige persische Mahlzeit besteht, und die man eben nur im Iran bekommen kann«.

Sehen Sie, die meisten Perser sind nicht nach Süßigkeiten ausgehungert, sondern nach einem Stück Brot. Für die Bauern von Mehdiabad z. B. besteht eine »persische Mahlzeit« aus in Wasser geweichtem Stroh, und nur 150 km von Teheran entfernt haben die Bauern schon Widerstand gegen die Heuschreckenbekämpfung geleistet, weil Heuschrecken ihr Hauptnahrungsmittel sind. Auch von Pflanzenwurzeln und Dattelkernen kann man leben, nicht lange, nicht gut, aber ausgehungerte persische Bauern versuchen es − und sterben mit 30; das ist die durchschnittliche Lebenserwartung eines Persers. Aber Sie sind ja noch jung, erst 28 − da hätten Sie ja noch zwei schöne Jahre vor sich −, »die man eben nur im Iran bekommen kann«.

Auch die Stadt Teheran fanden Sie damals verändert: »Gebäude waren wie Pilze aus dem Boden geschossen; die Straßen waren breiter und geräumiger. Auch meine Freundinnen hatten sich verändert, waren schöner geworden, richtige junge Damen.«

Die Behausungen der »unteren Millionen« haben Sie dabei geflissentlich übersehen, jener 200000 Menschen, die im Süden Teherans »in unterirdischen Höhlen und überfüllten Lehmhütten leben, die Kaninchenställen gleichen«, wie die New York Times schreibt. Dafür sorgt die Polizei des Schah, daß Ihnen sowas nicht unter die Augen kommt. Als 1963 an die tausend Menschen in einer Baugrube in der Nähe der besseren Wohnviertel Unterschlupf gesucht hatten, prügelte eine Hundertschaft von Polizisten sie da heraus, damit das ästhetische Empfinden derer, die im Sommer ans Kaspische Meer fahren, nicht verletzt würde. Der Schah findet es durchaus erträglich, daß seine Untertanen in solchen Behausungen leben, unerträglich findet er lediglich ihren Anblick für sich und Sie etc. Dabei soll es den Städtern noch vergleichsweise gut gehen. »Ich kenne Kinder − heißt es in einem Reisebericht aus Südiran −, die sich jahrelang wie Würmer im Dreck wälzen und sich von Unkraut und faulen Fischen ernähren.« Wenn diese Kinder auch nicht die Ihren sind, worüber Sie mit Recht heilfroh sein werden − so sind es doch Kinder.

Sie schreiben: »In Kunst und Wissenschaft nimmt Deutschland − ebenso wie Frankreich, England, Italien

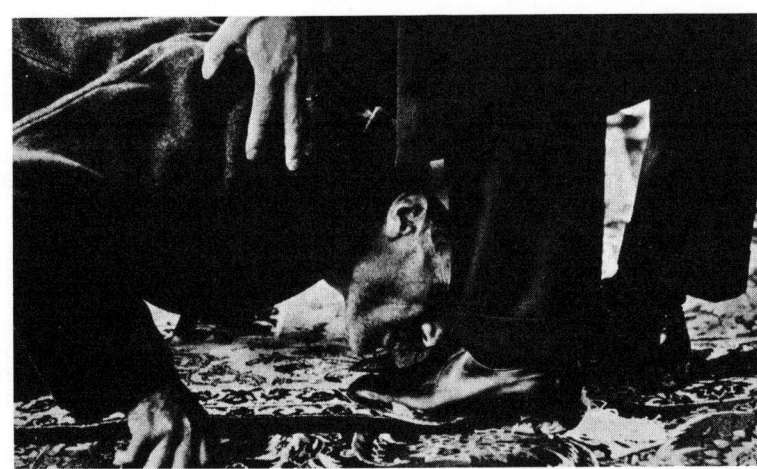

und die anderen großen Kulturvölker – eine führende Stellung ein, und das wird auch in Zukunft so bleiben.«

Das walte der Schah. Was die Bundesrepublik angeht, so sollten Sie solche Prognosen vielleicht lieber den deutschen Kulturpolitikern überlassen, die verstehen mehr davon. Aber warum nicht rundheraus gesagt, daß 85 Prozent der persischen Bevölkerung Analphabeten sind, von der Landbevölkerung sogar 96 Prozent oder: Von 15 Millionen persischen Bauern können nur 514480 lesen. Aber die 2 Milliarden Dollar Entwicklungshilfe, die Persien seit dem Putsch gegen Mossadegh 1953 bekommen hat, haben sich nach den Feststellungen amerikanischer Untersuchungsausschüsse »in Luft verwandelt«, die Schulen und Krankenhäuser, die davon u. a. gebaut werden sollten, bleiben unauffindbar. Aber der Schah schickt jetzt Wehrpflichtige auf die Dörfer, um die Armen zu unterrichten, eine »Armee des Wissens«, wie man sie selbstentlarvend nennt. Die Leute werden sich freuen, die Soldaten werden sie Hunger und Durst, Krankheit und Tod vergessen lassen. Sie kennen den Satz des Schahs, den Hubert Humphrey taktloserweise verbreitet hat: »Die Armee sei dank der US-Hilfe gut in Form, sie sei in der Lage, mit der Zivilbevölkerung fertig zu werden. Die Armee bereitet sich nicht darauf vor, gegen die Russen zu kämpfen, sie bereitet sich vor, gegen das iranische Volk zu kämpfen.«

Sie sagen, der Schah sei eine »einfache, hervorragende und gewissenhafte Persönlichkeit, einfach wie ein ganz normaler Bürger.«

Das klingt ein wenig euphemistisch, wenn man bedenkt, daß allein sein Monopol an Opium-Plantagen jährlich Millionen einbringt, daß er der Hauptlieferant der in die USA geschmuggelten Narkotika ist und daß noch 1953 das Rauschgift Heroin in Persien unbekannt war, indes durch kaiserliche Initiative heute 20 Prozent der Iraner heroinsüchtig sind. Leute, die solche Geschäfte machen, nennt man bei uns eigentlich nicht gewissenhaft, eher kriminell und sperrt sie ein, im Unterschied zu den »ganz normalen Bürgern«.

Sie schreiben: »Der einzige Unterschied ist, daß mein Mann nicht irgendwer ist, sondern daß er größere und schwerere Verantwortung als andere Männer tragen muß.«

Was heißt hier »muß«? Das persische Volk hat ihn doch nicht gebeten, in Persien zu regieren, sondern der amerikanische Geheimdienst – Sie wissen: der CIA – und hat sich das was kosten lassen. 19 Millionen Dollar soll allein der Sturz Mossadeghs den CIA gekostet haben. Über den Verbleib der Entwicklungshilfe können nur Mutmaßungen angestellt werden, denn mit dem bißchen Schmuck, den er Ihnen geschenkt hat – ein Diadem für 1,2 Millionen DM,

eine Brosche für 1,1 Millionen DM, Diamantohrringe für 210 000 DM, ein Brillantarmband, eine goldene Handtasche –, sind 2 Milliarden ja noch nicht durchgebracht. Aber seien Sie unbesorgt, das westliche Ausland wird nicht kleinlich sein, den Schah wegen ein paar Milliarden Unterschlagungen, Opiumhandel, Schmiergeldern für Geschäftsleute, Verwandtschaft und Geheimdienstler, dem bißchen Schmuck für Sie zu desavouieren. Ist er doch der Garant dafür, daß kein persisches Öl je wieder verstaatlicht wird, wie einst unter Mossadegh, nicht bevor die Quellen erschöpft sind, gegen Ende des Jahrhunderts, wenn die vom Schah unterzeichneten Verträge auslaufen. Ist er doch der Garant dafür, daß kein Dollar in Schulen fließt, die das persische Volk lehren könnten, seine Geschicke selbst in die Hand zu nehmen; sein Öl für den Aufbau einer Industrie zu verwenden und Devisen für landwirtschaftliche Maschinen auszugeben, um das Land zu bewässern, des Hungers Herr zu werden. Ist er doch der Garant dafür, daß rebellische Studenten und Schüler jederzeit zusammengeschossen werden und Parlamentsabgeordnete, die das Wohl des Landes im Auge haben, verhaftet, gefoltert, ermordet werden. Ist er doch der Garant dafür, daß eine 200000-Mann-Armee, 60000 Mann Geheimdienst und 33000 Mann Polizei, mit US-Geldern gut bewaffnet und wohl genährt und von 12000 amerikanischen Armee-Beratern angeleitet, das Land in Schach halten. Damit nie wieder passiert, was die einzige Rettung des Landes wäre: die Verstaatlichung des Öls, wie damals am 1. Mai 1951 durch Mossadegh. Man soll dem Ochsen, der drischt, nicht das Maul verbinden. Was sind die Millionen, die der Schah in St. Moritz verpraßt, auf Schweizer Banken überweist, gegen die Milliarden, die sein Öl der British Petroleum Oil Comp. (BP), der Standard Oil, der Caltex, der Royal Dutch Shell und weiteren englischen, amerikanischen und französischen Gesellschaften einbringt? Weiß Gott, es ist eine »größere und schwerere Verantwortung«, die der Schah für die Profite der westlichen Welt tragen muß, als andere Männer.

Aber vielleicht dachten Sie gar nicht an das leidige Geld, vielleicht mehr an die Bodenreform. 6 Millionen Dollar pro Jahr gibt der Schah dafür aus, durch Public-Relation-Büros in der Welt als Wohltäter bekanntgemacht zu werden. Tatsächlich waren vor der Bodenreform 85 Prozent der landwirtschaftlichen Nutzfläche in Großgrundbesitz, jetzt sind es nur noch 75 Prozent. Ein Viertel des Bodens gehört nun den Bauern, das sie zu einem Zinssatz von 10 Prozent im Laufe von 15 Jahren abbezahlen müssen. Nun ist der persische Bauer »frei«, nun bekommt er nicht mehr nur ein Fünftel, nein *zwei* Fünftel der Ernte für sich (eins für seine Arbeitskraft, eins für den Boden, der ihm gehört), die verbleibenden drei Fünftel bekommt auch in Zukunft der Großgrundbesitzer, der nur den Boden verkaufte, nicht aber die Bewässerungsanlagen, kein Saatgut, nicht das Zugvieh. So gelang es, die Bauern noch ärmer, noch tiefer verschuldet, noch abhängiger zu machen, noch hilfloser, gefügiger. Fürwahr, ein »intelligenter, geistvoller« Mann, der Schah, wie Sie sehr richtig bemerkten.

Sie schreiben über die Sorgen des Schahs um einen Thronfolger: »In diesem Punkt ist das iranische Grundgesetz sehr strikt. Der Schah von Persien muß einen Sohn haben, der eines Tages den Thron besteigt, in dessen Hände der Schah später die Geschicke des Iran legen kann... In diesem Punkt ist das Grundgesetz äußerst streng und unbeugsam.«

Merkwürdig, daß dem Schah ansonsten die Verfassung so gleichgültig ist, daß er z. B. – verfassungswidrig – die Zusammensetzung des Parlaments bestimmt und alle Abgeordneten vor ihrem Eintritt in das Parlament ein undatiertes Rücktrittsgesuch unterzeichnen müssen. Daß keine unzensierte Zeile in Persien veröffentlicht werden darf, daß nicht mehr als drei Studenten auf dem Universitätsgelände von Teheran zusammenstehen dürfen, daß Mossadeghs Justizminister die Augen ausgerissen wurden, daß Gerichtsprozesse unter Ausschluß der Öffentlichkeit stattfinden, daß die Folter zum Alltag der persischen Justiz gehört. Ist in diesen Dingen vielleicht das »Grundgesetz« doch nicht so strikt und unbeugsam? Der Anschauung halber ein Beispiel für Folter in Persien:

»Um Mitternacht des 19. Dezember 1963 begann der Untersuchungsrichter mit seiner Vernehmung. Zunächst befragte er mich und schrieb meine Antworten nieder. Später fragte er dann nach Dingen, die mich entweder nichts angingen oder von denen ich nichts wußte. Ich konnte also nur antworten, daß ich nichts wisse. Der Untersuchungsrichter schlug mir ins Gesicht und dann mit einem Gummiknüppel zunächst auf die rechte, dann auf die linke Hand. Er verletzte beide Hände. Mit jeder Frage schlug er erneut zu. Dann zwang er mich, nackt auf einer heißen Kochplatte zu sitzen. Schließlich nahm er die Kochplatte in die Hand und hielt sie an meinen Körper, bis ich bewußtlos wurde. Als ich wieder zu mir kam, stellte er erneut seine Fragen. Er holte eine Flasche mit Säure aus einem anderen Zimmer, schüttete den Inhalt in ein Meßglas und tunkte den Knüppel ins Gefäß...«

Sie wundern sich, daß der Präsident der Bundesrepublik Sie und Ihren Mann, in Kenntnis all diesen Grauens, hierher eingeladen hat? Wir nicht. Fragen Sie ihn doch einmal nach seinen Kenntnissen auf dem Gebiet von KZ-Anlagen und Bauten. Er ist ein Fachmann auf diesem Gebiet.

Sie möchten mehr über Persien wissen? In Hamburg ist kürzlich ein Buch erschienen, von einem Landsmann von Ihnen, der sich wie Sie für deutsche Wissenschaft und Kultur interessiert, wie Sie Kant, Hegel, die Brüder Grimm und die Brüder Mann gelesen hat: Bahman Nirumand: »Persien, Modell eines Entwicklungslandes oder die Diktatur der Freien Welt«, mit einem Nachwort von Hans Magnus Enzensberger – rororo-aktuell Band 945, März 1967. Ihm sind die Fakten und Zitate entnommen, mit denen wir Sie oberflächlich bekanntgemacht haben. Ich weiß nicht, ob es Menschen gibt, die nach der Lektüre dieses Buches noch nachts gut schlafen können, ohne sich zu schämen.

Wir wollten Sie nicht beleidigen. Wir wünschen aber auch nicht, daß die deutsche Öffentlichkeit durch Beiträge, wie Ihren in der »Neuen Revue«, beleidigt wird.

Hochachtungsvoll
Ulrike Marie Meinhof

Jürgen Henschel

Der 2. Juni – Das Ohnesorg-Foto

Am Vorabend des Schah-Besuchs fand im überfüllten Audimax der FU eine große Kundgebung statt. Besonders iranische Studenten und andere vom Schah ins Exil Getriebene halfen, politische Auseinandersetzungen über die inneren Verhältnisse im Iran voranzubringen. Damals konnte ja kaum einer ahnen, daß die Tage des Schahs schon gezählt waren.

Der 2. Juni begann mit einem »großen Empfang« für den »Gast des Senats« vor dem Schöneberger Rathaus. Sicher, in den sechziger Jahren nannten wir andere Zahlen, wenn wir stolz auf das Erreichte waren; an Teilnehmerzahlen wie bei späteren Friedensdemonstrationen war noch nicht zu denken! Immer lauter wurden auf dem John-F.-Kennedy-Platz, der bis an die Bürgersteige abgesperrt war, die Rufe »Nieder mit dem Schah«. Die Stimmung wurde ständig lebhafter, Polizei – damals noch nicht in den kriegerischen Monturen wie heute – und Demonstranten standen sich gegenüber. Da geschah etwas, was wir alle noch nie erlebt hatten: Plötzlich wurden drei Autobusse durch die polizeiliche Absperrung gelassen, und heraus sprangen etwa 100 junge Männer, die später berühmt-berüchtigt gewordenen »Jubelperser«. Sie stürmten auf die Rathaustreppe, um dort mit ihren Schildern Spalier für ihren Herrn zu bilden. Eines der Transparente werde ich nicht vergessen: »Es lebe weiße Revolution von Schah«! Empörung machte sich Luft bei den Demonstranten, die zum Teil auch übergriff auf die Schaulustigen, die sich eingefunden hatten.

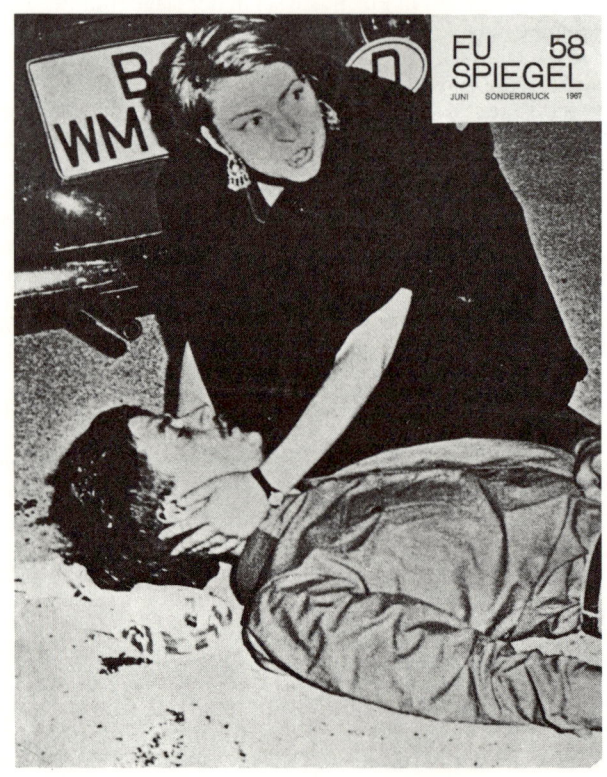

Die Empörung erreichte ihren Höhepunkt, als die Jubelperser plötzlich mit den Leisten ihrer Schilder selbst die Polizeigewalt in Westberlin übernahmen und auf die Menschen – jung und alt – hinter der Absperrung losgingen und einschlugen. Unsere Ordnungshüter griffen jetzt auch ein; besonders die berittenen Beamten mit ihren langen Ruten schlugen nun selbst auf die Demonstranten ein, anstatt die SAWAK-Leute bei ihren Übergriffen zu bremsen. Ein ohrenbetäubendes Pfeifkonzert »begrüßte« den Senatsgast. Ähnlich wie am Rathaus wurde der Schah an allen Orten seiner Stipvisite »empfangen«.

Zu den härtesten Auseinandersetzungen kam es dann am Abend anläßlich eines geplanten Opernbesuches. Tausende säumten den Kaiserdamm, obwohl die Riesenfläche vor der Deutschen Oper abgeriegelt war. Das Vorspiel begann damit, daß Journalisten den ersten Ärger mit der Polizei bekamen, als sie am Filmen und Fotografieren gehindert wurden. Plötzlich bekam die Polizei den Befehl, die Straße vor der Oper »freizumachen«. Brutal gingen die Beamten vor. Das Foto von der aus einer Kopfwunde blutenden Frau stammt aus dieser Situation. Die Demonstranten, vermischt mit Schaulustigen, wurden gewaltsam in die Nebenstraßen, vor allem in die Krumme Straße, gedrängt. Die Wut der Demonstranten über die Brutalität der Polizei wuchs ständig – die Polizisten wurden angeheizt mit Mund-zu-Mund-Propaganda, einer ihrer Kollegen sei getötet und andere seien verletzt worden. (Die Polizei war aber auch damals schon mit Funk ausgerüstet und hätte sich selbst vom Wahrheitsgehalt solcher Parolen überzeugen können!)

Etwa zur Zeit, als Benno Ohnesorg sterben mußte, war ich Zeuge, wie ein Polizeioffizier seine »lahmen Ärsche« beschimpfte, weil sie nicht forsch genug den Bürgersteig und die Hauseingänge räumten! Ich gebe das alles so ausführlich wieder, weil es zeigt, in welcher hochgeputschten Situation wir uns alle befanden.

Wir Journalisten machten unsere Arbeit, angesteckt von der allgemeinen Stimmung. Ich pendelte hinter, vor und zwischen den Polizeilinien. So kam ich auch in den Garagenhof, wo ein kopfverletzter Jugendlicher gerade von einer jungen Frau, die offenbar nicht zu den Demonstranten gehörte, versorgt wurde. Ich wechselte mit der Frau einige Worte, machte eine Aufnahme, auch noch, als der Jugendliche auf einer Trage in ein Sanitätsauto gebracht wurde. Spät in der Nacht erst endeten die Auseinandersetzungen.

Am nächsten Morgen teilte der Rundfunk mit, daß ein Jugendlicher bei dem Polizeieinsatz »zum Schutz der Öffentlichen Ordnung« ums Leben gekommen war. Am späten Vormittag dann kam der »Abend« mit einem Foto des erschossenen Benno Ohnesorg heraus. Als ich das Bild sah, erinnerte ich mich blitzartig des Erlebten in dem Garagenhof, beeilte mich, nach Hause zu kommen, um die Filme zu entwickeln.

Hier muß angemerkt werden, daß ich zu der Zeit noch in meiner Wohnung, auf der verdunkelten Toilette, meine Laborarbeit machte. Als ich mir die Filme ansah, die entsprechenden Fotos abgezogen und mit dem Foto im »Abend« verglichen hatte, war klar, es war der von Kurras Erschossene!

Im »Republikanischen Club« war am Samstagabend (der 2. Juni war ein Freitag) eine Journalistenzusammenkunft. Ich hatte einige Abzüge mitgebracht, und so erschien wenige Tage später das Foto ganzseitig im »FU-Spiegel«.

Es fanden danach im Zusammenhang mit dem Tod Bennos viele Veranstaltungen statt, Krumme Straße, Studentenheim Siegmundshof und an der FU, dann Demonstration und Beisetzung in Hannover, Demonstrationen auch in den folgenden Jahren am 2. Juni.

Den fotografisch Interessierten darf ich vielleicht abschließend noch sagen, daß das bekannt gewordene Ohnesorg-Foto ein Ausschnitt ist, der so die damals herrschende Stimmung und Empörung, wie ich meine, am besten wiedergibt; auf dem Foto selbst ist Benno ganz zu sehen.

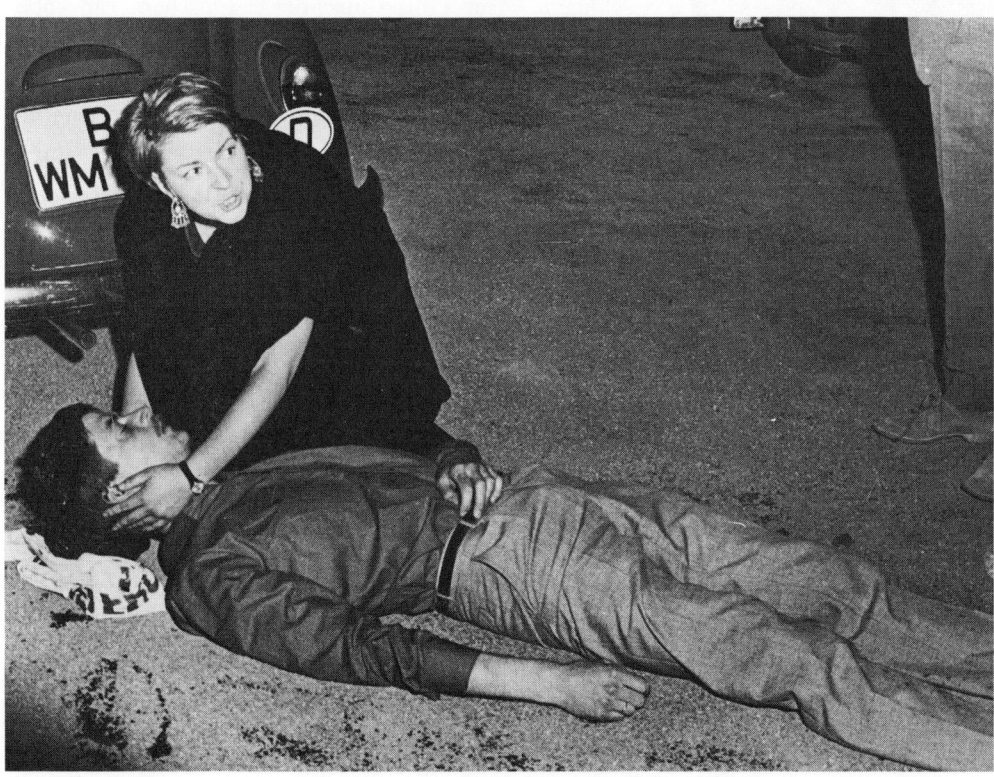

Heinrich Albertz
Erinnerungen an den 2. Juni

Warum bin ich zurückgetreten? Der 2. Juni blieb natürlich das entscheidende Datum – der Tag des Zornes Gottes über meinem Haupt. Zunächst erschien der Staatsbesuch des Schahs von Persien – eine lästige Pflicht wie viele andere. Wir hatten viel Aufwand dieser Art hinter uns – Besuche, die von großer Zustimmung getragen waren – John F. Kennedy an der Spitze –, Besuche, die eher für das Auge als für das Herz geschaffen waren – die Königin von England –, viele exotische Gäste. Der Schah war eine Mischung von allem.

Die Bundesregierung hatte Berlin auf sein Programm gesetzt. Man glaubte ja auf diese Weise die Bindung zwischen Westberlin und dem Bund demonstrieren zu können. Als ob dies den Schah auch nur von weitem interessierte! Ich widersprach zunächst nicht. Sollte er kommen, wir hatten schon Schlimmeres überstanden. Die Studenten kündigten Demonstrationen an. Sie hielten Seminare ab in der FU über die Gewaltherrschaft des Schahs, über die Verbrechen von SAWAK. Sollten sie. Ich konnte mir nicht aussuchen, wen Bonn nach Berlin schickte. Wen hatten wir alles empfangen – vor allem aus Lateinamerika! Erst als auf der Reise des Schahs durch Westdeutschland die ersten schweren Zusammenstöße zwischen Demonstranten und Polizei gemeldet wurden, versuchte ich, den Besucher noch im letzten Moment loszuwerden. Es war zu spät. Auch der Bundespräsident war eigens nach Berlin gekommen, um dem Staatsgast hier noch einmal zu begegnen. Es wäre eine schwere Belastung für die Beziehungen zwischen der Bundesrepublik und dem Iran, würde das Programm geändert. Und: Sollten die Studenten bestimmen, wer Berlin besuchen darf und wer nicht? So auch ich.

So kam er an mit seiner Frau. Unsympathisch und steif, in einer stelzernen Würde, ohne eine erkennbare menschliche Regung. Die Straßen waren fast leer, als wir vom Flugplatz zum Rathaus fuhren. Erst dort waren junge Leute versammelt und – zu meinem Entsetzen nach Berlin eingeflogene – Schlägertruppen, die, während der Schah und ich in meinem Amtszimmer ein erstes Gespräch führten, mit Dreschflegeln und Stangen auf die Studenten einschlugen – die Polizei machtlos dazwischen. Ein unbeschreiblicher Lärm drang durch die Fenster. Ich war mit dem Gast beschäftigt, ohne genau zu erkennen, was sich dort unten abspielte. Ich habe bis heute nicht klären können, wer die Mitverantwortung für diese Gewalttaten trug. Natürlich SAWAK. Aber sie mußte Sonderflugzeuge gebucht haben. Wußte das Auswärtige Amt davon? Der Bundesnachrichtendienst? Jedenfalls hatte diese erste Konfrontation die Empörung der Studenten aufs äußerste gereizt. Für den Abend war Schlimmes zu erwarten. Die Polizei versicherte mir, Vorfälle wie am Mittag würden sich nicht wiederholen. Gegen 18 Uhr erwartete ich die Gäste zu einem Empfang im Charlottenburger Schloß. Dort war alles ruhig. Erst als wir vom Schloß kommend in die Bismarckstraße einbogen – die Kolonne der Wagen, auch der des Bundespräsidenten –, sahen wir, was bevorstand. Die Straße schwarz von Tausenden von Menschen, die Absperrungen durchbrochen. Wir mußten auf den Bürgersteig auffahren und direkt vor dem Eingang der Oper halten. Ein infernalisches Geschrei. Eier, Farbbeutel flogen, wohl auch ein paar Steine. Nur mit Mühe kamen wir durch die Tür – der Schah, der Bundespräsident, ich – mit den Frauen (die meine blieb noch zurück und mußte erst nach nochmaligem Öffnen der Tür hereingeholt werden) –, eine groteske Szene. Ich sagte zu dem ersten Polizeioffizier, dem ich hinter der Tür begegnete: »Ich hoffe, daß sich bei der Abfahrt dieses Schauspiel nicht wiederholt.« Vielleicht hat dieser Satz alles weitere ausgelöst. Ich hatte der Polizei keine unmittelbaren Weisungen zu geben,

Heinrich Albertz, Farah Diba, der Schah, Wilhelmine und Heinrich Lübke in der Deutschen Oper Berlin

Der Schah und Farah Diba beim Tee-Empfang des Bundespräsidenten im Schloß Bellevue in Berlin

schon gar nicht für die Form ihres Einsatzes. Das konnte nicht einmal der Innensenator, politisch für die Polizei verantwortlich. Aber der Polizeipräsident gab dann seine Befehle – die er später geschmackvoll als Weisung zur Bildung der »Leberwurst« bezeichnete. Die Demonstranten wurden von zwei Seiten zusammengedrückt und mit dem Knüppel auseinandergedroschen. In dieser Konfrontation fiel dann der unsägliche Schuß. Der Polizeimeister Kurras hatte den Studenten Ohnesorg getötet.

Das Gerücht, ein Student sei erschossen, dann: ein Polizist sei erschossen, drang in die Oper. Eine verläßliche Meldung lag nicht vor. Ich saß steinern neben der steinernen Farah Diba. Ich habe nie in meinem Leben so wenig von einer Oper gesehen und gehört. Ich glaube, es war Mozart. Als wir das Haus verließen, war die Straße leer von Demonstranten. Ich begleitete den Bundespräsidenten und den Schah zu ihren Wagen. Der meine stand auf dem Mittelstreifen, von Polizei geschützt. Ich fuhr nach Hause. Ja, ich fuhr nach Hause. Warum fuhr ich nach Hause? Warum nicht ins Polizeipräsidium – warum von dort nicht ins Krankenhaus zu dem toten Studenten? Äußerlich war alles klar: Ich war nicht Innensenator, ich wußte noch nicht einmal verläßlich, ob ein Mensch und wer erschossen sei. Ich mußte meine Frau heil nach Hause bringen. Ich war todmüde, angeekelt von allem, was geschehen

war. Aber ich werde die Schuld für dieses persönliche Versagen tragen müssen, bis ich vor meinem ewigen Richter stehe.

Ich versuchte, den Polizeipräsidenten oder den Innensenator zu erreichen. Ehe sie sich meldeten, kam die Nachricht vom Tode Benno Ohnesorgs schon über die Mitternachtsnachrichten des Rundfunks. Der Pressechef des Senats las mir eine von ihm formulierte Erklärung vor: Ich stünde voll hinter der Polizei. Ich stimmte zu. Im Gespräch mit der Polizeiführung tauchte das erste Mal die Version von einem Querschläger auf, der den Studenten getroffen habe. Ich mußte mit einem Menschen reden. Ich rief den Senator für Wissenschaft und Kunst, Werner Stein, an. Wir sprachen lange miteinander – ratlos, was ist mit den Studenten? So ratlos wie heute die Regierenden. Am nächsten Morgen mußte ich den Schah zum Flugplatz bringen. Ich fragte ihn, ob er von dem Toten gehört habe. Ja, das solle mich nicht beeindrucken, das geschehe im Iran jeden Tag. Seine Gegner seien Söhne von reichen Leuten, die er enteignet habe.

Ich fuhr ins Rathaus. Der Polizeipräsident erwartete mich. Er wiederholte die Geschichte vom Querschläger. Er mußte wissen, daß er log.

Ich denke weiter über den 2. Juni nach. Nicht über die Motive der Studenten und die Geschichte der APO. Darüber ist so viel geschrieben und geredet worden, auch von den unmittelbar Beteiligten, die nun fast alle in bürgerlicher Sicherheit leben, daß man es nicht mehr hören kann. Sondern über die eigenen Reaktionen, Fehlentscheidungen, Zwänge – wenn es solche gab. Im Abstand von vierzehn Jahren verkürzen sich die Abläufe auf merkwürdige Weise. Was zwischen dem 2. Juni und dem Tag meines Rücktritts geschah, erscheint mit heute wie eine Jagd durch eine heiße Wüste. Von »Mahlströmen der Geschichte« hat Dietrich Stobbe in seiner Rede bei der Heinemann-Bürgerpreis-Feier gesprochen. Vielleicht ein bißchen hoch gegriffen. Aber was uns die Studenten um die Ohren schlugen – die Preisgabe aller Werte des vielberedeten freien Westens in Vietnam und die tatsächliche Situation in Westberlin, die ja nur in einem Brennspiegel die Wirklichkeit in unserem Teil Deutschlands darstellte – es waren schon zwei Ströme, die sich auffraßen und den, der dazwischen stand, dazu. Ich werde die Frage eines amerikanischen Generals am 4. Juni nie vergessen: »Sollen wir hier Ordnung schaffen?« »Stadtweite Unruhen«, das war genau das Stichwort, auf das bestimmte Einsatzpläne der Polizei eingerichtet waren – Unruhen freilich, die von Ostberlin angezettelt werden könnten. Und die Öffentliche Meinung glaubte ja an die Steuerung der Demonstrationen von jenseits der Mauer her. Diese Automatik mußte um fast jeden Preis verhindert werden. Gott sei Dank waren die maßgeblichen Amerikaner in Berlin durch ihre Erfahrungen in Berkeley und anderswo besonnen und im ganzen gelassen. Aber während ich durch die Stadt fuhr – ohne jeden persönlichen Schutz übrigens – und auf den Windschutzscheiben vieler Autos den Aufkleber: »Albertz – Mörder« las, lag hier die größte Sorge. Die beginnende Erkenntnis über das, was die Studenten wirklich bewegte, und meine Konsequenzen aus dieser Erkenntnis ins Gleichgewicht mit den vitalen Interessen Westberlins zu bringen – die den Studenten völlig gleichgültig waren, diese Unsicherheit – ohne ihre Wurzeln überhaupt zu spüren – benutzten die Frondeure in der Partei – rücksichtslos und für ihre eigenen Interessen.

Zu den beiden oberen Bildern: Nach Ankunft des Schahs gehen die kaisertreuen Perser zum Angriff auf Demonstranten und Zuschauer über. Am Boden liegend Walter Siepmann, CDU-Mitglied und Mitglied des Rates der Stadt Schwelm. Er gab zu Protokoll:
»Am 1. Juni kam ich zu einem 8-tägigen Besuch nach Berlin. Am 2. Juni ging ich zum Schöneberger Rathaus, um den Schah von Persien zu sehen. Ich stand unmittelbar hinter der Absperrung und war zunächst erstaunt, daß kurz vor der Ankunft des Gastes zwei Autobusse vor dem Rathaus vorfuhren, denen Demonstranten mit schahfreundlichen Plakaten und Fähnchen entstiegen. Auf die Sprechchöre junger Berliner antworteten diese Leute vor der Absperrung mit Hochrufen auf den Schah.
Plötzlich sah ich zu meinem Schrecken, daß einer der Schahanhänger mit einem Totschläger (Stahlspirale mit Bleikugel) auf einen jungen Mann eindrang, der neben mir stand und lediglich gerufen hat. Ich stellte mich vor den Bedrohten (vermutlich ein oppositioneller Perser) und rief dem Angreifer zu: Tun Sie das Ding weg, hier wird nicht geschlagen!
Daraufhin kamen noch weitere Schläger, die mit Holzlatten auf uns losschlagen wollten. Ich wäre verletzt worden, wenn nicht andere Zuschauer mich zu meinem Schutze zu Boden gerissen hätten. Ich sah, daß es zu diesem Zeitpunkt an mehreren Stellen vor der Barriere zu tätlichen Ausschreitungen seitens der Schahanhänger kam. Die Angreifer schlugen so heftig zu, daß ihre Latten teilweise auf der Barriere zersplitterten. Sie versuchten sogar, einen jungen Mann über die Absperrung zu zerren (vermutlich ein Student, roter Pullover), was ihnen nicht gelang, da wir ihn zu mehreren festhielten.
Zu meinem Erstaunen schaute die Polizei, die hinter uns Aufstellung genommen hatte, diesen Angriffen gegen Unbewaffnete minutenlang tatenlos zu.
Ich erkläre, daß keiner der neben mir stehenden jungen Männer jemanden bedroht hat. Als Stadtverordneter einer westdeutschen Stadt bin ich dringend daran interessiert, daß Übergriffe von seiten der Polizei im freien Teil Deutschlands nicht verschleiert werden.«

Irene Lusk
Che lebt

Oktober 1967: Das Audimax der freien Universität Berlin ist total überfüllt – eines der zahlreichen Teach-in's in den Monaten seit dem Tod Benno Ohnesorgs bei der Anti-Schah-Demonstration findet statt. Ich gehöre zu denen, die durch die tödlichen Schüsse politisiert werden und für die die angeblich heile Welt in Westberlin zusammenfällt. Also besuche ich fleißig Teach-in's, um mir ein Bild zu machen, was in der Welt nun eigentlich wirklich los ist. Auf dem obengenannten Treffen im Audimax tritt plötzlich eine junge Frau an das Rednerpult und gibt unter Tränen die Ermordung Che Guevaras bekannt. Empörung, Trauer und Wut der Teilnehmer sind groß. Ich selbst komme mir ziemlich blöd vor, weil ich den Eindruck habe, ich sei die einzige, die Che Guevara nicht kennt. In der nächsten Zeit finden die Poster von Che mit der kleidsamen Baskenmütze, auf der über der Stirn ein roter Stern befestigt ist, reißenden Absatz, ebenso der von der Oberbaumpresse herausgegebene Brief von Che Guevara »Schaffen wir zwei, drei, viele Vietnam«. Die kleine hellgrüne Broschüre erhält eilig den Stempelaufdruck »Che lebt«. Che wird für die außerparlamentarische Opposition zum revolutionären Vorbild, Kuba ist bereits ein Faszinosum für die Bewegung.

Fidel Castro über Che Guevara: »Che war ein Mensch, den alle sofort liebten – wegen seiner Einfachheit, wegen seines Charakters, wegen seiner Natürlichkeit, wegen seiner Kameradschaftlichkeit, wegen seines Stils, wegen seiner Originalität – auch wenn sie die anderen besonderen Tugenden, die ihn auszeichneten, noch nicht kennengelernt hatten. (...) Und so begann er eines Tages gegen Ende November 1956 zusammen mit uns den Marsch auf Cuba. Ich erinnere mich daran, daß diese Überfahrt für ihn besonders hart war, da er bei den Umständen, unter denen die Abfahrt vorbereitet werden mußte, sich nicht einmal die Medikamente besorgen konnte, die er nötig brauchte. Während der ganzen Überfahrt litt er unter einem starken Asthmaanfall – ohne die geringste Erleichterung, aber auch ohne die geringste Klage. (...) Es war einer seiner wesentlichen Charakterzüge, sich ohne Umschweife zur Verfügung zu stellen, ohne zu zögern sich zur Durchführung der gefährlichsten Aufgaben zu melden.«

Der Argentinier und Arzt Ernesto Che Guevara und Fidel Castro lernen sich 1955 in Mexiko kennen. Nach dem Ende des Befreiungskampfes auf Kuba wird Che Wirtschaftsminister und Botschafter Kubas. Im Juni 1959 verläßt Che Havanna, um nach Europa, Asien und Afrika zu reisen und Kontakte zu den »blockfreien Staaten« herzustellen. Im September nach Kuba zurückgekehrt, übernimmt er die Wirtschaftsabteilung für Agrarreform und wird außerdem von Fidel Castro zum Präsidenten der Nationalbank ernannt. Der Revolutionär, der das Geld verachtet, verwaltet jetzt die kubanischen Staatsfinanzen und erfährt, daß Kuba seine Goldreserven und Dollars in Fort Knox deponiert. Che läßt sofort die Goldreserven in Devisen umwandeln und auf kanadische und schweizer Banken übertragen: So entgehen diese Werte der späteren Beschlagnahme kubanischen Eigentums in den USA.

Im März 1965 ist Che aus der Öffentlichkeit Kubas verschwunden. Dem vorausgegangen sind Differenzen zwischen Che, den »orthodoxen« Kommunisten und auch Fidel Castro. Che setzt sich vehement dafür ein, daß alle gesellschaftlichen und wirtschaftlichen Entscheidungen in Kuba so getroffen werden, daß sie sofort das Werden des neuen Menschen fördern, das heißt zum Beispiel, daß einzig aus sozialer Verantwortung gearbeitet werden soll und nicht aus materiellem Anreiz. Zum anderen wendet er sich gegen eine zu enge Bindung Kubas an die Sowjetunion und China und tritt leidenschaftlich für eine Ausweitung des

Che liest Goethe im Schweinestall

Befreiungskampfes in ganz Südamerika ein.

Fidel Castro wiederum will das kubanische Experiment durch politische Diplomatie, durch eine Anlehnung mal mehr an die Sowjetunion, mal mehr an China sichern. Und ein Export der kubanischen Revolution nach Südamerika widerspricht der sowjetischen Politik, deren Ziel die »Friedliche Koexistenz« zwischen der Sowjetunion und den USA ist.

Im Oktober 1965 verliest Fidel Castro – durch öffentlichen Druck dazu veranlaßt – einen Brief Che Guevaras: »Ich verzichte hiermit formell auf meine Position in der Parteiführung, auf meine Stelle als Minister, auf meinen Rang als Kommandant und auf meine kubanische Staatsbürgerschaft. Kein Gesetz bindet mich mehr an Kuba. Die einzige Bindung ist anderer Art, sie kann nicht zerrissen werden wie Bindungen kraft Gesetzes...

Andere Völker der Welt verlangen nach meinen bescheidenen Bemühungen. Ich kann das tun, was Dir (Fidel) verwehrt ist, weil Du als Führer der Revolution in Kuba die Verantwortung trägst. So ist denn die Zeit gekommen, da wir uns trennen müssen. Ich sage noch einmal ausdrücklich, daß ich Kuba von jeder Verantwortung freispreche, außer von der, die sich aus meinem Beispiel ergibt...« (zit. nach Frederik Hetmann, Ich habe sieben Leben – Die Geschichte des Ernesto Guevara, genannt Che, Reinbek 1977)

Che ist seit März 1965 in Bolivien und organisiert den Guerillakampf gegen den Neokolonialismus, die neue Sklaverei, gegen die Industrienationen, die die Rohstoffquellen der Dritten Welt kontrollieren und ausbeuten und die Weltmarktpreise diktieren.

Che Guevara: »Die cubanische Revolution hat Lateinamerika dreierlei gezeigt. Erstens, Guerilla-Kämpfe können ein reguläres Heer besiegen. Zweitens, man braucht nicht abzuwarten, bis alle Vorbedingungen für eine Revolution gegeben sind: der Anfang der Revolution kann sie schaffen. Drittens, im unterentwickelten Amerika muß der Kampf seine Schwerpunkte auf dem Land haben.« (Der Partisanenkrieg, Köln-München 1966)

Che Guevara, »An die Bergarbeiter Boliviens«: »Laßt uns aus der Erfahrung lernen! Bloße Körper sind machtlos gegen Maschinengewehre und Barrikaden, wie stark sie auch sein mögen, sind machtlos gegen die modernen Methoden der Zerstörung. Der Kampf der Massen in den unterentwickelten Ländern mit großer Bauernbevölkerung und weiten Gebieten muß von einer kleinen beweglichen Avantgarde, den Guerilleros, geführt werden – fest verankert im Volk. Diese Organisation wird auf Kosten der feindlichen Armee wachsen und als Katalysator der revolutionären Begeisterung der Massen dienen, bis eine revolutionäre Situation geschaffen worden ist, in der die Staatsgewalt unter einem einzigen wirkungsvollen Schlag – im richtigen Augenblick versetzt – zerbrechen wird.«

Im September 1967 sind von den Guerilleros unter dem

120

Kommando Che Guevaras nur noch siebzehn übrig geblieben. Der bolivianische Präsident verspricht 50 000 Pesos Kopfgeld für einen toten oder lebendigen Che. 1000 bis 1500 Soldaten der US-hörigen bolivianischen Armee sind im Einsatz, um der letzten Guerilleros habhaft zu werden. Am 8. Oktober gelingt es ihnen, Che festzunehmen, wenig später wird er heimtückisch ermordet. Sein Schicksal ist ein tragisches Beispiel dafür, daß sich seine Guerillatheorie nicht auf jedes unterentwickelte Land in Südamerika anwenden läßt.

Che's »Schaffen wir zwei, drei, viele Vietnam« wird von der Studentenbewegung begeistert aufgegriffen, wird Anlaß zum Lernprozeß und steht − ebenso wie »Che lebt« − an vielen Wänden geschrieben. Ohne Kenntnis der Hintergründe wird die Parole zunächst nicht selten als Kriegsverherrlichung gesehen. Gemeint ist jedoch die objektive Möglichkeit eines zweiten, dritten... Vietnam in Lateinamerika, Asien oder Afrika: die Vervielfältigung des Mutes, der Ausdauer und revolutionären Menschlichkeit des vietnamesischen Befreiungskampfes. Der Sieg des vietnamesischen Volkes beweist, daß ein Volk − und sei es noch so klein − einen erfolgreichen Kampf auch gegen die größte imperialistische Weltmacht führen kann. Mit den zwei, drei, vielen Vietnam rückt für die Studentenbewegung die Möglichkeit einer Weltrevolution in traumhafte Nähe.

Die Rede Fidel Castros nach der Ermordung Ches − gehalten vor über 300 000 Menschen in Havanna − erscheint als Voltaire-Flugschrift 16 und in der Zeitung 883; Che Guevaras »Bolivianisches Tagebuch« wird 1968 herausgegeben, ebenso »Der Mensch und der Sozialismus in Cuba«.

Che Guevara in »Der Mensch und der Sozialismus in Cuba«:

»In dieser Periode des Aufbaus des Sozialismus können wir miterleben, wie der neue Mensch entsteht. Sein Bild ist noch nicht vollendet; es könnte es auch nie sein, weil der Prozeß zur Entwicklung neuer ökonomischer Formen parallel läuft. Abgesehen von denen, die mangelnde Erziehung auf den Weg des Einzelgängers treibt, zur selbst-süchtigen Befriedigung ihrer Ambitionen, gibt es auch noch andere, die in diesem neuen Rahmen gemeinsamen Voranschreitens dazu neigen, isoliert von der Masse zu gehen, die sie begleiten. Entscheidend ist, daß die Menschen mit jedem Tag mehr Bewußtsein von der Notwendigkeit ihrer Eingliederung in die Gesellschaft und zugleich von ihrer eigenen Bedeutung als deren Triebkräfte erlangen.

Sie gehen nicht mehr völlig allein auf Irrwegen fernen Sehnsüchten entgegen. Sie folgen ihrer Avantgarde, die aus der Partei besteht, aus den fortschrittlichen Arbeitern, aus den fortschrittlichen Menschen, die den Massen verbunden sind und in enger Gemeinschaft mit ihnen vorwärtsgehen. Die Avantgarden haben ihren Blick auf die Zukunft gerichtet und auf ihre Belohnung, doch diese wird nicht als etwas Individuelles erhofft; der Preis ist die neue Gesellschaft, in der die Menschen andere Züge haben werden: die Gesellschaft des kommunistischen Menschen.«

Fidel Castro über Che Guevara: »Che hat den Ideen des Marxismus-Leninismus einen frischeren, reineren, revolutionäreren Ausdruck verliehen. Kein Mensch hat in dieser Zeit den Geist des proletarischen Internationalismus auf ein höheres Niveau gebracht als er.« (...)

»Als Che fiel, verteidigte er keine anderen Interessen, verteidigte er keine andre Sache als die Sache der Ausgebeuteten und der Unterdrückten dieses Kontinents. Das niedrigste ist, daß sie darüber hinaus erklären, warum sie es getan haben, indem sie anführen, daß ein Prozeß, in dem sie über Che hätten Gericht halten müssen, schrecklich gewesen wäre, indem sie anführen, daß es umöglich gewesen wäre, einen solchen Revolutionär auf die Anklagebank zu setzen.

Und nicht nur das, sie haben ferner nicht gezögert, seine sterblichen Überreste verschwinden zu lassen. Ob es nun wahr oder gelogen ist, wichtig ist, daß sie bekanntgegeben haben, sie hätten seinen Leichnam verbrannt, womit sie begonnen haben, ihre Angst zu zeigen, daß sie nicht fest davon überzeugt sind, daß sie, indem sie das körperliche Leben des Kämpfers vernichteten, auch seine Ideen und sein Beispiel vernichtet haben.«

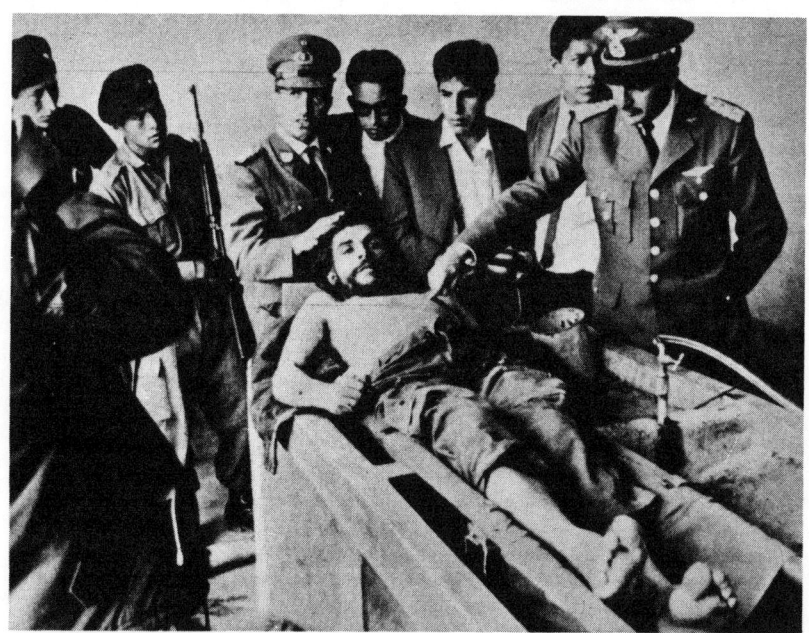

Wie eine Jagdtrophäe wurde Guevaras Leichnam ausgestellt. Ein Offizier weist auf die tödliche Herzwunde. Aber sie stammt nicht aus dem Kampf. Che wurde heimtückisch ermordet.

Stokeley Carmichael
Black Power!

Rede auf der ersten
lateinamerikanischen
Solidaritätskonferenz (OLAS)
in Havanna, August 1967

Stokeley Carmichael, 1967 26 Jahre alt, einer der Führer der Black-Power-Bewegung

Noch vor kurzer Zeit glaubten die meisten Afro-Amerikaner, daß man die bestehende Unterdrückung am besten bekämpfen könnte, wenn man sich in die Gesellschaft integriert. Wenn wir die Bequemlichkeiten der amerikanischen Gesellschaft (Hotels, Motels, Restaurants und was weiß ich sonst noch) frei benützen dürften, dann wäre unsere Lage besser. Diese Haltung charakterisierte die Bürgerrechtsbewegung, und sie beweist die bürgerliche Herkunft dieser Bewegung. Nur Bürger kümmern sich um den Komfort des amerikanischen Lebens. Die afro-amerikanischen Massen haben keine Arbeit, keine Unterkunft und erst recht kein Geld für Motels, Hotels oder Restaurants. Die Bürgerrechtsbewegung hat nie die Massen mobilisiert, weil sie sich nicht an die wirklichen Bedürfnisse der Massen wandte.

Trotzdem war die Bürgerrechtsbewegung ein wichtiger Anfang. Der Widerstand gegen ihre Ziele hat die bis dahin unbekannte Intensität des amerikanischen Rassismus bloßgestellt. Man glaubte vorher, daß die Ziele der Bürgerrechtsbewegung ziemlich leicht zu erreichen wären, da sie von der Verfassung garantiert waren. Statt dessen wurden Tausende von Afro-Amerikanern verhaftet, bedroht und einige ermordet – nur weil sie für die von der Verfassung garantierten Rechte demonstrierten, die den Weißen vorbehalten waren.

Die afro-amerikanischen Massen waren außerhalb der Bürgerrechtsbewegung geblieben. Vier Jahre lang warteten sie ab, ob die gewaltlosen Demonstrationen irgendeine Veränderung bewirken würden. Sehr bald mußten wir erkennen, daß nichts sich änderte, und im Sommer 1964 – nur einige Wochen nach der Verabschiedung des Gesetzesentwurfs über die Bürgerrechte – ereignete sich die erste der über hundert Explosionen, die bis heute weitergehen. Diese Explosionen waren in Wirklichkeit gewaltsame Aufstände, bei denen Afro-Amerikaner den Soldaten und Polizisten Feuergefechte lieferten, Kaufhäuser ansteckten und sich aus ihnen holten, was unser rechtmäßiges Eigentum ist, was wir aber nie besessen haben – Lebensmittel und Kleidung. Diese Revolten werden in jedem Jahr häufiger und heftiger. Bald wird es keine wichtigere Stadt mehr geben, die nicht einen unserer Aufstände erlebt hat, die unter dem Motto stehen: Sieg oder Tod.

In diesen Städten sind wir rechtlos. Wir haben keinerlei Verfügungsgewalt über die Häuser, über den Grundbesitz oder über die Kaufhäuser. Alles gehört den Weißen, die außerhalb der Gemeinde leben. Es handelt sich also um richtige Kolonien, deren Kapital und Arbeitskraft von Leuten ausgebeutet werden, die außerhalb wohnen. »White Power« – die weiße Macht – schreibt die Gesetze, und mit Hilfe der Waffen und Knüppel der rassistischen weißen Polizisten und ihrer schwarzen Söldner setzt sie diese Herrschaft auch durch. Die jungen Bewohner dieses Ghettos, die solche Zustände mit der Waffe in der Hand bekämpfen wollen, sind von der Bürgerrechtsbewegung nie erfaßt worden. Erst durch die Black-Power-Bewegung haben sich diese jungen Leute zusammengeschlossen. Sie sind das eigentliche revolutionäre Proletariat, das bereit ist, mit allen Mitteln für die Befreiung unseres Volkes zu kämpfen.

Black Power ist seit 1966 der Ruf unserer Bewegung. »Black Power« – Macht für die Schwarzen. Die Massen haben verstanden, daß wir unterdrückt werden, weil wir machtlos sind. Nur durch Macht werden wir die Möglichkeit haben, die Entscheidungen zu treffen, die das Schick-

sal unserer schwarzen Gemeinden bestimmen. Ohne Macht sind wir dazu verurteilt, das zu erbetteln, was uns rechtmäßig gehört. Mit Macht werden wir unseren eigentlichen Besitz wiederholen – schließlich war es die weiße Macht, die uns dieses Eigentum abgenommen hat.

Black Power ist mehr als ein Slogan. Es bedeutet eine Haltung gegenüber unseren Problemen und den Anfang ihrer Lösung. Black Power packt den Stier, der uns den Bauch aufschlitzen will, bei den Hörnern, die Rassismus und Ausbeutung heißen. Amerika ist ein rassistisches Land. Von Anfang an war es auf der Unterwerfung der farbigen Völker aufgebaut. Die europäischen Siedler haben systematisch das Land gestohlen und die Indianer ausgerottet. Und zur gleichen Zeit, als die Vereinigten Staaten diesen Völkermord gegen die Indianer begingen, griffen sie den afrikanischen Kontinent an und transportierten die Eingeborenen mit Gewalt als Sklaven nach Amerika.

Um einen Menschen zu versklaven, braucht man eine Rechtfertigung. Amerika ist darauf gekommen, die Überlegenheit der Weißen und die Minderwertigkeit der Nicht-Weißen zu verkünden. Uns nennt man Nigger, Leute, die spanisch sprechen, sind Spicks, Chinesen Chinks und Vietnamesen Gooks. Indem er uns und die anderen farbigen Völker erniedrigt, findet der weiße Mann seine Berechtigung, uns zu unterdrücken, auszubeuten und zu versklaven. Aber es ist noch viel leichter, einen Menschen in Sklaverei zu halten, wenn man ihn selbst davon überzeugt, daß er minderwertig ist. Solange er das glaubt, hält er sich selbst in Ketten. Solange ein Sklave es akzeptiert, daß sein Herr ihn als Sklave definiert, wird er Sklave bleiben, selbst wenn sein Herr stirbt.

Black Power greift diese Gehirnwäsche an und erklärt: Wir definieren uns selbst. Wir übernehmen nicht die Definition des Weißen, der uns als faul, dumm und unkultiviert darstellt. Wir erkennen unsere eigene Schönheit und unsere eigene Kultur. Wir schämen uns nicht mehr, schwarz zu sein. Denn ein Volk, das sich seiner selbst schämt, kann nicht frei sein. Man hat sich unserer Hautfarbe bedient, um uns zu unterdrücken; wir werden uns ihrer bedienen, um uns zu befreien, ebenso wie andere Völker ihre Nationalität als Waffe im Befreiungskampf benützt haben. Diese Sammlungsbewegung auf der Grundlage unseres Bewußtseins als Rasse war als Bestandteil unseres Kampfes notwendig. Aber wir müssen einsehen, daß sie nicht völlig damit identisch ist, daß sie nur den Ausgangspunkt darstellt.

Black Power bedeutet aber nicht, daß wir anstelle der weißen Führer jetzt schwarze Führer wollen, um die schwarzen Massen zu beherrschen – oder, daß schwarzes Geld in schwarze Taschen wandert. Wir wollen, daß es in eine gemeinsame Tasche kommt. Die Gesellschaft, die wir unter den Schwarzen erstreben, ist nicht eine Gesellschaft kapitalistischer Unterdrückung, denn es liegt in der Natur des Kapitalismus, daß er die Ausbeutung nicht abschaffen kann. Wir kämpfen für eine Neuverteilung des Besitzes und das Ende des Privateigentums in den USA.

Black Power bedeutet auch, daß wir uns als Bestandteil der Dritten Welt verstehen, daß wir unseren Kampf in enger Verbindung mit den Befreiungskämpfen in Vietnam und der ganzen Welt sehen. Unsere Aufgabe ist es, mit diesen Bewegungen zusammenzuarbeiten. So müssen wir uns fragen: Wenn die Afrikaner Johannesburg angreifen, wenn Lateinamerika revoltiert – welches wird die Rolle der USA sein und welche die der Afro-Amerikaner? Es scheint unvermeidlich, daß die Vereinigten Staaten etwas tun werden, um ihre finanziellen Interessen in Südafrika und Lateinamerika zu schützen, und das bedeutet, den weißen Regierungen dieser Länder zu helfen. Die Schwarzen werden dann die Pflicht haben, die Intervention der USA zu stoppen, oder wenigstens zu neutralisieren.

Bürgerrechtsbewegung und Black Power in USA

seit 1945

- Verstärkter Zuzug von Schwarzen in die Städte als Folge der landwirtschaftlichen Industrialisierung; gleichzeitig zunehmender Verlust der Funktion als industrielle Reservearmee infolge der sprunghaft ansteigenden Automation der Produktion; wachsende Arbeitslosigkeit, verstärkt nochmals ab 1960.
- Entstehung rein schwarzer Ghettos.

1954

- Der Oberste Gerichtshof der USA erklärt auf Antrag der NAACP (National Association for the Advancement of Coloured People, 1910 gegründete Bürgerrechtsorganisation) unter W. E. B. DuBois die Rassentrennung insbesondere an den Schulen für verfassungswidrig.

123

ab 1955

- Erste Aktionen der Bürgerrechtsbewegung gegen die Rassendiskriminierung nach dem Prinzip der Gewaltlosigkeit, zum Beispiel »Bus-Boykott« in Montgomery, Alabama (Schwarze weigern sich, »ihre« Plätze einzunehmen).
- Martin Luther King entwickelt sich zur zentralen Figur der Bürgerrechtsbewegung; starke christliche Bindung.

ab 1960

- Breite Demonstrationsbewegung im Süden und im Norden für die Durchsetzung der Rassenintegration; starke Beteiligung von schwarzen Studenten bei »sit-ins« in weißen Restaurants etc.; es entstehen neue bedeutende Organisationen: SNCC (Students Nonviolent Coordinating Committee) und CORE (Congress of Racial Equality); eine Welle von Verhaftungen und Prozessen demoralisiert und enttäuscht mehr als die Aktionen, die 1967/68 auslaufen, letzten Endes einbringen.
- Aufschwung der »Black Muslim«-Bewegung, die, gegen das weiße christliche Amerika gerichtet, einen eigenen schwarzen islamischen Staat in Afrika oder Amerika fordert (»schwarzer Rassismus«), ihr Führer ist Elijah Muhammed; ihr bekanntester Agitator Malcolm X.
- Schlagartig zunehmendes Interesse insbesondere der schwarzen Studenten und der Mittelschicht an ihrer afrikanischen Herkunft und Kulturgeschichte unter der Parole »black is beautiful«: afrikanische Mode und Haartracht, schwarzer »Kulturnationalismus«. Schwarze Kulturvereinigungen entstehen; ab Mitte des Jahrzehnts Forderung und Realisierung von »schwarzen Studien« an den Universitäten.

1963

- Bruch von Malcolm X mit den Black Muslims und Gründung einer eigenen »Organisation of Afro-American Unity«. Erste Ansätze einer anti-imperialistisch-internationalistischen Linie.
- 28.8.1963, legendärer Höhepunkt der Bürgerrechtsaktionen: der Marsch auf Washington unter Führung von Martin Luther King.
- Bombenattentat auf eine gemischte Schule in Birmingham, Alabama, bei dem vier schwarze Mädchen getötet werden.
- Die Serie der »heißen Sommer« beginnt: gewalttätige Aufstände insbesondere der schwarzen Jugendlichen in den Ghettos (1964 Harlem, 1965 Watts bei Los Angeles, 1966 Chicago, 1967 Newark und Detroit, 1968 im ganzen Land).

1965

- Ermordung von Malcolm X in Harlem (vermutlich durch den CIA) nach einer Reise durch Afrika. Eine neue Welle der Radikalisierung.

ab 1966

- Die Black Power Bewegung entsteht, vor allem in den Ghettos des Nordens, als Antwort auf die erfolglose Bürgerrechtsbewegung. Die Aktivitäten zum Selbstschutz vor rassistischen Überfällen und Polizeiterror (im Süden gibt es bereits seit 1960 Selbstschutzorganisationen, »Deacons of Defense«) nehmen zu, getragen insbesondere von arbeitslosen Jugendlichen und Studenten.
- Die immer desolatere Situation der Ghettobewohner (weiter steigende Arbeitslosigkeit, Rauschgifthandel, Straßenkriminalität, zerrüttetes Bildungs- und Gesundheitswesen, verkommene Wohnhäuser) fördert das

Selbstverständnis der schwarzen »Gemeinde« (community) als Teil der »dritten Welt«. Weitere bedeutsame Faktoren sind die Entstehung selbständiger schwarzer Nationalstaaten in Afrika seit 1960, das zunehmende Engagement der USA in Vietnam, das Anwachsen der nationalen Befreiungsbewegungen in der ganzen Welt. Die Ableitung der Theorie vom weißen »Mutterland« (= weiße Oberschicht in USA) und schwarzer »Kolonie« (= Gemeinde) geht zurück auf Frantz Fanons Buch über die Sklaverei, »Die Verdammten dieser Erde«.

1966

- Gründung der »Black Panther Party for Self-Defense« (Zusatz später gestrichen) durch die Studenten Huey P. Newton und Bobby Seale; erster offener Bruch mit dem Prinzip der Gewaltfreiheit und Beginn bewaffneter Patrouillen in Oakland durch Black Panther vor allem zum Schutz der schwarzen Bevölkerung vor Polizeiübergriffen; darüberhinaus Organisierung von sozialen Maßnahmen (Kinderspeisung, Schulen, medizinische Versorgung).

1967

- Die friedliche Invasion des Kapitols von Kalifornien macht die Black Panther landesweit bekannt (Anlaß: unter Gouverneur Ronald Reagan wird wegen der Black Panther ein Gesetz *gegen* das Recht jedes US-Bürgers auf Bewaffnung eingebracht und verabschiedet); Gründung neuer Black Panther-Gruppen im ganzen Land.
- Eldridge Cleaver schließt sich nach neunjährigem Gefängnisaufenthalt den Black Panthern an; er ist Schriftsteller und Mitarbeiter der fortschrittlichen Zeitung »Ramparts«.
- Black Power Kongreß in Newark mit afrikanischer Beteiligung, daran anschließend mehrtägige Unruhen.

1968

- Vereinigung der Black Panther Party mit dem SNCC (später wieder gelöst) und der vorwiegend weißen »Peace and Freedom Party«; aus dem SNCC stoßen Rap Brown und Stokeley Carmichael zu den Panthern.
- Die schwarzen Goldmedaillengewinner Tommie Smith und John Carlos werden aus der Olympia-Mannschaft ausgeschlossen, weil sie während der Siegerehrung die Faust im schwarzen Handschuh für alle Welt sichtbar zum Gruß der Black Panther erheben.
- Ostern 1968 wird Martin Luther King ermordet. Massendemonstrationen und Aufstände in über 100 Städten; über hunderttausend Mann aus Armee und Nationalgarde werden zur Unterstützung der Polizei eingesetzt. In vier Tagen gab es ca. 50 Tote (davon fünf Weiße, kein Polizist), mehrere Tausend Verletzte, Zehntausende Verhaftete, mehrere Hundertmillionen Sachschaden – und eine Gewinnexplosion bei der Firma Smith & Wesson.

1968/69

- Zunehmender Polizeiterror gegen die Black Panther Bewegung führt zu zahllosen Verhaftungen. 28 Führer der Black Panther Party werden getötet, die meisten ihrer Gruppen zerschlagen. Eldridge Cleaver flieht vor einer drohenden Verhaftung nach Kuba, später nach Algier.
- Am Ende des Jahrzehnts ist die Bürgerrechtsbewegung politisch am Ende; Black Power verbindet sich mehr und mehr mit den anderen politischen und sozialen Bewegungen.

Eckhard Siepmann
Vietnam — Der große Katalysator

Katalysatoren sind Stoffe, die in chemischen Prozessen für Verlangsamung oder Beschleunigung sorgen. Die vietnamesische Revolution zersetzte in den kapitalistischen Metropolen alle überkommenen Politik- und Moralverständnisse, streute Dynamit in überlieferte Generationskonflikte, sprengte Reste von Staatsloyalität auf, zwang Zehntausende zur Suche nach einer neuen politischen und persönlichen Identität, lieferte das gesamte Arsenal der Legitimationsideologien des »freien Westens« dem historischen Mülleimer aus. Was für die wenigen Durchblickenden unter den Eltern der spanische Bürgerkrieg war, das wurde der vietnamesische Befreiungskampf für die Generation der Kinder — Lernprozeß, der keinen Stein der Sozialisation auf dem anderen ließ. Die Domino-Theorie der US-amerikanischen Konterrevolution (»wenn Vietnam fällt, dann fällt der gesamte Ferne Osten«) wurde Wirklichkeit in dem Bewußtsein der Jugend in den Metropolen: Mit dem Glauben an die Befreiungsfunktion des US-Napalmkrieges stürzten bei einer ganzen Generation die moralischen, politischen und kulturellen Sozialisations- und Integrationsstrategien des »freien Westens« wie ein Kartenhaus zusammen.

Bei diesem Prozeß, der so weit über die politische Bewußtseinsebene hinausgriff, lassen sich zwei deutliche Etappen unterscheiden; Phasen, die gerade darum, weil sie das gesamte rationale und emotionale Gefüge der Betroffenen wälzten, tief in das Identifikationsgefüge eingriffen. Die erste Etappe läßt sich unter der Losung: *Frieden für Vietnam!* zusammenfassen. Sie beinhaltete die Erkenntnis, daß es für die USA und die mit ihnen verbündete »freie Welt« bei dem Krieg gegen die Vietnamesen nicht um deren Freiheit, sondern um ihre Unterwerfung zugunsten strategischer Vorteile des Westens ging. Das war der äußerste Punkt der Erkenntnis in dieser Phase, der Impuls des Engagements blieb ein moralischer: Schluß mit dem Gemetzel, das die Fernseher, seit 1967 in Farbe, in jeden Haushalt übertrugen; eine pazifistische Forderung, der sich auch große Teile der US-Bevölkerung anschlossen. Daß über diese Forderung hinausgegangen wurde zu der Losung *Für den Sieg der vietnamesischen Revolution*, ist einem Lernprozeß zu verdanken, der aus unmittelbaren Erfahrungen aus den Emanzipationskämpfen in den Metropolen selbst seine Nahrung erhielt und der schließlich in einer Dialektik mit den Befreiungsbewegungen in der dritten Welt, allen voran in Vietnam, eine Erfahrungsbasis hatte, die schließlich alle pazifistischen Illusionen hinwegspülen sollte zugunsten der Forderung, daß in Vietnam wie in den Metropolen der Imperialismus beseitigt werden müsse, um ein menschenwürdiges Leben auf diesem Globus zu ermöglichen. Die Tatsache, daß dieser Lernprozeß unter den Militanten in Westeuropa ungefähr gleichzeitig ablief, ermöglichte den »Internationalen Vietnamkongress«, der Mitte Februar 1968 in Westberlin stattfand. Vom SDS organisiert und von 11 sozialistischen und trotzkistischen Organisationen aus Frankreich, Italien, Holland, Großbritannien und anderen Ländern veranstaltet, von Solidaritätsadressen der westeuropäischen Intelligenz (Bertrand Russel, Jean-Paul Sartre, Ernst Bloch, Helmut Gollwitzer, Herbert Marcuse, Luchino Visconti, Michelangelo Antonioni, Pier Paolo Pasolini, Giorgio Strehler, Hans Werner Henze, Luigi Nono, Alberto Moravia, Lelio Basso, Peter Weiss u. a.) beflügelt, von einer internationalistischen und militanten Demonstration abgeschlossen, signalisierte dieses Ereignis eine Qualität und Solidarität des Anti-Imperialismus in Westeuropa, wie sie seit dem spanischen Bürgerkrieg nicht mehr erreicht worden war.

Diese Einheit zerfiel in den folgenden Jahren in dem

17./18. Februar 1968: »Internationaler Vietnam-Kongreß« in der Technischen Universität Berlin

Maße, in dem die Beteiligten neue Identitäten in verschiedenen Organisationen und Parteien suchten.

Unberührt von diesen Differenzierungen blieb die schweigende Mehrheit, die von Anfang an sich gegen Hinterfragungen ihres Selbstverständnisses abpanzerte, Widersprüche in ihrer Moral mit dem Essen in Magensäuren verbrannte und ausschied und sich militant gegen alles wandte, was das spärlich im Gewebe der Unterdrückungsmechanismen Zusammengetragene zu gefährden schien. Der Haß auf die, die sich für die Feinde der vermeintlichen Freunde engagierten, gehört in dieses Kapitel hinein, denn er ermöglichte diesen Vernichtungskrieg der USA ebenso, wie seine Verunsicherung half, ihn zu beenden.

Reaktion des Berliner Senats auf den Vietnam-Kongress an der FU
Für Freiheit und Frieden

Ein Aufruf zur Teilnahme an der Kundgebung auf dem John-F.-Kennedy-Platz.

Der Senat von Berlin, das Abgeordnetenhaus von Berlin, die im Abgeordnetenhaus vertretenen Parteien, die Gewerkschaften und der Ring politischer Jugend haben einen Aufruf erlassen, in dem die Berlinerinnen und Berliner zur Teilnahme an der Kundgebung vor dem Rathaus Schöneberg am Mittwoch, dem 21. Februar, um 16.30 Uhr aufgefordert werden. Der Aufruf hat folgenden Wortlaut:

»Berlinerinnen und Berliner!

Unsere Stadt steht für Freiheit und Frieden. Das haben wir in der Vergangenheit bewiesen. Das werden wir auch in Zukunft beweisen.

Was die Berliner denken und wollen, werden sie morgen vor der Welt kundtun.

Wir wissen, wer unsere Freunde sind. Wir lassen uns von ihnen nicht trennen. Wir wissen auch, wo unsere Gegner stehen.

Alle Berliner sind zur Kundgebung vor dem Rathaus Schöneberg am Mittwoch um 16.30 Uhr aufgerufen.

Berlin steht für Freiheit und Frieden.«

Auszug aus der Rede des Vorsitzenden der Jungsozialisten, Landesverband Berlin, auf der Senatskundgebung am 21.2.1968:

Wir haben uns hier versammelt, um zu bekunden: Berlin steht für Freiheit und Frieden. Das war in der Vergangenheit so, und daran kann auch die kleine Zahl der Mini-Revoluzzer und Krawallmacher in dieser Stadt nichts ändern.

Als Sprecher der jungen Generation stelle ich fest: Es gibt keine Gemeinsamkeit zwischen der überwiegenden Mehrheit der Berliner Jugend und denen, die Lehrfilme zum Bau von Molotow-Cocktails zeigen, die Fensterscheiben einschlagen, die in Kirchen randalieren, die – gewollt oder ungewollt – mit den Kommunisten gemeinsame Sache machen...

Unsere politische Haltung ist eindeutig. Wer unter Ho-Tchi-Minh-Bildern, unter der Losung »Schafft zwei, drei... viele Vietnams« demonstriert, der meint das Gegenteil von Frieden und Freiheit. Wir sind für den Frieden in Vietnam, aber für einen politischen Frieden, nicht für den militärischen Sieg des Vietkong. Unser Bekenntnis zum Frieden ist unteilbar. Deshalb dürfen wir nicht zulassen, daß verantwortungslose Extremisten Frieden und Freiheit sagen, um damit ihren Feldzug gegen unseren demokratischen Rechtsstaat und die parlamentarische Demokratie tarnen zu können...

Auszug aus der Rede des Berliner DGB-Vorsitzenden und Präsidenten des Berliner Abgeordnetenhauses, Walter Sickert:

Ich freue mich, daß ich angesichts dieser machtvollen Kundgebung mit der Feststellung beginnen kann: Was in den vergangenen Wochen und Monaten lärmend und randalierend über den Kurfürstendamm und durch andere Straßen zog – das war nicht Berlin. Berlin ist hier!

Wir haben uns nicht zusammengefunden, um Haß gegen Haß, Gewalt gegen Gewalt oder Terror gegen Terror zu setzen. Wir haben uns zusammengefunden, um vor aller Welt zu bekunden: Die Menschen dieser Stadt sind entschlossen, das zu verteidigen, wofür die Berliner Arbeitnehmer in den bitteren Zeiten des Aufbaus und der Not unter Einsatz aller Kraft gearbeitet haben: unser blühendes demokratisches Gemeinwesen, unseren Rechtsstaat, unsere Freiheit! (. . .)

Die Handvoll Revoluzzer und ihre kritiklosen Mitläufer irren sich in einem entscheidenden Punkt: Die Berliner Arbeitnehmer lassen sich das nicht wieder nehmen, wofür sie gelitten und gedarbt haben, statt den Lockungen und Versprechungen des Ostens zu erliegen. Sie sind frei in einem demokratischen Rechtsstaat, und sie bleiben frei.

Darum geht es nämlich. Es geht den Demonstranten gar nicht um Vietnam oder um eine Hochschulreform. Sie wollen die Axt anlegen an die Wurzeln unseres Staates. Wenn es am Sonntag tatsächlich darum gegangen wäre, für eine möglichst baldige Beendigung des Blutvergießens in Vietnam einzutreten – die Gewerkschaften wären dabeigewesen. Die Gewerkschaften sind gegen jeden Krieg, auch gegen den in Vietnam. Aber es ist nicht unsere Sache, für einen Sieg der Vietkong über die USA oder für die Beseitigung unserer Demokratie zu marschieren...

Die Senatskundgebung »Für Freiheit und Frieden« – Ein Stimmungsbild.

Ein Amateurfotograf, der das Verbrennen einer roten Fahne nicht mehr knipsen konnte, weil sein Film zu Ende war, versuchte unauffällig zu verschwinden. Der Verwaltungsangestellte Mende, der Rudi Dutschke ähnelte: »Als ich wegging, folgte mir ein älterer Mann mit einer roten Armbinde. Er begann mich zu stoßen und rief: ›Kommunistensau, hau ab.‹ Da tönte es plötzlich aus der Menge heraus, immer lauter: ›Hier ist Dutschke.‹ Das ging wie ein

Lauffeuer durch die ganze Menge. Sie kam in Bewegung und rückte auf mich zu.

Da rief ich: ›Ich bin ein Arbeiter wie ihr.‹ Man trat mir dennoch mit Schuhen ins Gesicht. Dann hatte jemand eine Flasche in der Hand und schlug auf mich ein. Ich spürte am ganzen Körper nur noch Schläge. Irgendwie konnte ich mich aber wieder aufrappeln.«

Die Zahl der Verfolger draußen wuchs. Aus zuerst zwanzig wurden viele Hundert. Mende suchte in einer Filiale der Firma Eduard Palm & Co. Schutz, wurde aber von einem Angestellten aus dem Laden gewiesen, ging unter den Schlägen zu Boden, rappelte sich wieder hoch und stürzte einem Polizeikommissar in die Arme.

Diesem Zugführer einer Berliner Polizei-Inspektion, 42 Jahre alt, gelang es nur mit Mühe, den Verfolgten vor den erregten Berlinern zu schützen. Der Polizeioffizier, der auf Geheiß seiner Dienststelle seinen Namen nicht nennen darf, zum »Stern«: »Wir hatten schon einige Zwischenfälle vorher erlebt. Es war für uns eine ganz neue Erfahrung; das war ja eine entmenschte Masse. Ich war gerade nach vorn gegangen, um die Lage zu erforschen, als mir der junge Mann entgegengerannt kam. Er lief mir direkt in die Arme, fiel mir um den Hals und stammelte: ›Um Gottes Willen, schützen Sie mich, die wollen mich totschlagen.‹

Hinter ihm her kamen an die tausend Leute, die uns beide nun noch vierzig Meter weit verfolgten. Dann hatten sie uns eingeholt. Die Leute johlten und riefen: ›Schlagt den Dutschke tot.‹ Ich bekam Schläge auf den Rücken. Wir wurden zu Boden geworfen. Die Menge war außer sich. Wir haben uns dann die letzten Meter bis zum Wagen irgendwie hingeschleppt. Ich konnte gerade noch die Tür aufreißen und den jungen Mann hineinstoßen.«

Mende erinnert sich: »Die Leute wollten darauf den Mannschaftswagen umkippen. Zwei von ihnen schlugen eine Scheibe ein. Ich sah durch das Fenster entstellte und tierische Gesichter. Die Menge brüllte draußen: ›Lyncht ihn, hängt ihn auf.‹«

(aus: Stern Nr. 10, 1968)

Vietnam-Chronik

Ho Chi Minh kämpfte 50 Jahre lang gegen die Imperialisten und Invasoren Vietnams.
Oben: Auf dem Kongreß der französischen Sozialisten in Tours 1920 griff der junge Ho die Kolonialherren zum ersten Mal an.
Unten: Ho Chi Minh als Staatschef Nordvietnams. Er stirbt 1969 und erlebt die gänzliche Befreiung des Südens nicht mehr.

1859–83 Französische Truppen erobern Annam. Beginn der Kolonialherrschaft.

1940 Japanische Truppen besetzen Vietnam im Einvernehmen mit Vichy.

1941 Gründung der von Kommunisten (Ho Chi Minh) geführten Widerstandsbewegung Vietminh, die von der US-Regierung unterstützt wird.

1945 *März:* Staatsstreich der japanischen Truppen gegen die französische Kolonialverwaltung.
September: Ho Chi Minh proklamiert die »Demokratische Republik Vietnam«.
September: Unterzeichnung eines modus vivendi zwischen Ho Chi Minh und der französischen Regierung in Paris.
November: Französische Truppen beschießen Haiphong; 6000 Tote. Beginn des Indochina-Krieges.

1949 *März:* Frankreich gründet den »Staat Vietnam« unter Bao Dai.

1950 *Mai:* Beginn der US-Militärhilfe für die französischen Vietnamtruppen. (Kosten 1953: über 1 Milliarde Dollar.)

1954 *8.5.:* Kapitulation von Dien Bien Phu.
26.4.–21.7.: Genfer Konferenz. Festlegung des 17. Breitengrades als Demarkationslinie bis zum 20. Juli 1956, dem letzten Datum für Wahlen unter internationaler Kontrolle in ganz Vietnam. Bis dahin regiert Ho Chi Minh in Nordvietnam, Bao Dai in Südvietnam.
7.7.: US-Truppenstärke in Südvietnam: 684.
24.10.: Eisenhower sagt Diem US-Hilfe zu und »erwartet, daß diese Hilfe durch die nötigen Reformen ergänzt wird«.
»Wären zur Zeit der Kämpfe Wahlen abgehalten worden, hätte wahrscheinlich 80 % der Bevölkerung eher für den Kommunisten Ho Chi Minh als für Staatschef Bao Dai gestimmt.« (D. Eisenhower, Mandate for Change)

1955 *20.7.:* Diem lehnt die von Nordvietnam vorgeschlagene Konferenz zur Vorbereitung gesamtvietnamesischer Wahlen ab.
10.8.: »Die südvietnamesische Regierung betrachtet sich als in keiner Weise an die Genfer Abkommen gebunden«. (Ngo Dinh Diem)
23.10.: Nationalreferendum setzt Bao Dai ab und erklärt mit 98,8 % Diem zum Staatsoberhaupt.

1956 *20.7.:* Die im Genfer Abkommen vorgesehenen gesamtvietnamesischen Wahlen finden nicht statt.

1959 *Mai:* Gesetz 10/59. Militärgerichte können jeden »Saboteur« zum Tode oder zu lebenslänglicher Zwangsarbeit verurteilen.
30.8.: Nationalwahlen. Oppositionskandidaten sind nicht zugelassen.

1960 *26.4.:* Achtzehn südvietnamesische Minister, Professoren und Priester richten − »ohne Rücksicht auf Konsequenzen, die das für uns hat« − einen öffentlichen Aufruf an den südvietnamesischen Premierminister Diem, »das System zu liberalisieren, die Demokratie zu fördern, ein Minimum an Bürgerrechten zu garantieren, Opposition zuzulassen, den Familien- und Partei-Nepotismus zu beenden und das Vertrauen in eine ehrenhafte und gerechte Regierung zu erneuern«.
20.12.: Gründung der Nationalen Befreiungsfront (FNL); Vorsitzender wird der Saigoner Rechtsanwalt Nguyen Hu Tho. »Die FNL wurde nicht auf Anregung Hanois gegründet und wird auch nicht von dort geleitet.« (Le Monde, 21.4.1965)

1961 *18.10.:* Dem Ermächtigungsgesetz für Diem folgt eine Notstandserklärung.
US-Truppenstärke in Vietnam: 3500.

1962 *April:* Erste »Strategische Dörfer«, in denen US-Soldaten südvietnamesische Zivilbevölkerung zusammenpferchen, um den »Vietcong« die Basis zu entziehen.

1963 *2.1.:* Erste offene Schlacht (bei Apbac) zwischen FNL und südvietnamesischen Truppen, die unterliegen.
»Es ist höchst beunruhigend festzustellen, daß die Republik Südvietnam nach sieben Jahren nicht mehr, sondern weniger gefestigt ist und dem Ziel einer populären, verantwortungsvollen und verständnisvollen Regierung heute entfernter statt näher. Das amerikanische Interesse rechtfertigt es nicht, den dortigen Krieg zu einem amerikanischen zu machen«, heißt es im Bericht der Vietnam-Kommission des US-Senats vom 25.2.
11.6.: Erste Selbstverbrennung eines buddhistischen Mönches als Protestaktion gegen das Regime Diems, das im Mai des Jahres ein Blutbad in Hue angerichtet hatte.
21.8.: Diem erklärt Standrecht für ganz Südvietnam.
»Diem ist ohne Verbindung zum Volk.« (J. F. Kennedy, 2.9.)
1.11.: Ermordung Diems, Sturz der Regierung. Bis Juni 1965 häufiger Regierungswechsel und mehrfache Staatsstreiche.
4.11.: US-Außenminister Dean Rusk lehnt de Gaulles Vorschlag zur Neutralisierung Vietnams ab.
15.11.: Der US-Militärsprecher in Saigon kündigt für den 3.12. den Abzug von 1000 US-Soldaten an.
22.11.: Ermordung Kennedys.
24.11.: Präsident Johnson erklärt, er werde den Krieg »fortsetzen«. Beginn der »escalation«.

1964 *30.1.:* Staatsstreich, General Khanh wird Premierminister Südvietnams.
April: Khanh erklärt, daß 7 Millionen Einwohner (= 57 % der Landbevölkerung) unter der Kontrolle der FNL leben.
23.6.: »Die USA sind bereit, die Ausweitung des Krieges in Südvietnam zu riskieren.« (Verteidigungsminister Robert McNamara)
Juli: Aufruf von 5000 amerikanischen Professoren und Dozenten zur Beendigung des Krieges in Vietnam. – US-Truppenstärke: 23500.
24.7.: Johnson lehnt den Vorschlag de Gaulles, eine internationale Konferenz einzuberufen, ab.
4.8.: Zwischenfall im Golf von Tongking. Der US-Zerstörer »Maddox« berichtet von einem Torpedoangriff nordvietnamesischer Wachboote, um einen Vorwand zum Beginn der Luftangriffe auf Nordvietnam zu haben.
September: Ablehnung des ersten, von UN-Generalsekretär U Thant vermittelten nordvietnamesischen Verhandlungsangebots durch Dean Rusk.

1965 *Januar:* Ablehnung des zweiten, durch U Thant vermittelten nordvietnamesischen Verhandlungsangebots durch Dean Rusk.
Februar: Das Pentagon bestätigt, daß von 7500 erbeuteten FNL-Waffen 179 kommunistischer (= 2,5%), der Rest westlicher Herkunft (überwiegend amerikanischer) sind. 19550 festgenommene »Infiltratoren« sind fast sämtlich Südvietnamesen, nur sechs stammen nachweislich aus Nordvietnam.
7.2.: Regelmäßige Luftangriffe auf Nordvietnam beginnen.
19.3.: Bombardierung des Dorfes Man Quang.
24.3.: US-Truppen setzen zum erstenmal Gas ein.
»Die Unvollkommenheiten des Menschen sind nun einmal derart, daß die Gewalt oft der Vernunft vorausgehen muß

und die Vergeudung des Krieges den Werken des Friedens« (erklärt Lyndon B. Johnson, am 8.4.).
11.6.: Staatsstreich: General Cao Ky wird Premierminister. US-Truppenstärke: 54000.
»Ich habe nur ein Vorbild: Hitler.« (General Ky, 6.7.)
»Durch zehn Jahre hindurch haben die Vereinigten Staaten das Genfer Abkommen von 1954 verletzt und versuchten, einem politischen und wirtschaftlichen Problem eine militärische Lösung aufzuzwingen.« (Wayne Morse, demokratischer Senator, 7.8.)
September: US-Truppenstärke: 129000.
Dezember: Aufruf von 200 westdeutschen Schriftstellern und Professoren zur Beendigung des Krieges in Vietnam.
Tote (1965): etwa 108000 (davon 72000 Zivilisten).

1966 *Mai:* Senator J. W. Fulbright warnt die amerikanische Regierung und Nation von der »Arroganz der Macht«. – Kämpfe und Meutereien in Da Nang und Huë.
Juli: Großbritannien, der Vatikan, Frankreich, Indien und andere Länder protestieren gegen die Ausweitung des Bombenkrieges auf nordvietnamesische Städte.
August: Seit Beginn der Luftangriffe wurden von US-Flugzeugen über Nordvietnam mehr Bomben abgeworfen als im gesamten zweiten Weltkrieg.
November: Die US-Truppenstärke beträgt jetzt 385000. – US-Militärbudget für Vietnam seit Beginn des Krieges: 28 Milliarden Dollar.

1967 *August:* US-Truppenstärke: 400000. – Tote: 13600 US-Soldaten, 55000 südvietnamesische Soldaten, 228000 FNL-Soldaten. – Das US-Militärbudget für Vietnam (für 1968) beträgt 24 Milliarden Dollar.

1968 Beginn der Tet-Offensive der FNL im Februar, die zu einem großen militärischen Erfolg wird. Die Stadt Huë und große Teile des Landes werden unter Kontrolle der FNL gebracht, was dazu führt, daß der Oberbefehlshaber der US-Truppen in Vietnam, General Westmoreland (»Wir werden sie mit unseren ausgeklügelten Waffen, die sie sich nicht leisten können, so lange bearbeiten, bis sie nach Gnade winseln.«), am 31. März abgelöst wird.
16.3.: Massaker von My Lai – alle 500 Bewohner des Dorfes werden umgebracht.
3.4.: Einverständnis der USA zu Gesprächen über die Beendigung des Krieges.
10.5.: Beginn der Verhandlungen in Paris.
Unverminderte Luftangriffe der USA.
31.10.: Erstes Ergebnis der Pariser Verhandlungen: Die USA müssen ihre Kriegshandlungen gegen Nordvietnam einstellen. Die Luftangriffe und Entwaldungsaktionen in Südvietnam gehen unvermindert weiter.

1969 *18.1.:* Erstmalige Teilnahme der Nationalen Befreiungsfront Südvietnams (FNL) an den Verhandlungen in Paris.
Richard Nixon ist Präsident der USA. Auch unter seiner Regierung werden die Kampfhandlungen gegen die Bevölkerung Südvietnams fortgesetzt.
8.6.: Proklamierung der Republik Südvietnam und Bildung einer Provisorischen Revolutionären Regierung. Offizielles Staatsoberhaupt Südvietnams ist immer noch der von den USA ausgehaltene Van Thieu.

Am 16. März 1968 zerstörten amerikanische Soldaten das südvietnamesische Dorf My Lai und brachten nahezu alle Bewohner um. Frauen und Kinder werden zusammengetrieben und sehen in Todesangst, wie die Gewehre auf sie angelegt werden.

Erich Fried
Gleichheit Brüderlichkeit

Vietnam ist Deutschland
sein Schicksal ist unser Schicksal
Die Bomben für seine Freiheit
sind Bomben für unsere Freiheit

Unser Bundeskanzler Erhard
ist Marschall Ky
General Nguyen Van Thieu
ist Präsident Lübke

Die Amerikaner
sind auch dort die Amerikaner
Katholiken und Protestanten
sind dort Katholiken

doch die Sozialdemokraten
sind die Buddhisten
die Gewerkschaften sind die Vietcong
Hanoi ist Pankow

Saigon ist Bonn
und Westberlin ist Da Nang
Ein großer Teil des Landes
ist finsterer Urwald

Um festzustellen
wer bei uns Thich Tri Quang wird
ist die Umgebung von Bonn
noch zu wenig erforscht

Bonns Landesvaterrecht
über Berlin ist drum wichtig
und die Stadtkinder dort
sind strengstens zu kontrollieren

Ein buddhistisches Westberlin
wäre nur kleine Schritte
entfernt von Hanoi
Zwar es gibt auch loyale Buddhisten

die nicht wie Berliner
den eigenen Nabel beschauen
und Spiele spielen vor denen
der Landesvaterschaft grauset

In Vietnam ists für derlei zu spät
dort schützt man mit Notstandsgesetzen
die Kinder und ihre Mütter
faßt sie sicher und hält sie warm

und erhält in ihnen
ein brennendes Wissen lebendig
daß die Zukunft die Wiedervereinigung sein muß in Freiheit

Was denen dort teures Recht ist
erreicht mit Mühe und Not
uns hier ist es billig
in Vietnam schlägt das Herz von Deutschland

Ulrike Marie Meinhof

Vietnam und Deutschland

Das wird nun systematisch unter die Leute gebracht: In Vietnam verteidigt Amerika die westliche Freiheit; in Vietnam stellt Amerika seine Bündnistreue unter harten, rührenden, dankenswerten Beweis; Vietnam – das könnte morgen schon Deutschland sein. Nichts von all dem ist wahr. Nachweisbar ist nur, daß die Bevölkerung, die derlei glauben gemacht wird, und die Presse, die derlei glauben macht, bis hin zu den Politikern, die das bekräftigen, in diesem Krieg eine Funktion haben. Eine Funktion, die durchaus übersichtlich und benennbar ist, die aber mit deutschen Sicherheitsfragen nur sehr indirekt zusammenhängt. Die 100 Millionen Mark, die Bonn nach Vietnam geschickt hat, und die Friedensglocken, die die Berliner Presse organisiert hat, haben nichts mit Vietnam, dafür sehr viel mit Bonner Politik zu tun. (...)

Bonn, in der Ära John Foster Dulles groß geworden – triumphal waren Adenauers Amerika-Reisen in den fünfziger Jahren –, unterstützt den Vietnam-Krieg aus egoistischem, um nicht zu sagen aggressivem Interesse. Er beweist – fragwürdig genug – die Bedrohung aus dem Osten; er rechtfertigt die Strategie der Vorwärtsverteidigung, der Raketenbasen an den Grenzen der DDR; er gibt Gelegenheit, die USA täglich und stündlich an ihre Sicherheitsgarantien für Berlin und die Bundesrepublik zu erinnern; er liefert Nervosität und Zündstoff, wo Unfrieden in Deutschland gestiftet werden soll. Immerhin hat Barzel bekräftigt, was in der Regierungserklärung dokumentiert wurde: Es gäbe keinen Frieden in Europa ohne Wiedervereinigung. Sprich: Vietnam – das könnte morgen schon Deutschland sein. Die das propagieren, setzen sich dem Verdacht aus, dergleichen vorbereiten zu wollen.

Der dubiose Verein »Moralische Aufrüstung« hat das alles in einer ganzseitigen Anzeige in deutschen Tageszeitungen ausgesprochen. Da wurde dem Bundeskanzler eine gute Reise gewünscht, und er wurde gebeten, Johnson und dem amerikanischen Volk zu sagen, »daß wir Deutschen dankbar sind für die Opfer an Leben und Gut, die Amerika in Vietnam für die Freiheit – auch unsere Freiheit – bringt«. Und dann fand man sehr schnell den Dreh, den wir befürchteten: »Die Fragen der Wiedervereinigung und der Oder-Neiße-Linie (sic!) werden nur dann eine echte Lösung finden, wenn wir alle unsere Kräfte gemeinsam für die Verwirklichung einer freien, auf allgemeinverbindlichen moralischen Maßstäben begründeten Weltordnung einsetzen. Amerika und Deutschland müssen sich entscheiden, mit der Ideologie der Freiheit voranzugehen.« Voran – wohin?

Um solch bösartiger Erwägungen willen bleiben dann alle Fakten auf der Strecke, die in Sachen Vietnam einfach und klar sind: Daß die Bündnistreue der USA diesem Land aufgezwungen wurde – also keine ist –, das war 1954, als Dulles das Land unter Diem in den Manila-Pakt manipulierte; als die freien Wahlen 1956 nicht stattfanden, weil

Vietnam dann neutral geworden wäre, zweifelhafte Bündnistreue abgewiesen hätte. Dann bleibt auf der Strecke, daß es in Süd-Vietnam westliche Freiheit im Sinne von Pressefreiheit, Meinungsfreiheit, Religionsfreiheit nie gegeben hat und daß der Vietkong eine Volksbewegung ist, die mit dem Wort »kommunistisch« nicht definiert werden kann.

Damit das alles auf der Strecke bleibt und nicht bekannt wird, verhängt die Berliner Presse einen Anzeigenboykott gegen Wolfgang Neuss, veröffentlicht »Die Welt« nur 8 Zeilen über die 120-Zeilen-Erklärung der Schriftsteller und Hochschullehrer gegen den Krieg in Vietnam, dafür aber Krämer-Badonis Gegenaufruf und dreimal eine Serie von Leserbriefen gegen die praktisch unveröffentlichte Schriftstellererklärung. Es gehört zum Bonner Geschäft mit dem Vietnam-Krieg, daß der Bevölkerung Tatsachen vorenthalten werden, Zusammenhänge unklar bleiben, daß die Bevölkerung nichts durchschaut, aber mitmacht. (...)

(aus: Konkret Nr. 1, 1966)

Oben: Demonstration gegen den Vietnam-Krieg mit Bildern Ho Chi Minhs. (Auf dem Bild: Frank Wolff)
Unten: Gegenkundgebung des Berliner Senats vor dem Schöneberger Rathaus unter dem Motto »Berlin steht für Frieden und Freiheit«.

131

Ulrich Chaussy
Das Attentat auf Rudi Dutschke

Am Morgen des elften April 1968 um 9.10 Uhr fährt der Interzonenzug aus Richtung München im Westberliner Bahnhof Zoo ein. Unter den Reisenden, die mit ihren Koffern und Taschen bepackt aus den Waggons klettern und sich durch die Trauben der Wartenden auf dem Bahnsteig über Treppen und Gänge nach draußen drängeln, ist auch ein schmächtiger, junger Mann. Sein glattes Gesicht, bartlos und blaß, seine kurzgeschnittenen und sorgfältig gescheitelten Haare, die die Ohren freilassen, und sein scheuer Blick geben ihm das Aussehen eines gerade Achtzehnjährigen.

Josef Bachmann, der am Vorabend um 21.52 Uhr in München in den Interzonenzug gestiegen ist, sieht niemand seine vierundzwanzig Jahre an. Dagegen könnte ein geschulter Beobachter an der leichten Wölbung der hellbraunen Wildlederjacke unterhalb der linken Schulter feststellen, daß Bachmann eine Pistole im Schulterhalfter bei sich hat.

Aber das haben zu seiner Erleichterung nicht einmal die Volkspolizisten bemerkt, die wie immer mitten in der Nacht zur Paßkontrolle in das abgedunkelte Abteil traten und routinemäßig nach Funkgeräten und Waffen fragten. Sie haben auch keinen Blick in seine blaugrüne Einkaufstasche geworfen, in der er seine zweite Pistole, Marke »Röhm« RG 5, Kaliber sechs Millimeter, die Gaspatronen und die etwa einhundert Schuß scharfe Patronen in Wäsche eingewickelt versteckt hatte. Einer der Grenzbeamten hat nur wie üblich den vor seinem Bauch hängenden Koffer mit Visaformularen, Stempeln und Fahndungsliste aufgeklappt, den ihm hingestreckten Paß durchgeblättert, im schnellen Wechsel das Bild im Paß und den zu ihm aufschauenden Bachmann fixiert, weitergeblättert, den Visumstempel auf eine freie Seite gedrückt, hat schließlich den Paß zurückgegeben, seinen Koffer zugeklappt und ist aus dem Abteil verschwunden. Bachmann hat gewartet, bis sich die Schritte der Beamten ein wenig entfernt anhörten, hat sich die braune Reisetasche aus dem Gepäcknetz gegriffen und daraus die Zeitungen, einen SPIEGEL und die BILD-Zeitung, die er vor der Abfahrt in München gekauft hatte. Die hat er dann gleich beiseite gelegt und sich einem Artikel aus der »Deutschen Nationalzeitung« vom 22. März 1968 gewidmet, den er aus einem Pappumschlag mit anderen Zeitungsausschnitten heraussuchte.

Unter der Schlagzeile
        STOPPT DUTSCHKE JETZT!
            Sonst gibt es Bürgerkrieg
    Nazis jagen – Kommunisten hofieren?
sind fünf Fotos eines jungen Mannes zu sehen, eben dieses DUTSCHKE: Profil von links, von vorne, noch einmal Profil links, redend mit offenem Mund, halbrechts von vorne, Profil von rechts, Bilder, wie aus einer Fahndungskartei der Polizei.

(. . .)

Nach dem Lesen hat sich Bachmann noch einmal genau die Fotos angeschaut, das Licht gelöscht und zu schlafen versucht.

In Westberlin kennt sich Bachmann einigermaßen aus. Er ist am 11. April 1968 nicht zum ersten Mal in dieser Stadt. Vom Bahnhof Zoo aus geht er zu Fuß in die Kantstraße. Dort, in einem An- und Verkaufsgeschäft, versetzt er ein Kofferradio aus seinem Gepäck. Er bekommt dafür 32 Mark. Jetzt kann er immerhin frühstücken, nur ein paar Schrippen und Wurst, auf einer Bank beim Bahnhof Zoo. Es ist etwa elf Uhr.

Nach dem Frühstück geht er zu den auf Kundschaft wartenden Taxifahrern auf dem Bahnhofsvorplatz.

...dürfen wir auf Ostdeutschland nie verzichten werden

Stoppt Dutschke jetzt!
Sonst gibt es Bürgerkrieg
Nazis jagen - Kommunisten hofieren?

»Deutsche Nationalzeitung« vom 22. März 1968

»Wissen Sie vielleicht, wo Rudi Dutschke wohnt?«

Achselzucken ist die Antwort, fragen Sie doch mal bei Ulbricht nach in der Zone, sagt einer. Dann scheint ein anderer Bescheid zu wissen: »Der Dutschke ist doch so einer von der Kommune. Da müssen Sie in die Kaiser-Friedrich-Straße. Da sind die irgendwo.«

Bachmann macht sich auf den Weg. In der Kaiser-Friedrich-Straße trifft er einen Postboten. Von ihm erfährt er die Hausnummer. Er klingelt im Haus 54a. Nach einiger Zeit öffnet ein Mann mit Wuschelkopf die Tür. Den kennt Bachmann auch, das ist der Langhans. Von dem sind zu dieser Zeit auch alle paar Tage Bilder in der Zeitung. Aber Langhans sucht er nicht. Er sucht Dutschke und fragt nach ihm. Nein, Rudi wohnt hier nicht und ich weiß auch nicht wo, sagt Langhans und fügt noch hinzu, Bachmann solle doch mal im SDS am Kurfürstendamm 140 fragen. Dann schließt er die Tür wieder.

Bachmann sucht sich eine Telefonzelle, ruft an im Sozialistischen Deutschen Studentenbund, Landesverband Berlin, Kurfürstendamm 140. Aber die Telefonstimme gibt ihm über Dutschke keine Auskunft. Mit dem Einwohnermeldeamt ergeht es Bachmann genauso. Auskunftsersuchen grundsätzlich nur persönlich, gegen Bearbeitungsgebühr. Er könne aber vorbeikommen.

Ungefähr um 15.00 Uhr ist Bachmann dort. Student sei er, er komme aus Westdeutschland und wolle Rudi Dutschke besuchen, nur so, in einer Privatsache. Die Angestellte schiebt ihm ein Antragsformular über den Tresen, kassiert eine Mark, verschwindet zwischen den Karteischränken und kommt mit einem Zettel wieder. Darauf steht: Rudolf Dutschke, Student, 1000 Berlin 31, Kurfürstendamm 140, bei Mahler.

Was er weiter unternimmt, hält später der Staatsanwalt in der Anklageschrift fest:

»Mit dem Autobus fuhr er zum Bahnhof Zoo, aß hier einen Teller Linsensuppe und zwei Bouletten und ging dann zu Fuß zum Grundstück Kurfürstendamm 140. Er ging dann in das Haus hinein, suchte jedoch nicht das Büro des SDS auf, sondern verließ das Haus wieder. Vor dem Eingang fragte er ein zufällig vorbeikommendes ›Falken‹-

Mitglied nach Dutschkes Anschrift. Er überlegte nun, ob er sein Vorhaben vorläufig aufgeben, nach München zurückfahren und dort Dutschke treffen sollte. Er wußte, daß Dutschke einige Tage später in München erwartet wurde.

Als er gegen 16.35 Uhr den Kurfürstendamm überquerte und auf dem Mittelstreifen stand, blickte er sich noch einmal um. Dabei sah er, daß Rudi Dutschke mit einem Fahrrad aus dem Hause Kurfürstendamm 140 trat.

Der Angeschuldigte ging zurück und auf Dutschke zu.

Auf der Fahrbahn des Kurfürstendamms stieß er aus Unachtsamkeit gegen einen fahrenden PKW, dessen Außenspiegel zerbrach. Der Fahrer hielt an und forderte vom Angeschuldigten Schadenersatz. Dutschke hatte inzwischen am Fahrbahnrand das Grundstück Kurfürstendamm 142 erreicht.

Der Angeschuldigte ging zu ihm hin.«

Rudi Dutschke erinnerte sich Jahre später so:

»An diesem 11.4.1968 befand ich mich cirka 50 Meter entfernt vom SDS-Zentrum auf dem Berliner Kurfürstendamm. Weitere 20 Meter hinter dem SDS-Zentrum befand sich die Apotheke, von der ich für unseren gerade dreimonatigen Sohn Medizin zu besorgen hatte. Die Mittags-

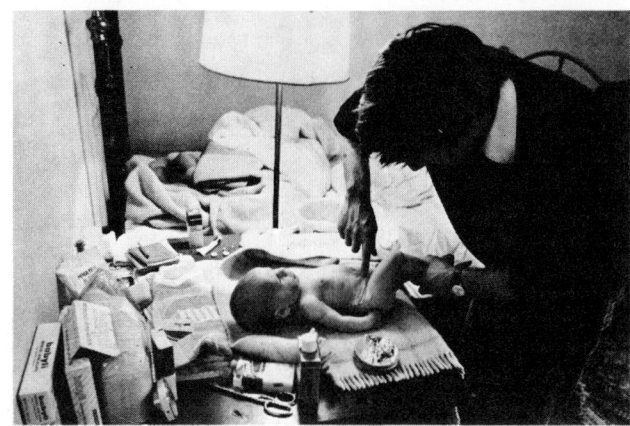

Rudi Dutschke mit seinem Sohn Hosea-Che

Kurfürstendamm 140, vor dem Eingang zum SDS-Zentrum

pause der Apotheke war noch nicht beendet. Cirka zehn Minuten hatte ich zu warten. Auf dem Fahrrad sitzend, mit einem Bein auf der Straße und dem anderen auf dem Gehweg, hin und herschauend – schließlich war die ganze Hetzzeit nicht vergessen und nicht ganz weg – versuchte ich die Zeit zu verbringen. Nach einigen Minuten sah ich, wie ein Auto auf dem Mittelstreifen des Kudamms einparkte, fast genau dem SDS-Zentrum gegenüber. Ein Mann stieg aus, ging nicht über die Straße, sondern setzte sich auf dem Mittelstreifen in meine Richtung in Bewegung. Ohne etwas zu ahnen, sah ich, wie er immer näher kam. Dann stand er nur noch sechs bis sieben Meter vor mir auf dem Mittelweg der Straße. Nachdem die letzte Autowelle an ihm und mir vorübergefahren war, ging Bachmann nun über die Straße, dicht an mir und meinem Fahrrad vorbei auf den Gehweg. Kaum hatte er diesen erreicht, wandte er sich direkt an mich und fragte, vielleicht zwei Meter entfernt: ›Sind Sie Rudi Dutschke?‹

Ich zögerte nicht und sagte ›Ja‹.«

Nur kurz liegt Rudi blutend und regungslos nach Bachmanns Schüssen auf der Fahrbahn des Kurfürstendamms, Sekunden nur, in denen sich vom Peitschen der Schüsse in Panik versetzte Fußgänger aus Angst auf den Boden werfen, und jetzt, wo es ruhig geworden ist, den Kopf heben und Bachmann nachschauen, der hastig in Richtung Bahnhof Zoo davonrennt, da wacht Rudi aus seiner kurzen Bewußtlosigkeit auf, kommt taumelnd auf die Füße, fährt sich mit den Händen durch das Gesicht, besieht seine blutigen Hände und bricht nach wenigen Schritten in Richtung SDS-Zentrum wieder zusammen.

Zwei Passanten stürzen auf ihn zu, greifen ihm unter die Arme, er wehrt sich, will alleine weiter und schafft es nicht, seine Helfer packen ihn gegen seinen schwächer werdenden Widerstand fester und führen ihn zu einer Sitzbank an der Ecke von Kudamm und Johann-Georg-Straße, direkt vor dem SDS-Zentrum. Dort betten sie ihn auf die Bank, schieben notdürftig eine Jacke als Kissen unter den blutenden Kopf. Die Neugierigen und Schaulustigen, die sich jetzt in Minutenschnelle in einer dichten Traube rund um die Sitzbank scharen, reden schon wieder. Einige erzählen, wie sie ihn schreien hörten, nach den Schüssen, schreien nach Vater und Mutter, daß er: Mörder! gerufen hat und auch: Ich muß zum Frisör! und auch wirre und unzusammenhängende Worte. Noch ist die Polizei nicht da, noch können die Spaziergänger alles aus der Nähe sehen, Rudis umgestürztes Fahrrad mit der braunen Lederaktentasche

voller Bücher am Lenkrad, seine beiden Schuhe und die zerbrochene Armbanduhr auf der Fahrbahn, die Blutspur von dort bis zu der Bank, auf der er halb besinnungslos und unruhig liegt.

Die Betroffensten bleiben schweigend kurz stehen, die Aktentaschen und für die Ostertage prall gefüllte Einkaufsbeutel ziehen ihre Arme zu Boden und verstärken den Ausdruck von Ratlosigkeit in ihren Gesichtern. Nicht lange, und sie gehen weiter, nach Hause. Andere, so berichten später Reporter vom Tatort, geben mit verschränkten Armen ihre Kommentare ab. »Man braucht ja nicht gleich zu schießen, aber daß der mal einen Denkzettel abgekriegt hat, ist ganz gut«, soll einer gesagt haben, und ein anderer: »Sieh mal an, wenn's ans Sterben geht, ruft sogar der nach Vater und Mutter.«

Um 16.40 Uhr stoppt der Funkstreifenwagen »berta 47« am Tatort. Die Polizisten springen heraus, laufen auf die Menschentraube um Rudi herum zu, drängen sich in die Mitte. Die Umstehenden fassen die Polizisten am Arm, deuten Kudamm-aufwärts in die Richtung, in die Josef Bachmann losgerannt ist; die Beamten sehen den blutüber-

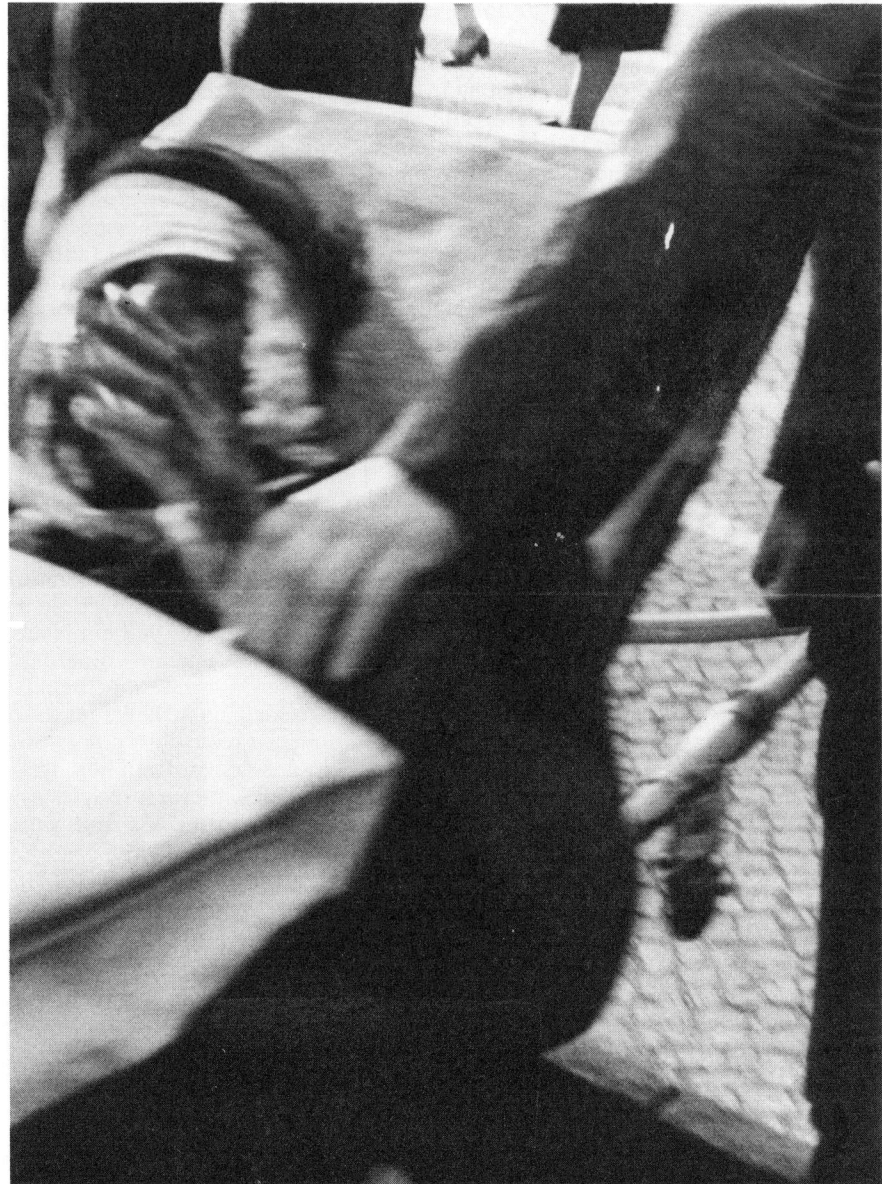

Wolf Biermann
Drei Kugeln
auf Rudi Dutschke

Drei Kugeln auf Rudi Dutschke
Ein blutiges Attentat
Wir haben genau gesehen
Wer da geschossen hat
Ach Deutschland, deine Mörder!
Es ist das alte Lied
Schon wieder Blut und Tränen
Was gehst Du denn mit denen
Du weißt doch was dir blüht!

Die Kugel Nummer eins kam
Aus Springers Zeitungswald
Ihr habt dem Mann die Groschen
Auch noch dafür bezahlt
Ach Deutschland, deine Mörder!

Des zweiten Schusses Schütze
Im Schöneberger Haus
Sein Mund war ja die Mündung
Da kam die Kugel raus
Ach Deutschland, deine Mörder!

Der Edel-Nazi-Kanzler
Schoß Kugel Nummer drei
Er legte gleich der Witwe
Den Beileidsbrief mit bei
Ach Deutschland, deine Mörder!

Drei Kugeln auf Rudi Dutschke
Ihm galten sie nicht allein
Wenn wir uns jetzt nicht wehren
Wirst du der Nächste sein
Ach Deutschland, deine Mörder!

Es haben die paar Herren
So viel schon umgebracht
Statt daß sie euch zerbrechen
Zerbrecht jetzt ihre Macht!
Ach Deutschland, deine Mörder!

strömten Mann liegen, sehen, daß dem nur die bereits alarmierten Sanitäter helfen können, wenn überhaupt jemand, machen gleich kehrt und nehmen die Verfolgung des Täters auf. Sie stellen ihn etwa 150 Meter vom Tatort entfernt. (...)

17.30 Uhr. Unter dem Feuerschutz eines Kollegen dringt ein Polizist in den Keller auf einem Baugrundstück in der Nestorstr. 54 ein. Er fordert Josef Bachmann auf, aufzugeben und die Waffe wegzuwerfen. Bachmann antwortet nicht, er schießt auf den Beamten, der auf ihn zukommt. Der schießt zurück und trifft. Bachmann schreit auf und bricht, in Brust und Arm getroffen, zusammen. Sanitäter kommen und transportieren ihn auf einer Bahre ab. (...)

Die Genossen. »Im SDS-Zentrum ratlose SDS-Genossen, einige weinen. Leise, aufgeregte Stimmen. Was tun? Jemand berichtet über eine Nachricht im SFB: Rudi Dutschke ist tot. Verzweiflung breitet sich auf den Gesichtern aus. Alle sind gelähmt. Jemand ruft im Albrecht-Achilles-Krankenhaus an, in das man Rudi Dutschke

gebracht hat. Im Krankenhaus kann man keine Auskunft über Dutschkes Zustand geben. Vor ein paar Minuten ist er mit einem Krankenwagen weiter ins Westend-Krankenhaus gebracht worden zur Gehirnchirurgie. Dort: keine Auskunft.

Christian Semler steht an der Fensterbank und kritzelt eine Presseinformation auf einen Zettel: Wenn auch der Attentäter noch nicht identifiziert sei, so stehe doch fest, daß der Hauptschuldige für diesen Mordanschlag Springer sei, denn seine Zeitungen schafften erst die atmosphärischen Voraussetzungen für eine solche Tat.

18.30 Uhr. Die Nachricht verbreitet sich, daß Rudi Dutschke lebt, seine Chancen seien 50:50. Die Atmosphäre entkrampft sich. Die fertig formulierte Pressemitteilung wird an alle Nachrichtenagenturen gegeben. Laufend klingelt das Telefon. Journalisten fragen an, Mitglieder der außerparlamentarischen Opposition erkundigen sich nach Rudis Befinden. Ein Flugblatt wird gedruckt. Die führenden Leute des Berliner SDS tagen in einem geschlossenen Raum. Aktionen werden diskutiert, wieder verworfen.

Soll man auf die Straße gehen? Die Auslieferung der

Springer-Zeitungen verhindern? Den gesamten Straßenverkehr in Berlin lahmlegen? Das Rathaus besetzen? Soll man zum aktiven Widerstand aufrufen? Gar nichts tun?

Man beschließt fürs erste, um 19.00 Uhr eine Pressekonferenz im Republikanischen Club anzusetzen. Aber um 19.00 Uhr berät man noch immer. Eine um 20.00 Uhr im Auditorium Maximum der Technischen Universität geplante Veranstaltung wird »umfunktioniert« und zum Diskussionsabend über die nächsten Aktionen gemacht.

20.00 Uhr Audimax TU, ein Schild in dünnen Lettern seit Spätnachmittag vor dem SDS-Zentrum am Kurfürstendamm, 20.00 Uhr Audimax TU, sagt jeder jedem weiter, der fragt, wie es weitergehen soll. 20.00 Uhr Audimax TU, randvoll mit über 2000 ratlosen Leuten, die darauf warten, daß jemand zu ihnen spricht, alles erklärt, daß etwas passiert. Schweigen, rote Fahnen, Flugblätter. Dann kommen die Genossen aus dem SDS-Zentrum. Dort, hinter der verschlossenen Tür im Versammlungsraum am Nachmittag haben sie selber geschwiegen, als das Gerücht umging, Rudi sei tot. Einige haben geweint. Jetzt brechen sie die ohnmächtige Stille mit harten Worten.

»Ich darf daran erinnern, welche Pogromhetze gerade von den Abgeordneten dieses Berliner Senats nach dem zweiten Juni stattfand. Ich erinnere daran, daß ein Neubauer und ein Schütz anläßlich der Vietnam-Konferenz diese außerparlamentarische Opposition zusammenschlagen wollten. Ich erinnere daran, daß auch Neubauer und Schütz zusammen mit der Springer-Presse die Verantwortung für einen Mörder tragen, der sich an Rudi herangemacht hat, um ihn niederzuschießen. Und ich spreche ganz deutlich aus, die wirklichen Schuldigen heißen Springer, und die Mörder heißen Neubauer und Schütz!«

Oster-Spaziergang

„Jetzt wird ein Abfluß gebaut, bevor's 'ne Überschwemmung gibt"

Karikaturen aus Springer-Zeitungen

„Darf meine Frau heute ins KaDeWe gehen?"

Frankfurt, 15.5.1968

Du hast nicht nur drei Kugel verdient,du
hast vier Kugel verdient.Leider,eine hat
gefehlt.Aber du sollst nicht verrecken,
sondern dein ganzes Leben Krüppel bleiben
und leiden,leiden...Als kommunistisches
Schwein und Verräter hast du es verdient!
Aber dann verschwinde aus Deutschland,
Verräter.Hau ab nach Moskau,du kommunistisches Schwein!   P.B

BIELEFELD, DEN 16.4.68

LIEBER RUDI!
HAU AB. AUS DEUTSCHLAND!
IHR ROTEN AHNT NOCH NICHTS
VON EUREM GLÜCK.
BACHMANN HATTE EINE SCHLECHTE
WAFFE. MEINE MÄNNER HABEN
BESSERE. GUTE BESSERUNG!
          Heinrich M
GENANNT: „GESTAPO MÜLLER"

Lieber Rudi Dutschke,
wir wünschen Ihnen eine baldige Gene-
sung, daß Sie schon bald wieder für Ihre
Gesundheit voll einsatzfähig sind
Wir sind zwei Leutkusener Oberschüle-
rinnen, die Ihr Bestreben schon von Anfang
an verfolgten und Ihre Meinung in der
Hauptsache teilen. Deswegen waren wir
sehr Bestürzt, als wir von dem Attentat,
das man auf Ihnen verübte gehört haben.
Das ist auch der Grund, daß wir Ihnen
Schreiben. Daran können Sie auch erkennen, daß nicht nur die Studenten, Ihrer
Meinung sind, sondern auch der größte
Teil der Schüler, die nicht bei den Demonstra-
tionen dabei waren.
Zwei Ihrer Mitstreiter,
für Recht, Freiheit, Ordnung und Demokratie
Karin J   und Helga B

»... Auf dem Weg dahin haben wir im Amerikahaus die
ganzen Scheiben eingeschmissen. Bei dieser Demonstration auf dem Weg zur Kochstraße ist bei mir mein ganzes
Leben, alles nochmal abgelaufen, verstehst du. Alle
Schläge, die ich abgekriegt habe, was du so erlebst, was du
als Ungerechtigkeit empfindest. Die Empörung über das
Attentat an Rudi war inzwischen in ganz Deutschland so
groß, und in allen Städten ist am selben Abend etwas passiert, da war so eine Stimmung voll Sympathie fürRudi,
daß die Bullen gar nicht einschritten. Sie haben sich anders
verhalten als sonst. Da waren Polizeioffiziere, die haben
gesagt, Kinder, wir können euch doch verstehen, aber
machts nicht zu doll, die haben ja in dem Getümmel noch
richtig mit uns gesprochen. Als ich denn über die Straße
bin und diese Fackeln und dieses Rufen immer ›Ru-di
Dutsch-ke‹, das war eben für mich eine Verkörperung der
ganzen Geschichte. Die Kugel war genauso gegen dich, da
haben sie das erste Mal nun voll auf dich geschossen. Wer
da schießt, ist scheißegal. Deshalb sind wir denn auch
gleich auf dieses Springer-Haus zu und haben Steine rin
geschmissen. Aber irgendwo haben die Leute nicht richtig
mitgemacht, nur die ersten Reihen, die voll druff waren,
der Rest ist stehengeblieben, oder hat dir von hinten die
Steine aus der Hand genommen, ist mir echt passiert.«

(Michael Baumann, »Wie alles anfing«)

Die Anti-Springer-Kampagne

Allen Gesellschaftsanalysen der Antiautoritären lag die Einsicht zugrunde, daß in den kapitalistischen Ländern der wissenschaftliche, ökonomische und technische Fortschritt zur Unterdrückung der Menschen eingesetzt wird und daß diese Unterdrückung nur funktioniert, weil die Menschen dazu gebracht werden, ihr zuzustimmen. Die subjektiven Interessen der Menschen, also das, was sie bewußt als ihr Interesse verfolgen, steht in völligem Gegensatz zu ihrem objektiven Interesse, also zu dem, was sie wirklich frei und glücklich machen würde. Die Menschen verfolgen ihre »falschen Bedürfnisse« mit einer Hartnäckigkeit und Wut, die letzten Endes die trifft, die auf diese Verdrehung und auf die Möglichkeit der Veränderung aufmerksam machen.

Für die Motorik, die in der Lage ist, diese ungeheuren Energien auf die Selbstzerstörung umzuleiten, machten die Antiautoritären vor allem zwei Ursachen ausfindig: die sexuelle Unterdrückung mitsamt der von ihr erzeugten Moral und Destruktivität, sowie die Manipulationsapparate der Massenmedien.

Die Hauptmanipulatoren war schnell herausgefunden. In den späten 60er Jahren, als heftig geliebt und gehaßt wurde, war die bestgehaßte Kreatur außer jedem Zweifel der Großverleger und Volksvergifter Axel Springer. Seine Zeitungen stellten wochentags 30 % und sonntags 90 % der Gesamtauflagen, in Westberlin und Hamburg sogar rund 70 % (Der Spiegel, 40/1967). Allein die Bild-Zeitung, massenwirksamste Dreckschleuder des Konzerns, hatte zu jener Zeit eine Auflage von fast 4,5 Mill. Exemplaren. Keine Lüge war diesen Blättern zu dreckig, kein Mystizismus zu abgeschmackt, kein Baden in Pornografie und Blut zu ekelhaft, wenn es galt (und gilt), die psychischen Energien der Leser zur Zementierung des bestehenden Systems und für die Erdrückung seiner Gegner zu entfesseln. Das Denken der Menschen abzuschaffen, wurde zum konsequenten und erklärten Ziel des Verlegers. Die Folgen bekamen die Kritiker des Meinungsterrors bald am eigenen Leibe zu spüren, vom Angespucktwerden über herausgeschlagene Zähne bis zu Mordanschlägen. Springers Kampagne gegen die − »von Ulbricht gesteuerten« − Radikalen erreichte in Westberlin einen ersten Höhepunkt nach dem Schahbesuch 1967 und gipfelte in den Haßtiraden nach dem Vietnamkongreß, die eine Lynchatmosphäre in der Stadt verbreiteten und ihre wohl gemeinste Erniedrigung nach dem Krieg besorgten.

Die Antwort der Antiautoritären war eine breit angelegte Kampagne zur Enteignung des Verlegers, die sich auf die Berliner Verfassung stützte. Nach dem Attentat auf Rudi Dutschke kam es in Westberlin und in vielen anderen Städten der Bundesrepublik zu militanten Massenaktionen, deren logischer Adressat das Springer-Imperium war. Springer beeilte sich, nicht zuletzt mit dem Blick auf die angezündeten Firmenwagen, die Antiautoritären als die neue SS darzustellen. In den folgenden Jahren war sein Image angeschlagen, die Auflage der Bild-Zeitung sank; dem Einzelkämpfer Wallraff ist es zu verdanken, daß das Wissen um die Niedertracht und Menschenfeindlichkeit des Springer-Konzerns auch in den 70er Jahren aus dem öffentlichen Bewußtsein, auf dem er als Giftkröte nistet, nicht herausgesäubert werden konnte.

Die geifernden Lügen der Springer-Presse waren schon vor dem Attentat auf Rudi Dutschke Gegenstand der Diskussion. Am 6. März 68 fand im Audimax der FU Berlin eine Veranstaltung unter dem Motto »Appell zur Vernunft« statt, während der Gewerkschaftsjournalist Heinz Brandt am Objekt die Wirkung der Bild-Zeitung zu erklären versuchte.

*Rechte Seite oben: Am Morgen nach dem Attentat auf Rudi Dutschke vor dem Berliner Springer-Haus in der Kochstraße
Unten: Barrikadenbau gegen die Auslieferung der Springerblätter in München und Bildzeitungs-Verbrennung in Essen*

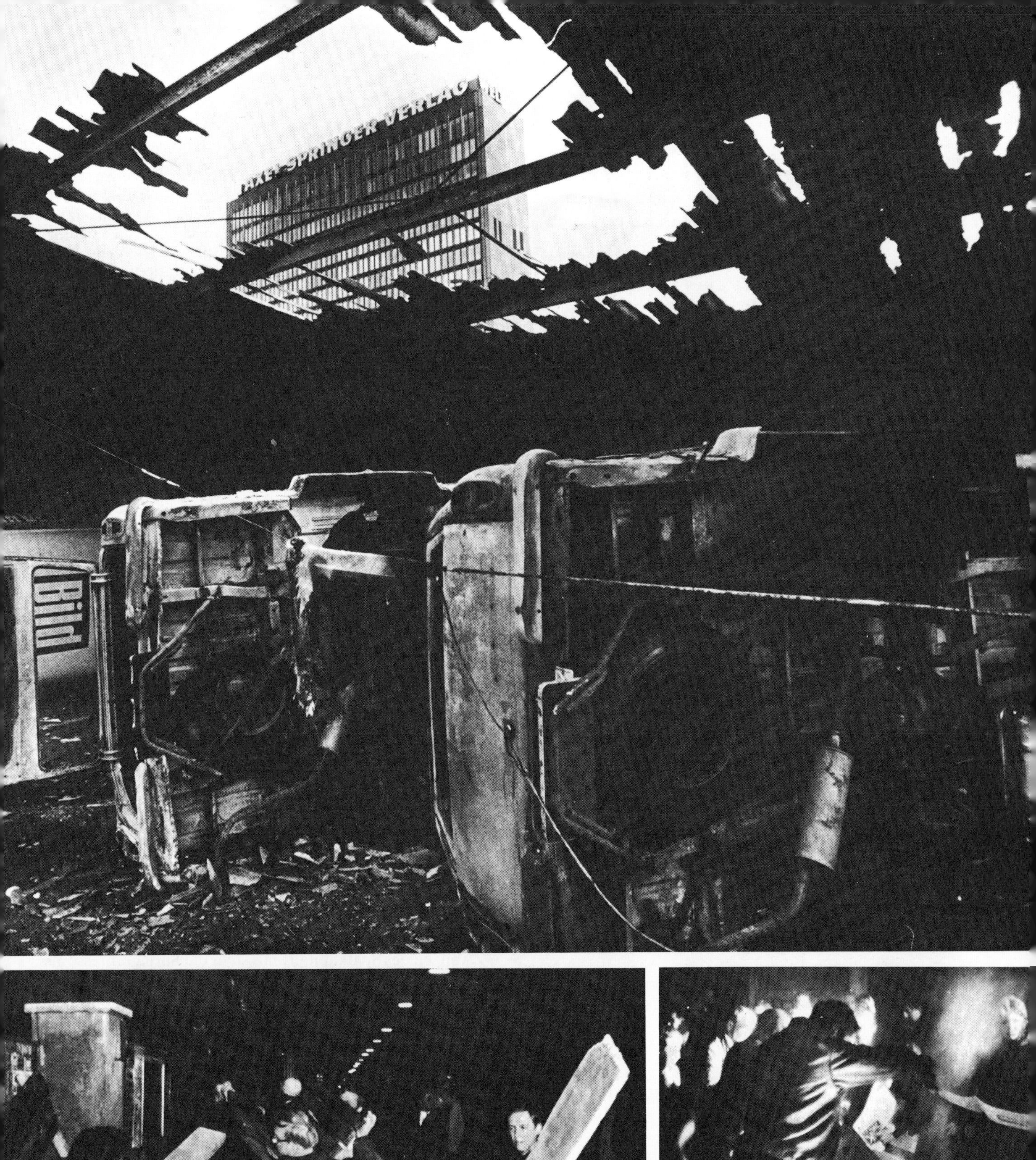
AXEL SPRINGER VERLAG
Bild

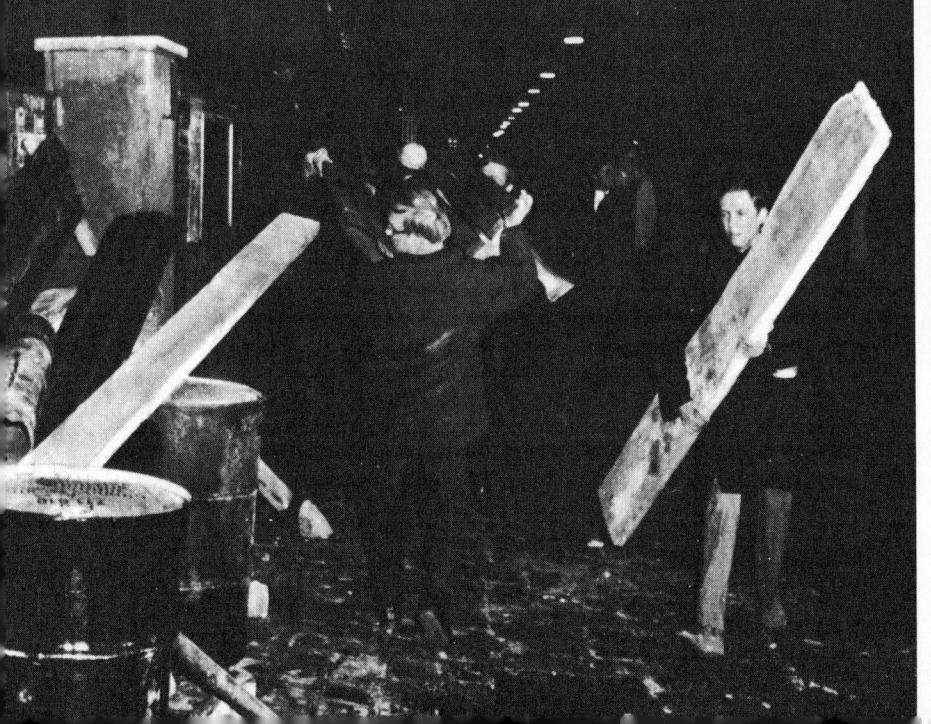

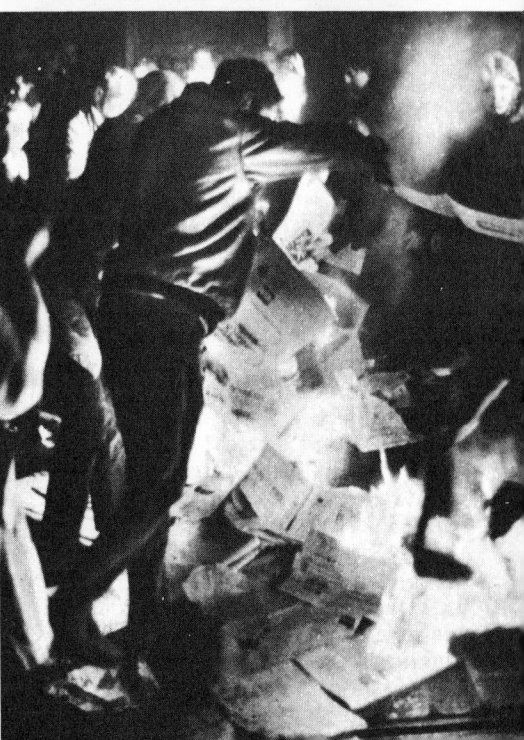

Rede zum Beginn der Springerkampagne

Bundespräsident Lübke fand auch gelegentlich der Einweihung des Berliner Springerhauses ein unvergeßliches Diktum: »Hier springt eine ganz klare Quelle.«

Wir Studenten fordern die Enteignung Springers. Wir haben mit dieser Forderung einen gewissen Erfolg gehabt. Der Fall Springer ist zu dem Prüfstein geworden, durch den sich die Demokraten von den Antidemokraten endlich wieder unterscheiden lassen. Das Springerhochhaus kann der Ort werden, an dem sich die Revolutionäre von den Reformatoren endlich wieder unterscheiden lassen. (. . .)

Der Springerkonzern selbst hat, noch ehe die Kampagne gegen ihn wirklich begonnen hat, eine Gegenkampagne eingeleitet: Das größte Zeitungsimperium des Kontinents, der Besitzer der drittgrößten Zeitung der Welt, der Inhaber eines Monopols bei den Sonntags- und Publikumszeitschriften, eines Quasimonopols auf dem Westberliner Zeitungsmarkt, der Besitzer eines Drittels aller in der Bundesrepublik erscheinenden Tageszeitungen hat zu seiner Verteidigung ausgerechnet die Rolle des verfolgten Juden und der unterdrückten Minorität gewählt: hauseigene Mathematiker haben kürzlich den Marktanteil Springers auf 4 % zusammengerechnet. Gleichzeitig müssen wir die Argumente der Opposition, die dieser Feind zusammenhält, näher untersuchen. Weder kann man nämlich sagen, daß alle sich in dem vorläufigen Ziel – der Enteignung Springers – einig wären, noch viel weniger, daß sie in den Methoden des Kampfes für dieses Ziel übereinstimmen. Augstein will eine Auflagenbeschränkung, die Pressekommission empfiehlt ein Gesetz zur Beschränkung der Konzentration, Grass ekelt sich vor einem Tribunal, der Republikanische Club hat eine Teilenteignung vorgeschlagen – entsprechend und noch mehr unterscheiden sich die Argumentationen der Protagonisten gegen Springer.

Ich möchte zunächst eine Selbstverständlichkeit voranstellen: Jede Argumentation gegen Springer, die die Macht Springers als ein Problem der »schieren Größe« betrachtet, das durch quantitative Maßnahmen, durch Wirtschaftskontrolle, durch Entflechtung usw. zu lösen sei, geht an der Tatsache vorbei, daß die Ansammlung der Springermacht ein politisches Problem ist, auf das eine politische Antwort gefunden werden muß. (. . .)

Man kann das Schema, nach dem die Springerpresse Öffentlichkeit produziert, auf folgende einfache Formel bringen: Jeden Befreiungsversuch der Menschen aus den Zwängen des Spätkapitalismus stellt die Springerpresse als Verbrechen dar. Sie stellt diese Befreiung dar einerseits in ihrer bürgerlichen, isolierten und verzweifelten Form als tatsächliches Gewaltverbrechen. Die soziale Situation und psychologische Motivation des Täters wird verschwiegen, übrig bleiben die Bestialitäten. Die aus der Beschreibung von Mördern und Triebverbrechern entwickelten Diffamierungsstereotypen wendet sie andererseits ungebrochen gegen die politischen Befreiungsbewegungen. Die geschichtliche Kontinuität und das geschichtliche Recht der Befreiungsbewegungen vernichtet sie durch eine Nachkriegspolitik, die die Nachricht von gestern durch die von heute auslöscht und das Bewußtsein des Lesers in die Grenze der jeweiligen Sensation mauert. Der politische Revolutionär erhält die Attribute des Gewaltverbrechers. Der politische Kampf erscheint als individualistischer und abstrakter Terror, die imperialistischen Verhinderungsfeldzüge als Ungeziefer-Vertilgungsaktion.

Ich möchte dieses allgemeine Schema durch einige Thesen zu den wichtigsten Bestandteilen der Springer-Ideologie erläutern.

Der Springerkonzern bildet die propagandistische Vorhut des aggressiven Antikommunismus. Dabei profitiert er von einer Tradition, die mit der Verdrängung der Oktoberrevolution durch die deutsche Sozialdemokratie begann und im Nationalsozialismus kulminierte. Mit der Gleichung Rot gleich Braun übersetzt die Springerpresse das Trauma der unaufgearbeiteten deutschen Vergangenheit in Angst und Aggression gegenüber dem Kommunismus (Modell: »Ingeborg Brandenburg geht auf KZ-Tournee« – so schildert die Bild-Zeitung die Tatsache, daß eine westdeutsche Jazzsängerin in Leibzig gastiert). (...)

BZ, 17.4.65: »Ostberlin ohne Schokoladenhasen. Einheitsei für 13,70 DM. Ist Ostern ohne Schokoladen-Osterhasen denkbar? In Ostberlin ist das keine Frage. Es gibt keine Schokoladen-Hasen – basta. Der schwerfällige Versorgungsapparat hat sich abermals blamiert. Und er beantwortet zugleich die Frage, wieweit sich die Verhältnisse in der Zone in letzter Zeit gebessert haben. Ein Gang durch Ostberliner Geschäfte bewies: Nach wie vor sitzt König Mangel auf dem Thron... An unseren Verhältnissen gemessen ein trostloses Bild.« Man könnte über diesen Artikel lachen, hätte die Springerpresse ihre 10 Millionen Leser nicht derart abgerichtet, daß sie aus solchen Artikeln Trost und Hoffnung für ihr eigenes Leben schöpfen. Die Springerpresse ist ein Hindernis für eine Politik der Entspannung und Abrüstung und eine friedliche Verständigung mit der DDR. (...)

Die Krisenzeichen im Innern setzt die Springerpresse um, indem sie die Leser auf die Suche und Verfolgung von immer neuen Feinden schickt. Arbeitslosigkeit, Unfälle, Katastrophen, Krankheiten und Verbrechen sind die Elemente des allgegenwärtigen Feindes. Dabei mobilisiert die Berichterstattung über Mörder und Triebverbrecher eine Wut der Sittlichkeit, die nicht allein aus den damit angerührten Verdrängungen erklärt werden kann. Die Wut der Leser bezieht ihre Gewalt aus der Gesamtverfassung des Lebens. Die Erfahrung der Unterdrückung wird aufgesplittert in eine Pluralität von Zwängen. Am Schicksal der natürlich Schwachen stellt die Springerpresse die Gewalttätigkeit der Gesellschaft dar und honoriert den isolierten Protest gegen sie. Im selben Maße, wie sie die gesellschaftlich Schwachen verfolgt, lenkt sie das Mitleid auf die natürlich Schwachen: Kinder, Greise, Tiere, Mütter. (zum Beispiel eine Bildunterschrift: »Ein Bild, das auch ohne Kommentar eine erschütternde Aussage macht. Der dreijährige Thomas Allen steht in den verkohlten Trümmern seines Elternhauses in Detroit. Alles Leid der Welt wird deutlich, wenn man in diese Kinderaugen sieht.«) Aus dem Wunsch der Leser nach Gerechtigkeit macht die Springerpresse Lynchinstinkte, aus der verdrängten Sehnsucht nach einer freien Gesellschaft den Haß gegen diejenigen, die sie errichten wollen.

Die Befreiungsbewegungen in Asien, Lateinamerika, Afrika und in den amerikanischen Großstädten verwendet die Springerpresse als Rohstoff für eine Theorie der internationalen Verschwörung. Den Verfolgungsträumen des einzelnen, die die autoritäre Nachkriegsgesellschaft produziert und verdrängt, gibt die Springerpresse durch Greuelgeschichten über die Befreiungskämpfe der andersfarbigen Völker immer neues Material. (...)

Haß auf den Feind wird im Spätkapitalismus gegen die Hasser zurückgewendet. Der Krieg gegen den Feind wird immer wieder abgebrochen und verwandelt in einen Feldzug zur eigenen Reinerhaltung von den Eigenschaften des Feindes, zur Erhaltung von Sauberkeit und Pflichterfüllung. Die Polizisten, die am 2. Juni knüppeln durften, hatten bei der Vietnamdemonstration Rosen auf den Knüppeln und antworteten auf Befragen: »Das ist eine freund-
liche Geste von uns.« Nicht mehr der Eroberung neuen

Lebensraumes dient die gestaute Aggression, sondern der Erhaltung der Unterdrückung der schon unterdrückten Völker und der Verhinderung der Befreiung in den eigenen Reihen. Nicht: »Schlagt los!« will die nachfaschistische Presse durch ihre Feindkonstruktionen sagen, sondern dies: Wenn ihr euch jemals rührt, wenn ihr Scheidungen nicht dem Scheidungsanwalt, Lohnerhöhungen nicht den Tarifverhandlungen, Wohnungen nicht dem Wohnungsamt, Ungerechtigkeiten nicht dem Richter, eure Sicherheit nicht der Polizei, euer Schicksal nicht mehr dem Spätkapitalismus überlaßt, dann kommen Mord, Folter, Vergewaltigung, Verbrechen.

Ich fasse diese Thesen zusammen:

Die Springerpresse stellt die permanente Zustimmung der Massen zu einem Herrschaftssystem her, dem diese demokratisch nicht zustimmen können, weil sie an der Bildung der politischen und ökonomischen Zielvorstellungen nicht beteiligt sind. Sie verhindert die Entstehung eigener gesellschaftlicher Perspektiven bei den Massen und macht sie dadurch bereit, autoritäre Zielvorstellungen zu akzeptieren. Die Springerpresse praktiziert den autoritären Staat schon vor seiner institutionellen Verwirklichung.

Springers wirtschaftliche Macht kann nicht gebrochen werden, wenn seine politische Macht nicht gebrochen wird. Springers politische Macht ist Teil eines Herrschaftssystems, das die Herrschaft über die Massen nur durch die ständige Drohung mit dem Weltbrand aufrecht erhält. Die Enteignung Springers kann also nicht das Werk des Herrschaftssystems sein. Sie muß eingeleitet werden durch politische Aktionen, die die Forderung nach der Enteignung Springers mehr und mehr zur Forderung derer machen, die er heute noch entmündigt. Die Enteignung Springers kann nur das Ergebnis solcher Aktionen sein.

Heißt das, daß eine Enteignung erst einmal utopisch ist, daß wir weiter nur demonstrieren, protestieren müssen? Wenn ein Haus in Flammen steht und jemand kommt herein und schreit »Feuer«, dann passiert es, daß der erwachte Besitzer denjenigen, der ihn geweckt hat, mit dem Brandstifter verwechselt. Wenn das Feuer, das Springer an allen Ecken und Enden schürt, eines Tages auf sein Hochhaus übergreift, dann soll er uns nicht anklagen, daß wir es gelegt hätten.

Nach den Osterunruhen verklagte Springer Horst Mahler auf Schadensersatz. Vor Gericht: Axel C. Springer, Horst Mahler und sein Verteidiger Otto Schily.

141

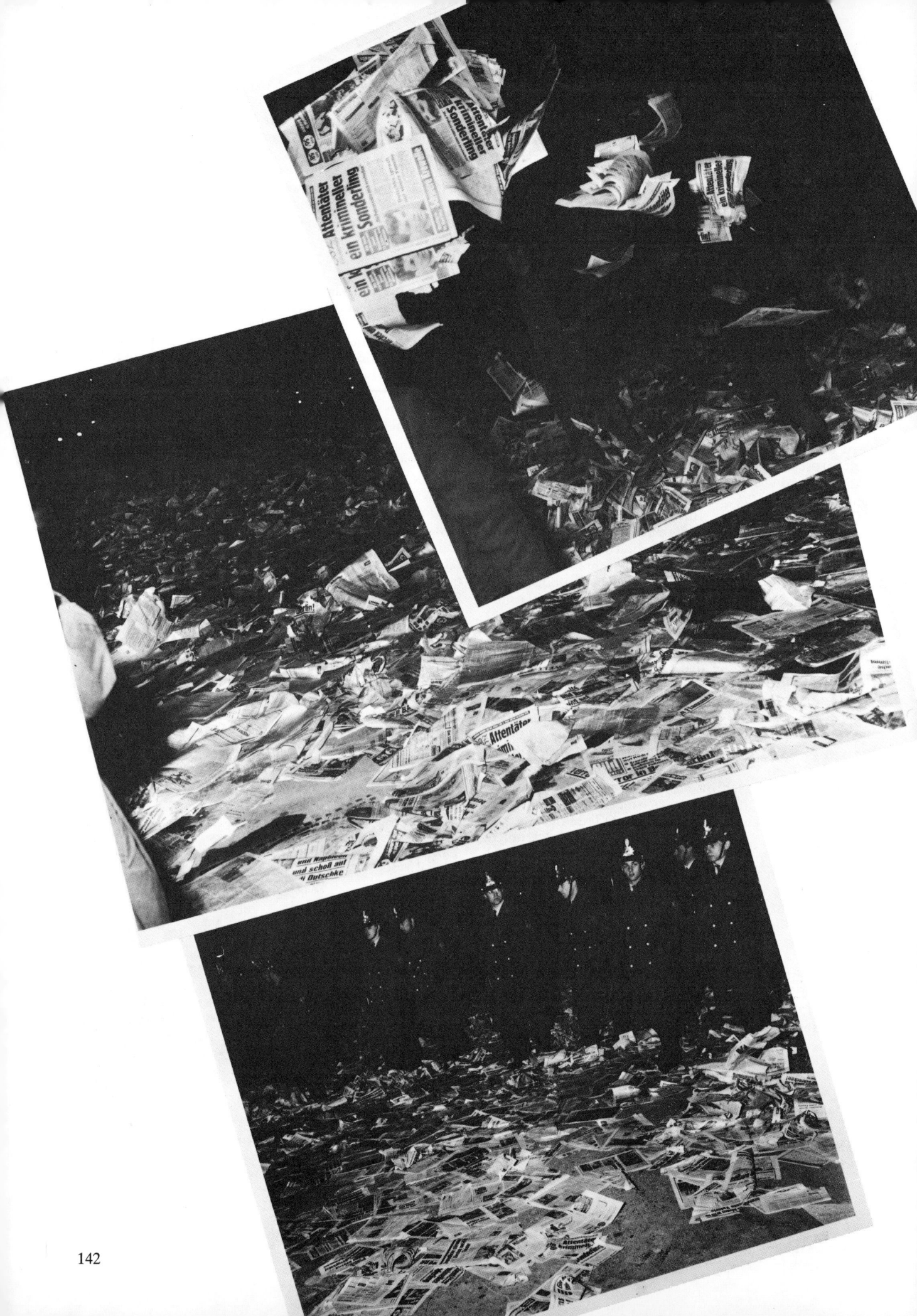

Reinhard Krüger
Mai 1968
in Frankreich

Die Phantasie vor der Macht

An geschichtlichen Ereignissen, die das politische Bewußt-
sein und Selbstverständnis von Millionen von Menschen in
den sechziger Jahren für lange Zeit bestimmten, war das
Jahr 1968 reich: die Fortsetzung und Beendigung der »Kul-
turrevolution« in der VR China, die »Tet-Offensive« der
Streitkräfte der FLN in Vietnam, die Ermordung Martin
Luther Kings, der Mordanschlag auf Rudi Dutschke, die
Verabschiedung der Notstandsgesetze, die Ermordung
Robert Kennedys, der »Prager Frühling« und der »Mai
1968« in Frankreich.

Doch so sehr bei all diesen Ereignissen die politischen
Leidenschaften entfacht wurden: Keines von ihnen hatte
für die Diskussion um eine politische Strategie der »revolutionären Veränderung der spätkapitalistischen Gesellschaft«, die mit Heftigkeit in den intellektuellen Hochbur-
gen des universitären Europa geführt wurde, eine solche
Bedeutung, wie die Entwicklung in Frankreich im Mai
1968. Und dies aus gutem Grund: Führte doch die Entwicklung des Mai 1968 ein hochentwickeltes kapitalisti-
sches Land wie Frankreich in eine solche Lage des Zerfalls
der bisherigen Ordnung, die, und darin sind sich alle Beteiligten einig, den Übergang Frankreichs zu einer wie auch
immer gestalteten revolutionären und sozialistischen
Gesellschaft in greifbare Nähe zu rücken schien. Damit
wurde Frankreich für einen kurzen historischen Moment
zum Modellfall dafür, daß die totgesagte sozialistische
Revolution in einem entwickelten kapitalistischen Land
möglich werden konnte. Doch der Mai 1968 in Frankreich
hat über seine geschichtliche Tatsache hinaus Bedeutung.
Er war für viele europäische Länder das Beispiel einer politischen Koalition zwischen Arbeiterbewegung und Studentenbewegung. Er war aber auch mit dem Scheitern dieser
Koalition Anlaß des Bruchs der sich entwickelnden
Ansätze eines gemeinsamen politischen Vorgehens in den
einzelnen europäischen Ländern. Revolutionäre Unge-
duld, die das schon Greifbare und Machbare erahnt, auf
der einen Seite, Verharren in den ausgetretenen Wegen
traditioneller Politikformen, deren Erfolgsaussichten fraglich geworden sind, auf der anderen Seite waren die politischen Widersprüche, die durch die Entwicklung in Frankreich katalysiert wurden. Mit dem Scheitern der politischen Koalition von Arbeiter- und Studentenbewegung
in Frankreich trugen auch große Teile der Studentenbewegung in Westberlin in Form von »proletarisch-linken
Parteiinitiativen« und »Kommunistische Partei Deutschlands – Aufbauorganisationen« ihre Hoffnungen auf eine
solche Koalition zu Grabe.

Die Poeten auf der Straße

Ich bleibe dabei
Der Platz des Poeten ist jetzt
Die Straße
Stürmen die Elfenbeintürme
Sie schleifen
Den Ausnahmezustand proklamieren

Wenn ich mich gehenlasse
Über mein Elend heule
Und dieses Elend nicht auch
Deins ist
Leser
Schlag mich hart

Damit die Poesie
Sich nie mehr davonschleicht

(Unbekannter Barrikadendichter)

Zwei Bewegungen
werden ein Strom (I)

Wer am 31. März 1968 den »Tagesspiegel« unter der Über-
schrift »Unruhe auch an der Sorbonne. Erste Studenten-
Proteste in der Geschichte der Pariser Universität« las,
konnte sich kaum vorstellen, in welchen revolutionären
Sturm sich diese Aktionen binnen weniger Wochen verwandeln sollten.

Am 22. März 1968 hatten 147 Studenten im Anschluß an
eine Demonstration, die sich gegen die Verhaftung von
Teilnehmern der großen Vietnamdemonstration vom
21. Februar richtete, das Verwaltungsgebäude der philosophischen Fakultät der Sorbonne in Nanterre, einer jener
großen Schlafstädte vor den Toren von Paris, besetzt. Dort
beratschlagten sie über das weitere Vorgehen, nachdem im
Anschluß an die Demonstration erneut zahlreiche Studenten unter dem Vorwurf, sie hätten während der Demon-

143

stration erneut zahlreiche Studenten unter dem Vorwurf, sie hätten während der Demonstration amerikanische Einrichtungen beschädigt, verhaftet worden waren.

Die wichtigsten Ergebnisse dieser Versammlung wurden in einem Flugblatt zusammengefaßt. Dort heißt es: »Wir müssen mit jenen Formen des Protests brechen, die keinerlei Wirkung mehr erzielen... Wir schlagen Euch vor, Freitag, den 29. März umfangreiche Diskussionen durchzuführen über:
- den Kapitalismus 1968 und die Kämpfe der Arbeiter;
- Universität und kritische Universität;
- der antiimperialistische Kampf;
- die Länder des Ostens und die Arbeiter- und Studentenkämpfe in diesen Ländern.

Aus diesem Grunde besetzen wir den ganzen Tag das Gebäude C, um diese Probleme in kleinen Gruppen in verschiedenen Hörsälen zu diskutieren.«

Die »Bewegung des 22. März« war geboren; eines ihrer Mitglieder: Daniel Cohn-Bendit.

Am 29. März wurden in Nanterre die Fakultätsgebäude besetzt, worauf der Dekan die Schließung der Fakultät anordnete. Die Maßnahmen führten zu einer wachsenden Solidarisierung unter den Studenten und den Hochschullehrern, die zu Solidaritätsstreiks mit den Studenten aufriefen. Im Laufe des Monats April hatte diese Bewegung in den Universitäten solche Außmaße angenommen, daß der gaullistische Staatsapparat nur noch mit den Mitteln schärfster Repression glaubte, Herr der Lage werden zu können. Einmal auf dem Niveau einer allgemeinen Konfrontation zwischen der Mehrheit des universitären Teils der Bevölkerung und dem Staatsapparat angelangt, katalysierte die Bewegung an den Hochschulen die politische Krise des gaullistischen Staates.

Die latente Krise

Frankreich befand sich nach den fünfziger Jahren im Prozeß des Übergangs vom einem Agrar-Industrieland zu einem Industrie-Agrarland. In dieser Zeit zogen Millionen von Franzosen in die industriellen Zentren und die Schlafstädte, die sich um die industriellen Metropolen des Landes herausbildeten. Damit wurde ein großer Teil der bisher ländlichen Bevölkerung zu Lohnarbeitern und erfuhr nun erstmalig die Arbeitsbedingungen in großen kapitalistischen Betrieben.

Die rasche Industrialisierung des Landes brachte für die Universitäten, die ihre Kapazitäten den gewachsenen Bedürfnissen der sich entwickelnden Industrie anpassen mußten, ein explosionsartiges Ansteigen der Studentenzahlen, die den bisherigen institutionellen Rahmen der Hochschulen zu sprengen drohten.

Zudem wurde Frankreich nach 1958, seit Charles de Gaulle in einem Putsch die Vierte Republik beseitigt hatte, in einem den revolutionären und demokratischen Traditionen des Landes entgegengesetzten Sinne politisch beherrscht.

Der Präsident der Fünften Republik, die de Gaulle gründete, wurde auf sieben Jahre gewählt, setzte nach seinen eigenen Vorstellungen die Ministerpräsidenten und die Minister ein, und besaß Vollmachten, die es ihm gestatten, auch ohne parlamentarische Mehrheit und gegen das Parlament zu regieren.

Dieses Herrschaftsmodell konnte nur so lange funktionieren, wie der Präsident in der Lage war, den Verzicht der Bevölkerung auf demokratische Rechte durch spezifisch andere Formen von Politik erträglich zu machen: mit den Mitteln der politischen Integration der Widersprüche die

aufbrechenden sozialen Konflikte zu dämpfen und zugleich mit den spezifischen Mitteln des Bonapartismus und Populismus den Schein einer Aufhebung der sozialspezifischen Interessen in der Form eines allgemeinen nationalen Interesses zu produzieren.

Dieses System muß in die Krise geraten in dem Moment, wo die populistischen Methoden der Mehrheitsbeschaffung nicht mehr funktionieren. Will sich das System dennoch an der Macht behaupten, muß es zu repressiven Maßnahmen gegen diejenigen Teile der Gesellschaft greifen, die ihm den Kampf angesagt haben. Und dies kann die politische Krise des Systems nur noch verschärfen; denn im Gegensatz zur Bundesrepublik besteht in der französischen Bevölkerung, offensichtlich als politische Verhaltensweise, deren Tradition bis zur Französischen Revolution 1789 zurückzuverfolgen ist, eine ausgesprochen antietatistische Grundhaltung. Jede politische Herrschaft in Frankreich muß in dem Falle, daß der Staatsapparat gegen Teile der Bevölkerung zu Maßnahmen der Repression übergeht, damit rechnen, daß die Bevölkerung mehrheitlich auf die Seite der vom Staat Angegriffenen übergeht.

Ab der Mitte der sechziger Jahre wurde diese Krise allmählich akut. Bei den Präsidentschaftswahlen und den Wahlen zur Nationalversammlung konnten die Gaullisten in Koalition mit dem RPR (Rassemblement pour la République – Sammlungsbewegung für die Republik) des späteren Präsidenten Giscard d'Estaing nur noch knapp die Mehrheit behaupten. Am 22. Januar 1968 verlor die gaullistische Koalition die Mehrheit in der Nationalversammlung, nachdem der polynesische Abgeordnete sich aus Protest gegen die französischen Atomversuche im Pazifik aus der Regierungsmehrheit zurückgezogen hatte. Am 24. Februar gelang es der PCF (Parti Communiste Française – Französische Kommunistische Partei) und der FDGS (Föderation der demokratischen Linken), die eine lockere Verbindung der alten Sozialdemokratischen Partei Frankreichs mit anderen kleineren Linksparteien ist, nach langen und schwierigen Verhandlungen, ein Aktionsprogramm zu verabschieden, das die weitere Auflösung des gaullistischen Systems beschleunigen sollte: Es wurde die Stärkung der Rolle des Parlaments gegenüber dem Präsidenten gefordert, die Einschränkung der Position des Präsidenten und die Abschaffung des Artikels 16 der Verfassung, der dem Präsidenten in Ausnahmefällen Sondervollmachten gab. Tatsächlich hätten dies sinnvolle Maßnahmen zur Umgestaltung der politischen Strukturen in Frankreich sein können, denn die Linken verfügten zu der Zeit über fast 50 % der Sitze in der Nationalversammlung, einmal abgesehen von den Linksgaullisten, deren Treue zu de Gaulle auch nicht mehr sicher war.

Zwei Bewegungen werden ein Strom (II)

Parallel zu diesen allgemeinen politischen Prozessen war seit dem Beginn des Jahres 1968 ein allgemeines Anwachsen der Aktivitäten der Arbeiterbewegung zu verzeichnen. Bei Renault in Billancourt, keine Bahnstunde von Paris entfernt, jenem wichtigsten Industriebetrieb in Frankreich, wenn man die Kampfbereitschaft der Arbeiter einschätzen will, hatte es seit dem März mindestens 90 Arbeitsniederlegungen gegeben. In anderen Betrieben brodelte es ähnlich. Fast immer ging es um die Erhöhung des gesetzlich garantierten Mindestlohnes, um allgemeine Lohnanhebungen und die Reform der Sozialversicherungs-Gesetze.

Anders als in Westdeutschland zündeten in Paris die Aktionen der Rebellen unter den Arbeitern: Der Traum von der Aktionseinheit von Studenten und Arbeitern wurde für kurze Zeit Wirklichkeit.

145

Auf der Demonstration am 1. Mai in Paris kam es dann zu ersten Berührungen zwischen den beiden Bewegungen, die sich in den Betrieben und den Universitäten in den letzten Monaten gebildet hatten. Immer mehr nahmen die Forderungen allgemeinen Charakter an und zielten auf die Beseitigung des gaullistischen Regimes. Doch noch hatte dies keinen anderen Charakter, als den einer allgemeinen Forderung. Am 2. und 3. Mai sollten in Nanterre Kampftage gegen den Imperialismus stattfinden. Daraufhin schloß der Dekan erneut die Fakultät. Am nächsten Tag solidarisierten sich die Studenten an den anderen Pariser Universitäten und die Schüler der Gymnasien mit den Studenten in Nanterre. Am Abend fand in Paris eine Demonstration gegen die Schließung der Fakultät in Nanterre statt. Am Ende der Demonstration kam es zu ersten Straßenschlachten. Die Verhaftungen des Abends gaben den Anlaß für die Demonstrationen des nächsten Tages. Dann folgte die entscheidende Nacht vom 10. auf den 11. Mai, in der die Empörung der Studenten über die Repressalien des gaullistischen Staates auch auf weite Teile der Bevölkerung übergriff. Nach der Demonstration des französischen Studentenverbandes UNEF am 10. Mai zogen etwa vier- bis fünftausend Studenten ins Quartier Latin um die Sorbonne. Alles deutete darauf hin, daß die von der Polizei durchgeführten Straßenabsperrungen von vornherein zum Ziel hatten, die Studenten im Quartier Latin gewissermaßen zu ghettoisieren. Das Quartier Latin wurde von Polizei umstellt, worauf die Studenten spontan zu Gegenmaßnahmen griffen, indem sie zu ihrem Schutz Barrikaden bauten.

In der Nacht, gegen zwei Uhr, ging der Kampf los. Die Polizei setzte Tränengas- und Giftgas ein, um die Barrikaden zu räumen. Gasverletzte Studenten wurden festgenommen und bewußtlos geprügelt, Fliehende bis in die Häuser verfolgt. Und hier schlug die Stimmung in der Bevölkerung um: Die Bewohner des Quartier Latin, deren Autos noch eben als Barrikaden in Flammen aufgegangen waren, bieten den Studenten Schutz, gießen das Gift- und Tränengas neutralisierende Mittel auf die Straßen, leisten den Studenten gegen die Brutalitäten der Polizei jede

Hilfe. Ganz Frankreich, über den einzigen vom Staat unabhängigen Rundfunksender über die Ereignisse im Quartier Latin unterrichtet, ist am nächsten Tag entrüstet. Jeder weiß: der Kampf kann jetzt nur noch neue Qualitäten erreichen, wenn die Organisation der Arbeiterbewegung, insbesondere die kommunistische Partei und die kommunistische Gewerkschaft CGT (Confédération Générale du Travail − Allgemeine Arbeitervereinigung), sich zu den schärfsten Maßnahmen des politischen Kampfes entschließen können: dem politischen Generalstreik.

Am Morgen des 12. Mai wurde in Verhandlungen zwischen den Organisationen der Studentenbewegung sowie der PCF und der CGT vereinbart, für den 13. Mai, dem zehnten Jahrestag des Putsches von de Gaulle, zu einem Generalstreik und zu politischen Demonstrationen unter der Parole »Zehn Jahre sind genug« aufzurufen. Damit erfuhr die Situation eine neue politische Zuspitzung: die zu einem einheitlichen politischen Strom zusammengeführten großen Bewegungen in den Fabriken und den Lehreinrichtungen des Landes orientierten sich auf eine Ablösung des politischen Regimes in Frankreich. Die nächsten Tage ließen diese dann sogar allmählich in greifbare Nähe rükken. Aus der Provinz wurden die ersten spontanen Fabrikbesetzungen durch streikende Arbeiter berichtet. Wie ein Lauffeuer breitete sich die Idee von der Fabrikbesetzung im Lande aus. Ja, selbst die Fußballprofis hißten die rote Fahne auf ihren besetzten Vereinshäusern, und die Tänzerinnen der Folies Bergères traten in den Streik.

Fast das gesamte industrielle und infrastrukturelle Potential des Landes war binnen weniger Tage gelähmt. Ein großer Teil der Bevölkerung, dabei zehn Millionen streikende Arbeiter, zeigten sich nun fest entschlossen, die Bewegung bis zum Sturz des Regimes voranzutreiben. Diejenigen, die bislang an den Schalthebeln der Macht gesessen hatten, antworteten mit ungeahnter staatlicher Brutalität. Die Mittelschichten, das wenig bewegte Stimmvieh der gaullistischen Regierung, waren politisch neutralisiert. An ihrer linken Peripherie zeigten sich Erscheinungen, die einen Übergang in das Lager der revoltierenden Bevölkerung erwarten ließen.

Der Nanterre-Student Daniel Cohn-Bendit bei der Straßen-Agitation. Cohn-Bendit lebte in den 70er Jahren in Frankfurt, u. a. als Redakteur der Zeitschrift »Pflasterstrand«. Der Titel dieser Publikation ist einer Parole des Pariser Mai entlehnt: »Unter dem Pflaster: der Strand«. Die Parole antizipiert Illusionen, die im folgenden Jahrzehnt weite Verbreitung finden sollten.

De Gaulle denunzierte die Rebellen als »Chienlit«, d. h. als das Bett bepissende Hundemeute. Antwort von unten: Wir sind Frankreich, und der Bettpisser bist DU! (»Le chienlit, c'est lui!«)

»Unter dem Pflaster der Strand« –
Unter den Pflastersteinen, die zu Argumenten werden, lächelt uns, surrealistisch verfremdet, das Antlitz von Rousseau entgegen: Zurück zur Natur!

Streikende Renault-Arbeiter

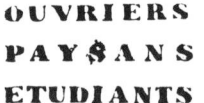

Verhandlungen oder Revolution?

In dieser Situation wurde für die Strategie der linken und demokratischen Kräfte die Frage nach dem politischen Verhalten gegenüber den – angeschlagenen – herrschenden Kräften entscheidend. Sollte man sich auf eine weitere Verschärfung der politischen und sozialen Lage, auf einen weiteren Zerfall der Gesellschaft in zwei antagonistische Blöcke orientieren – auf die Gefahr hin, Teile der noch zu gewinnenden potentiellen Bündnispartner wieder dem Regime in die Arme zu treiben, oder sollte man darauf setzen, das jetzt schon Erreichbare den Herrschenden abzuringen, um auf der Grundlage eines solchen Teilerfolges eine politische Mehrheit zu bilden, die groß genug wäre, den Sturz des Regimes zu bewirken – mit dem Risiko, diejenigen Bevölkerungsteile, die jetzt schon bereit waren, bis zum Letzten zu gehen, zu desorientieren...

Es ist nicht möglich, im Nachhinein darüber zu urteilen, welche der beiden Strategien (die vereinfachend auch die Trennungslinie zwischen Studenten- und Arbeiterbewegung im Mai 68 kennzeichnen) geschichtlich gerechtfertigt war. Tatsache ist, daß die mit den großen Gewerkschaften

Jean-Paul Sartre spricht im Mai 68 in der Sorbonne zu den Studenten. Sartre stand während der Mai-Auseinandersetzungen klar auf der Seite der revolutionären Studenten, die das Eingehen der KPF auf die von de Gaulle vorgeschlagenen Parlamentswahlen als »Komplizenschaft mit de Gaulle« scharf verurteilten. Seiner Meinung nach hatten »die Kommunisten Angst vor der Revolution«. Ob die allerdings tatsächlich machbar gewesen wäre, erscheint rückblickend fraglich – bei den Juli-Wahlen konnten die Gaullisten ihren Stimmanteil sogar vergrößern.

CGT, CFDT (Confédération française démocratique du travail – Demokratische französische Arbeitervereinigung, eine ehemals christliche Gewerkschaft) und FO (Force Ouvrière – Arbeiterkraft, sozialdemokratische Gewerkschaft) verbundenen politischen Parteien PCF, FDGS, PSU (Parti socialiste unifié – Vereinigte sozialistische Partei) und PR (Parti radical – Radikale Partei, eine kleinbürgerliche radikal-republikanische Partei) auf Verhandlungen mit der Regierung und den Unternehmerverbänden orientierten und gleichzeitig die politischen Bedingungen schaffen wollten, die die Übernahme der politischen Herrschaft durch eine demokratische Volksregierung gestatteten. Aber: Kann man auf die Übernahme der politischen Macht orientieren, wenn man sich gegenüber den Herrschenden als Fordernder verhält, wenn man durch die Verhandlungsgeste die bestehenden Herrschaftsverhältnisse zumindest implizit anerkennt? Denn bei den Verhandlungen sollte es nicht um die Übergabe der politischen Macht gehen, sondern um Verbesserungen der Lage der Arbeiter und der Studenten, die sich im Rahmen gewerkschaftlicher Forderungen bewegten. Als dann die Verhandlungen am 23. Mai begannen, auf denen Regierung und Unternehmer zunächst nicht bereit waren, auch nur einen Fußbreit nachzugeben, zeigten sich auf dem linken Spektrum der Gesellschaft bereits erste große Risse. Die Wortführer der Studentenbewegung, große Teile der Studenten und ein Teil vor allem der jungen Arbeiter dachten weiterhin in der Linie der Bewegung des 22. März, wonach die sukzessive Verschärfung der Lage die Gesellschaft an jenen Punkt hätte heranführen müssen, der eine Revolution hätte ermöglichen können. Von diesen Positionen aus betrachteten sie die begonnenen Verhandlungen als Verrat an jener Linie, die zur Revolution führen mußte.

Abgesehen davon, daß es fraglich ist, ob Verhandlungen mit den Herrschenden überhaupt den Weg für eine Machtübernahme durch eine Volksregierung freigemacht hätten, waren die linken Parteien PCF, FDGS und PSU untereinander noch nicht einmal über eine Minimalplattform für eine Regierungsübernahme einig geworden. So war es auch nicht möglich, auf der Grundlage einer gemeinsamen Plattform in die Front der sich abwartend verhaltenden Linksgaullisten einzubrechen und damit dem gaullistischen System den entscheidenden Stoß zu versetzen.

In dieser Situation reorganisierten die Gaullisten ihre gelähmten Kräfte. Es erschienen erste gaullistische Flugblätter, es wurden Aufrufe zu ersten Demonstrationen für das System vorbereitet.

Obgleich die linken Parteien sich noch nicht über das Wie einer Machtübernahme einig waren, wurden doch die Vorbereitungen für die Übernahme der politischen Macht vorangetrieben. Es bildeten sich in Stadtteilen, Betrieben und Hochschulen Vorbereitungskomitees für eine demokratische Volksregierung. Unter dem ständigen Druck der Volksbewegung mußte Hochschulminister Peyrefitte seinen Hut nehmen, Premierminister Pompidou geriet ins Wanken und de Gaulle verließ am 29. Mai fluchtartig den Elysée-Palast. Alles deutete darauf hin, daß dem Sieg nichts mehr im Wege stand.

Doch dann kamen die ersten Meldungen von Maßnahmen durch, die die Regierung hinter den Kulissen vorbereitet hatte. Zunächst hatte de Gaulle die noch inhaftierten Putschgeneräle der OAS (Organisation de l'armée secrète – Organisation der Geheimarmee) aus der Zeit des Algerienkrieges freigelassen. Wenn man bedenkt, daß de Gaulle seine Macht im Jahre 1958 gerade gegen jene Kräfte angetreten hatte, die im Interesse einer Aufrechterhaltung des französischen Kolonialregimes in Algerien als Geheimarmee einen Putsch vorbereitet hatten, der sich gegen de Gaulle richten sollte, dann wird die politische Tragweite der Freilassung dieser Kräfte durch de Gaulle Ende Mai 68 erkennbar: De Gaulle schloß auf der Seite der Rechten Frieden, um so alle Kräfte der Reaktion gegen die drohende Revolution im Lande zu versammeln und in eine einheitliche Richtung zu führen. Dann flog de Gaulle nach Baden-Baden, um dort mit dem Oberbefehlshaber der französischen Streitkräfte in der BRD, dem ihm treu ergebenen Gefährten aus der Résistance-Zeit, General Massu, über einen Truppeneinsatz gegen Paris zu verhandeln. Schließlich verstärkten sich um Paris ungewöhnliche Truppenbewegungen gepanzerter Armee-Einheiten, sodaß man sich am 30. und 31. Mai fragte, ob de Gaulle einen Militär-Putsch vorbereitete. Es ist fraglich, ob de Gaulle zu dem Mittel des Putsches gegriffen hätte. Tatsache ist aber, daß er versuchte, den Anschein zu erwecken, als sei er bereit, mit aller militärischer Gewalt zuzuschlagen. Dies reichte jedoch schon aus, die uneinheitliche Linke letzten Endes zum Rückzug zu veranlassen. Erklärte die PCF noch am 30. Mai, daß es nicht mehr alleine darum ginge, daß der Lohnzettel stimme, sondern daß die Politik von Grund auf anders werden müsse, daß für das Volk regiert werden müsse, hieß es am 6. Juni in der »Humanité«, der Zeitung der PCF: »Jahrelange Forderungen wurden endlich erfüllt. Siegreiche Wiederaufnahme der Arbeit in den Betrieben.«

Anders, als es diese Schlagzeile zu verstehen geben will, vollzog sich jedoch die Wiederaufnahme der Arbeit in den Betrieben nur sehr schleppend. Noch um den 15. Juni herum waren nicht alle besetzten Betriebe von den Arbeitern wieder verlassen worden. Zu sehr hatten sie sich jenem Punkt genähert, an dem die Macht greifbar wurde, um diese Perspektive jetzt wieder einfach aufzugeben. Desgleichen die Mehrzahl der Studenten. Das Quartier Latin blieb von den Studenten besetzt. Die in Ansätzen entwickelten Strukturen von Gegenherrschaft funktionierten weiter. Es zeichneten sich allmählich die Konturen eines neuen Lebens, einer neuen Art, die sozialen Beziehungen zu organisieren, ab. Jetzt eigentlich erst, als der ständige Druck der Polizei nachgegeben hatte, nachdem man eine zeitlang in gewisser Ruhe leben konnte, stellte sich das Gefühl ein von dem, was man gerne erreicht hätte: eine Kulturrevolution als eine umfassende Reorganisation des Lebens, gestaltet nach den Prinzipien der Freiheit, der Gleichheit, der Brüderlichkeit und der Phantasie.

Doch Mitte Juni war auch damit Schluß: In einem bürgerkriegsähnlichen Manöver überfiel die Polizei das Quartier Latin und zerstörte jenen ersten Ort nach der Pariser Commune, an dem die Träume eines freien Lebens begannen, gegenständlich zu werden. Eine erneute Mobilisierung der Bevölkerung gegen die Unterdrückung der Studenten durch die Polizei war nicht mehr zu erreichen. Zu sehr waren die sozialen Energien in den letzten Wochen verausgabt worden, und zu gering waren jetzt, nach den Abkommen zwischen Regierung, Unternehmern und Gewerkschaften, die Aussichten geworden, tatsächlich noch eine grundlegende Wende der Entwicklung herbeiführen zu können. Schon hatte man sich mit den zwar beträchtlichen, im Vergleich zu dem, was hätte erreicht werden können, aber eher bescheidenen Ergebnissen der Verhandlungen zufrieden gegeben: zehnprozentige Lohnerhöhungen, dreißigprozentige Erhöhung des garantierten Mindestlohnes, Verbesserungen des Sozialversicherungssystems und eine in Aussicht gestellte Hochschulreform. Zu sehr war das politische Denken auch auf seiten der Linken wieder an den herkömmlichen Politikformen orientiert. De Gaulle hatte das Parlament aufgelöst und mußte sich Neuwahlen stellen, die für Ende Juni angesetzt wurden. Und bei diesen Wahlen trat ein eigenartiges Phänomen ein: Das Volk, das soeben noch in der Lage gewesen war, ein reaktionäres Regime ins Wanken zu bringen, wählte konservativ. So ging de Gaulle noch ein letztes Mal als Sieger aus den Wahlen im Juni 68 hervor, was nur damit zu erklären ist, daß die während der Kämpfe politisch neutralisierte Mitte sich bei den Wahlen voll auf die Seite von Ruhe und Ordnung, von de Gaulle stellte.

Prager Frühling

Aufruf an das gesamte Volk der ČSSR
Radio Prag, Mittwoch, 21. August 1968, 4.30 h;
Bericht des Präsidiums des ZK der KPČ:
»An das gesamte Volk der ČSSR!
Gestern, am 20. August 1968, etwa 23 Uhr, überschritten Truppen der Sowjetunion, der Polnischen Volksrepublik, der DDR, der Ungarischen Volksrepublik und der Bulgarischen Volksrepublik die Staatsgrenze der ČSSR. Dies geschah ohne Wissen des Präsidenten der Republik... Das Präsidium des ZK der KPČ ruft alle Bürger unserer Republik auf, Ruhe zu bewahren und den einrückenden Truppen keinen Widerstand zu leisten, weil die Verteidigung unserer Staatsgrenzen nunmehr unmöglich ist. Deshalb erhielten weder unsere Armee noch die Sicherheitsorgane den Befehl zur Verteidigung des Landes. Das Präsidium des ZK der KPČ erachtet diesen Akt als widersprechend nicht nur den Grundprinzipien der Beziehungen zwischen den sozialistischen Staaten, sondern auch als eine Bestreitung der Grundnormen des internationalen Rechtes. (...)«[1]

Radio Prag, 7.50 h:
»Unser Gebäude wurde von sowjetischen Einheiten umringt. (...) Es ist unwahrscheinlich, daß wir noch weitere Nachrichten herausgeben können. (...) Die Bevölkerung versucht immer noch, sich hinter Autos und Lastkraftwagen zu verbarrikadieren. Zunächst haben die Okkupationstruppen noch keinen Zutritt zum Rundfunkgebäude, aber wir wissen nicht, wie lange sich diese Situation noch hält. In diesem Augenblick war ein scharfes Schießen in der Vinohradská zu hören. Die Leute flüchten in Richtung auf unser Gebäude vor den Salven der MG und rufen Dubček,*

Dubček am 1. Mai 1968.
Unten: Sowjetische Soldaten am 21. August 1968.

Dubček, und wir schließen uns ihnen an. (...) Es ist nicht möglich, daß wir in dieser Situation untergehen... Laßt uns weiter an den Sozialismus und die Demokratie glauben! Sie hören die Schüsse...«[2]

Nachrichtenagentur TASS, Moskau, 7.27 h:
»Die Telegraphenagentur der Sowjetunion ist bevollmächtigt, folgendes zu erklären: Die Partei- und Staatsfunktionäre der ČSSR haben sich an die Sowjetunion und andere Bündnisstaaten mit der Bitte gewandt, dem tschechoslowakischen Brudervolk dringend Hilfe zu erweisen, einschließlich der Hilfe mit Streitkräften. Diese Bitte ist auf die Gefahr zurückzuführen, die der in der ČSSR bestehenden sozialistischen Ordnung und der auf der Verfassung basierenden Staatlichkeit von seiten der konterrevolutionären Kräfte droht, die mit den dem Sozialismus feindlichen äußeren Kräften ein Komplott eingegangen sind. (...)«[3]

Der 21. August bedeutete das Ende der Ära Dubček in der ČSSR, das Ende des »Prager Frühling«, der »Liberalisierung« der tschechoslowakischen Gesellschaft. Alexander Dubček wurde entmachtet und seiner Parteiämter enthoben, Ota Sik, Wirtschaftsminister der Regierung Dubček bis zum September 1968, ging ins westeuropäische Ausland – die starke Minderheitenfraktion der KPČ um Bilak, die den »Hilferuf« an die Sowjetunion gesandt hatte, übernahm die Macht in der Partei, belastet mit der schweren Bürde des traumatischen Erlebnisses, das das tschechoslowakische Volk in den Augusttagen gemacht hatte.

»Demokratisierung« war die wesentlichste Losung, mit der eine Mehrheitsfraktion in der KPČ im Januar 1968 umfassende gesellschaftliche Veränderungen zu propagieren begann und dabei auch die eigene Führungsrolle neu zu definieren versuchte:

»Die Kommunistische Partei stützt sich auf die freiwillige Unterstützung durch die Menschen. Sie verwirklicht ihre führende Rolle nicht dadurch, daß sie die Gesellschaft beherrscht, sondern dadurch, daß sie der freien, fortschrittlichen und sozialistischen Entwicklung am treuesten dient. Sie kann sich ihre Autorität nicht erzwingen, sondern muß sie immer aufs neue durch ihre Taten gewinnen. (...) Die führende Rolle der Partei wurde in der Vergangenheit oft als Monopol, als Konzentration der Macht in der Hand der Parteiorgane aufgefaßt. Das entsprach der falschen These, daß die Partei das Instrument der Diktatur des Proletariats sei (...)«,[4] heißt es im Aktionsprogramm der KPČ vom 5. April 68. Das bedeutete konkret Pressefreiheit und Versammlungs- und Koalitionsfreiheit, die verfassungsmäßig garantiert wurden. So konnte die 1948 aufgelöste Sozialdemokratische Partei im Juni einen Aufruf zu ihrer Neugründung erlassen, der in der Presse veröffentlicht wurde. Veröffentlicht wurde ebenfalls das Manifest der »2000 Worte«, das sich an »Arbeiter, Bauern, Angestellte, Wissenschaftler, Künstler und alle« richtete und die Kommunistische Partei nicht nur kritisierte, sondern überhaupt infrage stellte; die KP zeigte sich diesen Kritikern als »eine Machtorganisation, die große Anziehungskraft für regierungssüchtige Egoisten, skrupellose Feiglinge und Menschen mit schlechtem Gewissen hatte«.[5]

Die harten Worte richteten sich in erster Linie an Ex-Parteichef Novotny, unter dessen Regierung sich die wirtschaftlichen Probleme gehäuft hatten und eine bürokratische Erstarrung in Partei und Gesellschaft eingetreten war. Rudi Dutschke, der im März 1968 Prag besuchte, schätzte die Entwicklung des tschechoslowakischen Sozialismus im letzten Interview, das er vor dem Attentat geben konnte, folgendermaßen ein:

»In den Ländern des sozialistischen Lagers, mit Ausnahme der Volksrepubliken China und Kuba, entstand durch die dogmatische Handhabung der politischen Führung, durch die Entfremdung zwischen Partei und Massen, durch die einseitige Bestimmung von oben und durch die fehlende schöpferische Wechselwirkung zwischen der Partei und den Massen eine autoritär-sozialistische Gesamtstruktur. (...)«[6] Er räumte aber zugleich ein: »Es besteht allerdings die Gefahr, daß es bei den demokratischen Kräften in den sozialistischen Ländern zu einer zeitweiligen Verherrlichung bürgerlich-demokratischer Formen kommt (Liberalisierung). Daran sind entscheidend schuld die bisherigen undemokratischen Praktiken der Parteiführung.«[7] Und im selben Interview: »Es darf innerhalb eines Konzeptes der sozialistischen Demokratie natürlich keine Freiheit für die Konterrevolution geben. Es darf aber auch nicht von den Massen getrennten Bürokraten überlassen bleiben, zu bestimmen, was konterrevolutionär ist.«[8]

Die Tschechoslowakei – Modell eines basisdemokratischen Sozialismus oder Komplott von Konterrevolutionären innerhalb und außerhalb des Landes gegen die bestehende Ordnung, wie die Sowjetunion und die ZK-Minderheitenfraktion die Situation analysierten? Eindeutig war, daß der Warschauer Pakt einen Brückenkopf der westlichen Staaten im eigenen Machtbereich hätte fürchten müssen. Aber war diese Gefahr gegeben?

Ein wesentlicher Bestandteil der »Liberalisierung« während des »Prager Frühling« war die Propagierung und Realisierung wirtschaftlicher Veränderungen. Angestrebt wurde vor allem eine Dezentralisierung der Wirtschaft, Lohndifferenzierung, Einführung von weiteren »Marktmechanismen« (zum Beispiel des Profitmotivs) und die Öffnung der Wirtschaft zum Westen hin.[9]

»Wenn wir heute um die Abschaffung der Gleichmacherei und um die Geltendmachung des Leistungsgrundsatzes in der Bewertung unserer Arbeitenden bemüht sind, wollen wir dadurch keine neuen privilegierten Schichten schaffen. Wir wollen, daß auf allen Gebieten unseres gesellschaftlichen Lebens die Entlohnung der Menschen von der gesellschaftlichen Bedeutung und der Effektivität ihrer Arbeit abhängt, von der Entfaltung ihrer Arbeitsinitiative, dem Grad der Verantwortung und dem Risiko. Das steht im Interesse der Entfaltung unserer ganzen Gesellschaft. Der Leistungsgrundsatz hebt die technische Reife, die Rentabilität und Produktivität der Arbeit, die Autorität und Vollmacht der verantwortlichen Leiter und das Prinzip der materiellen Interessiertheit hervor, er betont die wachsende Bedeutung der Qualifikation aller Arbeitenden.«[10] (Aus dem Aktionsprogramm der KPČ vom 5. April 1968)

Derlei marktwirtschaftliche Signale wurden im westlichen Ausland erhört. Das Kabinett der Bonner Großen Koalition billigte den Vorschlag des Wirtschaftsministers Schiller, für eine Anleihe Prags bei der Weltbank zu garantieren. Über mögliche Gegenleistungen Prags wußte der »Spiegel« zu berichten, daß die tschechoslowakische Regierung eine Erweiterung der Handelsmission der Bundesrepublik in Prag zusagte und auf die Möglichkeit der Normalisierung der diplomatischen Beziehungen zwischen beiden Ländern anspielte – zu einem Zeitpunkt, als zwischen der BRD und dem »Ostblock« noch die eisige Kälte des Kalten Krieges vorherrschend war.

»Wir wissen, wie all diese Regierungen handeln und vor allem, wie die Bundesrepublik Deutschland als Haupthelfer des US-Imperialismus vorgeht. Wir sehen hier eine Reihe von Dingen, unter denen besonders der Beginn der ›Flitterwochen‹ in den Beziehungen der ›Liberalen‹ und dem Imperialismus auffällt«,[11] hob Fidel Castro in seiner Rede am 25. August 1968 über die Situation in der ČSSR hervor. »Die Imperialisten nutzen ausführlich ihre ganze bürgerliche Fassade, den ganzen Luxus einer Klassengesellschaft, die die Kunst und das Raffinement und den Luxus außerordentlich entwickelt hat – aber eben dies alles kann unter gar keinen Umständen zur Aspiration der sozialistischen Gesellschaften werden oder der Völker, die versuchen, den Weg zum Kommunismus zu finden. Überall setzen sie ihre Küchengeräte, ihre Automobile, ihre Kühlschränke, ihren Flitter, ihren Luxus aller Art als Waffe ein, ebenso wie ihre Zeitschriften und ihre Propaganda. (...)«[12]

»Es ist erklärlich, daß die Länder des Warschauer Paktes Truppen entsandten, um die imperialistische Verschwörung und die Entwicklung der Konterrevolution in der ČSSR zu verhindern«,[13] erklärte Castro in derselben Rede, ließ aber keinen Zweifel daran, daß diese gewaltsame Aktion von keinem rechtlichen Standpunkt aus als legal bezeichnet werden könne:

»Denn es kann hier nicht die Rede davon sein, daß in der ČSSR nicht die Souveränität des tschechoslowakischen Staates vergewaltigt wurde. Dies wäre eine Fiktion und eine glatte Lüge. Die Vergewaltigung war im Gegenteil ganz offensichtlich.«[14]

Offensichtlich ist die traumatische Bedeutung, die der Einmarsch der Truppen für das tschechische Volk hatte; offensichtlich ist auch, wer aus den Prager Ereignissen politisches Kapital schlug, nämlich die, die den CIA-Putsch in der Dominikanischen Republik, den faschistischen Putsch in Griechenland und den Krieg der USA in Vietnam nicht nur billigten, sondern daran verdienten.

1 Skibowski, Klaus Otto, Schicksalstage einer Nation, Düsseldorf 1968, S. 79f
2 Skibowski, Schicksalstage, a.a.O., S. 85f
3 ebd., S. 83
4 ebd., S. 9f
5 zit. nach Der Spiegel Nr. 29, 1968, S. 47
6 Rudi Dutschke in: Konkret Nr. 3, 1968
7 ebd.
8 ebd.
9 Vgl. Stellungnahme des SDS Frankfurt/Berlin zu den Ereignissen in der ČSSR (Flugschrift).
10 Skibowski, Schicksalstage, a.a.O., S. 9
11 Fidel Castro Ruz, Kuba und der Einmarsch der Divisionen des Warschauer Paktes in die ČSSR, COSAL-Arbeitsunterlage 27, Dortmund 1968, S. 13
12 ebd., S. 17f
13 ebd., S. 41
14 ebd., S. 19

Franz-Josef Degenhardt
Zu Prag

Jetzt
rufen sie bei mir an,
die Beobachter von Mißständen
aus Funk- und Zeitungs-
und anderen Häusern.
Degenhardt, sagen sie,
oder, vertraulich, Väterchen,
nun, was sagen Sie jetzt
zu Prag?
Ach, die widern mich an.
Endlich, endlich
dürfen sie die in Jahren hinuntergewürgte
Kritik
hinauskotzen.
Diesmal darf man vom Leder ziehen
zu Prag.
Beifällig nicken Verleger und Intendanten.
Und wir, Freunde,
es scheint, wir haben gut gearbeitet.
Denn hört euch diese Typen an,
die Vorsitzenden der Aufsichtsräte,
die Vorstände und Herren der Konzerne
und deren Sachwalter
auf Regierungs- und anderen Bänken.
Sie sind empört,
weil der Aufbau des Sozialismus
gehemmt worden ist
zu Prag.
Sie trauern
und sprechen von Scham,
die Stalingradkämpfer,
die Makler und Generale
und deren Sachwalter
in Zeitungs- und anderen Häusern.
Sie trauern,
weil der Sprung voller Wagnis
auf eine andere Stufe des Sozialismus
nicht stattfinden durfte
zu Prag.
Nein,
wir hören genau hin.
Die sagen »das goldene Prag«.
Und wenn die Gold sagen,
meinen die Gold,
die Herren,
die den Vorfall in der Schweinebucht
peinlich,
den Vorfall in Santo Domingo
gelungen,
den Vorfall in Griechenland
überhaupt nicht benennen.
Nein, mit diesen Herren
(und mit den Herren ohne Eier,
    versteht sich)
teilen wir nicht
unsere Wut
über den Sieg der Panzer
zu Prag.

Detlef Michel

Maos Sonne über Mönchen-gladbach

Die Sehnsucht der Intellektuellen nach dem Einfachen

Demonstration 1969 in Bochum

Sehr bald nach den ersten sit-ins und Demonstrationen der Studentenbewegung hatten sich die Karikaturisten der Boulevardpresse ihr Bild von dem neuen Feind gemacht: Grobe Kerle, finster dreinblickend, langhaarig und unrasiert, so hindern sie mit einer Keule in der Hand den kleinen Mann auf der Straße am gemütlichen Kudamm-Bummel. Der Student als Bürgerschreck. So hat es sicherlich die Mehrheit der Bevölkerung gesehen. Bewußt unkonventionelle Kleidung, Demonstrationen, die sich nicht länger an die polizeilich verordneten Routen hielten, Berichte über die Libertinage in der Kommune – all das beflügelte die Phantasien und Ängste, hier nähme eine Bewegung ihren Lauf, die jede Autorität mißachte.

Es waren die Studenten selber, die das Bild vom Bürgerschreck bekräftigten. Einerseits kritisierten sie es als Manipulation der Medien, andererseits fühlte man sich aber auch geschmeichelt, wenn sich eine harmlose Demonstration auf dem Bildschirm in eine bürgerkriegsähnliche Straßenschlacht verwandelte. So antiautoritär, daß man derartige Machtphantasien einfach hätte von sich abschütteln können, war man nun doch wieder nicht.

Im Gegenteil: Die Studentenbewegung war durch und durch autoritär strukturiert. Der SDS war eine elitäre Vereinigung unter der Führung weniger, die sich oftmals fast geheimbündig absprachen. Die Mehrheit folgte atemlos den theoretischen Erörterungen und nahm dankbar jedes neue politische Stichwort in den eigenen Sprachschatz auf. Wer das Vokabular beherrschte, signalisierte damit, daß er zum harten Kern der Rebellen gehörte.

Zumeist sehen die gängigen Interpretationen in der Studentenbewegung entweder den Kampf einer noch nicht zur Macht gekommenen gegen die etablierte Elite oder das Aufbegehren einer intellektuellen Jugend gegen Herrschaftstraditionen, einen Modernisierungsschub in Politik, Wissenschaft und Kultur, der dann in den siebziger Jahren mit der Reformpolitik der SPD staatstragend wird. Beide Interpretationen enthalten gewiß Richtiges, beide aber unterschlagen den moralischen Anspruch dieser Bewegung.

Die Vätergeneration der Studenten war Hitler gefolgt oder hatte zumindest geschwiegen. Jetzt schwieg sie zum Krieg der USA in Vietnam. Politiker, deren Karriere schon im Faschismus begonnen hatte, wurden jetzt nicht müde, ihren amerikanischen Freunden für dieses »militärische Engagement« zu danken.

Parlamentarier übertrafen sich im Speichellecken. Die Studenten, die die Rebellion trugen, hatten in der Nachkriegszeit gelernt, daß mit der amerikanischen Besatzungsmacht Demokratie und Menschenwürde in den einen Teil Deutschlands eingezogen sei. Jetzt, da sie das auf ihre Gegenwart anwenden wollten, als sie im Namen von Demokratie und Menschenwürde gegen die Napalmbomben auf vietnamesische Dörfer protestierten, wurden sie von Polizeiknüppeln belehrt, daß die Staatsmacht und ihre Ideologie etwas sehr Verschiedenes sind.

Einmal in die Opposition gedrängt, ohne parlamentarische Vertretung, fand die Studentenbewegung schnell internationale Verbündete. In den USA gab es die Hippies und die Black Panther, in Amsterdam die Provos, in Japan die Zengakuren, in Lateinamerika die Guerilleros, in Vietnam den Vietcong, in China die Roten Garden. Die Summe bildete eine globale Befreiungsbewegung. Man fühlte sich eins mit den Unterdrückten dieser Erde, im Einklang mit den Abermillionen, die siegessicher den Weg zur besseren Zukunft gingen. Man war gewiß, diesen Sieg in einer kurzen Spanne von Jahren selber zu erleben.

Das war nicht bloß eine Chimäre, denn seit Ende der fünfziger Jahre begann sich unter dem Druck der Unabhängigkeitsbewegung der Dritten Welt das internationale

Tokio: die Zengakuren wehren sich gegen Polizeiangriffe

Vietnam-Demonstration in Washington 1967

Ausnahmezustand auf dem Campus der Universität von Berkeley

Provo-Demonstration in Holland 1966

Jugoslawien: Studenten unter dem Bild von Dutschke (1968)

»Dem Volke dienen«. Studentendemonstration in Rom 1969

»Yankee, go home!« — Demonstration in Santo Domingo 1967

Streiks und Studentenunruhen an der Universität von Mexiko

Oben: *Großes Mao Tset-tung-Gedächtnisschwimmen. Am 2. August 1968 feiern revolutionäre Lehrer, Studenten und Arbeiter Maos Durchschwimmung des Blauen Flusses zwei Jahre zuvor.*

Unten links: *Die Universität von Peking ist mit Wandzeitungen gepflastert, die sich gegen Rektor Lu Ping und andere »Tyrannen der Akademie« richten.*

Unten rechts: *Dem Spott und Hohn preisgegeben: Parteiführer mit Schandmützen werden 1967 auf dem Lastwagen durch die Straßen gefahren.*

Rechte Seite: *Chinesische Briefmarken aus kulturrevolutionären Zeiten. Ob auf dem Reisfeld, bei der Armee, in der Morgenröte, beim jubelnden Besteigen der Berge, die Massen halten Mao Tse-tung-Ideen (in Form des kleinen roten Buches) stets begeistert hoch, während Maos Sonne sich strahlend über sie erhebt.*

Rom 1969

Tokio 1968

Gefüge erstmals seit dem Zweiten Weltkrieg zu verschieben. In Europa hatten die Supermächte ihre Einflußsphären abgesteckt. Weder der Aufstand der Arbeiter in der DDR 1953, noch der Ungarn-Aufstand 1956, noch der Bau der Berliner Mauer 1961 tasteten den status quo an. Veränderungen finden währenddessen in Asien, Afrika und Lateinamerika statt. 1954 wird Frankreich in Indochina geschlagen, 1959 marschieren Fiedel Castro und Che Guevara in Havanna ein, 1960 wird der Kongo unabhängig, 1962 Algerien. Der alte Kolonialismus, soweit er den Weltkrieg überdauert hatte, zerfällt jetzt vollends.

Natürlich war der Gleichklang, in dem sich die Studentenbewegung mit den Befreiungsbewegungen der Dritten Welt fühlte, eine Selbsttäuschung. Natürlich ist es ein existentieller Unterschied, ob man sich als Student in den Metropolen Paris, New York oder Berlin mit der Polizei herumprügelt oder als Partisan auf dem langen Marsch mit dem Maschinengewehr ums Überleben kämpft. Dennoch speisten sich aus dieser Täuschung die Triebkräfte der Bewegung. Mao Tse-tung hatte seine Soldaten gelehrt, sie sollten in der Bevölkerung sein »wie der Fisch im Wasser«. Die Studenten tauchten bei ihren Demonstrationen in der Menge der Passanten unter, sobald die Polizei erschien. Diese Taktik wurde vom SDS ausdrücklich mit jenem Mao-Zitat propagiert. Geborgte Identität: der Guerillero im Dschungel und der Student im Dschungel der Groß-

stadt. Gewiß waren das Übertragungen, wie sie platter nicht sein konnten. Aber sie waren erfolgreich. Gewiß war das Bild, das die Bewegung sich mit solchen Übertragungen von ihrer Mächtigkeit machte, hypertroph. Aber sie brauchte solche Bilder. Man muß offenbar alles wollen, um wenigstens etwas zu bekommen. Die Rebellion in den Metropolen hat nicht die bessere Zukunft gebracht, aber sie hat zum Ende des Vietnamkrieges beigetragen.

Die Dritte Welt wurde zum Mythos. Bedurfte es für die Metropolen der kompliziertesten Theorien, um zu erklären, warum die Arbeiterklasse nicht das geringste Interesse an den studentischen Forderungen hatte, und fielen diese Theorien eine nach der anderen in sich zusammen, so schienen die Verhältnisse in der Dritten Welt unmittelbar einleuchtend. Gut und Böse, Opfer und Täter, Unterdrückte und Herrschende − alles lag klar vor jedermanns Auge. Man brauchte nur hinzusehen. Einfachheit und Überschaubarkeit übten eine unwiderstehliche Faszination auf die Bewegung aus. Politische Ableitungen waren nicht notwendig, um die moralische Integrität des Widerstands in der Dritten Welt zu begründen. Die ungezählten Diktatoren, die der CIA schier nach Belieben einsetzte und absetzte, mußten nicht erst als solche enthüllt werden, sie waren es offenkundig.

Im Widerstand gegen sie wuchsen die Helden: Mao Tsetung zum Beispiel, oder Ho Chi Minh, die eben nicht bloß politische und militärische Führer waren, sondern zarte Gedichte schrieben; Che Guevara, der eben nicht bloß ein hervorragender Scharfschütze und Organisator war, sondern mit Jean-Paul Sartre tagelang über den »Neuen Menschen« philosophierte. Mao war Lehrer, Castro Rechtsanwalt, Guevara Arzt: Intellektuelle, die zur Waffe griffen. Sie wurden zu Projektionsfiguren eigener Wünsche. Für die Studentenbewegung verkörperten sie Intellektuelle, die dem traditionellen Schicksal ihrer Klasse entronnen waren und die Welt nicht nur interpretierten, sondern auch veränderten.

Dieselben, denen Reflexion und Kritik als unverzichtbar galten und die immer wieder die gesellschaftlichen Verhältnisse im eigenen Lande analysierten, unterwarfen sich den Traumbildern aus der Dritten Welt. Was hier immer wieder scheiterte, dort schien es Wirklichkeit zu werden. Naiv wurde der chinesischen Propaganda Glauben geschenkt. Erfolgsmeldungen über revolutionäre Errungenschaften, über die Entwicklung der Planwirtschaft, die Zurückdrängung des Marktes, die Aufhebung des Widerspruchs zwischen Hand- und Kopfarbeit stießen nicht auf Zweifel. Skeptische Berichte in der Presse wurden als antichinesische Hetze beiseite gelegt. Die wenigen Reisenden, die aus China zurückkehrten und anderes über die Kulturrevolution zu berichten wußten, als man hier in der »Peking Rundschau« gelesen hatte, fanden kein Gehör. Nicht wenige studierten Maos Zitatensammlung, das »Rote Buch«, wie sich einst ihre Eltern in die Heilige Schrift vertieft hatten. Nur zu viele ließen sich eher mit Blindheit schlagen, als daß sie einen zweifelnden Blick auf die chinesische Realität geworfen hätten.

Die Begeisterung für die Kulturrevolution speiste sich vor allem aus der Enttäuschung der APO über die Verhältnisse im Ostblock. Marx hatte den Sozialismus als Übergangsphase definiert, in der das Proletariat zur Macht gekommen sei und nun das Endziel, den Kommunismus, ins Auge fassen könne. Der Sozialismus selber sei noch gezeichnet von den Muttermalen der kapitalistischen Vergangenheit, sei deshalb immer noch vom Klassenkampf bestimmt, sei die Gesellschaftsformation, in der der Staat allmählich absterbe. Keine Spur davon konnten die Antiautoritären in den »realsozialistischen« Ländern entdecken;

Ob in Berlin... (links Georg von Rauch mit zwei Wieland-Kommunarden)

im Gegenteil: Die Zunahme staatlicher Tätigkeit und das Anwachsen staatlicher Institutionen schien unübersehbar. China ging da scheinbar einen anderen Weg. Die Kulturrevolution war – in ihrem propagandistischen Selbstverständnis – die Erfüllung der Marxschen Prophezeihung. Sie setzte den Klassenkampf im Sozialismus fort, wollte die Überbleibsel aus vorrevolutionärer Zeit und die Bürokratie, in der sich eine neue Bourgeoisie etablierte, vernichten. Und sie sollte eine kulturelle Revolution sein, eine des Überbaus. Ihre Form sollte die Überzeugung sein, ihr Mittel die Wandzeitung. Ganz China, so verkündeten die Zeitungen und Zeitschriften aus Peking, war von einer Welle der massenhaften Debatte über den richtigen Weg zum Kommunismus erfaßt. Es schien, als erfülle sich im menschenreichsten Land der Erde Satz für Satz der Marxismus, wie ihn die Studenten aus ihren Büchern gelesen hatten. Eine den Intellektuellen schmeichelnde Vorstellung: daß die Wirklichkeit dem Denken aufs Wort pariert, daß der Intellektuelle Macht hat über Gesellschaft und Staat, wenn nur die Massen seine Gedanken vollstrecken.

Studenten, die sich selbst als antiautoritär bezeichneten, führten bei Demonstrationen ihre Autoritäten überlebensgroß auf Transparenten mit: Mao sollte auch ihnen den Weg weisen. Man heftete sich Plaketten mit Maos Bild ans Revers. Man hängte Poster in die Wohngemeinschaft, auf denen Mao als Sonne, strahlend mit verklärtem Blick, über dem Horizont aufging. So leuchtete er überall, von Peking bis nach Mönchengladbach.

Dieselben, die hierzulande die Autoritäten stürzen wollten, rechtfertigten den Personenkult in China. Die hierzulande von der Emanzipation des Menschen sprachen, rechtfertigten Demütigung und Unterwerfung im Namen der Selbstkritik, wie sie während der Kulturrevolution üblich war. Photos, auf denen die Opfer zu sehen waren, wie Rotgardisten ihnen Schandmützen aufsetzten und sie öffentlich an den Pranger stellten, Berichte von Schauprozessen, Terrorurteilen, Mord und Totschlag waren eben Fälschungen oder Greuelmeldungen oder – allenfalls – unvermeidliche Randerscheinungen. China als Projektion: Dort sollte sich ersatzweise die radikale Veränderung der gesellschaftlichen Verhältnisse vollziehen, die hierzu-

lande ausblieb. Maos Sonne leuchtete so hell, daß man geblendet war.

Der Übergang der Studentenbewegung in diverse Parteien Anfang der siebziger Jahre kennzeichnet einerseits das Ende dieser Bewegung, andererseits bedeutet er in mancher Beziehung keinen Bruch mit ihr. Erhalten blieb zum Beispiel die autoritäre Struktur. Die Studentenbewegung hatte ihre Führer, und sie begriff sich als Avantgarde. Nun gab es Parteiführer, die Maos im Kleinformat, und als passende Organisation die Kaderpartei. Erhalten blieb auch die heimliche Sehnsucht nach dem Einfachen. Die Parteien lieferten schlichte Weltbilder, in denen man Hauptfeinde und Bündnispartner, Haupt- und Nebenwidersprüche leicht auseinanderhalten konnte. Wer bis dahin als Bürgerschreck durch die Straßen gelaufen war, kürzte nun seine Haare, kleidete sich ordentlich und verwandelte sich in einen klassenbewußten Proleten. Geborgte Identität.

...oder in Stuttgart: die Mao Tse-tung-Ideen finden auch bei uns begeisterten Zuspruch der Massen. Studenten der Stuttgarter Kunstakademie ziehen 1967 mit einem riesigen, von Ulrich Bernhardts gemalten Mao-Porträt durch die Königstraße, verlesen Sprüche aus dem Mao-Büchlein und weisen die Bürger per Flugblatt auf die Unumgänglichkeit einer tiefgreifenden Kulturrevolution in der schwäbischen Metropole hin.

159

Michael Sonntag
Stille Tage in B.

Die provinziellen Sechziger

»Bremerhaven, Stadt u. Stadtkreis an der Wesermündung, 80 qkm große Enklave des Landes Bremen; (1964) 144680 Einw.; Überseehafen, bes. für den deutsch. Passagierverkehr, größter Fischereihafen des europ. Festlandes; Industrie: Schiffbau und Fischverarbeitungsbetriebe.«

So zu lesen in einem Lexikon von 1966. Bremerhaven, von seinen Stadtvätern und der Fremdenverkehrsindustrie auch »Tor zur Welt« genannt, womit unfreiwillig darauf hingewiesen ist, daß »die Welt« sich offenbar woanders befindet; Provinzstadt, Durchgangsstation für Fische und Menschen. Seit jeher SPD-regiert und dies den Hafen- und Werftarbeitern verdankend, steht sie zusammen mit Bremen in Kontrast zum benachbarten ländlichen Oldenburgischen, wo die Nazis zum ersten Mal überhaupt in einem Landesparlament eine absolute Mehrheit erreichten. Die Stadt lebt von den und für die Häfen; kilometerweit an der Weser entlanggestreckt, ist sie mehrfach so lang wie breit, ein Schlauch.

Mitte der sechziger Jahre gibt es hier ein paar Gymnasien, eine Menge Kneipen, 3 oder 4 Kinos, eine Marineschule, keine Universität, einmal im Jahr Freimarkt, eine lokale Tageszeitung, ein sogenanntes »Vergnügungsviertel« für vornehmlich nächtliche und männliche Freuden, das im wesentlichen aus einer einzigen Straße besteht, und es gibt auch sonst viel Langeweile. Der über den Weserdeich kommende Wind bläst mit der Trübsal um die Wette.

Die Militärbasis der Amerikaner in Bremerhaven-Weddewarden hat einen eigenen AFN-Sender. Als die Beatles, Stones, Byrds, Beach Boys die sechziger Jahre einläuteten,

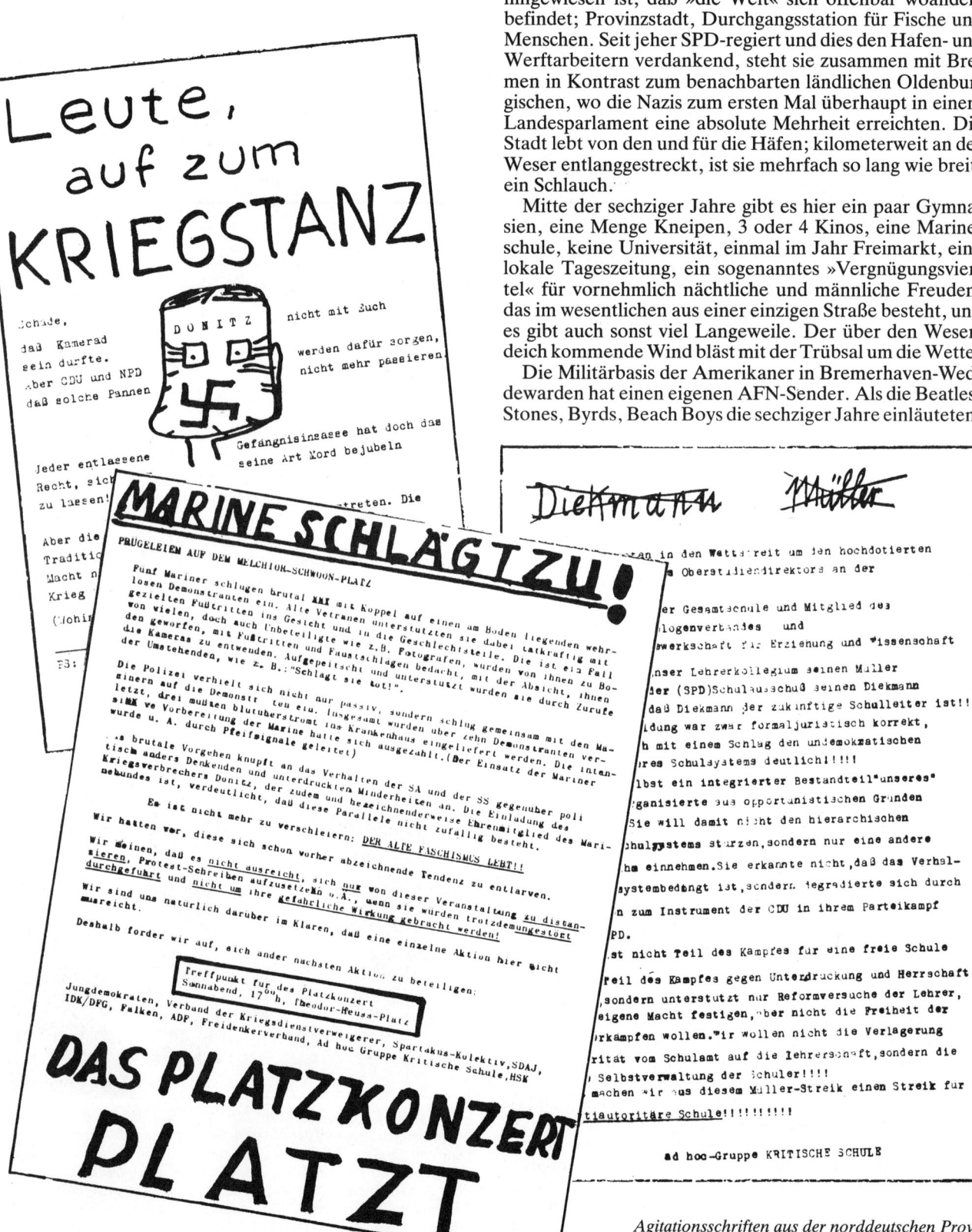

Agitationsschriften aus der norddeutschen Provinz

nach den Schüssen auf Kennedy, waren sie über den AFN zuerst zu hören; jeden Samstagnachmittag die US Top-40. Später irgendwann werden die Hits umrahmt von den stündlichen Nachrichten aus Vietnam.

Rar sind hier die Plätze der öffentlich-jugendlichen Lustbarkeiten; tagsüber, nach der Schule, muß man mit der »Milchbar« am Hallenbad neben dem Stadttheater vorlieb nehmen oder mit dem Restaurant im neuen, hochmodernen Hertie-Prunkbau, mit Blick über den Weserdeich und der großen Chance, vor die Tür gesetzt zu werden, weil es schwerfällt, die dortige bürgerliche Ordnung nicht schon durch bloße Anwesenheit zu stören.

Für nächtliche Vergnügungen gibt's neben den normalen Kneipen praktisch nur noch die »Haifischbar«. Der Name täuscht: Assoziationen ans Ambiente der Seemannsliederromantik gehen fehl. Statt weißer Taube schwarz getünchte, kahle Wände, dürftiges Mobiliar und spärliche Beleuchtung, winzige Tanzfläche aus Beton, harte Musik und mehr oder weniger harte Getränke und mehr oder weniger harte sonstige Stoffe, hier so leicht zu erwerben wie nirgendwo sonst in der Stadt.

Ein finstrer Ort mithin, verrucht, berüchtigt in weitem Umkreis, mehrfach polizeilich durchsucht und geschlossen, mehrfach wiedereröffnet und unentbehrlich für die (damals noch nicht so genannte) Scene der 15-25jährigen; jeden Abend am gleichen Ort, jeden Abend die gleichen Leute.

Wenn sich hier überhaupt wer bewegt, dann sind das keine Studenten, sondern höchstens ein paar Schüler aus den oberen Klassen der Gymnasien. Und der aufrechte Gang wird nicht unbedingt gelegentlich politischer Demonstrationen geübt; selbst Ohnesorgs Tod und der Anschlag auf Dutschke lösen hier kaum etwas aus. Besser steht es da schon − für eine gewisse Zeit − mit den länger vorbereiteten Ostermärschen, zu denen jedesmal die Kader aus Bremen herangefahren werden, die die richtigen Fahnen und Parolen und vor allem den Lautsprecherwagen mitbringen. Ansonsten muß man schon selbst nach Bremen fahren, wenn man an einer »richtigen« Demo teilnehmen will.

In der Provinz muß der aufrechte Gang im Bereich des alltäglichen (Über-)Lebens geübt werden; weniger die Themen der großen Politik, als vielmehr die »kleinen« Erlebnisse und Erfahrungen in Schule und Familie und jeden Tag auf der Straße zeigen einem hautnah, wo man steht. Daß man mit etwas längeren Haaren als Mann noch nicht einmal im Hafen einen Job bekommt, um das spärliche Taschengeld aufzubessern (das Schüler-Bafög stand noch in den Reformprogrammen), mag man vielleicht noch hinnehmen. Dafür kamen dann Kurzhaarperücken für Männer in Mode. Daß der Lehrer vor der Klasse genauso redet wie der Familienvater zu Hause und der Nachbar am Stammtisch, wer hätte anderes erwartet, dem der schale Geschmack der Wirtschaftswunderfreiheit mitsamt ihrer Predigten über Disziplin & Ordnung & Leistung beim Wiederaufbau schon zu den Ohren heraushängt? Alle waren sie an diesem »Wiederaufbau« beteiligt; nur beim vorhergehenden Abriß war keiner von ihnen dabei. Oder wer will Oberstudienräte noch ernst nehmen, die − unter anderem − einerseits Frankreich dafür beloben, daß es weniger Feiertage im Jahr hat als die faulen Deutschen, und andererseits − wenngleich, wie man zugestehen muß, mit einer gewissen Folgerichtigkeit − Sir Bertrand Russell allen Ernstes für einen Franzosen halten und mit der Klasse über »Bertrong Rühssell« sprechen wollen?

Korrelieren hier Aufgeblasenheit und Lächerlichkeit positiv miteinander, so daß man das Ganze bisweilen auch von der komischen Seite nehmen kann, so fällt das im Alltag auf der Straße oftmals schwer. Die fehlende Bügelfalte und die etwas längeren Haare genügen, um nicht nur empört-verächtliche Blicke auf sich zu ziehen. Des deutschen Volkes bis dahin arg darniederliegende Erinnerung an faschistische Zeiten und Zustände erlebt eine Zeit der kollektiven Blüte, wie sie kein Versuch der »Aufarbeitung« und »Bewältigung« je hat erreichen können. Wer als Schüler bis dahin noch nicht wissen mochte, was ein KZ ist, weil ja der Geschichtsunterricht aus probatem Zeitmangel nie so weit vorgedrungen war, der bekam jetzt eine zumindest vage Vorstellung davon. Nach Volkes Stimme gehörte nun wieder eine Menge Leute ins KZ und verbrannt und vergast, oder wenigstens ins Arbeitslager oder zum Bund. Wer trotzdem seine Haare weiterwachsen ließ und seine verblichenen Jeans anbehielt und vielleicht gar noch zur neuen Uniform der Nichtuniformen, dem Parka, griff, der durfte durchaus auch auf Handgreiflichkeiten rechnen. Die Prügelstrafe für »Gammler« − die (etwas weniger wehrhaften) Punks der Sechziger − auf offener Straße war nicht unüblich, und bisweilen kündete das gewaltsame Abschneiden der Haare dem unbefangenen Beobachter von den heiteren Bräuchen des Volkstums. In der Rede der Straße wie der mancher Politiker errang zu jener Zeit der Begriff »Ratte« den Status eines terminus technicus zur angemessenen Kategorisierung einer bestimmten Sorte Nicht-Menschen. In dem Sinne, in dem angelegentlich solchen Brauchtums vom »alltäglichen Faschismus« gesprochen worden ist, war das, woran er sich entzündete, durchaus eine alltägliche politische Demonstration. Das Tragen langer Haare wurde zu einem Bekenntnis, zu dem bisweilen mehr Mut gehörte als zum Mitlaufen in einer größeren Menschenmenge; der intensive Kuß auf offener Straße − ohne daß man verlobt war, natürlich − konnte noch zur Demonstration gegen das entrüstet gaffende Spießertum geraten; die aufgedrehten Lautsprecher, aus denen die neue Rockmusik (»Negermusik«) dröhnte, zu der man sich − nach konventionellen Maßstäben − recht willkürlich und gar anzüglich bewegte (»wie die Wilden im Urwald«), all das hatte in seinen Anfangszeiten zumindest und vielleicht gerade in der Provinz auch eine zutiefst politische Dimension, machte den Alltag zur Politik und die Politik zum Alltag, und fortan war beides nicht mehr ganz so leicht zu trennen wie vorher.

An den Schulen kamen »Schülerzeitungen« auf, die einem wie warme Semmeln aus den Händen gerissen wurden; es kam gar nicht so sehr darauf an, was drinstand, als vielmehr, daß es so etwas überhaupt gab. Kaum gedruckt, schon von der Schulleitung verboten oder zensiert, waren die nachfolgenden Ausgaben noch umso begehrter. Der Kampf um das Raucherzimmer oder die Raucherecke auf dem Schulhof wurde plötzlich ebenso zum lebenswichtigen Politikum, wie die Wahl des Schulsprechers. Die Kandidaten mußten in der Aula vor versammelter Schulmannschaft Preisreden auf sich selber halten, wo man schon mal − für die Größeren − versicherte, man sei Marxist, kurz und bündig, oder − für die Kleineren − den heiligen Eid leistete, man werde gewiß für die Aufstellung eines Cola-Automaten auf dem Flur sorgen.

Es wurde also, unübersehbar, »mehr Demokratie gewagt«, wie Willy Brandt das bald darauf nennen sollte. Und als der Sprecher der Abschlußklasse anläßlich der Abifeier − ebenfalls in der Aula, vor versammelter Schule und auch noch den Eltern der Abiklasse − erstmals in der Schulgeschichte eine nicht aus bieder-anbiedernden Späßen über die Lehrerschaft bestehende, sondern nicht ganz unpolitische Rede gehalten hatte, war von Stund' an die

Abifeier abgeschafft. Da war nun der Demokratie genug gewagt.

Trotzdem begann der Stadtschülerring Erklärungen zu politischen Angelegenheiten abzugeben, die sich weder auf die Forderung nach Wiedervereinigung mit unseren Brüdern und Schwestern in der Zone beschränkten, noch diese überhaupt enthielten, sondern sich vielmehr zum Beispiel gegen Kriegsdienst und Notstandsgesetzgebung wandten, woraufhin sogleich sein politisches Mandat auf das heftigste von eben jener Seite bezweifelt wurde, die ihn gerade vorher noch seiner zonenübergreifenden Verlautbarungen wegen belobigt hatte. Die Schüler-Intelligentia versuchte den politisch-gesellschaftlich-kulturell-sexuellen Diskurs, indem sie lauter Debattiergruppen gebar, Marcuse und Reich lesend, in den städtischen Jugendheimen in irgendeinem Hinterzimmer, den Hausmeister ihrer Werk- und Bastelleidenschaft versichernd, meist nur wenige Wochen bestehend, schnell wieder auseinander fallend. Die subversive Literatur war mit arg vielen Fremdworten gespickt und nur schwer verständlich; auch war niemandem so recht und vollständig klar, was die befreite Libido und derlei Dinge mit dem zu tun hatte, was man mit der eigenen Freundin veranstaltete. Da diese (bzw. das weibliche Geschlecht überhaupt) bei den Lesungen nur selten und spärlich zugegen war, mußte dies – und vieles andere – auch weiterhin unklar bleiben. Schwer hat's die Theorie, zur Praxis zu werden, nicht nur in der Provinz.

Leichter hatte es da schon das Pfeifchen mit dem Stoff, der den Alkohol zu ersetzen begann und die Gedanken zu beflügeln, sie nicht wie dieser ermattete, der neue Dimensionen des Musik- und Wahrnehmungslebens erschloß und der um ein weiteres vereinte gegen die, die bereits zur Arbeit fuhren, wenn man frühmorgens noch die letzten Reste aufrauchte.

Eine Zeitlang ging das problemlos zusammen: politisch aktiv *und* den sinnlichen Genüssen allerlei Art aufgeschlossen sein. Bis dann einige sich organisierten, das heißt sich einen Namen gaben und eine Satzung, in denen den Mitgliedern ausdrücklich zum Beispiel der »Haschischkonsum« untersagt wurde, da er doch Apathie und Passivität fördere und den rechten Elan zum politischen Kampf nehme.

Waren es die »kleinen«, alltäglichen und zu einem Gutteil gewissermaßen die »lokalen« Erfahrungen gewesen, die prägten und sich einprägten, so beschränkte sich in der Provinzstadt der Übergang von den »satten« in die »unruhigen sechziger Jahre« doch im wesentlichen auf die Bilder im Fernsehen und die Nachrichten in den Zeitungen. Denn wer unruhig war, den hielt es nicht am entlegenen Ort, fern des »eigentlichen« Geschehens. Und man nahm diese Erfahrungen mit, nach Abschluß der Schulzeit, sich auf die deutschen Universitäten verstreuend, die Provinz zurücklassend und doch in sich tragend. Am Orte aber blieb wenig, und es blieb – weitgehend – ruhig im Lande. Ewiges Schicksal offenbar der Provinz, Garant ihrer Dauer: verlassen zu werden.

Peter Grohmann
Zwischen Hängen und Würgen: Stuttgart, 1960–1970

Die Hänge in der Stadt werden langsam, aber sicher zugebaut: Allianzstadt, wie wir damals sagten. Heute heißt's Rommelshausen.

»Ja, als der alte Klett noch da war...«, seufzt Eugen Eberle. Er muß es wissen, der Gegner von Hängen und Würgen, seit 1946 bis heute ununterbrochen im Rathaus. Der geschaßte Bosch-Betriebsratsvorsitzende stolperte 1951 über die Neuauflage der verhängnisvollen RGO-Politik seiner Partei, der KPD, von der er sich in den sechziger Jahren trennte. Noch vorher, nach den großen Koalitionen von Bonn und Stuttgart, hatte Eberle die Gründung der Demokratischen Linken in die Wege geleitet – das landesspezifische Bündnis sammelte kritische Intelligenz, SPD-Oppositionelle, freie Linke, Christen, Kommunisten und APO zum Marsch auf den Landtag. Der Marsch der Studenten zum Bild-Zeitungsdrucker Bechtle in Eßlingen Ostern 1968 drückte auf die schwäbische Stimmung. Immerhin, 3,7 % landesweit. Das reichte nicht.

***

Stuttgart ist ganz anders. Die Kämpfe in den Metropolen wecken bei uns heute noch Aufmerksamkeit, daran soll niemand zweifeln. Das machen Bosch und Daimler und 10000 gut beschäftigte Zulieferer, trotz Krise des Kapitalismus. Und wenns wirklich mal klemmt, fährt Lothar Spät nach Rotchina. Das hat Kiesinger nie getan.

***

Eigenartig, diese Saturiertheit. Fritz Lamm organisierte 1960/61 mit großem Erfolg eine Hilfsaktion für algerische Asylanten. Er, der jahrelang im kubanischen Exil gesessen hatte, wußte, wo die SPD die Wohnungsschlüssel liegen hatte für politische Freunde. Der Betriebsratsvorsitzende wußte auch manchen jungen Unternehmer vom Fleiß der algerischen Genossen zu überzeugen. Praktische Politik für die Leute, die über Straßburg nach Stuttgart kamen. Bis 1959 erschien die von ihm redigierte linkssozialistische Zeitschrift »Funken«. Lamm wurde – wie schon 1931 – 1963 aus der SPD ausgeschlossen: er konnte vom SDS nicht lassen. Quer durch die linken Gruppen und Fraktionen der Stadt (und darüber hinaus) bildete er Diskussionszirkel, schaffte Wasser auf die Mühlen müder Linker.

***

In den sechziger Jahren war Stuttgarts Polizei noch – bis '72 – »kommunal«, Relikt aus der Zeit des Antifaschismus nach '45. Die Freunde und Helfer meldeten schon mal eine anstehende Verhaftung vor der Kommunistenjagd oder weigerten sich gar, Naziversammlungen zu schützen. Etliche tausend Stuttgarter drückten das Gestrige 1966 vom Schiller-Platz. Heut' wird umgekehrt gedrückt.

***

Sozialistische Linke, Sozialistisches Zentrum, Sozialistische Jugend: Markanter als in den Uni-Städten gibt in Stuttgart die unabhängige Linke die Signale zum vorletzten Gefecht, hatte doch bereits die KP-Opposition vor '33 etliche Sitze im Gemeinderat. Zwar wechselten manche der Genossinnen und Genossen öfters mal die Fronten, von der KPD zur KPO, von der zur SPD oder von dort ins Nirwana. Doch ein kritisches Potential der »Unabhängigen« hielt sich über die Jahre munter, kam aus den Vorgärten, um beim Heizen für revolutionäre Stimmungen zu sorgen. Überhaupt, Stimmungen. Die alten Arbeiterchöre hielten stand, nach Herweghs Texten. Den Stuttgarter mochten sie, auch in der Illegalität.

***

Hier gehts langsamer, Leute. Längst hatten SPD und DGB zum Rückzug aus der »Anti-Atomtod«-Bewegung geblasen, als in Stuttgart immer noch der »Atomausschuß Stuttgart-Ost« rumorte. Eine Fernlenkwaffe aus Moskau, mutmaßte die SPD. Kriegssdienstgegner und Naturfreunde, Falken und SDS, Versöhnungsbund und Freidenker, VVN und Württembergischer Sängerbund, Betriebsräte, Ärzte, Pfarrer riefen nach der Wende von 1961 zu Kundgebungen und Demonstrationen, denen die Ostermärsche folgten, von Ulm nach Stuttgart, von Miltenberg nach Stuttgart, von Göppingen nach Stuttgart. Ausschlüsse vor allem aus der SPD waren die Folge.

***

Oder 1962. Theodor Ebert stellte das Konzept einer Gewaltfreien Zivilarmee vor. Nun denn, er ist nicht der letzte Stuttgarter, der die Stadt verließ. Oder 1964. Die Subversive Aktion, die den Katholikentag in Angst und Schrecken versetzte mit ihrer Botschaft »An die Lämmer des Herrn«. Dem Prozeß wegen wilden Plakatierens mit Wasserglas folgte die »Republikanische Verlagsgesellschaft« mit einer ersten Veröffentlichung von Aufsätzen Rabehls, Schwendters, Böckelmanns, Essers und Goeschels. Die Druckkosten sind noch nicht ganz drin. Oder 1965. Am 1. Juli wurde der Club Voltaire gegründet, fortan bis zum Niedergang — ja, was denn? Joschka Fischer und die unabhängigen sozialistischen Schüler wußten, wo das Bier billig war.

1966 fuhren wir nach Dresden — die erste »Ost-West-Jugendbegegnung« machte Furore. Gewerkschafter, Studenten, Hausfrauen, Jugendleiter. Ein viertel Jahr später kam eine 30köpfige Delegation aus Dresden zum Gegenbesuch, und alle fuhren wieder zurück.

1968, im Oktober, erschien das erste einer Serie von rund 50 Plakaten: »Plakat«. Vorn Bild, hinten Infos, herausgegeben von der Projektgruppe Presse und Information in der APO. Holtfreters Montage »Ein Mann hat seine festen Freunde« (Hitler-Kiesinger-Franco) führte zum erfreulichen Ermittlungsverfahren gegen die Redaktion ... und 39 andere. Leider fielen wir unter die Amnestie. Das ist halt die Scheiße hier im Ländle: immerzu Amnestie, bis zur Amnesie. Jetzt wolln sie nicht mal mehr Whyl bauen. 1969, zur Hauptversammlung der Daimler-Aktionäre, erschien das erste »plakat für die Beschäftigten bei Daimler-Benz«. Monatliche Auflage: 4000. Es erscheint übrigens heute noch, finanziert durch Spenden und die Aufwandsentschädigungen für Betriebsräte der »Hoss-/Mühleisen«-Gruppe, die es im schwäbischen Großkonzern als Konkurrenz zur versteinerten IG-Metall Ende der 60er Jahre gleich auf gut 30% der Stimmen brachte. Willi Hoss stimmt heute im Bundestag. Das soll keine Kritik sein, Willi, Du stimmst schon richtig.

**

Max Bense. Peter Palitzsch. Wendelin Niedlich. HAP Grieshaber, Willi Bleicher, Anna Haag. Helmut Mader. Gudrun Ensslin. Volker Schauer. Helmut Heißenbüttel. Wolfgang Dauner. Charlotte Maack. Onno Poppinga. Willi Hoss. Jürgen Holtfreter. Tiki Kiefer. Adolph Kummernuß. Karl Schwab. Uwe M. Schneede. Ted Bergmann. Yüksel Pazarkaya. Ulrich Cassel. Vorwiegend Männer, längst nicht alle, und ich.

**

Gerstenmaier. Kiesinger. Sepp Schwarz (auch Nazi, sowas wie Globke). Aktion Schneehase, bei der mit unterschiedlichem Erfolg Kommunisten gejagt wurden. Der Schlag gegen die illegale KPD im Ländle war kein Schlag ins Wasser. Polizeipräsident Leitenberger, der fast jedes Demo-Transparent vorher sehen wollte. Wenig Hippies. Und Techniker, Techniker, Techniker.

**

Die Waldheime. Streng getrennt: hier DKP, hier SPD. Alles evangelisch. Fritz Westermeier und Clara Zetkin eröffneten als Festredner das Gaisburger Waldheim am 7. Mai 1911.

**

Die Genossen reisten nach Berlin, die von der illegalen KPD nach Ost, die vom SDS nach West. Wenn sie zurückkamen in die Stadt zwischen Hängen und Würgen, hatten sie beide nicht viel zu melden. Ich sag' ja, wir sind zu saturiert in dieser Stadt. Es gibt noch immer: den Gesangverein Frohsinn in Stuttgart-Ost. Den Arbeiter-Rad- und Kraftfahrerbund Solidarität. Das sozialistische Zentrum. Eugen Eberle. Die Plakat-Gruppe bei Daimler-Benz und »plakat«. Steinkühler statt Bleicher. Die Waldheime, die DKP, die KPD. Und die Spätzles-ML: die MLPD. Sie ist auch nicht größer. Den Polizeipräsidenten, jetzt verstaatlicht. Den Fernsehturm. Ein Nachtlokal statt dem Club Voltaire. Ein Fechtclub statt dem SDS. Immer noch keine Hippies. Verdammt, jetzt hab' ich die Studenten vergessen.

Plakat der Gruppe »plakat« von Jürgen Holtfreter zum Vietnam-Krieg, 1968

»Plakat«-Betriebszeitung für Daimler-Benz-Arbeiter. Jeweilige Auflage 5000–6000 Exempl. Sie wird vor den Werktoren verteilt und z.T. durch Spenden der Kollegen finanziert.

Klaus Gürtler
APO
an der Leine

Der Rote Punkt in Hannover

Während der Auseinandersetzungen um die »Rote Punkt«-Aktionen in Hannover wurden Polizeibeamte in den Straßenbahnen eingesetzt

Die letzte ernsthafte Revolte fand 1533 statt. Damals brauchten die braven Lutheraner vier Jahre, ehe sie die kommunistischen Wiedertäufer unter Kontrolle hatten. Damit ist über Hannover schon fast alles gesagt – eine Stadt der Biederkeit, Residenz mittelmäßiger Potentaten und Ministerpräsidenten, bevölkert von Beamten, mittelständischen Spießern und einer Arbeiterschaft, die der SPD auch 1918 treu und blind ergeben geblieben war. Man kann hier leben – viel mehr aber auch nicht. Und wenn etwas typisch ist an diesem stadtgewordenen Mittelmaß, dann sind es allenfalls periodische Anfälle von Größenwahn, während derer sich die Eingeborenen als Bewohner einer »Weltstadt« fühlen. Und doch...

Was ist eine »Weltstadt« ohne Uni? Also bat der Stadtrat dero Landesregierung untertänigst um die Förderung des Geistes. So bekam die Technische Hochschule Mitte der 60er Jahre einige geisteswissenschaftliche Seminare drauf – wie Ketchup auf eine amorphe Fleischwurst. Die durch diesen Spritzer gezeugte »Universität« bot indes dem sich radikalisierenden Geiste – resp. SDS – eine nur schwache Basis. Die technischen Institute lebten von ihren guten Beziehungen zur Industrie, die Studenten von den ihren zu den »Alten Herren«. Hannovers zweite Hochschule blieb denn auch vom Geiste unberührt: Noch im April 68 verabschiedeten die Verbindungen der Tierärztlichen Hochschule ihren scheidenden Rektor, als sei nichts weiter geschehen – in vollem Wichs, mit Fackelzug unter wehenden Panieren, von denen salbig die Rede des Asta-Vorsitzenden darniedertroff. So mochte Hannover seine Studenten – das Experiment mit dem Geiste indes scheiterte kläglich.

Doch da sind zwei, die in der Nähe Hannovers geboren und in Hannover begraben wurden, deren Todesdaten für Anfang und Ende der »heißen Phase« der Studentenbewegung stehen: Benno Ohnesorg und Hans-Jürgen Krahl. Durch sie, die beide hier nicht lebten, wurde Hannover ohne eigenes Zutun zum Ort der wichtigsten SDS-Beschlüsse und zum Mittelglied zwischen Berlin und Frankfurt.

Benno Ohnesorg

Am 9. Juni 1967 versammelten sich gut 7000 Studenten in der hannoverschen Sporthalle. Die einen, um den Tod Benno Ohnesorgs zu betrauern, andere, um darüberhinaus politische Konsequenzen zu ziehen. Der Asta der TH hatte sich bereits durch die Distanzierung von der »gewalttätigen« Berliner Anti-Schah-Demonstration und das Verbot »unwürdiger« roter Fahnen und Transparente profiliert – die Presse vermerkte es wohlwollend. Doch die Diskussion in der Sporthalle lief ihm entschieden aus dem Ruder. Habermas scheute schließlich nicht vor der Regierungs-Vokabel eines »linken Faschismus« zurück, um die von Dutschke, Krahl und anderen vorgeschlagene Konfliktausweitung mit gewaltlosen, aber durchaus ungesetzlichen Mitteln zu diffamieren. Die Frankfurter Schule schmollte – so praktisch hatte sie das alles nicht gemeint mit dem Marxismus.

Die Prominenz reiste ab – die kleine SDS-Gruppe blieb schwach an der TH und war selbst unter den politisch aktiven Studenten selten mehrheitsfähig. Schon im Mai 67 war jedoch ein »Unabhängiger Schülerbund« gegründet worden – organisatorischer Kern einer schnell wachsenden Schülerbewegung, die zur zweiten Mobilisierungsstütze der hannoverschen APO werden sollte. Ab 1969 firmierte sie als »Schülerbasisgruppe im SDS« und wurde schnell zum internen Sprengsatz: Die Revolte gegen die »freischwebenden Schwätzer« unter der örtlichen SDS-Prominenz verlief dadurch stürmischer als anderswo.

Rudi Dutschke

Die langsame Radikalisierung des Geistes offenbarte sich am Gründonnerstag 68. Bereits zwei Stunden nach dem Attentat auf Rudi Dutschke kam es zu einer spontanen Demonstration auf dem Opernplatz, und der Mut zur Isolation äußerte sich in dem Plan, die Marktkirche zu besetzen. Stadtsuperintendent Rufus Flügge konnte sich durch eine gequälte Billigung dieses Vorhabens eine ungestörte Karfreitags-Predigt einhandeln, die Gemeinde jedoch kochte. Die wahren Protestanten verlagerten ihre Aktivitäten gegen Abend jedoch auf den Steintor-Platz. Dort – im Verlagshaus der immerhin SPD-eigenen »Hannoverschen Presse« – wurde die BILD-Zeitung gedruckt. Die beiden Hofeinfahrten waren schnell mit Mülltonnen und zufällig bereitliegenden Balken und Eisengittern blockiert. Nach und nach sammelten sich über 1.000 Demonstranten inmitten einer aufgehetzten Meute von Fahrkartenverkäufern, Arbeitsvermittlern, Friseuren und sonstigen gesunden Volksempfindern. Ein Klima der Hetze und der Isolation breitete sich aus, es bestätigte die Blockierer in ihrer Wut: Drei Kugeln auf Dutschke, sie kamen aus dieser Meute, aus dieser Druckerei. Es roch nach Gewalt.

Doch trotz dieser für staats- und BILDschützerische Polizeiaktionen günstigen Voraussetzungen geschah – nichts. Die Provinz hat auch ihre Vorzüge: Es war der routinierten Schläfrigkeit des Polizeipräsidiums zu verdanken, daß in Hannover die Auslieferung der BILD-Zeitung tatsächlich verhindert werden konnte, denn die Hälfte der Bereitschaftspolizei genoß ihren Osterurlaub. So lagen denn die Zeitungspacken ab 21 Uhr versandfertig auf dem Hof, doch der Ausbruchversuch eines tollkühnen Fahrers blieb ob der fehlenden Staatsgewalt kläglich stecken. Diese marschierte erst um 2 Uhr in der Früh auf und ließ ihren Feiertagsfrust in einem bis in die Morgendämmerung anhaltenden Brutaleinsatz an den Demonstranten aus. Um 3 Uhr war die Pressefreiheit wieder hergestellt – gerade noch rechtzeitig, um die Hannoveraner mit Springers Botschaft zu beglücken. Niedersachsens Maschen und Heideflecken indes blieben unversorgt. Am frühen Morgen protestierten noch 200 Demonstranten vor dem Polizeipräsidium gegen die 39 Festnahmen der vorangegangenen Nacht.

Der Sonntag war ruhig, der Montag sollte es ebenfalls werden: Das Ostermarsch-Komitee hatte die FDP zur Teilnahme bewegen können und distanzierte sich infolgedessen heftig von einigen Scherben vor dem Amerika-Haus. Doch leider hatten die Ostermarschierer mit diesem seriösen Bündnispartner nichts im Sinn und verprellten ihn garstig: Die friedliche Auflösung des Ostermarsches mißlang, der Zug bewegte sich wieder zum Steintor. Diesmal versuchten dort starke Polizeikräfte mit einem »cordon sanitaire« das Grundrecht auf Mordhetze und Lügenmeldungen zu schützen. Obwohl nach mehrstündigen Auseinandersetzungen die Polizei erfrischend bunt eingefärbt war und einen Teil ihrer Tschakos an eifrige Sammler verloren hatte, konnte die Auslieferung der BILD nicht mehr verhindert werden.

Die Auswirkungen der Osterereignisse auf die Studenten waren gering. Ein Antrag des SDS, im Asta keine Springer-Erzeugnisse mehr auszulegen, wurde von einer studentischen Vollversammlung, die die Aktionen auswerten sollte, schlicht abgeschmettert. Und die Polizei stellte verdutzt fest, daß sich unter den 48 Festgenommenen nur acht Studenten befanden. Die APO in Hannover war nie eine reine Studentenbewegung.

Notstand

Die anhaltende Schwäche des SDS zeigte sich deutlich bei den geradezu kläglich verlaufenden Anti-Notstandsaktionen in Hannover. Gerade 250 Teilnehmer konnten zur ersten Aktion am 26. Mai mobilisiert werden. Erst die Schüler brachten am 28. Mai während der Schulzeit 700 Demonstranten auf den Opernplatz. Diese zogen daraufhin zur Technischen »Universität« (die Anstalt war inzwischen umbenannt worden), wo gerade 300 Studenten diskutierten. SDS-Sprecher Manfred Lauermann argumentierte auf verlorenem Posten. Der Uni-Dozent und spätere Kultusminister Peter v. Oertzen mahnte zum Fortschritt in Legalität – was er damit meinte, wurde erst später deutlich, als er die ersten Berufsverbote durchdrückte.

Das Desaster setzte sich an der Sporthalle fort. Dort hatte der DGB zu einer Kundgebung nicht etwa gegen die Notstandsgesetze, sondern für die Mitbestimmung mobilisiert und zog unter den Klängen einer Knappschafts-Blechkapelle eine Parade der Ignoranz durch: Mochte in Frankreich der Generalstreik toben, mochte der Notstand geprobt werden, mochten die Studenten auf der Bühne »Generalstreik« krakeelen – was verboten ist, ist nicht erlaubt, wo kämen wir da hin? Frankreich war weit weg an diesem Sonntag – und als am nächsten Tag einige Studenten am DGB-Haus eine rote Fahne hißten, konnten die Sekretäre über derlei deplazierte Symbolik nur lachen. Sie lachten zu früh – ihre »Stunde der Wahrheit« schlug im September 69, und in Hannover noch eher.

Roter Punkt

Der »Rote Punkt« war in Berlin schon lange ein Erkennungszeichen zwischen »Anhaltern«, wie es damals hieß, und mitnahmewilligen Autofahrern. In den Straßenbahnblockaden von Hannover und Heidelberg wurde er zum politischen Symbol des Widerstands und des Erfolgs, des gelungenen Ausbruchs aus der Isolation und des später immer wieder beschworenen »Bündnisses mit der Arbeiterklasse«. Ein Hauch von Paris durchwehte Hannover in diesen heißen Junitagen – und auch die Provinz-de-Gaulles in Rathaus, Leineschloß und Polizeipräsidium empfanden die Ängste ihres großen Vorbilds. Sie wurden überrascht, aber diesmal nicht – wie bei der BILD-Blockade – auf nur polizeitaktischer Ebene.

Am 1. Juni erhöhte die ÜSTRA die Fahrpreise um eine saftige Spanne. Das hannoversche Verkehrsunternehmen, das – über veschiedene Energiekonzerne – zum Bundesholding gehörte, hatte schon seit Jahren Strecken stillgelegt, die Fahrpläne verschlechtert, Personal entlassen und regelmäßig Dividenden ausgeschüttet. Profit zerstört den Öffentlichen Nahverkehr – das war hier überdeutlich. Doch DGB und die ÖTV, die sich gerade in Tarifverhandlungen mit der ÜSTRA befand, billigten die Fahrpreiserhöhungen des Unternehmens, da sie sich dessen »Kosten«-Standpunkt zu eigen gemacht hatten. Es geschah also nichts, vorerst.

Doch da war das städtische Renommier-Freizeitheim Linden, das einer Diskussionsveranstaltung zum Thema ÜSTRA den Raum verweigerte. So setzten sich die verhinderten Veranstalter – Lehrlings- und Betriebsprojektgruppen des SDS sowie die frischgegründete DKP –

Oben: In Hannover ruht der Straßenbahn- und Autoverkehr. Als Antwort der Nahverkehrsgesellschaft ÜSTRA auf die Demonstrationen gegen die Fahrpreiserhöhung bleiben die Wagen im Depot.
Mitte: Polizeieinsatz gegen »Rote Punkt«-Demonstranten
Unten: »Fahr mit!« fordern Hannovers Autofahrer ihre Mitbürger auf

zusammen und entwarfen einen gemeinsamen Aufruf zu einer Demonstration am 7. Juni. Etwa 300 Demonstranten versammelten sich wie üblich am Opernplatz, die vorbeiführenden Gleise wurden – sehr zum Mißfallen der DKP – besetzt. Als dann auch noch der Straßenbahn-Knotenpunkt Steintor besetzt wurde, fuhr zwar keine Straßenbahn mehr in Hannover, aber das Anfangsbündnis SDS/DKP zerbrach daran. Die DKP hütete ängstlich ihre neugewonnene Legalität und versprach sich Erfolg von der nun an täglich stattfindenden 17-Uhr-Kundgebung am Opernplatz. Der SDS blockierte. Dieser Widerspruch sollte sich im Laufe der Aktionen zuspitzen: Es kam zu »Friedlichkeitsappellen« der DKP, die handgreiflich durchgesetzt wurden, zu Denunziationsaufrufen und sogar zum Zerfetzen von roten Fahnen, die angeblich die Bürger verschreckten. Aber letztlich blieb die DKP eine Randerscheinung, die sich der SDS-Redner nur durch Abschalten der parteieigenen Lautsprecheranlagen zu erwehren wußte.

Am nächsten Tag wird wieder der Abendverkehr blokkiert. Diesmal versucht die Polizei, mit hartem Einsatz die Schienen zu räumen, sie hat als Neuheit Tränengas zu bieten. Doch die Demonstration schwillt auf über 2000 Teilnehmer an, so daß bis in die späten Abendstunden neben dem Steintor auch noch der Aegidientorplatz als zweiter Straßenbahnknotenpunkt besetzt werden kann. Der 10. Juni bringt den Durchbruch. Es kommt zu schweren Auseinandersetzungen und Steinwürfen. Trotzdem gelingt es der Polizei nicht, die Blockade aufzuheben. Auf den Schienen stehen Bauwagen und Busse, denen der nötige Reifendruck fehlt. Inzwischen läuft der »Rote-Punkt«-Verkehr schon recht gut: Viele Autofahrer haben das massenhaft gedruckte Symbol an der Windschutzscheibe befestigt, halten an den Straßenbahninseln und nehmen die Wartenden mit.

Der nächste Tag bringt die größte Demonstration, die Hannover in den 60er Jahren erleben sollte: etwa 10 000 Menschen ziehen durch die Straßen. Die Polizei ist verschwunden, selbst die Verkehrsregelung wird den Demonstranten überlassen. Ein heimliches Kartell zerbricht: Die Lokalpresse, die sich in Absprache mit der Polizei auf ein Verschweigen sämtlicher SDS-Aktionen geeinigt hatte, beginnt notgedrungen über die Demonstrationen zu berichten. Auch vom DGB erklingen neue Töne: Auf einmal findet er den Protest legitim und hängt sich mit einem

Flugblatt an. Die Stadt bastelt an einer Gegenoffensive, der SDS plant eine Ausweitung des Kampfes.

Die Ergebnisse zeigen sich am nächsten Morgen: Blokkade schon ab 4 Uhr früh, der Berufsverkehr liegt lahm. Doch als die Genossen einige Stunden später die BILD und die Lokalpresse zu sehen bekommen, trauen sie ihren Augen nicht: Ein roter Punkt zum Ausschneiden. Die Blockade wird zur Naturkatastrophe, der mit einer »Aktion Gemeinsinn« zu wehren ist. Die Polizei wird wieder sichtbar: Mit Lautsprecherwagen fährt sie durch die Wohngebiete und ruft zur Beteiligung an der »Rote-Punkt«-Aktion auf. Am selben Tag veruntreuen Bürgermeister Barche und Oberstadtdirektor Neuffer 15 000 DM, indem sie in einer Großanzeige warnen: »Lassen Sie sich nicht von Agitatoren mißbrauchen, die ›ÜSTRA-Fahrpreise‹ sagen und Anarchie meinen!« Wenn schon Anarchie, dann aber auch anständig organisiert. Die ÜSTRA bemüht sich gar nicht mehr, ihre Fahrzeuge auslaufen zu lassen, Stadt und Polizei versuchen mit einem atemberaubenden salto mortale an die Spitze der Bewegung zu gelangen, sekundiert vom DGB: Am 13. Juni berichtet die Presse von »Verhandlungen« zwischen Vertretern von Stadt, Kapitalistenverbänden und DGB, die verbilligte Rentnerkarten und die Zusage ergeben hätten, das »Tarifgefüge« und die »Kommunalisierung« der ÜSTRA zu »überprüfen«. Kernaussage: »Am Montag sollen Straßenbahnen und Busse wieder fahren.«

In dieser Situation wäre dem SDS die Lage völlig aus der Hand geglitten, wenn die von ihm vertretene »harte« Linie (Nulltarif und die Enteignung der ÜSTRA) nicht massive Unterstützung aus den Betrieben erhalten hätte. Aus eigener Kraft gelingt dem SDS noch am Sonntag die Einigung der hannoverschen Asten auf der SDS-Linie, doch in der Nacht zum Montag handeln andere: Eine Gruppe von Hanomag-Arbeitern zementiert zentrale ÜSTRA-Weichen ein, Montag früh wird im Betrieb gesammelt, und am Nachmittag formiert sich auf dem Betriebsgelände ein Demonstrationszug, um das Geld – immerhin 1600 DM – den Blockierern zu überbringen. Ebenfalls am Montagvormittag findet im Gewerkschaftsraum eine Versammlung der hannoverschen Betriebs- und Personalräte statt, die dem DGB-Kreisvorstand sein kosmetisches »Verhandlungsergebnis« wegstimmt und in einer turbulenten Auseinandersetzung aus einem DGB-Flugblattentwurf eine Passage tilgt, in der sich von »Gewalttätern« distanziert wird. Die ÜSTRA fährt nicht.

Der 17. Juni endlich bringt die Kapitulation. Nach einer kurzen Besetzung des Rathauses, in dem die Stadtväter in Sondersitzung tagen, verkündet Oberstadtdirektor Neuffer das Ergebnis: Einheitstarif von 50 Pfennigen, als Einstieg in den Nulltarif, und Kommunalisierung der ÜSTRA. Die Aktionen werden abgebrochen, die DKP feiert auf einer »machtvollen Abschlußkundgebung« (UZ) mit 50 Teilnehmern ihren grandiosen Sieg, der »Rote-Punkt«-Verkehr läuft routiniert weiter.

Am 19. Juni fährt die niedersächsische Polizei alles an Gerät und Personal auf, was sie zusammenkratzen kann, an jeder Weiche steht ein Polizist, Steintor und Aegi sind Wagenburgen. In einer gespenstischen Szene nimmt die angeknackste Ordnung die Stadt wieder in Besitz; so was soll ihr nicht noch mal passieren. Diese Drohgebärde war ernst gemeint, es passierte nicht noch einmal. Vom Nulltarif war später nicht mehr die Rede, die nächste Preiserhöhung folgte 1970. Es kam wieder zu schweren Auseinandersetzungen, hier und bei jeder folgenden Tariferhöhung – doch der Erfolg von 1969 war nicht zu wiederholen, er gewann rückblickend eher mythische Qualität.

Ein lahmgelegter Straßenbahnwagen wird mit einem »Roten Punkt« gekennzeichnet

Hans-Jürgen Krahl

Für den SDS war die »Rote-Punkt«-Aktion der Höhepunkt und zugleich der Beginn seines Zerfalls. Es begannen scharfe Fraktionierungskämpfe entlang der Organisations- und Schulungsfrage. In den Auseinandersetzungen hatten die im SDS verbundenen Aktionsgruppen Selbständigkeit und Selbstbewußtsein gewonnen, der Zusammenhalt zerbrach. Als am 15. Februar 1970 Hans-Jürgen Krahl bei einem Verkehrsunfall verunglückte, versammelte sich die SDS-Prominenz. Man traf sich danach in der Cafeteria der Architekturfakultät, dem ständigen Versammlungsort des SDS, und hatte nur noch eine Gemeinsamkeit, über die man sich verständigen konnte: die Auflösung des Verbandes.

Die Anfänge der Frauenbewegung

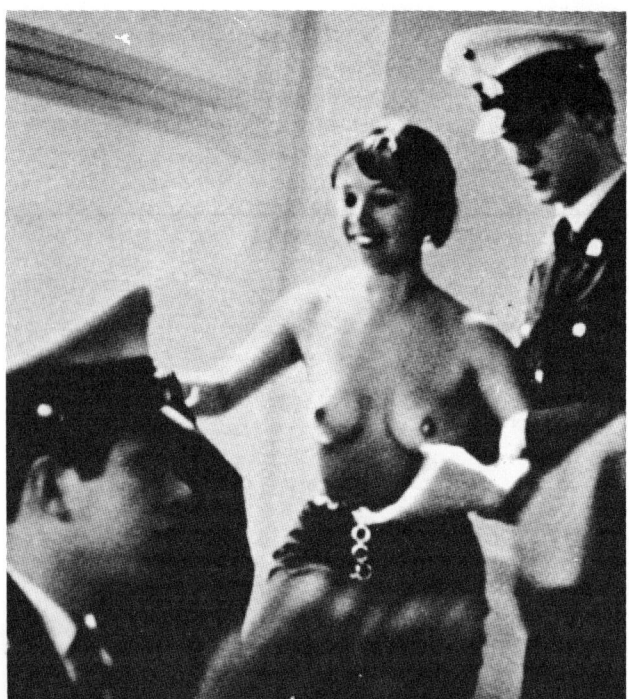

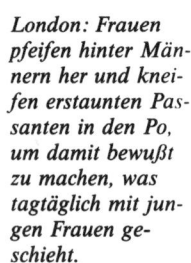

London: Frauen pfeifen hinter Männern her und kneifen erstaunten Passanten in den Po, um damit bewußt zu machen, was tagtäglich mit jungen Frauen geschieht.

Links: Mit entblößtem Oberkörper versuchten Studentinnen ein Gericht in Hamburg lächerlich zu machen, das eine Kommilitonin aburteilte.

Helke Sander
Rede des »Aktionsrates zur Befreiung der Frauen«
bei der 23. Delegiertenkonferenz des
»Sozialistischen Deutschen Studentenbundes« (SDS)
im September 1968 in Frankfurt

Liebe Genossinnen, Genossen.
Ich spreche für den Aktionsrat zur Befreiung der Frauen. Der Landesverband Berlin des SDS hat mir einen Delegiertenplatz gegeben, obwohl nur wenige von uns Mitglieder des Verbandes sind. Wir sprechen hier, weil wir wissen, daß wir unsere Arbeit nur in Verbindung mit anderen progressiven Organisationen leisten können, und dazu zählt unserer Meinung nach heute nur der SDS.

Die Zusammenarbeit hat jedoch zur Voraussetzung, daß der Verband die spezifische Problematik der Frauen begreift, was nichts anderes heißt, als jahrelang verdrängte Konflikte endlich im Verband zu artikulieren. Damit erweitern wir die Auseinandersetzung zwischen den Antiautoritären und der KP-Fraktion und stellen uns gleichzeitig gegen beide Lager, da wir beide Lager *praktisch*, wenn auch nicht dem theoretischen Anspruch nach, gegen uns haben. Wir werden versuchen, unsere Positionen zu klären, wir verlangen, daß unsere Problematik hier inhaltlich diskutiert wird. Wir werden uns nicht mehr damit begnügen, daß den Frauen gestattet wird, auch mal ein Wort zu sagen, das man sich, weil man ein Antiautoritärer ist, anhört, um dann zur Tagesordnung überzugehen.

Wir stellen fest, daß der SDS innerhalb seiner Organisation ein Spiegelbild gesamtgesellschaftlicher Verhältnisse ist. Dabei macht man Anstrengungen, alles zu vermeiden, was zur Artikulierung dieses Konfliktes zwischen Anspruch und Wirklichkeit beitragen könnte, da dies eine Neu-Orientierung der SDS-Politik zur Folge haben müßte. Diese Artikulierung wird auf einfache Weise vermieden. Nämlich dadurch, daß man einen bestimmten Bereich des Lebens vom gesellschaftlichen abtrennt, ihn tabuisiert, indem man ihm den Namen Privatleben gibt. In dieser Tabuisierung unterscheidet sich der SDS in nichts von den Gewerkschaften und den bestehenden Parteien. Diese Tabuisierung hat zur Folge, daß das spezifische Ausbeutungsverhältnis, unter dem die Frauen stehen, verdrängt wird, wodurch gewährleistet wird, daß die Männer ihre alte, durch das Patriarchat gewonnene Identität noch nicht aufgeben müssen. Man gewährt zwar den Frauen Redefreiheit, untersucht aber nicht die Ursachen, warum sie sich so schlecht bewähren, warum sie passiv sind, warum sie zwar in der Lage sind, die Verbandspolitik mit zu vollziehen, aber nicht dazu in der Lage sind, sie auch zu bestimmen. (Am ersten Tag der Delegierten-Konferenz hat eine Frau geredet.) Die Verdrängung wird komplett, wenn man auf diejenigen Frauen verweist, die innerhalb des Verbandes eine bestimmte Position erworben haben, in der sie aktiv tätig sein können. Es wird nicht danach gefragt, welche Versagungen ihnen das möglich gemacht haben, es wird übersehen, daß dies nur möglich ist durch Anpassung an ein Leistungsprinzip, unter dem ja gerade auch die Männer leiden und dessen Abschaffung das Ziel ihrer Tätigkeit ist. Die so verstandene Emanzipation erstrebt nur eine Gleichheit in der Ungerechtigkeit und zwar mit den von uns abgelehnten Mitteln des Konkurrenzkampfes und des Leistungsprinzips.

Die Trennung zwischen Privatleben und gesellschaftlichem Leben wirft die Frau immer zurück in den individuell auszutragenden Konflikt ihrer Isolation. Sie wird immer noch für das Privatleben, für die Familie erzogen, die ihrerseits von Produktionsbedingungen abhängig ist, die wir bekämpfen. Die Rollenerziehung, das anerzogene Minderwertigkeitsgefühl, der Widerspruch zwischen ihren eigenen Erwartungen und den Ansprüchen der Gesellschaft erzeugen das ständige schlechte Gewissen, den an sie gestellten Forderungen nicht gerecht zu werden, bzw. zwischen Alternativen wählen zu müssen, die in jedem Fall einen Verzicht auf vitale Bedürfnisse bedeuten.

Frauen suchen ihre Identität. Durch Beteiligung an Kampagnen, die ihre Konflikte nicht unmittelbar berühren, können sie sie nicht erlangen. Das wäre Scheinemanzipation. Sie können sie nur erlangen, wenn die ins Privatleben verdrängten gesellschaftlichen Konflikte artikuliert werden, damit sich dadurch die Frauen solidarisieren und politisieren. Die meisten Frauen sind deshalb unpolitisch, weil Politik bisher immer einseitig definiert worden ist und ihre Bedürfnisse nie erfaßt wurden. Sie beharrten deshalb nach dem autoritären Ruf im Gesetzgeber, weil sie den systemsprengenden Widerspruch ihrer Forderungen nicht erkannten.

Die Gruppen, die am leichtesten politisierbar sind, sind die Frauen mit Kindern. Bei ihnen sind die Aggressionen am stärksten und ist die Sprachlosigkeit am geringsten. Die Frauen, die heute studieren können, haben das nicht so sehr der bürgerlichen Emanzipationsbewegung zu verdanken, sondern vielmehr ökonomischen Notwendigkeiten. Wenn diese Privilegierten unter den Frauen nun Kinder bekommen, werden sie auf Verhaltensmuster zurückgeworfen, die sie meinten, dank ihrer Emanzipation schon überwunden zu haben. Das Studium wird abgebrochen oder verzögert, die geistige Entwicklung bleibt stehen oder wird stark gemindert durch die Ansprüche des Mannes und des Kindes. Dazu kommt die Unsicherheit, daß man es

nicht fertig gebracht hat, zwischen Blaustrumpf und Frau fürs Haus zu wählen, entweder eine Karriere aufzubauen, die mit einem weitgehenden Verzicht auf Glück erkauft werden muß, oder eine Frau für den Konsum zu sein. Das heißt, es sind eben jene privilegierten Frauen, die die Erfahrung gemacht haben, daß der bürgerliche Weg zur Emanzipation der falsche war, die erkannt haben, daß sie sich mit den Mitteln des Konkurrenzkampfes nicht emanzipieren können, die erkannt haben, daß das allgemeine Leistungsprinzip auch zum bestimmenden Faktor innerhalb der Verhältnisse geworden ist, die erkannt haben, daß der Weg zur Emanzipation auch schon in der Methode liegt, mit der man sie anstrebt.

Diese Frauen merken spätestens, wenn sie Kinder bekommen, daß ihnen alle ihre Privilegien nichts nützen. Sie sind am ehesten dazu in der Lage, den Abfallhaufen des gesellschaftlichen Lebens ans Licht zu ziehen, was gleichbedeutend damit ist, den Klassenkampf auch in die Ehe zu tragen und in die Verhältnisse. Dabei übernimmt der Mann die objektive Rolle des Ausbeuters oder Klassenfeindes, die er subjektiv natürlich nicht will, da sie ihm ja auch wiederum nur aufgezwungen wird von einer Leistungsgesellschaft, die ihm ein bestimmtes Rollenverhalten auferlegt.

Die Konsequenz, die sich daraus für den Aktionsrat zur Befreiung der Frau ergab, ist folgende:

Wir können die gesellschaftliche Unterdrückung der Frauen nicht individuell lösen. Wir können damit nicht auf Zeiten nach der Revolution warten, da eine nur politisch-ökonomische Revolution die Verdrängung des Privatlebens nicht aufhebt, was in allen sozialistischen Ländern bewiesen ist.

Wir streben Lebensbedingungen an, die das Konkurrenzverhältnis zwischen Mann und Frau aufheben. Dies geht nur durch Umwandlung der Produktionsverhältnisse und damit der Machtverhältnisse, um eine demokratische Gesellschaft zu schaffen.

Da die Bereitschaft zur Solidarisierung und Politisierung bei den Frauen mit Kindern am größten ist, weil sie den Druck am meisten spüren, haben wir uns in der praktischen Arbeit bisher auf ihre Konflikte konzentriert. Das heißt nicht, daß wir die Konflikte der Studentinnen ohne Kinder nicht wichtig nehmen, heißt nicht, daß wir nicht trotz der gemeinsamen Merkmale aller Frauen in der Unterdrückung die klassenspezifischen Unterdrückungsmechanismen übersehen, es heißt lediglich, daß wir eine möglichst effektive Arbeit leisten wollen und uns einen Ansatzpunkt schaffen müssen, der es uns erlaubt, die Problematik systematisch und rational anzugehen.

Da die anfänglichen Bemühungen, die wir machten, diese Konflikte mit dem SDS und innerhalb des SDS anzugehen, scheiterten, haben wir uns zurückgezogen und alleine gearbeitet. Als wir vor einem halben Jahr anfingen, reagierten die meisten Genossen mit Spott. Heute nehmen sie uns übel, daß wir uns zurückgezogen haben, sie versuchen uns zu beweisen, daß wir überhaupt ganz falsche Theorien haben, sie versuchen uns unterzujubeln, daß wir behaupten, Frauen brauchten zu ihrer Emanzipation keine Männer, was wir nie behauptet haben. Sie pochen darauf, daß auch sie unterdrückt sind, was wir ja wissen. Wir sehen es nur nicht mehr länger ein, daß wir ihre Unterdrückung, mit der sie uns unterdrücken, weiter wehrlos hinnehmen sollen. Eben weil wir der Meinung sind, daß eine Emanzipation nur gesamtgesellschaftlich möglich ist, sind wir ja hier. Wir müssen hier nämlich einmal feststellen, daß an der Gesamtgesellschaft etwas mehr Frauen als Männer beteiligt sind, und finden es die höchste Zeit, daß wir die sich daraus ergebenden Ansprü-

171

Der Kapitalismus schlägt Männer und Frauen...

che auch einmal anmelden und fordern, daß sie zukünftig eingeplant werden. Sollte dem SDS der Sprung nach vorn zu dieser Einsicht nicht gelingen, dann wären wir allerdings auf einen Machtkampf angewiesen, was wir lieber verhindern würden (für uns wäre es Energieverschwendung). Denn wir werden diesen Machtkampf gewinnen, da wir historisch im Recht sind.

Die Hilflosigkeit und Arroganz, mit der wir hier auftreten müssen, macht keinen besonderen Spaß. Hilflos sind wir deshalb, weil wir von progressiven Männern eigentlich erwarten, daß sie die Brisanz unseres Konfliktes einsehen. Die Arroganz kommt daher, daß wir sehen, welche Bretter ihr vor den Köpfen habt, weil ihr nicht seht, daß sich ohne euer Dazutun plötzlich Leute organisieren, an die ihr überhaupt nie gedacht habt, und zwar in einer Zahl, die ihr für den Anbruch der Morgenröte halten würdet, wenn es sich um Arbeiter handeln würde.

Genossen, eure Veranstaltungen sind unerträglich. Ihr seid voll von Hemmungen, die ihr als Aggressionen gegen die Genossen auslassen müßt, die etwas Dummes sagen oder etwas, was ihr schon wißt. Die Aggressionen kommen nur teilweise aus politischen Einsichten in die Dummheit des anderen Lagers. Warum sagt ihr nicht endlich, daß ihr kaputt seid vom letzten Jahr, daß ihr nicht wißt, wie ihr den Streß länger ertragen könnt, euch in politischen Aktionen körperlich und geistig zu verausgaben, ohne damit einen Lustgewinn zu verbinden. Warum diskutiert ihr nicht, bevor ihr neue Kampagnen plant, darüber, wie man sie überhaupt ausführen soll? Warum kauft ihr euch denn alle den Reich? Warum sprecht ihr denn hier vom Klassenkampf und zuhause von Orgasmusschwierigkeiten? Ist das kein Thema für den SDS?

Diese Verdrängungen wollen wir nicht mehr mitmachen.

In unserer selbstgewählten Isolation machten wir also folgendes: Wir konzentrierten unsere Arbeit auf die Frauen mit Kindern, weil sie am schlechtesten dran sind. Frauen mit Kindern können über sich erst wieder nachdenken, wenn die Kinder sie nicht dauernd an die Versagungen der Gesellschaft erinnern. Da die politischen Frauen ein Interesse daran haben, ihre Kinder eben nicht mehr nach dem Leistungsprinzip zu erziehen, war die Konsequenz die, daß wir den Anspruch der Gesellschaft, daß die Frau die Kinder zu erziehen hat, zum ersten Mal ernst nehmen. Und zwar in dem Sinne, daß wir uns weigern, unsere Kinder weiterhin nach den Prinzipien des Konkurrenzkampfes und Leistungsprinzips zu erziehen, von denen wir wissen, daß auf ihrer Erhaltung die Voraussetzung zum Bestehen des kapitalistischen Systems überhaupt beruht.

Wir wollen versuchen, schon innerhalb der bestehenden Gesellschaft Modelle einer utopischen Gesellschaft zu entwickeln. In dieser Gegengesellschaft müssen aber unsere eigenen Bedürfnisse endlich einen Platz finden. So ist die Konzentration auf die Erziehung nicht ein Alibi für die verdrängte eigene Emanzipation, sondern die Voraussetzung dafür, die eigenen Konflikte produktiv zu lösen. Die Hauptaufgabe besteht darin, daß unsre Kinder nicht auf Inseln fernab jeglicher gesellschaftlichen Realität gedrängt werden, sondern darin, den Kindern durch Unterstützung ihrer eigenen emanzipatorischen Bemühungen die Kraft zum Widerstand zu geben, damit sie ihre eigenen Konflikte mit der Realität zugunsten einer zu verändernden Realität lösen können.

Augenblicklich arbeiten schon fünf dieser Kinderläden, vier weitere organisieren sich, und einige andere sind im organisatorischen Vorstadium. Wir arbeiten am Modell für den FU-Kindergarten und organisieren Kindergärtnerinnen, bzw. helfen den Kindergärtnerinnen, sich selber

Treffpunkt: 1.Mai 1969, 11 Uhr, Turmstr. Ecke Stromstr.
Treffpunkt der Frauen und Kinder an der Kirche
Aktionsrat zur Befreiung der Frauen,Republikanischer Club, Berlin 15, Wielandstr.27

172

zu organisieren. Theoretisch versuchen wir das bürgerliche Vernunftprinzip und den patriarchalischen Wissenschaftsbegriff zu kritisieren.

Wir haben einen so ungeheuren Zustrom, daß wir ihn kaum organisatorisch verkraften können. Unser Ziel ist zunächst, die Frauen zu politisieren, die schon ein bestimmtes Problembewußtsein haben. Dies ist am besten möglich innerhalb der Universitäten. Wir müssen diese unsere Gegenmodelle zunächst weiterentwickeln und auf eine größere Basis stellen, damit wir Methoden einer kollektiven Erziehung finden, die nicht nur den sowieso schon Privilegierten zugute kommt. Diese Kader und diese Erkenntnisse haben wir jedoch noch nicht. Darum können wir unsere Arbeit nicht dadurch gefährden, daß wir halbe Aktionen in Arbeitervierteln machen. Es sind besonders die Männer, die sich nach und nach bei uns eingefunden haben, die für eine schnellere Vermittlung nach außen in die Arbeiterschaft eintreten. Hier gibt es wieder zwei Probleme. Zum einen haben verschiedene Männer gesehen, daß plötzlich etwas gemacht wird, was eine Perspektive hat. Aufgrund ihrer gewandteren Formulierungen übernehmen sie bei manchen Arbeitskreisen die Führung, wogegen nach wie vor viele Frauen hilflos sind. Sie tun so, als sei der Gedanke der Kinderläden ihre eigene Erfindung, sie sehen die politische Relevanz und sagen jetzt den Frauen, sie würden ihre Probleme verdrängen, wenn sie sich jetzt mit Erziehung beschäftigen. Der Versuch, möglichst schnell andere Bevölkerungsschichten mit unseren Kinderläden zu erfreuen, mag darauf zurückzuführen sein, daß sich die Männer nach wie vor weigern, ihre eigenen Konflikte zu artikulieren. Im Augenblick haben wir der Arbeiterschaft nichts zu bieten. Wir können nicht Arbeiterkinder in unsere Kinderläden nehmen, wo sie ein Verhalten lernen, für das sie zuhause bestraft werden. Die Voraussetzungen dazu müssen für die Arbeiter erst geschaffen werden.

Aus den Arbeiten an den Kinderläden ergeben sich für uns weitere Arbeiten, die damit in engem Zusammenhang stehen. Die Kinder, die jetzt in unseren Länden sind, werden sich nicht mehr in die gewöhnlichen Schulen einfügen. Die Eltern dieser Kinder werden die bestehenden Schulen nicht mehr hinnehmen. Durch die breite Basis, die wir den Läden geben wollen, versuchen wir eine breite Basis für den Konflikt an den Volksschulen zu schaffen. Dieser Konflikt wird Wirkungen haben, die sich zeigen bei den Kindern und Eltern, die nicht durch unsere Läden gegangen sind. Wir müssen dann verhindern, daß Kinder ausgebildet werden, um das zu lernen, was eine kapitalistische Gesellschaft ihnen zu lernen erlaubt.

Wir wissen, unproduktive Arbeiten können abgeschafft werden, wir wissen, wir werden einen ungeheuren Bedarf an Erzieherinnen und Erziehern, an Kindergärtnerinnen und Kindergärten haben. Es ist nicht mehr nötig, daß 90 % aller Arbeiterinnen ungelernte Arbeiterinnen sind.

Genossen, ihr seht, daß unsere Arbeit andere Schwerpunkte hat, als die Verbandsarbeit.
1. Wir haben unsere Arbeit vorerst beschränkt auf Erziehungsfragen und alles, was damit zusammenhängt.
2. Alles Geld geht im Augenblick in die Kinderläden und die dafür notwendigen Vorbereitungsarbeiten.
3. Wir nehmen uns Zeit für die Vorbereitungsarbeiten und die Politisierung des Privatlebens.
4. Wenn die Modelle der Kinderläden uns praktikabel erscheinen, werden wir uns auf die Schulen konzentrieren.
5. Daneben wird natürlich theoretische Arbeit geleistet, die in größeren Zusammenhängen argumentiert.

Wenn sich der SDS als ein Verband begreift, der innerhalb der bestehenden Gesellschaft emanzipatorische Prozesse in Gang setzen will, damit eine Revolution überhaupt möglich wird, dann muß der Verband Konsequenzen für seine Politik aus unserer Arbeit ziehen.

Damit kommen wir auf die Frage der Prioritäten.

Wir müssen diskutieren:

Soll sich eine Gruppe hier und eine Gruppe da auf ein Lehrlings- bzw. Schülersekretariat konzentrieren oder sollen wir uns konzentrieren auf die Verbreiterung der Basis der Kindergärten.

Ein Lehrlingssekretariat fängt die wenigen glücklichen und männlichen Volksschulabgänger auf, die das Glück hatten, eine Lehre beginnen zu können, wie schlecht sie im einzelnen auch sein mag. Ein Schülersekretariat fängt die wenigen und materiell gesicherten Ober- und Berufsschüler auf, die das Glück hatten, liberale Eltern zu haben, die sie auf eine Schule schicken konnten und die Kinder darin unterstützten. Das Lehrlingssekretariat wird immer wieder genährt durch die Leute, die Voraussetzungen mitbringen, die die Schule ihrem Bewußtsein zubilligte. Aber gerade diese Voraussetzungen wollen wir abschaffen. Soll hier eine Gruppe eine Nato-Kampagne und da eine Gruppe eine Bundeswehrkampagne machen oder sollen wir uns auf die gesellschaftlichen Bereiche konzentrieren, die den Angelpunkt bilden, die Machtstrukturen zu verewigen?

Genossen, wenn ihr zu dieser Diskussion, die inhaltlich geführt werden muß, nicht bereit seid, dann müssen wir allerdings feststellen, daß der SDS nichts weiter ist als ein aufgeblasener konterrevolutionärer Hefeteig.

Die Genossinnen werden dann die Konsequenzen zu ziehen wissen.

Sibylla Flügge
Der Weiberrat im SDS

Im Anschluß an ihre Rede bewarf eine Genossin die SDS-Autoritäten mit Tomaten. – Dies war die erste Ankündigung einer neuen deutschen Frauenbewegung.

Dieses Ereignis wurde als ganz unerhört empfunden, als so unglaublich, daß die SDS-Männer, aber auch die anwesenden Frauen, sich zunächst nicht dazu verhalten konnten. Im kleineren Kreis konnten sich die Männer dann allerdings nicht enthalten, höhnische Bemerkungen über die Frauen zu machen. Das gab vielen Frauen den letzten Anstoß, sich in Frauengruppen zusammenzuschließen. Die Frauen waren im SDS so offensichtlich unterdrückt, daß die Idee dazu schon längere Zeit in der Luft lag, spätestens jedoch seit der Gründung des Berliner »Aktionsrat zur Befreiung der Frauen« im Frühjahr 1968.

In Frankfurt bot die Feierstunde der SPD anläßlich des 50. Jahrestages der Erringung des Frauenstimmrechts einen willkommenen Anlaß, eine Gruppe zu bilden. Die Frauen machten ein Flugblatt, das sie während der Veranstaltung verteilten, an dessen Verlesung sie jedoch durch prügelnde SPD-Männer und Frauen gehindert wurden. Auch nach dieser Aktion blieben die Frauen weiter zusammen und packten endlich einmal aus, was ihnen an den SDS-Männern schon lange gestunken hatte. Ihrer ganzen Wut gaben sie Ausdruck in einem Flugblatt, das sie unter dem Namen »Weiberrat« bei der 24. Delegiertenkonferenz des SDS im November 1968 verteilen wollten:

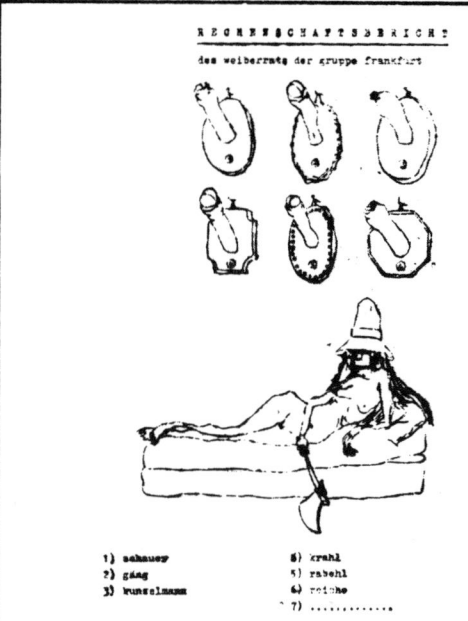

Wir machen das maul nicht auf!
wenn wir es doch aufmachen, kommt nichts raus!
wenn wir es auflassen, wird es uns gestopft: mit kleinbürgerlichen schwänzen, sozialistischem bumszwang, sozialistischen kindern, liebe, sozialistischer geworfenheit, schwulst, sozialistischer potenter geilheit, sozialistischem intellektuellem pathos, sozialistischen lebenshilfen, revolutionärem gefummel, sexualrevolutionären argumenten; gesamtgesellschaftlichem orgasmus, sozialistischem emanzipationsgeseich, GELABER!
wenn's uns mal hochkommt, folgt: sozialistisches schulterklopfen, väterliche betulichkeit; dann werden wir ernst genommen, dann sind wir wundersam, erstaunlich, wir werden gelobt, dann dürfen wir an den stammtisch, dann sind wir identisch; dann tippen wir, verteilen flugblätter, malen wandzeitungen, lecken briefmärken: wir werden theoretisch angeturnt!
kotzen wir's aus: wir sind penisneidisch, frustriert, hysterisch, verklemmt, asexuell, lesbisch, frigid, zukurzgekommen, irrational, penisneidisch, lustfeindlich, hart, viril, spitzig, zickig, wir kompensieren, wir überkompensieren, sind penisneidisch, penisneidisch, penisneidisch, penisneidisch, penisneidisch.
frauen sind anders!
BEFREIT DIE SOZIALISTISCHEN EMINENZEN VON IHREN BÜRGERLICHEN SCHWÄNZEN!

Über diese Flugblattaktion schrieb zwei Jahre später eine Frau folgenden Bericht für den Weiberrat:

»In Hannover wollten wir das Flugblatt im Einverständnis mit den anderen anwesenden Genossinnen verteilen. Diese reagierten zunächst abweisend auf die Aggressivität des Flugblattes. Wir riefen alle zusammen und gaben Beispiele der im Flugblatt erwähnten Unterdrückung. Bei dieser konkreten Erläuterung gaben alle zu, daß es in ihren Gruppen genauso ging. Daraufhin stellten sich alle Mitglieder der 8 anwesenden SDS-Frauengruppen hinter das Flugblatt. Wir wollten mit den Genossen die Vorwürfe diskutieren. Als aber im Verlauf der Delegiertenkonferenz klar wurde, daß man sich von den Frauen eine interessante Einlage versprach, beließen wir es bei einer Extrabegründung, warum wir uns der Diskussion nicht stellen würden. Die Genossen reagierten auf das Flugblatt wütend, chaotisch und aggressiv-autoritär, wie man es erwarten konnte. Aber der Streit fand nicht statt, weil die Frauen sich zum Schweigen verpflichtet hatten.

Wieder zuhause, wurde weitergearbeitet. Zum ersten Mal setzten sich die Genossinnen bei einer SDS-Mitgliederversammlung alle in einer Ecke zusammen, und man konnte beobachten, daß dies von den Genossen wohl bald als Machtdemonstration begriffen wurde. Wenn eine Genossin einen Beitrag brachte, wurde ihr zugehört. Außerdem war sie selbst viel sicherer, weil sie die anderen Frauen hinter sich wußte und weil sie wußte, daß ihr notfalls eine andere weiterhelfen würde.«

In diesem ersten Weiberrat tauchten aber schon bald große Probleme auf, weil die Gruppe für persönliche und herrschaftsfreie Diskussion zu groß geworden war und weil neu hinzukommende Frauen sich ausgeschlossen fühlten. Die Konkurrenz- und Autoritätskonflikte wurden mit der Zeit so stark, daß eine befriedigende Arbeit nicht mehr möglich war. Als dann im Wintersemester 1968/69 im »Aktiven Streik« die traditionellen Lehrveranstaltungen an der Universität gesprengt wurden und durch selbstorganisierte, ihrem Anspruch nach antiautoritäre, Diskussionskreise ersetzt wurden, gingen daher die einzelnen Frauen lieber in diese Veranstaltungen, und der Frankfurter Weiberrat löste sich auf.

(Aus: »Frauenjahrbuch 1«, Frankfurt/M. 1975)

Klaus Hartung
Der Protest, die Bewegung und ihre Formen

Frieden war nicht gewünscht

Der Blick zurück ist oft ein Akt der Plünderung. Auf dem Höhepunkt der Friedensbewegung, an dem man den Eindruck haben kann, daß es kaum noch um reale politische Durchsetzung geht, sondern um die Choreographie, mit der immer mehr Massen immer eindrucksvoller aufzutreten vermögen, liegt jener räuberische oder — netter gesagt — jener vereinnahmende Blick in die Protestbewegung der 60er Jahre nahe. Es liegt nahe, die Protestformen von damals als Fundus zu studieren, denn vielleicht ist dieses oder jenes Kostüm der Empörung noch zu entmotten. — Es gibt allerdings bei beiden Bewegungen eine Korrespondenz, ein gemeinsames Interesse an den Aktions*formen*, eine besondere Reflexion darüber, in welcher Form reagiert werden soll. Aber bei dem Konstatieren dieser Ähnlichkeit zwischen der »größten Bewegung Deutschlands überhaupt« (Vilmer), der Friedensbewegung, und der Studentenbewegung fangen die Unterschiede schon an. Bevor ein falscher Abglanz des warmen Herbstes auf die damaligen sit-ins, Besetzungen, Blockaden, Spaziergang-Demonstrationen, Puddingattentate fällt, halte ich es für richtiger, die Schroffheit der Unterschiede zu betonen. Das ist umso mehr angebracht, als die Friedensbewegung auf den ersten Blick heute das einzulösen scheint, was damals an Hoffnungen und Theorien die antiautoritäre Bewegung durchzog. Damals wie heute erwartete man nichts vom »System«. Der Ausgang aus den versteinerten Verhältnissen der »formalen Demokratie« schien nur durch die direkte Aktion möglich.

In den Friedenscamps und Zeltstädten vor den Raketenbasen scheint endlich der Traum vom »antiautoritären Lager« wirklich geworden zu sein. Dennoch ist alles ganz anders. Zwar war auch in den 60er Jahren die Gefahr eines Atomkrieges gegeben, sie wurde aber nicht verinnerlicht. Die Geister standen nicht am Rande des Abgrunds, protestieren hieß nicht »Dennoch«-Kunst. Die Friedensbewegung, aktiver wohl als jede andere Bewegung, bewegt sich politisch nicht, zumindest nicht über den beschworenen »Minimalkonsens« hinaus. Sie erstarrt in unmittelbarer Nähe der Apokalypse. Alle gesellschaftlichen Veränderungen scheinen viel zu weit hergeholt. 5 Minuten vor 12 bleibt keine Zeit mehr für Revolution, nicht einmal für einen kleinen Sturz der für die Stationierung verantwortlichen Regierung. Und nach der Stationierung darf der friedensbewegte Lehrer, Arzt und Pfarrer an seinen Arbeitsplatz zurückkehren, falls nicht doch das kommt, worauf man sich eingerichtet hat. — Warum hieß die antiautoritäre Bewegung vor 20 Jahren nicht »Bewegung für den Frieden in Vietnam«? Warum nicht »Anti-Notstandsbewegung«? Weil es nicht um den Frieden in Vietnam, sondern um den Sieg im Volkskrieg ging, weil nicht nur die Notstandsgesetze verhindert, sondern die Notstandsgesellschaft verändert werden sollte. Blinde Selbstüberschätzung? Doch zumindest dies: die Hoffnung und das Bewußtsein, daß eine Minderheit, wenn sie sich außerhalb der fixierten Bahnen politischer Organisationen in Bewegung setzt, die versteinerten Verhältnisse zum Tanzen bringen kann; daß die Menschen ein Bedürfnis nach radikaler Veränderung haben und daß keine Veränderung denkbar ist, die nicht auf die Wurzeln der Verhältnisse zielt. Mit anderen Worten: Was in der antiautoritären Bewegung an Formen des Widerstandes entwickelt wurde, war Teil einer sich entfaltenden Revolutionstheorie. Wer 20 Jahre später mit archivarischem Blick den Aktionsformen der 60er Jahre nachgeht, wird nichts begreifen.

Unter Bilka und roten Fahnen – illustre Aktionseinheit. Horst Mahler (mit Schirm), Wolfgang Lefevre (mit Sonnenbrille) und Klaus Feske (mit erhobenem Arm) wurden in den 70er Jahren zu Führungskadern: Der erste führte die RAF an, der zweite die internationale Hegelgesellschaft und der dritte das Sekretariat der SEW.

Das zu emanzipierende Subjekt

Nachdem dies gesagt ist, können wir noch einmal feststellen, daß die Formen der Aktionen, des Protestes und des Widerstandes in den 60er Jahren äußerst wichtig waren, intensiv diskutiert wurden und in den teach-ins an zentraler Stelle standen. Was war an den Formen so wichtig? – Benno Ohnesorg, der am 2. Juni 1967 bei der Anti-Schah-Demonstration vor der Deutschen Oper in Berlin erschossen worden war, wurde drei Tage später in Hannover beerdigt. Am Abend begann ein teach-in in der Hannoveraner Sporthalle, das zu einem bemerkenswerten Zusammenstoß führte. Prof. Habermas hatte in einem langen Referat die Typologie der Protestformen entwickelt, um vor denjenigen Konfrontationen zu warnen, die die Studentenbewegung in die Resignation treiben könnten. Rudi Dutschke griff ihn an: »Ihr begriffsloser Formalismus erschlägt das zu emanzipierende Subjekt.« Er hingegen zog eine Linie vom Volkskrieg der Dritten Welt zu antiautoritären Aufständen gegen die verdinglichten Apparate der Metropolen im Spätkapitalismus bis zur Notwendigkeit, »jetzt« in Westberlin »spontane Widerstandsgruppen« zu organisieren, um der herrschenden Gewalt entgegenzutreten. Das schien Habermas so bedrohlich, daß er spät nachts noch intervenierte und vor einem »linken Faschismus« warnte. Danach, nach harter Kritik durch den SDS, nahm Habermas das böse Wort zurück. Dutschke sei unklar gewesen und habe nicht deutlich gemacht, daß es sich »nur« um öffentliche Protestaktionen gehandelt habe. Der Professor hatte sich ein zweites Mal vertan. Rudis Formel war nicht ungenau, sondern überschüssig, ein theoretisches Vorfühlen revolutionärer Antwort auf konkrete Unterdrückung. Revolutionsspiel und Spiel der Revolution. Aktionsformen? Es handelte sich gerade nicht um Textbücher für Masseninszenierungen, sondern um Organisationsideen, Ideen also, in denen sich die einzelnen als gemeinsam handelndes Subjekt auf der Straße entdecken konnten.

Phantasie und Gewalt

Es wurde die Bannmeile vor dem Schöneberger Rathaus durchbrochen, es wurde eine »Ordnerdemonstration« (100 Ordner und ein Demonstrant abwechselnd) organisiert, als die Auflage erfolgte, Ordner zu stellen; es wurde die »Spaziergang-Demonstration« veranstaltet, als auf dem Ku-Damm das Demonstrieren verboten wurde; und dann die Farbeier ans Amerika-Haus, das Puddingattentat auf Humphrey – nichts wäre falscher, als darin bloß einfallsreiche Protestformen zu entdecken. Schon gar nicht konnte zwischen friedlichen Demonstrationen und Gewaltakten, zwischen Protestierern und Gewalttätern getrennt werden. In all diesen witzigen Reaktionen blieb die Grenze zwischen Spiel, Protest, symbolischer Gewalt und realem Angriff fließend. Immer wurde versucht, die Formen, in denen sich die herrschende Gewalt verbarg, die Demonstrationsauflagen, Verbote usw. zu zerstören, sei es durch Mimikry oder direkte Konfrontation. Die Unterdrückungsapparate – und das war zunächst die Polizei, später auch die Justiz – sollten bloßgestellt werden. Und zwar derart, daß sie hilflos mit ihren übermächtigen Waffen danebenschlugen, nie wissend, ob ihre Gegner nun gerade das revolutionäre Recht auf die Straße oder das bürgerliche Recht auf Demonstrationsfreiheit wahrnehmen. So ging die Rosa-Luxemburg-Demonstration in geordnetem Zug in den Wedding, um in der U-Bahn zu verschwinden und als marodierender Steinewerferhaufen vor den Scheiben des KaDeWe wieder aufzutauchen. Schon nach der Tschombé-Demonstration 1964 betonte Rudi Dutschke, daß die »Bereitschaft zur Illegalisierung der Demonstration« von »entscheidender Bedeutung« gewesen sei. Durch die »Dialektik von Legalität und Illegalität« sollte die »repräsentative Demokratie« entlarvt werden. Der grandiose Trick dabei war, daß das Instrument der Unterdrückung, die Polizei, zu einem Instrument der Aufklärung, der revolutionären Agitation selbst ver-

Ostern 1968 am Kanzler-Eck in Westberlin: Als sich APO-Demonstranten und Polizei in einer zugespitzten Situation gegenüberstehen, wälzt sich plötzlich und unerwartet ein Demonstrationszug der Kampagne für Abrüstung in das Geschehen. In Westberlin und andernorts hatte die Evangelische Studentengemeinde (ESG), unterstützt von Präses Scharf und dem Theologieprofessor Gollwitzer, bedeutenden Anteil an der Vermittlung der Ideen der Antiautoritären in die aufgeklärten Fraktionen des Bürgertums hinein.

Demonstration in Westberlin gegen das Vorgehen der Polizei anläßlich der Anti-Schah-Proteste. Oben: Die Kommune I im Büßergewand; unten: 50 Ordner auf einen Demonstranten signalisieren die »Ordnungsbereitschaft« der Antiautoritären.

wandelt wurde. Nicht nur, daß Beweglichkeit auf Waffen, Leidenschaft auf Brutalität, Sprache auf Knüppel traf – sondern daß die Minderheit ihre Macht im Medium unterdrückender Gewalt entfalten konnte, war der Witz. Da sich die antiautoritäre Bewegung nicht mehr von der Straße drängen, sich nicht mehr an die Universität zurücktreiben ließ, wurde der Krieg in Vietnam konkret in der »Metropole« Berlin. Und nicht zuletzt: Über die Banalität, daß Gewaltverhältnisse sich nicht gewaltlos stürzen lassen, konnte zum ersten Mal in der deutschen Nachkriegsgeschichte ohne Angst nachgedacht werden.

Lernprozeß

Durchnäßte Rückkehr nach der Demonstration vor dem Moabiter Gericht (Prozeß gegen Fritz Teufel); wohin? – Zum teach-in in's »Audimax«. Diskussion auf dem Vietnamkongreß über das »offene Messer« des Innensenators, in das die Demonstranten nicht laufen sollten, als die Demonstration noch verboten war; wo? – Im teach-in. Das teach-in war immer Teil der Aktionen. Oft genug gab es nach den Auseinandersetzungen gequälte Analyseversuche. »Was haben wir gelernt?« »An welchem Punkt stehen wir?« »Was sind die ›organisatorischen Konsequenzen?‹« Doch es handelte sich nie um bloße Manöverkritik, noch um Schulung der Demonstranten oder Information über die politischen Hintergründe des Vietnamkrieges. Ich erinnere mich an das Entsetzen, als die gerade gegründete KPD/AO nach dem Einfall der USA in Kambodscha eine Landkarte über Kambodscha aufhing, als alle darüber reden wollten, was jetzt zu tun war, und zwar in der Stadt. Zu diesem Zeitpunkt war's aber mit der antiautoritären Bewegung schon fast vorbei, und das merkte man zuallererst daran, daß auf dem teach-in keine gemeinsame Sprache mehr gefunden wurde. – Das teach-in war der alchimistische Ort der antiautoritären Bewegung. Hier traf der Guerillatraum auf die Straßenkampfrealität, hier ging es um den Sieg im Volkskrieg und um die Angst vor dem ersten Steinwurf. Hier wurden – oft unter grotesker Anspannung der Begriffe – die Erfahrungen der eben beendeten Auseinandersetzung mit der Polizei in den welthistorischen Rahmen gesetzt und aus diesem wieder die nächste Aktionsform abgeleitet. Diese kollektive Organisationsarbeit brachte schwere Zeiten für Verfassungsschutzspitzel; schrieben sie mit, so kehrten sie mit politologischen Papieren ins Amt. Der Zusammenhang von Artikulation, Welterkenntnis und Selbstorganisation, damals in einer emphatischen Formel zusammengefaßt: »Lernprozeß«, ist von der bürgerlichen Öffentlichkeit nie begriffen worden. Die Frage der BILD-Zeitung: »Was wollen die Studenten?« hing ewig unbeantwortet über den 60er Jahren.

Zwei Geißeln unserer Justiz: während Fritz Teufel die Aufforderung »Angeklagter, erheben Sie sich!« mit dem Seufzer »Wenn es denn der Wahrheitsfindung dient« befolgte, schiß der Student Karl-Heinz Pawla in den Gerichtssaal und wischte sich mit der Anklageschrift den Hintern ab.

Am 12.8.1967 feiert das aufgeklärte Westberlin die Entlassung von Fritz Teufel (links) aus der Untersuchungshaft, in die ihn der Schah-Besuch gebracht hatte. Unter dem Schirm Dieter Kunzelmann.

Ritual oder Revolutionierung der Revolutionäre

Nach den Osterunruhen, die durch das Attentat auf Rudi Dutschke ausgelöst wurden, spielte sich etwas ein, was abschätzig die »Wasserspiele am Kudamm« hieß. Die Krawalle am Wochenende, das Spiel mit der Polizei waren rechten wie linken Kritikern oft genug ein Ärgernis; die einen beklagten den Sakrileg des mangelnden Ernstes, die anderen die mangelnde politische Perspektive. Aber die Kritiker vergaßen den kulturrevolutionären Charakter solcher Aktionen, deren Triebkraft sich gerade in ihrer Wiederholung anmeldete. In diesen scheinbar ritualisierten Formen verbreitete die antiautoritäre Bewegung ihre Basis. »Im Angriff auf die Polizei und selbst noch im Wegrennen spielten nicht nur Angst und Gewissensbisse, sondern auch Geistesgegenwart und Muskelbewegung eine Rolle, Waffen, die zunächst gegen die Gewalt verinnerlichter Zwänge wirksamer waren als gegen die Staatsgewalt. In der schützenden Anonymität der Masse ging darum nicht, wie das bürgerliche Ressentiment unterstellt, die subjektive Energie des einzelnen unter. Sie kam hier erst zu ihrem Recht. Daß spontanes Handeln, kollektive Initiative, Selbstorganisation der Masse nicht nur auf Diskussionen eingeübt werden konnte, sondern Errungenschaften der agierenden Masse selbst waren, beweist, welch mächtige Triebkraft die Aufhebung individueller Unterdrückung für die Selbsttätigkeit der Masse ist.« (*Der Untergang der Bildzeitung,* S. 121.) Zugespitzt kann man sagen, daß sich gerade in den ritualisierten Aktionsformen das geschichtliche Subjekt entfaltete, vorausgesetzt, daß unter Emanzipation das Erfahren der eigenen Kräfte verstanden wird. Gerade diese Erfahrungen widersetzten sich der Gefahr, daß die Bewegung unter eine Politik der Bewegungsfunktionäre geriet. Die Gefahr eines solchen Endes war dennoch allen bewußt, denn Rückkehr in die Bahnen traditioneller Interessen- und Protestpolitik hätte die einzige historische Chance vernichtet: »die Revolutionierung der Revolutionäre« als die »Voraussetzung der Revolutionierung der Massen« (Dutschke).

Die erfolgreiche Straßenschlacht und ein Ende von etwas

Am 4. November 1968 sollte sich Rechtsanwalt Horst Mahler vor dem Landgericht am Tegeler Weg verantworten. Zum Schutz des Gerichtes gab es die üblichen Polizeisperren. Zur Überraschung der Polizei wurde angegriffen, waren ihre Gegner zum ersten Mal auch für einen Angriff ausgerüstet. Es war auch das erste Mal, daß in einer realen Machtprobe, einer wirklichen Straßenschlacht ein Sieg über die Polizei errungen wurde, zum ersten Mal hatten auch – zu unserer Genugtuung – junge Arbeiter und Lehrlinge, die während der »Osterunruhen« zur Bewegung gestoßen waren, an vorderster Front mitgekämpft. Diese »Schlacht am Tegeler Weg« war der Endpunkt antiautoritärer Aktionsformen. Das Denken veränderte sich. Nicht mehr der Lernprozeß, sondern die organisatorischen Voraussetzungen für den Machtkampf standen nunmehr im Vordergrund. Wir konnten nicht mehr zurück, um aber weiterzugehen, war die Basis zu schwach. Während sich unsere Köpfe mit Klassenanalyse füllten, legten die Polizisten endgültig den Tschako ab, um ihre Köpfe im Bürgerkriegshelm verschwinden zu lassen.

Die Mörder sind noch unter uns

»Im Hintergrund immer die beiden Undiskutablen, die beiden Untragbaren und Unerträglichen: Lübke und Kiesinger.« schrieb Heinrich Böll 1968 angesichts der Verabschiedung der Notstandsgesetze in »Konkret«. Untragbar und unerträglich waren diese Repräsentanten des bundesdeutschen Staates nicht nur wegen ihrer reaktionären Gegenwartspolitik in Kleiner und Großer Koalition, sondern vor allem aufgrund ihrer Vergangenheit, denn die war nationalsozialistisch.

Zum Beispiel Heinrich Lübke – Bundespräsident von 1959 bis 1969. Lübke stellte sich selbst gern als Verfolgten des Naziregimes dar, der »nicht davor zurückschreckte, KZ-Häftlinge in seiner Wohnung zu bewirten, jede Möglichkeit aus(nutzte), rassisch und politisch verfolgten Menschen Unterschlupf zu gewähren.«[1] Die Wahrheit bewies das genaue Gegenteil. Heinrich Lübke hatte Baupläne für Konzentrationslager entworfen und unterzeichnet. Dokumente mit seiner Unterschrift belegten diesen Sachverhalt. Schriftgutachten – von der Zeitschrift »Stern« bezahlt und veröffentlicht – ließen die Forderungen nach Lübkes Rücktritt laut werden, nachdem drei Jahre zuvor zunächst DDR-Behörden und danach die Zeitschrift »Konkret« die Sache ans Licht gebracht hatten, jedoch ohne nennenswerte Reaktion.

»Die etablierte Öffentlichkeit, der es vor zwei Jahren noch ganz egal war, ob Lübke ein großer oder ein kleiner Nazi war, weil sie selbst aus Leuten besteht, die kein Interesse daran haben können, daß man sie fragt, ob sie große oder kleine Nazis waren, diese etablierte Öffentlichkeit hat gemerkt, daß sie der entstehenden Gegenöffentlichkeit etwas bieten muß, wenn sie nicht von ihr verdrängt werden will, daß sie wenigstens den Gestus von Opposition an-

Ein Bild aus der Vergangenheit des Heinrich Lübke (3. von links): 1941 besichtigt Rüstungsminister Todt die V-Waffen-Versuchsanstalt Peenemünde, in der Häftlinge für die Rüstungsindustrie arbeiten. Lübke ist stellvertretender Bauleiter der Firma, die für Peenemünde tätig ist.

nehmen muß, wenn sie überhaupt noch von denen, die angefangen haben, politisch zu denken und zu arbeiten, beachtet werden will«,[2] erklärte Ulrike Meinhof im April 1968 das plötzliche Interesse der Medien am »Fall Lübke«. Zwei Jahre zuvor hatte niemand wissen wollen, daß Lübke in einem Architektenbüro des Stabes Speer beim Rüstungsministerium tätig gewesen war, hatte niemand Fotodokumente, die Lübke unter anderem mit NS-Rüstungsminister Todt zeigten, wahrgenommen.

Zum Beispiel Kurt-Georg Kiesinger, Nachfolger Ludwig Erhards, Kanzler der Großen Koalition und Nazi der ersten Stunde. Er trat schon am 1. Mai 1933 der NSDAP bei. Und brachte es zu etwas in dieser Partei, wie später in der CDU. Er sei als junger Mensch an der NSDAP »interessiert« gewesen, gab Kiesinger in Interviews zu, schwieg aber zu seiner Tätigkeit in der Rundfunkabteilung des nationalsozialistischen Außenministeriums. Dort war er Verbindungsmann zum Propagandaministerium gewesen, also mitverantwortlich für die Auslandspropaganda des Deutschen Reiches. »Ferner wird gebeten zur Kenntnis zu nehmen, daß Herr RA Kurt-Georg Kiesinger, Referatsleiter im Auswärtigen Amt, als ständiger Verbindungsmann zwischen der Rundfunkpolitischen Abteilung des Auswärtigen Amtes und der Interradio bestellt wurde.«[3] Sinn und Ziel der »Ätherkriegsführung« der Ausland-Rundfunk-Gesellschaft Interradio A.G.: »Die Moral der feindlichen Bevölkerung kann durch diese neue so gefährliche Waffe derart getroffen werden, daß der Rundfunk zur Vernichtung des Gegners beiträgt und somit die militärische Kriegsführung unterstützt.«[4]

Kiesingers Nazi-Karriere war in der Bundesrepublik kein Geheimnis. Ins Licht der Öffentlichkeit gerückt wurde sie erst, als Beate Klarsfeld den Kanzler am 8. November 1968 während des CDU-Parteitages in der Berliner Kongreßhalle vor surrenden Fernsehkameras und für jedermann sichtbar ohrfeigte. Auf die Frage: »Warum haben Sie gerade Kiesinger geohrfeigt? Warum nicht Lübke? Es gibt doch noch eine Menge anderer Nazis in hohen Positionen, die viel schlimmer waren als unser Kanzler«, antwortete sie schlicht: »Wenn man die Nazis

Die Ohrfeige. Beate Klarsfeld langte einmal kräftig hin und schrie »Faschist«.

aus dem öffentlichen Leben entfernen will, muß man mit dem einflußreichsten Mann im Staat anfangen. Wenn Kiesinger zurücktritt, werden wir nie wieder einen Nazi als Kanzler haben. Es wird der Beginn einer Entnazifizierung sein.«[5]

Kurt-Georg Kiesinger trat nicht zurück. Er stellte Strafantrag gegen Beate Klarsfeld. Verhandlung und Urteilsverkündung fanden noch am Tag der Ohrfeige statt: ein Jahr Gefängnis ohne Bewährung. Kiesinger selbst ist nie juristisch zur Rechenschaft gezogen worden.

Dennoch, die sechziger Jahre waren auch ein Jahrzehnt großer Prozesse gegen Nazi-Verbrecher.

1961 kidnappten drei Agenten des israelischen Geheimdienstes Adolf Eichmann auf offener Straße in Argenti-

Eichmann vor Gericht in Jerusalem 1961

mal Jugendstrafe von zehn Jahren, Zuchthausstrafen zwischen drei Monaten und drei Jahren und von vierzehn Jahren, sechsmal lebenslänglich wegen besonderer Grausamkeit.

Als Kurt-Georg Kiesinger 1969 von Kanzler Willy Brandt abgelöst wurde, machte das nicht zuletzt deutlich, welche Bewußtseinsveränderungen die außerparlamentarischen Kräfte in den Jahren zuvor erzeugt hatten. Eine Nation, bei deren älteren Mitgliedern die faschistische Vergangenheit tabu war, deren Jugend begonnen hatte, nach dieser Vergangenheit zu fragen, war beeindruckt vom Kniefall Brandts vor dem Ehrenmal für die Opfer im Warschauer Ghetto im Jahre 1970.

Nach Kiesinger könne kein Nazi mehr Kanzler werden, hatte Beate Klarsfeld gehofft, aber kaum mehr als zehn Jahre nach ihrer Ohrfeige wurde Karl Carstens zum Bundespräsidenten gewählt.

1 Persönlichkeiten der Gegenwart – Heinrich Lübke, Freudenstadt 1966, S. 29
2 Meinhof, Ulrike Marie, Demokratie spielen, zit. nach: Meinhof, Die Würde des Menschen ist antastbar, Berlin 1980, S. 135
3 Zit. nach: Heuer, Rolv, Kiesinger, Konkret Nr. 5/1967
4. ebd.
5 Interview mit Beate Klarsfeld von Wolfgang Röhl, Konkret Nr. 16/1968
6 Walser, Martin, Unser Auschwitz, Kursbuch 1, Frankfurt/Main 1965

nien. Eichmann war Leiter des Judenreferates im Reichssicherheitshauptamt der Reichsführung der SS gewesen. Ihm wurde die Verantwortung für den Mord an sechs Millionen Juden zur Last gelegt. Eichmann, der am 15. Dezember 1961 in Israel zum Tode verurteilt wurde, hatte während des Verfahrens in einem kugelsicheren Glaskäfig gesessen, sichtbar auch für die deutschen Fernsehzuschauer. Doch der beklemmende Prozeß gegen ihn hinterließ kaum Spuren im öffentlichen Bewußtsein der Bundesrepublik. Auch Gerichtsverfahren wie das gegen den General der Waffen-SS Karl Wolff, Adjudant des Heinrich Himmler, 1964 in München wegen Beihilfe zum Mord in mindestens 300 000 Fällen zu 15 Jahren Zuchthaus verurteilt, bewegten kaum etwas. Als Wolff 1969 vorzeitig entlassen wurde, gab es keinen nennenswerten Protest.

Anders die Auschwitz-Prozesse, die für viele, vor allem junge Menschen eine erste Konfrontation mit den Verbrechen Nazi-Deutschlands bedeuteten. Vom 20.12.1963 bis zum 19.8.1965 wurde in Frankfurt am Main über die Mörder dieses größten faschistischen Vernichtungslagers zu Gericht gesessen. »Der Prozeß gegen die Chargen von Auschwitz hat eine Bedeutung erhalten, die mit dem Rechtsgeschäft nichts mehr zu tun hat. Geschichtsforschung läuft mit, Enthüllung, moralische und politische Aufklärung einer Bevölkerung, die offenbar auf keinem anderen Wege zur Anerkennung des Geschehenen zu bringen war.«[6] schrieb Martin Walser 1965 in seinem Aufsatz »Unser Auschwitz«.

22 Männer der SS-Wachmannschaften waren angeklagt, bei Verhandlungsende saßen noch zwanzig von ihnen im Gerichtssaal. Einer war in der Zwischenzeit gestorben, ein anderer verhandlungsunfähig. 359 Zeugen aus 19 Nationen traten vor ihre ehemaligen Folterer und sprachen von Mord und Qual. Für viele von ihnen bedeutete das Wiedersehen ein erneutes Durchleben der erlittenen Tortur. Sieben bis acht Millionen Menschen sind in Auschwitz ermordet worden. So unvorstellbar diese Zahl ist, so unvorstellbar waren auch die Leiden derer, die davon in Frankfurt, für jedermann hörbar, berichteten. Unvorstellbar gering dagegen die verhängten Strafen: dreimal Freispruch, ein-

Eckhard Siepmann

Die Negation der Negation als brennender Weihnachtsbaum

Das Treibhaus der antiautoritären Philosophie und seine Erbauer

10 Jahre nach der Revolte: Hölderlin im Berliner Olympia-Stadion. Im Jahr des Deutschen Herbstes spielt die Schaubühne Hyperion.

flectere si nequeo superos
acheronta movebo

Wenn ich die Oberen nicht beugen kann,
werde ich das Reich der Schatten mobilisieren

Von Hegel zu Marx

»Siehe, die Füße derer, die dich hinaustragen werden,
stehen schon vor der Tür.« — Hegel —

Als die ersten Nachrichten über die revolutionären Ereignisse in Paris nach Tübingen drangen, sprangen drei Studenten namens Fritz begeistert auf, pflanzten ein Maibäumchen in die Erde und tanzten drumherum. Einer von ihnen schrieb auf ein Blatt: »In der Werkstatt, in den

Häusern, in den Versammlungen, in den Tempeln, überall werd' es anders!«

Knapp zweihundert Jahre später leuchteten diese Worte in einer Winternacht auf der Anzeigentafel des Berliner Olympia-Stadions auf; dort spielte die Schaubühne Hölderlin.

Die beiden anderen verfaßten umfangreiche philosophische Werke. Hegels idealistisches Denken, insbesondere seine dialektische Methode, wurde zur Brutstätte für die Schlangen des dialektischen Materialismus, sodaß schon der dritte, nämlich Schelling, von Friedrich Wilhelm IV. von Preußen bestellt wurde, um »die Drachensaat zu zerstören«, die Hegel ausgestreut hatte.

Dabei war dieser im Äußeren ein betulicher Mann. Bis an sein Lebensende pflegte er am Jahrestag der französischen Revolution, die Zipfelmütze über den Tränensäcken, in den Keller zu steigen, um eine Flasche Rotwein heraufzuholen. Seine Geburtstagsfeier zierte der junge Hegel, der gerade die Grundlinien seines Systems entworfen hatte,

182

Hegel spielte in der Berliner Lotterie und pflegte an den Jahrestagen der französischen Revolution eine Flasche Rotwein zu entkorken.

mit folgendem Scherz: Er zog eine Decke von der reich gedeckten Tafel, breitete die Arme aus und sagte vieldeutig zu seinen Gästen: »Es ist alles da zum Verzehren!« Die verstanden ihn sogleich. Er nun wieder! In Hegels Philosophie wird nämlich unentwegt verzehrt.

Eine Speise steht mir gegenüber, dampft. Ich beäuge sie; ich sinniere über die Unerfaßbarkeit des Inneren der Natur; ich bekomme Appetit, das Wasser läuft mir im Mund zusammen; umstandslos verleibe ich mir die Speise ein. Das, was mir unvermittelt gegenüberstand, existiert so nicht mehr; und ich selbst bin nicht mehr derselbe wie vorher. Man weiß, daß Leute, die allzuviel Schweinefleisch essen, schließlich selbst diesen Tieren zu ähneln beginnen. Die gesamte Weltgeschichte entspricht nach Hegel diesem Vorgang: Der absolute Geist sieht die Materie sich gegenüber, und die Geschichte ist der Prozeß, in dem der Geist die Materie durchdringt und »verzehrt«. Kunst, Religion und Philosophie sind verschiedene Stufen, auf denen das Materielle immer weiter einverleibt ist und verschwindet.

Derselbe Vergeistigungsprozeß vollzieht sich im gleichen Dreischritt auch in den einzelnen Perioden, bis schließlich in der geistigsten, der Philosophie, der letzte Schritt vollzogen und der absolute Geist endlich, nach der Durchdringung von allem, was er nicht ist, bei sich selbst angekommen ist – und zwar, wie kann es anders sein, in der Form der hegelschen Philosophie.

Den gleichen Weg nimmt der Begriff: Am Anfang steht die unmittelbare Einheit des Begriffs mit sich selbst. Darauf folgt die Entgegensetzung des Begriffs gegen sich selbst; schließlich folgt die Wiedereinheit des Begriffs mit sich selbst durch die Aufhebung des Gegensatzes. Damit ist der Begriff, wie der Essende, wie der absolute Geist, auf einer neuen, höheren Ebene angelangt.

Entscheidend ist, daß alles Existierende seine eigene Negation in sich birgt, seine eigene Negation hervortreibt, um in der Negation der Negation zu einem neuen Sein zu gelangen. (Warnung: Es ist jedem angehenden Magister abzuraten, mit dieser unzulässigen Verkürzung in eine philosophische Prüfung zu gehen!)

Eins teilt sich in zwei. Zum Beispiel zerfällt die antiautoritäre Bewegung am Ende des Jahrzehnts in Leute, die die Knarre, und Leute, die die Mao-tse-tung-Ideen hochhalten. Die Berührungspunkte bleiben marginal. Während sich die philosophischen Ambitionen der Stadtguerilla auf einige Bonmots aus den Mao-Werken beschränken, mischen die wahren »ML«er (in diesem Markenzeichen der Maoisten verbinden sich die Initialen von Marx und Lenin) schon mal eine Knarre in ihr Emblem Hammer und Sichel.

Eins teilt sich in zwei – Titel einer chinesischen Broschüre über leichtverständliche Dialektik, die bald auch in unseren maoistischen Zirkeln andächtig studiert wurde. Auf dem Umweg über Peking kehrte Hegel nach Berlin, wo er einst gelehrt hatte, zurück. Der Platonismus der hiesigen Maoisten, die unbedingte Herrschaft der reinen Idee, holte auf abstruse Art Hegel aus dem Schatten, in dem er während der lebendigen Jahre dieser Bewegung, von einigen Studiengruppen an der FU abgesehen, gedämmert hatte.

Und zwar im Schatten von Karl Marx. Marx war überall anwesend; ohne einige Kenntnisse seiner Grundbegriffe und Theorien konnte sich niemand blicken lassen. Marx-Fetzen mal leicht ins Gespräch einlaufen zu lassen – »wie olle Marx sagt« –, galt als gesellschaftsfähig. Aber Marx wurde auch wirklich studiert, in Gruppen oder individuell, und zwar aus Spaß an seinen Entdeckungen und seinen Formulierungen. Es war damals noch klar, daß man ohne die Kenntnis von Marx die moderne Welt nicht kapieren konnte.

Unter den Schriften von Marx, die die Antiautoritären am allermeisten interessierten, nahmen die die erste Stelle ein, in denen sich Marx, im gleichen Alter wie die »Streetfighter«, mit Hegel auseinandersetzt. Der »junge Marx« wird dabei zugleich zur Fanfare, mit der dem orthodoxen Marx-Bild das Signal zur Beerdigung gegeben werden soll.

Marx sieht in Hegels Werk die mystifizierte Darstellung der wirklichen Weltprozesse. Nicht der Weltgeist bringt seine Negation hervor und gerät durch die Negation der Negation auf eine neue Stufe; aber der Kapitalismus bringt das Proletariat hervor als seine Negation; in der Revolution (Negation der Negation) verschwinden beide (die Kapitalisten werden enteignet und die Arbeiterklasse verliert durch das Verschwinden ihres Abhängigkeitsverhältnisses ihren alten Charakter), das heißt, die Gesellschaft rückt auf eine neue Stufe. Die Motorik dieses Prozesses ist nicht mehr der sich selbst suchende Geist, sondern der Kampf der Klasseninteressen.

Indem Marx solcherart Hegel »vom Kopf auf die Füße stellt«, den Prozeß: bei sich selbst sein, sich entfremden, sich auf die Entfremdung einlassen, sich verändern, auf die wirkliche Existenz des Menschen überträgt, formuliert er mit 26 Jahren Zusammenhänge, die in vielen Köpfen 120 Jahre später für eine unerwartete Ordnung sorgen sollten.

Zwar waren die Erscheinungen der Entfremdung, der Begriff sogar aus den höheren Lesebüchern bekannt — nicht aber der Grund der Entfremdung.

Zwar war man nicht mehr gottgläubig, hätte aber gerne gewußt, wie überhaupt jemand darauf verfallen konnte.

Die Eltern hatten permanent Moral gepredigt, aber wenn man sie genau beobachtete, handelten sie nicht danach. Sie handelten nicht nach ihrer eigenen bürgerlichen Moral, wie war das zu erklären?

Was hatte es mit der Ehe, mit der Familie, mit dem Staat auf sich, keiner fühlte sich dabei mehr so recht wohl, aber ohne sie geht's wohl auch nicht?

»Daß in der Bewegung des *Privateigentums*«, kritzelte Marx 1844 in Paris, »eben in der Ökonomie, die ganze revolutionäre Bewegung sowohl ihre empirische als theoretische Basis findet, davon ist die Notwendigkeit leicht einzusehen. Dies *materielle*, unmittelbar *sinnliche* Privateigentum ist der materielle sinnliche Ausdruck des *entfremdeten menschlichen* Lebens. Seine Bewegung — die Produktion und Konsumtion — ist die *sinnliche* Offenbarung von der Bewegung aller bisherigen Produktion, d. h. Verwirklichung oder Wirklichkeit des Menschen. Religion, Familie, Staat, Recht, Moral, Wissenschaft, Kunst etc. sind nur *besondre* Weisen der Produktion und fallen unter ihr allgemeines Gesetz. Die positive Aufhebung des *Privateigentums*, als die Aneignung des *menschlichen* Lebens, ist daher die positive Aufhebung aller Entfremdung, also die Rückkehr des Menschen aus Religion, Familie, Staat etc. in sein *menschliches*, d. h. *gesellschaftliches* Dasein.« (MEW, Ergänzungsband, 1. Teil, S. 532f)

Hier waren alle Stichworte beieinander, um auch denen, die nicht unmittelbar an der Mehrwertproduktion beteiligt waren, die Notwendigkeit der Aufhebung des Privateigentums vor Augen zu führen. Und da die Aufhebung des Kapitalverhältnisses selbst sich als eine umständliche und langwierige Sache erwies, begann die Kommune-Bewegung kurzerhand mit der Abschaffung des individuellen Privateigentums, um auf diese Weise schon mal im Kleinen den Rückzug aus Familie, Staat etc. zu praktizieren, bei welcher Übung sie jedoch leider wieder von der Entfremdung eingeholt werden sollte.

Der zweite wichtige Text waren die Thesen »ad Feuerbach« von Marx und Engels. Der Philosoph Ludwig Feuerbach hatte seit 1838 Schriften veröffentlicht, in denen er Hegel materialistisch interpretierte, wobei er jedoch in der Position der Anschauung verharrt, der Interpretation. Marx und Engels geben Feuerbach den finish, den sie bei ihm vermissen, und mit dem sie die kopernikanische Wende in die Philosophie bringen: Der neue Materialismus löst sich erst dann ganz von dem Idealismus, wenn er begreift, daß die Betrachtung allein nicht genügt; die Welt muß nicht nur erklärt, sondern *verändert* werden, und dazu ist wirkliche *Aktion* notwendig. Philosophie ist historisch out, wenn sie sich nicht mit der *Praxis* verbindet. In der

SDS-Plakat von Jürgen Holtfreter (1968)

Rosa Luxemburg

3. These wird ein Gedanke ausgesprochen, der den Nerv des antiautoritären Denkens berührt (und dessen Bedeutung weit in die Zukunft weist): »Die materialistische Lehre von der Veränderung der Umstände und der Erziehung vergißt, daß die Umstände von den Menschen verändert und der Erzieher selbst erzogen werden muß. (...) Das Zusammenfallen des Änderns der Umstände und der menschlichen Tätigkeit oder Selbstveränderung kann nur als *revolutionäre Praxis* gefaßt und rationell verstanden werden.« Die Brisanz dieser beiden Sätze hat ein umfangreiches Schrifttum provoziert und kann hier nur angedeutet werden. Ihr Sprengstoff liegt auf der individuellen und auf der gesellschaftlichen Ebene, ihre Wahrheit auf der Vermittlung beider.

Individuell: Die Praxis der »direkten Aktion« der Antiautoritären hatte immer eine doppelte Stoßrichtung: Veränderung der bestehenden schlechten Verhältnisse bei gleichzeitiger Veränderung der an der Aktion Beteiligten. Ernst und Spaß wohnten nahe beieinander: mit Ernst wurde nach der lustigsten Aktion die Kritik betrieben, ob eine Aktion *beiden* Kriterien, denen der objektiven *und* subjektiven Veränderung genügt habe; eine Aktion, bei der nichts gelernt wurde, aus der die Beteiligten nicht verändert hervorgingen, wurde als partieller Fehlschlag beurteilt. Das bedeutet auch, daß dieses Kalkül als Doppelstrategie in jegliche Aktionsplanung einging.

Gesellschaftlich: Wie ist eine sozialistische Gesellschaft denkbar, wie ist sie machbar, bei der der Erzieher erzogen wird? Der Erzieher, das heißt, die temporäre Führung, ist erziehbar nur durch Massen; die Führung muß sich perma-

nent der Kritik der Massen aussetzen, wenn sie nicht pervertieren soll. »Das Hauptquartier bombardieren!« – diese Losung von Mao tse-tung wurde entsprechend bejubelt, der demokratische Zentralismus der osteuropäischen KPen heftig kritisiert. Die chinesische Kulturrevolution wurde – verkürzt – auf diesen Nenner gebracht, der Einmarsch in Prag 1968 mit umgekehrten Vorzeichen ebenso.

Theoretische und praktische Dialektik und Prozeßhaftigkeit, Dialektik von Führung und Masse, Theorie und Erfahrung, Veränderung und Selbstveränderung – das war die Aufhebung von Hegel und Marx bei den Antiautoritären und ihr eigentliches Credo; an Ort und Stelle mit großen Illusionen behaftet, aber gleichzeitig eine unauslöschliche Erbschaft an die Zukunft.

Die Frankfurter Schule

Die Bücherbesessenheit der Antiautoritären der späten 60er gab Hausbesetzern der frühen 80er, die ab und zu einen zwiespältigen Blick auf jene Bewegung warfen, mit der sie in den Feuilletons immer wieder verglichen wurden, eine Menge Rätsel auf. Die Bewohner des besetzten Georg-von-Rauch-Hauses in Berlin werden kaum wissen, daß dieser von der Polizei getötete Professoren-Sohn eine umfangreiche zusammengeklaute Privatbibliothek besaß, für die es andauernde Unterbringungsschwierigkeiten gab. Der plausibelste Grund für diese Lesebesessenheit ist in dem Umstand zu suchen, daß die Antiautoritären nicht einen Kiez, sondern sich selbst und den gesamten Weltzusammenhang zu verändern suchten. Mit dieser Differenzierung ist keine Wertschätzung verbunden; das Spektrum und die Erfolge waren unterschiedlich. Ein zweiter Grund ist der, daß die Antiautoritären ein kulturelles Erbe, nämlich das der 50er Jahre, abschütteln mußten, das für die Hausbesetzer gar nicht mehr existierte, sie nicht mehr interessierte. Die Renaissance des Marxismus in den 60er Jahren bleibt eine Herausforderung, die angenommen werden wird, sobald erkannt ist, daß ohne das Eindringen in die sozialen Fundamente dieser Gesellschaft deren Übel nicht praktisch zu wenden sind.

In dieser Renaissance erwies sich eine Institution als überaus hilfreich, die als »Frankfurter Schule« firmiert. Die Lehrer dieser Schule waren Philosophen zumeist jüdischer Herkunft der Weimarer Republik, die nach 1933 emigrieren mußten und mit der finanziellen Unterstützung eines begüterten jungen Mannes namens Felix Weill in den USA ein »Institut for Social Research« gründen konnten, das soziologische Untersuchungen auf marxistischer Grundlage betrieb. Einige von ihnen – Adorno, Horkheimer, Pollock – wurden nach dem Krieg Professoren an der Frankfurter Universität und verbreiteten von dort aus, unterstützt von dem heute noch lebenden Jürgen Habermas, die »Kritische Theorie«. Der ungarische Philosoph Georg Lukacs, der die Frankfurter Schule als »Grand Hotel Abgrund« bezeichnete, auch Walter Benjamin, Herbert Marcuse und Ernst Bloch teilten Intentionen der Frankfurter Schule, kritisierten aber deren Rückzug auf die reine Theorie, Abstinenz von durchgreifender politischer Praxis.

Die Frankfurter Schule war für die Antiautoritären hilfreich in dem Maß, wie sie dazu beitrug, die dialektisch-materialistische Analyse des 19. Jahrhunderts auf die Gegenwart zu übertragen. Sie lieferte nicht nur die von kapitalistischen Verwertungsinteressen ungetrübten soziologischen Befunde der Gegenwart, sondern zugleich Analysen der Mechanismen der Bewußtseinsmanipulation, die für die Antiautoritären bei ihrem Versuch, den subjektiven

> »Lenin erblickt auch in der absoluten Gewalt des Zentralkomitees und in der strengen statutarischen Umzäunung der Partei eben den wirksamen Damm gegen die opportunistische Strömung, als deren spezifische Merkmale er die angeborene Vorliebe des Akademikers für Autonomismus, für Desorganisation und seinen Abscheu vor strenger Parteidisziplin, vor jedem ›Bureaukratismus‹ im Parteileben bezeichnet. Nur der sozialistische ›Literat‹, kraft der ihm angeborenen Zerfahrenheit und des Individualismus, kann sich nach Lenins Meinung gegen so unbeschränkte Machtbefugnisse des Zentralkomitees sträuben, ein echter Proletarier dagegen müsse sogar infolge seines revolutionären Klasseninstinktes ein gewisses Wonnegefühl bei all der Straffheit, Strammheit und Schneidigkeit seiner obersten Parteibehörde empfinden, er unterziehe sich all den derben Operationen der ›Parteidisziplin‹ mit freudig geschlossenen Augen. (...) Die Befürworter des Ultrazentralismus übersehen, daß das einzige Subjekt, dem jetzt diese Rolle des Lenkers zugefallen, das Massen-Ich der Arbeiterklasse ist, das sich partout darauf versteift, eigene Fehler machen und selbst historische Dialektik lernen zu dürfen. Und schließlich sagen wir doch unter uns offen heraus: Fehltritte, die eine wirklich revolutionäre Arbeiterbewegung begeht, sind geschichtlich unermeßlich fruchtbarer und wertvoller als die Unfehlbarkeit des allerbesten ›Zentralkomitees‹.«

(Rosa Luxemburg, aus: Organisationsfragen der russischen Sozialdemokratie, 1904)

185

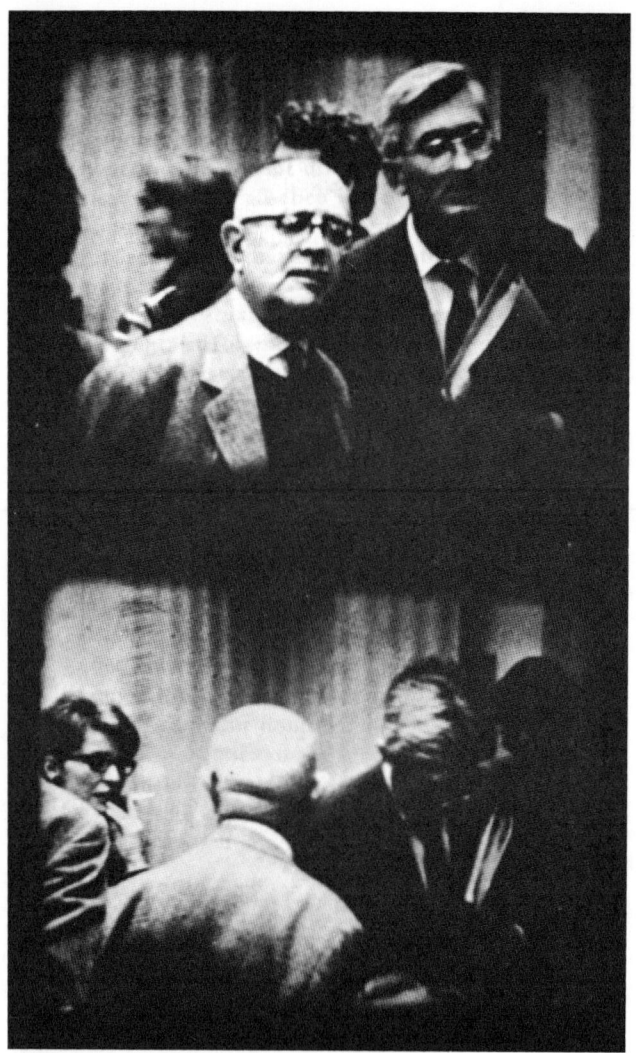 

»Alles, was heutzutage Kommunikation heißt, ausnahmslos, ist nur der Lärm, der die Stummheit der Gebannten übertönt. (...) Alle Kultur nach Auschwitz, samt der dringlichen Kritik daran, ist Müll.« Adorno, hier mit Habermas, in einem Frankfurter Hörsaal.

13. Mai 1968: Herbert Marcuse diskutiert im Auditorium Maximum der FU Berlin mit Studenten. Am Tisch v.l.n.r.: Klaus Meschkat, Herbert Marcuse, Jacob Taubes, Bahman Nirumand.

Faktor in die politische Praxis einzuführen – sei es als Kritik an den bei uns bestehenden Verhältnissen, sei es an denen der Länder mit sozialisierter Ökonomie – Wasser auf die Mühle war. Mit der Frankfurter Schule im Rücken fühlte sich die antiautoritäre Bewegung im Verbund mit der europäischen Philosophie, gegen das borniert Über-Ich der Sozialisation der 50er Jahre.

Die Geschichte der mit Marx beginnenden Kritischen Theorie erreichte in der Frankfurter Schule eine neue Qualität durch den Versuch einer Durchdringung von dialektischem Materialismus und Psychoanalyse, von Marx und Freud: Dieser Versuch ist zugleich der Schlüssel für die Faszination, die das »Frankfurter Denken« auf die nach einer neuen Identität und Subjektivität suchenden Antiautoritären ausübte.

Benutzte Adorno das Freudsche Instrumentarium vor allem für seine Kunstanalysen und seine Sezierungen der spätbürgerlichen Kulturindustrie, die ab und an schier diabolischen Charakter annahmen, so ging Herbert Marcuse einen entscheidenden Schritt weiter: Aus seiner Kritik der »eindimensionalen Gesellschaft«, die den gesellschaftlichen Reichtum darauf verwendet, die Menschen an ihrer

Selbstverkrüppelung arbeiten zu lassen und jeden Selbstbefreiungsversuch zu ersticken, entwickelt er das Bild einer befreiten und befriedeten Gesellschaft, in der die Triebenergien nicht mehr auf Destruktion umgebogen werden, sondern für die Schaffung immer größerer Einheiten und eines neuen Menschen sorgen. In den subkulturellen Aktivitäten der neuen Oppositionen in den kapitalistischen Metropolen sah Marcuse diese veränderte »Libido« (Triebenergien) bereits am Werk und wurde von deren Trägern weltweit stürmisch begrüßt.

Im Verlauf der antiautoritären Revolte kam es zu dem unvermeidlichen Bruch mit den »Frankfurtern«. Adorno seilte sich ab mit der Bemerkung, er habe ein Denkgebäude entwickelt, wie habe er sich vorstellen können, daß es eines Tages mit Hilfe von Molotow-Cocktails verwirklicht werden solle, und Habermas bezichtigte die Studenten auf einer großen Versammlung gar des »Linksfaschismus«. Sichtbaren Ausdruck nahm dieser Bruch an, als Theodor W. Adorno, von seinen Freunden zärtlich »Teddy« genannt, während eines teach-in in der Westberliner FU, damals gern Mickey-Mouse-Universität gerufen, nach einer Rede ein roter Teddybär überreicht wurde.

Walter Benjamin

Ein halbes Jahrhundert vor den Antiautoritären proklamierten und praktizierten Grosz und Heartfield die Umleitung der Fantasie aus der Kunst in die Politik.

Wenn es für die Antiautoritären einen Philosophen gab, von dem sie nicht nur lernten, sondern den sie liebten, so war es Walter Benjamin. 1892 in Berlin geboren, Studium der Philosophie in Freiburg, München, Berlin und Bern, 1933 Emigration nach Frankreich, Mitglied des Horkheimerschen Instituts für Sozialforschung, freier Schriftsteller und Übersetzer. Am 27. September 1940 nahm er sich auf der Flucht vor der Gestapo in dem spanischen Grenzort Port Bou das Leben. Benjamins Spektrum umfaßte Goethe und Haschisch, Baudelaire und das proletarische Kindertheater. Das Spannungsfeld von Marxismus und Messianismus, in dem er operierte, ineins mit der Dialektik und Zärtlichkeit, mit denen er sich den Gegenständen des Alltags zuwandte, mögen die tieferen Gründe für die Faszination sein, die in den späten 60er Jahren von ihm ausging.

Marx mit Lust

Neben der mit Marx beginnenden Kritischen Theorie der Gesellschaft, den Debatten in der frühen Sowjetunion und der kommunistischen Internationale, neben Versuchen, eine materialistische Psychologie und Pädagogik zu entwickeln, existiert eine Traditionslinie, die nicht so leicht unter einen begrifflichen Hut zu bringen ist, die aber für das Denken und insbesondere die Praxisformen der antiautoritären wichtig waren. Es ist nicht übertrieben zu sagen, daß die spezifischen Antiautoritären Aktionsformen in dem Augenblick massenhaft praktiziert wurden, als der Sozialistische Deutsche Studentenverband mit einer Entwicklungslinie fusionierte, die historisch auf den Berliner Dadaismus zurückgeht.

Um 1919, im Zusammenhang mit der Novemberrevolution und dem Ersten Weltkrieg, kam es in der Geschichte des Verhältnisses von Sozialismus und Kunst zu einem heiteren Knick. Hatten linke Künstler bis dahin ihre Fähigkeiten »in den Dienst der Sache« gestellt, indem sie in ihren Produktionen inhaltlich die Interessen der Unterdrückten vertraten, die alte Welt anklagten und utopische Bilder

»Januar-Manifest«

1. Wer in Politik, Staat, Kirche, Wirtschaft, Militär, Parteien, Organisationen keine Gaudi sieht, hat mit uns nichts zu tun.
2. Boykottiert alle herrschenden Systeme und Konventionen, indem Ihr sie nur als mißratene Gaudi betrachtet.
3. Jeder echte Künstler ist zur Umänderung seiner Umwelt geboren.
4. Preise, Stipendien, gute Kritiken, alles wirft man uns nach; aber eins ist sicher: brauchen kann man uns nicht.
5. Unbrauchbarkeit ist unser höchstes Ziel: Gaudi ist unpopuläre Volkskunst.
6. Die ganze Welt ist der Bereich, in dem sich der schöpferische Impuls, der allein der Gaudi vorbehalten ist, entfalten kann.
7. Alles was anwendbar ist, ist nicht für den Menschen. Ohne den Künstler gäbe es schon jetzt keinen Menschen mehr.
8. Wir sind gegen den Fasching, weil der Fasching die Gaudi kommerziell engagiert. Der Mißbrauch der Gaudi ist das größte Verbrechen.
9. L'art pour l'art ist beendet, ebenso l'art pour l'argent und l'art pour la femme. Jetzt beginnt l'art pour la Gaudi.
10. Schöpferisch sein heißt: durch dauernde Neuschöpfung mit allen Dingen seine Gaudi treiben.
11. Mensch sein heißt homo ludens und homo gaudens.
12. Seit der Herrschaft des dialektischen Materialismus und des Determinismus ist die Gaudi kein integrierendes Moment der Kultur mehr: wir fordern ihre Befreiung aus der Unterdrückung durch die herrschenden Ideologien und den Rationalismus.
13. Dem Satz »Wissen ist Macht«, der das Zeitalter der Wissenschaft eingeleitet hat, wird der Satz folgen: »Gaudi ist Macht«, der das Zeitalter der Gaudi einleitet.
14. So wie Marx aus der Wissenschaft eine Revolution abgeleitet hat, leiten wir aus der Gaudi eine Revolution ab.
15. Die sozialistische Revolution mißbrauchte die Künstler. Die Einseitigkeit dieser Umstürze beruhte auf der Trennung von Arbeit und Gaudi. Eine Revolution ohne Gaudi ist keine Revolution.
16. Es gibt keine künstlerische Freiheit ohne die Macht der Gaudi.
17. Alle unzufriedenen Kräfte sammeln sich in einer Organisation der Antiorganisateure, die sich in einer umfassenden Revolution verwirklichen.
18. Wir fordern allen Ernstes die Gaudi. Wir fordern die urbanistische Gaudi, die unitäre, totale, reale, imaginäre, sexuelle, irrationale, integrale, militärische, politische, psychologische, philosophische... Gaudi.
19. Durch die Realisierung der Situationistischen Gaudi werden alle Probleme der Welt gelöst: Ost-West-Probleme, Algerienfrage, Kongo-Problem, Halbstarkenkrawalle, Gotteslästerungsprozesse und sexuelle Verdrängungen.
20. Wir engagieren die ganze Welt für unsere Gaudi!

(München, Januar 1961)   Gruppe SPUR

eines befreiten Lebens entwarfen, so zogen die Berliner Dadaisten aus der Erfahrung des Weltkrieges den Schluß, daß alles »Geistige« nichts helfe. »Geschossen wird doch.« Sie proklamierten das Ende der Kunst und entwickelten einen karnevalistischen ästhetischen Terrorismus, in dem sie ihre Phantasie und Wut besser aufgehoben sahen als in Kunstwerken, die unweigerlich ihren Weg in die Unterhaltungs- und Alibi-Bedürfnisse des liberalen Bürgertums finden würden. Motor dieser Bewegung war übrigens ein Grafiker, der in den 20er Jahren als John Heartfield bekannt wurde.

Kunst als provokatorisches Geschehen auf der Basis einer radikalen Gesellschaftskritik hatte seitdem international Konjunktur — ihre Geschichte ist noch nicht geschrieben worden. Wer weiß heute, daß es selbst im Blut-und-Boden-Deutschland ungebührlich flanierende »Wilde Cliquen« gab? Sind je die Halbstarken unter Adenauer ästhetisch gewürdigt worden?

Die Synthese von Marxismus und Karneval nahm nach dem Zweiten Weltkrieg zunächst in Form der »Situationistischen Internationale« sichtbare, vor allem lesbare Gestalt an, einer westeuropäischen Künstlervereinigung, die bis in den Pariser Mai hineinwirkte.

»Was ist in der Tat die ›Situation‹?« fragt das im Mai 1960 erschienene Manifest dieser Gruppe. »Sie ist die Verwirklichung eines höheren Spiels, genauer gesagt, die Provokation zu dem Spiel, das die menschliche Gegenwart ist. Die revolutionären Spieler aller Länder können sich in der Situationistischen Internationale vereinigen, um dann zu beginnen, aus der Nichtgeschichtlichkeit des alltäglichen Lebens hervorzutreten. (...) Welches müssen die grundlegenden Eigenschaften einer neuen Kultur sein, und zwar im Vergleich zur jetzigen Kunst? Entgegen dem Schauspiel führt die realisierte situationistische Kultur die umfassende Teilnahme ein. Entgegen der konservierten Kunst ist sie eine Gemeinschaft des direkt erlebten Augenblicks. (...) Ihre Versuche beabsichtigen wenigstens eine Revolution des Verhaltens und einen dynamischen Unitären Urbanismus, fähig, sich über den ganzen Planeten auszubreiten und darauf über alle bewohnbaren Planeten ausgebreitet zu werden.«

Unter den Unterzeichnern der verschiedenen Länder findet sich aus Deutschland die Gruppe »Spur«, die im Herbst 1957 in München gegründet worden war. Diese Gruppe verbreitete 1961 ihr »Januar-Manifest«, bevor sie 1962 wegen Abweichungen aus der ausschließungsseeligen Situationistischen Internationale verbannt wurde.

Verkleidet und verhaftet: Dieter Kunzelmann

Unterzeichnet ist dieses Flugblatt unter anderem von einem gewissen Kunzelmann, der im folgenden Vierteljahrhundert unermüdlich für Gaudi im politischen Leben vor allem Westberlins sorgte und heute als Mitglied des dortigen Abgeordnetenhauses um Büro-Ordnung und Angriffsbereitschaft der AL-Fraktion bemüht ist. Im September 1962 trennte sich Kunzelmann »wegen ideologischer Differenzen« von der Gruppe »Spur« und war im Herbst 1963 an der Gründung der »Subversiven Aktion« beteiligt. Gelegentlich des Kennedy-Attentats tönt diese Gruppe in ihrem Flugblatt:

»In der Urhorde erschlugen die Söhne den Vater, um die Mutter zu besitzen, und die Welt erschoß den Großen Bruder John, um sich an Jaqueline zu vergreifen. Die Unmöglichkeit der Erfüllung dieses Wunsches wird sublimiert durch die Annäherung Jaquelines an das Bild einer Maria Immaculata. Der erschlagene John F. Kennedy feiert seine Auferstehung und Himmelfahrt in Cap Kennedy, und um seine Reinkarnation (Bobby, Edward, John) werden wir wohl nicht vergebens in den Messen der Massenmedien beten.

Die westliche Wohlstandsgesellschaft braucht solche Pannen wie Lengede und Kennedy, um an Hand der Reaktion zu testen, ob noch alle gleichgeschaltet sind: durch dieses Manifest geben wir kund, daß der gegängelte Zauber nicht überall ankommt.

Wer all dies nicht versteht, will es nicht verstehen und untermauert nur die Wahrheit dieser Sätze; gleichzeitig entpuppt er sich als devoter Befehlsempfänger gesamtgesellschaftlicher Dogmen.

Dezember 1963   *Subversive Aktion*
                                  München, Berlin, Nürnberg«

Die Gruppe empfiehlt das Studium der Werke von »Th. W. Adorno und seiner Mitarbeiter«; gleichzeitig fand sie bei Herbert Marcuse die Stichworte für eine produktive Utopie: Das Ausleben des Lustprinzips sollte für revolutionäre Energien sorgen.

Im Mai 1964 rieben sich die Studenten der Unis in München, Stuttgart, Tübingen und Berlin verwundert die Augen. Im Uni-Bereich klebten grellfarbige Plakate mit folgendem ungewöhnlichen Wortlaut:

»Mit dieser Welt gibt es keine Verständigung: Wir gehören ihr nur in dem Maße an, wie wir uns gegen sie auflehnen.«
»Alle sind unfrei unter dem Schein, frei zu sein.«
»Freiheitsberaubung wird als organisiertes Vergnügen geliefert.«
»Im Stillen ist eine Menschheit herangereift, die nach dem Zwang und der Beschränkung hungert, welche der widersinnige Fortbestand der Herrschaft ihr auferlegt.«
»Der deutsche Intellektuelle und Künstler weiß das alles schon längst. Aber dabei bleibt es. Wir glauben, daß Wissen nicht Bewältigung ist. Wenn auch Ihnen das Mißverhältnis von Analyse und Aktion unerträglich ist, schreiben Sie unter Kennwort ›Antithese‹ an 8 München 23. Postlagernd. Verantwortlich Th. W. Adorno, 6 Frankfurt/Main, Ketterhofweg 123.«

Einer der Leser dieses Plakats, der sofort zustimmte (im Gegensatz zu Adorno, der Anzeige wegen unbefugter Verwendung seines Namens erstattete, was den Subversiven eine Geldstrafe von 100 DM, dafür aber auch tiefe Erkenntnisse einbrachte), war der gelernte Industriekaufmann, DDR-Flüchtling und Sportjournalistik-Student Rudi Dutschke. Er meldete sich spontan bei den »Subversiven«. Einer von ihnen, Frank Böckelmann, hat später das Anders-Sein von Rudi und damit ihn selbst sehr treffend charakterisiert:

»Von Dutschke ging eine Atmosphäre der Fremdheit aus, die zugleich begeisternd war. Er hatte wenig im Sinn mit unserer Art von Zynismus und unserer Gewohnheit, alles mehr oder weniger spielerisch anzusehen. Von ihm ging so etwas Strenges, Düsteres und gleichzeitig Entschlossenes aus. Wie er die Verhältnisse darstellte, konnte man sie wiedererkennen und gleichzeitig nicht wiedererkennen. Diese Zwiespältigkeit übte eine seltsame Faszination aus.

Er war auch umgeben von so einer Ahnung von Reinheit, man möchte fast sagen: Keuschheit. Er hatte etwas Asketisches an sich. Und auch das war so etwas wie ein moralischer Gegenanspruch zum Anspruch der Gesellschaft, daß man Karriere macht und sich einfügt und nicht unangenehm auffällt. Diese Radikalität, diese Ahnung von einer tiefen Unschuld, die von ihm ausging – während wir uns immer schon im Gegensatz zu ihm ›schmutzig‹ gefühlt haben und schmutzig sein wollten.«

Im November 1964 traten Frank Böckelmann und Dieter Kunzelmann in den Münchner SDS ein, im Januar 1965 Rudi Dutschke und sein Mit-Subversiver Bernd Rabehl in den Berliner SDS. Im Dezember 1964 hatten die Berliner und die Münchner Sektion noch gemeinsam ein Flugblatt zum Tschombé-Besuch verfaßt, der zu einer Demonstration in Berlin führte, in der sich die antiautoritäre Bewegung als Embryo zu erkennen gab; erkennbar waren schon das Element der »guerillahaften« Beweglichkeit und das des Spiels.

Die Zusammenarbeit zwischen der Münchner Gruppe um Kunzelmann und der Berliner um Dutschke/Rabehl setzte sich Anfang 1966 mit einer Plakataktion zum Vietnam-Krieg fort und mündete im Sommer in die Viva-Maria-Gruppe, so genannt nach dem Revoluzzer-Film von Louise Malle. In einer Millionärs-Villa am Kochelsee verschafften sich die Beteiligten Klarheit darüber, daß eine revolutionäre Politik notwendig scheitern müsse, wenn sie nicht den privaten Bereich in die Umwälzung miteinbeziehe. Beschlossen wurde die »Gründung revolutionärer Kommunen in den Metropolen«.

Die legendäre »Spaziergangsdemonstration« über den »weihnachtlichen« Kurfürstendamm vom 17.12.1966, die die konfettiberieselte Polizei ausrasten ließ, weil der Gegner sich zwar mit Kindertrompeten meldete, vor dem Zuschlagen der Ordnungshüter aber in der Masse der Konsumenten verschwand, und an deren Ende ein brennender Weihnachtsbaum stand, war das erste legitime Kind aus der kurzlebigen wilden Ehe von Marxismus und Dada.

Eine andere Frankfurter Schule: Hans-Jürgen Krahl, Adorno-Schüler und -Kritiker, Philosoph und Agitator liegt auf dem Boden, und ein Polizeibeamter nutzt die Chance, ihm noch einen Schlag zu verpassen. Krahl starb 26jährig bei einem Autounfall.

Der Anarchismus hatte für diese Bewegung kein philosophisches oder politisches Gewicht, dafür war sie zu klug, um nicht zu sagen, zu gebildet. Zwar wurden die Schriften der Anarchisten massenhaft gelesen und geraubdruckt, und das Programm der »direkten Aktion« verdankt ihnen viel; sie beeinflußten aber weniger die politischen Strategien, eher die Aktionsformen, die Ästhetik und Erotik der Antiautoritären. Das utopische Denken des Marxismus, im Frühwerk von Marx wie in einigen späten Schriften von Engels angelegt, in den 60er Jahren noch von Ernst Bloch bezeugt und in der Realität des Sozialismus verdrängt, gewann in den anarchistischen Schriften ein wichtiges und weiterwirkendes Korrelat.

Entsprechend zwiespältig war das Verhältnis der westdeutschen Antiautoritären zu den Kommunistischen Parteien im In- und Ausland. Zwar zogen die ungleichen Halbgeschwister in allen wichtigen Fragen (Vietnam, Universität, Notstandsgesetze) am gleichen anti-imperialistischen Strang; über das Verständnis von Sozialismus und revolutionärer Praxis hier und jetzt konnte keine Einigung erzielt werden. Die einen brandmarkten die anderen als »Kleinbürger«, die anderen die einen als »Bürokraten«. Trotz temporärer Aktionsbündnisse war der Graben nicht zu überbrücken. Die Kritik der Antiautoritären am bestehenden Sozialismus bewegte sich auf einer doppelten Ebene: der theoretischen und der praktischen.

Zentraler Kritikpunkt war das realsozialistische Politikverständnis. Wurde Emanzipation von den Antiautoritären begriffen als Produkt der *Einheit von Diskussion als kollektiver Erkenntnisfindung, direkter Aktion als kollektiver Praxis und eines daraus hervorgehenden kollektiven Lernprozesses*, der eine neue, höhere Stufe desselben Drei-

schritts ermöglichte, so diagnostizierten die, die täglich mehrmals nach »drüben« verwünscht wurden, den dort praktizierten Sozialismus als einen zentralistisch regulierten Verwaltungsvorgang, in dem es keine Selbsttätigkeit der Massen außerhalb vorgezeichneter Kanäle geben darf, wo jede spontane Aktion im Keim erstickt wird, weil sie eine unkontrollierte Stelle ist und die Möglichkeit eines Risikos einschließt; wo also alle Grundlagen politischer Emanzipation im Sinne der Antiautoritären systematisch vernichtet wurden. Öffentlichkeit, das politische Zauberwort der späten 60er Jahre, Basis aller demokratischen Praxis, war für die, die sie in der bürgerlichen Gesellschaft unter großem Einsatz einklagten, im bestehenden Sozialismus nicht zu erkennen. Ohne Öffentlichkeit, ohne Selbstverständigung der Basis produzierte der demokratische Zentralismus in den Augen der Antiautoritären naturnotwendig eine bürokratisch deformierte Mißgestalt mit einem auf kleinen demokratischen Füßchen einherkommenden enormen zentralistischen Wasserkopf.

Diese theoretische und praktische Kritik hatte ein außerordentlich entwickeltes Niveaugefälle, das in seinen niedersten, kleinbürgerlich-utopistischen Polemiken keine weitere Beachtung verdient, dessen reflektiertere Form aber in eine auch heute noch diskutierenswerte Fragestellung mündet: Versucht der bestehende Sozialismus, die Kraft, die er braucht, um in der Auseinandersetzung mit dem Imperialismus zu bestehen, aus der Entfaltung seines welthistorisch neuen Niveaus zu gewinnen, oder sucht er sie noch zu häufig, indem er Kategorien, die der alten Welt angehören, auf seiner rationelleren Basis effektiver fördert?

Sehen wir den Imperialismus als Thesis, den bestehenden Sozialismus als seine Negation, so war die antiautori-

Rudi Dutschke mit Polly und Ernst Bloch

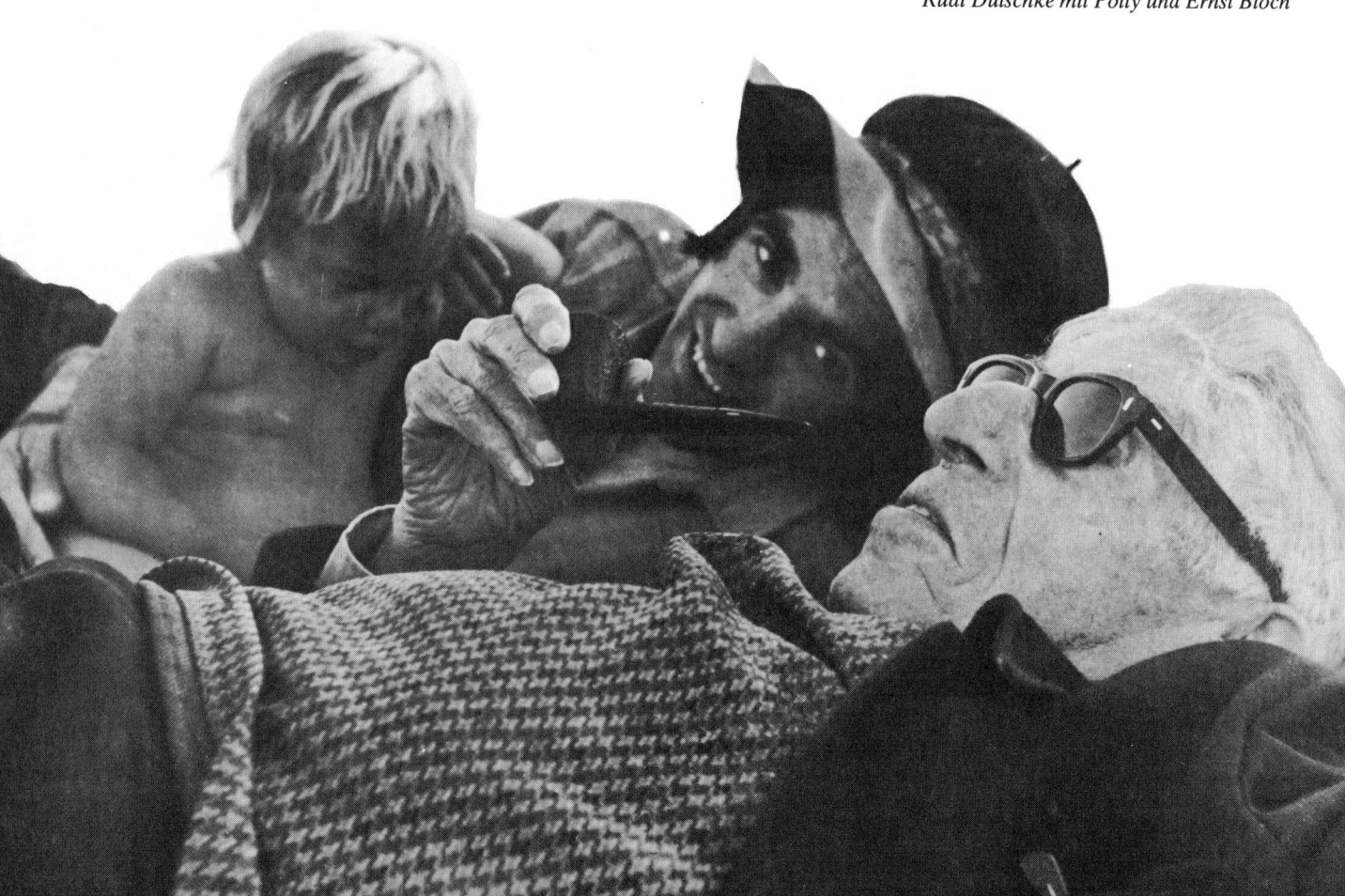

täre Bewegung, in den Kategorien von Hegel, ein gescheiterter und gleichwohl nützlicher Versuch der Negation der Negation: brennender Weihnachtsbaum – unbeholfene, aber zugleich zukunftsweisende Einklagung des subjektiven Faktors gegen eine Verwaltungswelt, die dem Spätkapitalismus einbeschrieben ist und die innerhalb des Sozialismus und zugleich gegen ihn eine latente Gefahr darstellt, gegen die zu kämpfen, bei Beachtung aller Unterschiede, notwendiges Element der Abschaffung des Krieges und der Produktion des allseitigen Menschen ist.

Die Begeisterung, von der die Revolte getragen wurde, und die mit der Gewißheit verbunden war, jedes Hindernis, wie widerlich es auch sein möge, beiseite räumen zu können, wurde provoziert durch das Erlebnis kollektiver Erkenntnis, die sich unmittelbar in kollektives Handeln umsetzte. Die permanenten Prozesse von Analyse und Aktion, Kritik und Selbstkritik, das Ineinandergreifen von Arbeit und Spiel, Kampf und Fete, Liebe und Haß, das Abstreifen der psychischen Vereinsamung und der physischen Sprachlosigkeit erzeugten eine ungeheure Euphorie, eine Kraft und Zuversicht, für die auch der kleinste und

entlegenste Sieg zum untrüglichen Indiz für den nahe bevorstehenden Untergang der alten Welt, des falschen, kaputten Lebens wurde.

Gerade diese Euphorie stellt den Aufbruch der Antiautoritären, bei allen Unterschieden des historischen Gewichts und der geforderten Opfer, in einen Lichtkegel, in dem die Wiedertäufer, die Pariser Commune, der russische Oktober und alle anderen geschichtlichen Augenblicke sichtbar werden, in denen „die Rückkehr des Menschen in sein menschliches, d. h. gesellschaftliches Dasein" (Marx) Wirklichkeit zu werden schien.

Wenn die Revolutionen die Lokomotiven der Geschichte sind, so war die Revolte eine kleine Lokomotive, deren rötliche Dampfwölkchen noch am Himmel auszumachen sind, auch nachdem die Maschine im schlüpfrigen Morast steckengeblieben ist.

AU WEIA!

Johnson und Ulbricht

...aus Pappmaché wurden vorgestern abend auf dem Kurfürstendamm verbrannt. Zusammen mit einem Weihnachtsbaum und dem amerikanischen Sternenbanner. Linksradikale, peking-freundliche Studenten der FU sind für diesen Zwischenfall verantwortlich. Gegen Johnson protestierten sie, weil amerikanische Truppen in Südvietnam kämpfen. Ulbricht gilt bei den Studenten in der Vietnam-Frage als nicht radikal genug. Vor der makabren Szene am Kranzler-Eck hatten über 1000 Studenten gegen den Vietnam-Krieg protestiert. Dabei war es zu heftigen Zusammenstößen mit der Polizei gekommen.

191

Eckhard Siepmann
Unergründliches Obdach für Reisende

für ali, nermin und dirk

Unter den schweren Prüfungen, die die Antiautoritären einem verschreckten Bürgertum auferlegten, ragen drei besonders schmerzhaft heraus. Es sind dies, in der Sprache der Verstörten: die Befürwortung gesellschaftlicher Anarchie, das Austoben einer ungezügelten Sexualität und die Hingabe an Rauschgifte aller Art. Wie bei Vorurteilen üblich, haben auch diese ein Körnchen Wahrheit in sich. Das Körnchen macht sich vor allem dialektisch bemerkbar: Das blinde Huhn, das es findet, hier die aufgescheuchte Gesellschaft, praktiziert nun tagtäglich gesellschaftliche Anarchie, huldigt einer verqueren Form der Vergesellschaftung der Sexualität in perversen Peep-Shows, vereinsmeierlichem Gruppensex und BILD-Zeitungs-Voyeurismus und zollt den Rauschmitteln ihren Tribut in Form von Millionen Alkoholkranker. Die Ausstiegsweisen der Antiautoritären wurden indes mit allem publizistischen Pech und Schwefel, mit juristischen Sanktionen und mit Überfällen auf den Straßen verfolgt. Unabweisbar drängt sich die Frage auf, wie es zu dieser Vertauschung der Wertmaßstäbe kommt, und schlicht ist die Antwort. Mit einem untrüglichen Instinkt für die Grenzmarken des Immergleichen wurde geahnt, daß in den Grenzüberschreitungen der Antiautoritären − in der Verwandlung der Straße, in der Entprivatisierung der Zärtlichkeit, in der Eroberung neuer Bewußtseins- und Wahrnehmungsbereiche − sich die Erkenntnis kristallisierte, daß es in den offiziellen Angeboten des Alltags kein Leben mehr gebe; daß die Grenzüberschreitungen kollektiv unternommene und reflektierte Experimente eines nicht systemkonformen Lebens seien.

Bewußtseinserweiterung − was für ein Wort! Was für ein Programm! Bewußtsein war eh' schon eines dieser typisch linken Fremdwörter, im Deutschen unbekannt. Und nun noch Erweiterung. Wiederum kam das Licht aus dem Osten, aber diesmal nicht aus Moskau, sondern von den Hanffeldern in Afghanistan, Indien und Libanon. Rings um den Kurfürstendamm entstanden »Teestuben«, in deren Dämmerlicht es nach Gelächter und einem unangenehmen Öl/Benzin-Gemisch roch. Diese Rauschmittel, zu denen sich bald das inländisch chemisch abgemischte LSD gesellte, rührten an den Grundfesten der Freiheit. Die ersten Heroin-Toten lieferten den jubelnd aufgenommenen Beweis: Der Ausstieg − das ist der Tod!

Die Binsenweisheit, daß Haschisch und LSD nicht zur Sucht führen, verschlägt innerhalb dieser Euphorie nicht; die Frage, ob den Heroin-Toten eine verwandte gesellschaftliche Ausweglosigkeit wie den ungleich zahlreicheren Alkohol-Toten den Schritt aus dem Leben nahegelegt hat, wurde nicht gestellt; verantwortlich wurden für dieses Unglück diejenigen gemacht, die für das Ende eines menschenunwürdigen Daseins kämpften.

Die Eigenart der nicht-alkoholischen Rauschmittel besteht darin, eine Welt für Augenblicke sichtbar werden zu lassen, die ohne Leistungsdruck und Rituale, ohne Rollen und Hierarchien funktioniert. Eine solche Welt ist zwar wünschenswert, und sie erscheint angesichts des technologischen Arsenals sogar realisierbar. Gleichzeitig befinden wir uns in einem Realitätsprinzip, das für dieses Fernziel

Rechte Seite: »Woodstock Nation bedeutet Verweigerung, bedeutet Abkehr, bedeutet Subversion. Woodstock Nation bedeutet den Bruch mit der bestehenden Gesellschaft, mit ihren Gesetzen, Traditionen, Werten und Normen. Woodstock Nation bedeutet, daß einer nicht länger mitmacht, daß er aufhört zu tun, was ihm gesagt wird, und statt dessen so zu leben versucht, wie er selbst es für richtig hält.«
(Salzinger, Rock Power)

LSD-Trip

Übersetzungen notwendig macht, die mit den auf uns herabsinkenden Träumen kollidieren. Die Rauschmittel tendieren dazu, uns für diese Übersetzungen unfähig zu machen, und darum sind sie der geheime Verbündete derer, denen die Welt gefällt, so wie sie ist.

Wer jemals intensiv Haschisch geraucht hat, dessen Blick, dessen gesamte Wahrnehmung wird nie wieder so sein wie vordem. Der Haschisch-Raucher wird auf Einzelheiten aufmerksam, die andere nicht sehen, und die veränderte Sinnlichkeit stiftet eine Art synästhetischer Solidarität. Kiffer sitzen gern beisammen und lachen sich über mehr oder weniger unschuldige Leute tot. »Man beginnt«, erzählt einer von ihnen dem »Spiegel« (46/1969), »die Umwelt mit den Augen des Kindes zu betrachten... Die Fernseh-Tagesschau wirkt auf einmal komischer als die hirnrissigste Dick-und-Doof-Klamotte. Die pompösen Mienen der Politiker sehen aus wie aufgepappte Faschingsnasen... Ich habe erkannt, daß Herbert Wehner in Wirklichkeit das Rumpelstilzchen ist. Seit ich Rainer Barzel gesehen habe, als ich stoned war, kann mir Buster Keaton nichts mehr bieten...«

Die Wohnkultur der Antiautoritären − der Verzicht auf Bettgestelle, Bilderrahmen, Tapeten, auf Nippes aller Art, die Bevorzugung der Matratze gegenüber dem Stuhl − ist ein direkter Output des Haschischrauchens − unmöglich die Vorstellung, im elterlichen Wohnzimmer an einem Joint zu ziehen. Zu der Veränderung des Körpergefühls trat unvermittelt ein unerwartetes Verständnis für Äußerungsformen entfernter Kulturen. Eine dreitägige Konferenz der religiösen und philosophischen Creme eines vergangenen Jahrhunderts in China, die darin bestand, daß die höchsten Geister unter Gelächter Schnee in einen Brunnen schippten und sich dann wieder trennten, stieß auf keinerlei Verständnisschwierigkeit. Einleuchtend wurde plötzlich die Verwandtschaft des Zen-Buddhismus mit dem Computerwesen, damit also auch mit elektronischer Musik, die ihrerseits wieder unabweisbare Verbindungen zur Mystik Meister Eckharts sowie zum Pilzesammeln hatte. Selbst zwischen Haschisch und Vietnam machte sich eine Querverbindung bemerkbar − das Gift unterhöhlte den »Leistungswillen« der GI's. Für einen

Augenblick schien alles mit allem zusammenzuhängen, was eine ungeheure Entdeckungseuphorie entfesselte − schwer nachvollziehbar in einer Gegenwart, in der schon eine Tomate nicht mehr am Geschmack zu identifizieren ist.

Gegen Ende des Jahrzehnts geriet Maria Juana in den Schatten ihrer fulminanteren Stiefschwester Lucy in the Skies with Diamonds. Während Haschisch die Sinne schärfte, knipste LSD das Licht des Verstandes aus, um in den Kellergewölben der Wahrnehmung ein bengalisches Feuer zu entfachen, 2000 Lichtjahre (so vermessen von den »Stones«) von den Querelen des Tages entfernt. Du brauchtest zwei Stunden, um dorthin zu kommen, zwei Tage um wieder zurückzukommen, und mancher verfehlte retour die Erde und ging in der Kälte des unbequemen Weltalls verloren.

Die Geschichte des Zusammenhangs von politischer und Wahrnehmungsrevolte ist noch ungeschrieben. Sie ist verschlungen in die Geschichte der Politisierung der Kunst im 20. Jahrhundert. Daß die Phantasie praktisch werden muß, diese Erkenntnis haben in den 20er Jahren in Moskau die Konstruktivisten, in Berlin die Dadaisten und in Paris die Surrealisten vermittelt. Die Kehrseite der Medaille, das Unzureichende des Programms, die Phantasie an die Macht zu bringen, zeigten die Antiautoritären der 60er Jahre in einem funkelnden, schillernden und am Ende babylonischen Licht. Das Unergründliche Obdach für Reisende am Berliner Ludwigkirchplatz wurde 1969 von der Polizei geschlossen und ist seitdem ein Eros-Center.

Günter Langer
Der Berliner
»Blues«

Tupamaros und
umherschweifende Haschrebellen
zwischen Wahnsinn und Verstand

Wenn es irgendwo und irgendwann eine innige Beziehung zwischen Musik und Politik gegeben hat, dann in der Berliner Scene der endsechziger Jahre. Der Umstand, daß es sich zumeist um US-amerikanische Musik handelte, ist nebensächlich, er unterstreicht nur einen – wenn auch begrenzten – formalen und inhaltlichen Gleichklang der Jugendkulturen beiderseits des Atlantiks. Die subversivste und militanteste Gruppe in Berlin erwarb sich den Namen »Der Blues«. Von diesem »Blues« soll im folgenden die Rede sein.

I. Wo kein Terror ist, muß er erfunden werden!

Nicht nur *Reagan* handelt nach dieser Devise. Produkt- bzw. Brandmanager erfinden ihn nicht, sie üben ihn aus. Sie verstehen sich auf *Konsum*-Terror und sichern sich so ihre Jobs. Politmanager oder Verwaltungshengste lassen sich aus dem gleichen Grund zuweilen (wie eben Reagen auf anderer Ebene) Vergleichbares einfallen: sie produzieren *Bombenterror*, oder lassen ihn produzieren.

You don't need a weatherman to know
which way the wind blows
(Bob Dylan in *Subterranean Homesick Blues*)

Berni und Bär (Bernhard Braun und Ralf Reinders)

Das »Engagement« der USA in Vietnam, bislang unübertroffener Höhepunkt schmutziger Interventionen in der sogenannten Dritten Welt, drohte in den sechziger Jahren überzugreifen auf die Bundesrepublik Deutschland. Kanzler Ludwig Erhard, angeblicher Vater des deutschen Nachkriegswirtschaftswunders, stellte öffentlich Überlegungen über eine deutsche Beteiligung am Krieg in Südostasien an. Die antiautoritäre Fraktion des SDS (Sozialistischer Deutscher Studentenbund) wußte, was in einem solchen Ernstfall zu tun wäre: Rudi Dutschke und andere propagierten konkrete Sabotage durch Massenaktionen, aber auch durch klandestine Operationen. Im Klartext bedeutete dies nichts anderes als den Versuch, guerillaähnliche Gruppen in den Metropolen zu etablieren. Die Weathermen in den USA (Fraktion des dortigen SDS – Students for a Demokratic Society –, die sich nach oben genannter Dylan-Zeile benannten) setzten gleiche Überlegungen bereits in die Tat um. (Ihre spektakulärste Aktion war das Niederbrennen von Einberufungsbüros in verschiedenen Universitätscampi.) Der Berliner Verfassungsschutz sah seine Stunde gekommen.

Big Brother's Little Helper

Ob der damalige SPD-Innensenator und Chef von Polizei und Verfassungsschutz, Kurt (»Kutte«) Neubauer, den Rolling Stones Song »Mother's Little Helper« kannte, darf bezweifelt werden. Ein Mann von Statur und Geisteshaltung ähnlich der seines Nachfolgers, Heinrich Lummer, hört Heino und nicht Mick Jagger. Dennoch hat er sich die Botschaft aus dem Song zu Herzen genommen und entsprechend seinen Bedürfnissen adaptiert. Er ließ seine Verfassungsschutzleute der Bevölkerung zeigen, daß auch kleine Leute zu Großem fähig sind. Das Große sollte der Kampf, der Sieg sein. Wogegen aber kämpfen? Kutte oder einer seiner Untergebenen wußte Rat! Man ließ einen Agent provocateur auf die Scene los. Dieser feine »Mitarbeiter« riet dann tatsächlich den Genossen zu illegalen Aktionen und brachte auch gleich entsprechendes Werkzeug mit: Waffen, Bomben und Rauschgift. Sein Name: Peter Urbach, genannt »S-Bahn-Peter«.

Der Spitzel Peter Urbach *Gebastelte Bombe, von der »Quick« als »Höllenmaschine« abgebildet*

Urbachs Legende kam gut an: Als Waise in seelenlosen Heimen aufgewachsen, hätte er den Charakter dieses kapitalistischen Staates erkannt. Auch mit dem Osten sei er über Kreuz, da ihn die Deutsche Reichsbahn wegen angeblicher ideologischer Abweichung entlassen habe. (Aus S-Bahn-Kreisen war später jedoch zu hören, Urban hätte geklaut und sei deshalb gefeuert worden.) Nunmehr eltern- und arbeitslos, sei er gezwungen, sich durch Gelegenheitsjobs und Villeneinbrüche durchzuschlagen. Seine handwerklichen Fähigkeiten öffneten ihm die Türen zu vielen interessanten Observationsobjekten: In der Kommune 1 goß er den Betonfußboden, in diversen Wohngemeinschaften reparierte er die sanitären Anlagen. Die Beziehung zur K 1 erwies sich für ihn als größter Aktivposten. Denn wer die Gesinnungsprüfung durch Langhans, Teufel und Kunzelmann überstanden hatte, dem wurde auch anderswo vertraut.

So bot Urbach SDS-Leuten Pistolen an, die diese wohl fast alle abgelehnt haben dürften, ohne aber über diesen Vorfall untereinander zu diskutieren. Es passierte auch schon, daß er Genossen mitten auf dem Ku-Damm versuchte davon zu überzeugen, daß es doch nicht anginge, daß die Frankfurter Kaufhausbrandstifter um Andreas Baader immer noch im Knast sitzen müßten. (Baader, Ensslin, Proll und Söhnlein hatten 1968 in Frankfurt ein Kaufhaus angezündet, um *gegen* den Konsum*terror* ein Fanal zu setzen.) Es sei endlich an der Zeit, an Befreiungsaktionen zu denken. Eine derartige Forderung schien damals zu irrsinnig, als daß sie jemand hätte ernst nehmen können. Aber trotzdem schlug niemand Alarm. Anläßlich der Osterunruhen 1968, nach dem Attentat auf Rudi Dutschke, schleppte Urbach die Mollies herbei, mit denen die Springerautos angesteckt wurden. Für einen »feurigen« Empfang Nixons zu Weihnachten '68 verteilte er an verschiedene Kommunen und einzelne Genossen Bomben, die jedoch nicht verwendet wurden. Bommi Baumann (später Mitbegründer der »Bewegung 2. Juni«) beschreibt in seinen Memoiren (»Wie alles anfing«) immerhin den mißglückten Versuch, diese Dinger Nixon zur Kenntnis zu bringen.

Canned Heat

Bommi entstammt einfachen, kleinbürgerlich-proletarischen Verhältnissen. Schule und Ausbildung hatte er irgendwann geschmissen, Studentendeutsch und intellektueller Leistungsdruck waren ihm fremd, stattdessen verstand er etwas von Musik, speziell vom Blues. Unzufrieden mit der Unverbindlichkeit, die im SDS herrschte, und unzufrieden mit der Psycho-Orientierung in K 1 und K 2, träumte er von einer neuen Art Kommune, von einer Kommune, in der es keine Trennung zwischen Theorie und Praxis, von Kopf- und Handarbeit, von Reden und Handeln mehr geben durfte. Diese Kommune realisierte sich tatsächlich in einer herrlichen altbürgerlichen 8-Zimmerwohnung in der Charlottenburger Wielandstraße 13, nicht weit ab vom Ku-Damm, nicht weit ab vom Republikanischen Club (damals APO-Zentrale), und nicht weit ab vom INFI, dem Dritte-Welt-Institut des SDS, und auch nicht weit ab von der »Grotte« bzw. dem »Schotten« in der Schlüterstraße, wo sich allabendlich die APO-Strategen beim Bier trafen.

Übergroße Poster von Bakunin und Stalin zierten das Berliner Zimmer. Die Kommunarden freuten sich über jeden Besucher, der Erstaunen ob dieses Widerspruchs ausdrückte, konnte man ihn doch daraufhin aufklären, daß beide einen gemeinsamen Nenner hatten: Terror, revolutionären Terror. Im übrigen sei die Spaltung zwischen Anarchismus und Kommunismus sowieso aufzuheben, Ideologien seien zu bekämpfen. Einzig ein Glaubenssatz blieb erhalten: Wahnsinn und Verstand trennt nur eine dünne Wand! Und Wände waren auch abzulehnen. Die »Doors« im fernen Kalifornien kannten das gleiche Problem, sie wollten eben die »Türen« zwischen hier und da sein. In der Wielandkommune schlief und fickte man einträchtig zusammen im größten Raum, nebeneinander, wie im Karnickelstall. (Nur Kindern und einigen Doktoranden wurden Extrawürste gebraten.) Kurz: Die Atmosphäre entsprach dem Namen der in der Kommune meistgespielten Blues-Rock-Gruppe (auch aus Kalifornien): *Canned Heat.*

Ein anderer »ideologischer« Bestandteil kam aus Italien: die Italo-Western, hier insbesondere der Film »Von Angesicht zu Angesicht« mit Tomas Milian und Gian Maria Volonté in den Rollen zweier Führer einer spontanen Volksrebellion in Mexiko. Während Volonté den kaltblütigen Strategen verkörperte, der den »Notwendigkeiten« gehorchte und notfalls über Leichen ging, setzte Milian den gefühlvollen, lebens- und liebesorientierten Part dagegen. Für die Wielandkommunarden war Milian natürlich der klare Favorit, mithin Identifikationsobjekt.

Ein weiteres Identifikationsobjekt war Marlon Brandos Rolle in »Queimada«. Auf einer von Schwarzen bewohnten Karibikinsel waren die Zustände derart, daß nur eine Revolution Abhilfe schaffen konnte. Es fehlte nur noch der Chefrevolutionär. Die Einheimischen selbst hatten keinen, so mußte sich ein Yankee bereitfinden: Marlon Brando. Der »Cangaçeiro« dagegen war authentischer brasilianischer Rebell und genoß deshalb auch besondere Hochachtung in Kommunekreisen. Nur die Frauen fanden ein Haar in der Suppe, ihnen schien Cangaçeiro zu sehr Macho zu sein. Immerhin war er aber der Schönste, weil Malerischste.

Die Wielandkommune entwickelte sich schnell zum Magneten der Berliner subversiven Szene: Die K1 kam regelmäßig zum Baden (wo sonst hätten 3 bis 4 Personen auf einmal Platz im Kachelbad gefunden?), die SDS-Führer holten sich Unterstützung für fast jede subversive Aktion, die damals stattfand, selbst Rocker-Eike und seine Rockerbande aus dem Märkischen Viertel suchten dort Unterschlupf. Griechische antifaschistische Genossen holten sich Unterstützung für ihre klandestinen Bedürfnisse, Radio Revolution (Berlins erste freie und mobile Radiostation) fand dort Disc-Jockeys, politische Kommentatoren und Chauffeure.

Bommi beschreibt die Wielandkommune als ein wichtiges Durchgangsstadium hin zur Haschrebellen- und zur Stadtguerillabewegung. Dies stimmt insoweit, als gerade dort radikaler als je zuvor jeglicher Schleier von verstaubten Theorien und antiquierter Praxis gerissen wurde. Dies stimmt auch insoweit, als Bommi dort seinen zukünftigen Partner gefunden hat: Georg von Rauch. Stellte Bommi die individuellen Bedürfnisse in den Vordergrund seiner Überlegungen, war für Georg das wichtigste der unbedingte Wille, der Wille zur Veränderung, der Wille zur Tat, die versteinerten Verhältnisse wollte er unbedingt zum

Tanzen bringen, notfalls auch mit Zwang. Für die Mehrzahl der Beteiligten stimmt die Beschreibung jedoch nicht: Sie hat die Kamikaze-Strategie abgelehnt und ihre Energie in die verschiedensten Projekte eingebracht. Von Einheit konnte ohnehin keine Rede sein: Nach wenig mehr als zwei Monaten wurde die Shit-Raucher-Fraktion rausgeschmissen, und im fünften Monat bedrohte Georg Bommi mit dem Brotmesser, woraufhin letzterer es vorzog, auch das Weite zu suchen. (Erst Monate später kam es zur Wiedervereinigung der beiden.)

Ballata di Pinelli

Im Frühjahr 1969 ereignete sich auf der Mailänder Piazza Fontana Schreckliches: Die Banca Della Agricoltura flog in die Luft, und mit ihr Dutzende von Menschen. Die Polizei und die Medien hatten schnell die Schuldigen ausgemacht: eine norditalienische Anarchogruppe um den Tänzer Pietro Valpreda und den Arbeiter Pinelli. Pinelli »ließen« sie aus dem 5. Stock des Polizeipräsidiums fallen, und Valpreda lochten sie jahrelang unschuldig ein. Erst Jahre später kam die Wahrheit ans Tageslicht: Im Auftrage der mysteriösen Geheimloge P2 hatte die Neofaschistengruppe Nuove Ordine diese Untat begangen.

Kurz vor diesem Verbrechen, das die P-2-Loge in Zusammenarbeit mit italienischen Geheimdienstlern in Szene

Georg von Rauch, das »Wuschelköpfchen«

Eike Jahn und seine Kumpels aus dem Rocker-Club Nr. One

197

Bommi Baumann schickte aus seiner Zelle einen Brief, den die Zeitung »883« als eine Art Manifest veröffentlichte.

Ein Foto aus den Polizeiakten: Demonstranten fordern die Befreiung Bommi Baumanns

›Das Leben erscheint uns öde und unmenschlich‹

„Das Leben, wie es bisher abrollt, erscheint uns sinnlos, öde, leer und unmenschlich. Wir versuchen, auf irgendeine Art auszubrechen, um Gefühle des Glücks, der Zärtlichkeit und Gemeinsamkeit zu erleben, die uns diese bürgerliche Gesellschaft verweigert. Die Aussicht, ein ganzes Leben unter diesen herrschenden Verhältnissen leben und arbeiten zu müssen, erscheint uns derart entsetzlich, daß wir uns abwenden, zum Alkohol oder Haschisch greifen und vor uns hindämmern, ohne uns um irgend etwas noch zu kümmern. Aber bald müssen wir entdecken, daß uns das System auch dabei nicht in Ruhe läßt. Bullen werden uns von den Herrschenden auf den Hals gejagt. Und das Geldproblem. Diese vertierte Gesellschaft hat es geschafft, alles so einzurichten, daß jeder gezwungen ist mitzumachen oder in der Gosse zu verrecken. Ich kann hier jeden Tag die Opfer dieser Unterdrückung sehen und begreife durch deren Lebensgeschichte die Geschichte des Kapitalismus. Solange nicht die ökonomischen Verhältnisse verändert sind, so lange ist ein menschliches Leben unmöglich. Es gibt nur einen Ausweg aus unserer Situation, und der heißt soziale Weltrevolution, Weltbürgerkrieg. Wir müssen an Stelle der Konkurrenz und des Individualismus unsere proletarische Solidarität setzen und unsere Bedürfnisse, die sich im Kampf voll herausbilden werden, so befriedigen, daß wir Menschen werden, die ihre Geschichte in die Hand nehmen, um unsere eigene Geschichte zu machen. An Stelle der entfremdeten kapitalistischen Arbeit müssen wir und werden wir eine Arbeitsweise setzen, die auf der Bedürfnisbefriedigung der Menschen beruht. Kurz, es gilt, die Menschen des 21. Jahrhunderts zu schaffen, wie Che sagt in seinem Vermächtnis für uns. Dieses Vermächtnis werden wir erfüllen, koste es, was es wolle! Wie Eldrige Cleaver sagt: ‚Wir werden Menschen sein. Wir werden es sein, oder die Welt wird dem Erdboden gleichgemacht bei unserem Versuch, es zu werden.‘ Macht kaputt, was euch kaputt macht! Bommi."

gesetzt hatte, kam es zu einer fast schon zur Legende gewordenen Italienreise der Wielandkommunarden und einiger SDSler, der angeblich ersten Waffenbeschaffungstour der Roten Armee Fraktion (RAF). Man fuhr in zwei Autos und traf sich in Trento bei einem deutschen Schriftsteller, der sich da einen schönen Lenz machte und den dortigen Studentenführern um Mauro Rostagno (heute ein Sannyasin) die Theorien Karl Korschs nahebrachte. Ziel der Reise war die Herstellung von Kontakten und Unterstützung für griechische Genossen, die ihrerseits sich im Entstehen befindlichen antifaschistischen Guerillagruppen in ihrem Heimatland politisch und materiell unter die Arme greifen wollten. Warum konnten die Griechen das aber nicht selber machen? Sie hatten angeblich zu wenig Kontakte in Italien, und vielleicht ließ sich doch durch SDSler die eine oder andere zusätzliche Quelle aufschließen, zumal der Name SDS-Berlin überall in Europa wie ein Dietrich wirkte. Fast alle Türen öffneten sich wie von selbst, die Gruppe wurde tatsächlich in ganz Norditalien rumgereicht: zur linkssozialistischen PSIUP in Vicenza, zu den Altanarchisten in Carrara, zum schwerreichen Links-Verleger Feltrinelli (kurz darauf angeblich bei einem Sprengstoffattentat auf eine Stromleitung umgekommen), zu den Maoisten des Renato Curcio in Mailand und anderen. Mario Curcio lehnte interessanterweise jede Zusammenarbeit rundweg ab. Zu der Zeit war er zu viel mit dem Aufbau einer wahrhaft marxistisch-leninistischen Partei des Proletariats beschäftigt. Erst ein bis zwei Jahre später kam ihm die Idee, die Brigate Rosse (Rote Brigaden) zu gründen.

Ein Programmpunkt jedoch schlug fehl: Urbach wollte in Vicenza zur Gruppe stoßen, ließ sich jedoch nicht blikken. Stattdessen wurden die Berliner von den italienischen Genossen auf die »unauffälligen« Limousinen rings um ihr Parteibüro aufmerksam gemacht. Diese Limousinen eskortierten die Berliner anschließend bis ca. 10 km vor die Stadtgrenze und überließen sie ihrem weiteren Schicksal, in diesem Fall dem nächtlichen Nebel auf der Autobahn nach Bologna, wo sie dann im Büro der PCI Unterschlupf fanden. S-Bahn-Peter hatte bereits in Berlin natürlich Wind von der Reise bekommen und angeboten, seine Connections in die Sache einzubringen. Offensichtlich von ihm stammt die später publizierte Verfassungsschutzversion von der angeblichen Absicht, in Italien Waffen für die Gründung der RAF besorgen zu wollen. Allerdings glaubten Urbachs Auftraggeber selbst nicht so recht an die Story, denn auch nach Veröffentlichung des Berichts unter voller Namensnennung einiger Beteiligter hat weder die Polizei noch die Staatsanwaltschaft etwas unternommen, Ermittlungsverfahren wurden in dieser Angelegenheit niemals eröffnet, obwohl sie sonst in dieser Hinsicht nicht gerade faul waren.

Allen Beteiligten an dieser Reise war von nun an sonnenklar, woher bei Urbach der Wind wehte. Diese Erkenntnis verbreiteten sie auch daheim in Berlin, und zwar auf einer eigens zu diesem Zwecke einberufenen großen Versammlung im Rechtsanwaltsbüro des Horst Mahler. Allerdings ließ es sich Bommi nicht nehmen, weiterhin mit Urbach gelegentlich Kontakt zu pflegen. Er heuchelte Interesse an Urbachs Waffenkatalogen, die der ihm im Beisein von Frau und Kind in seiner Wohnung in der Wilhelmsaue 136 zeigte. Als Belohnung für das Interesse schenkte ihm Urbach schwarzen Pakistani, Shit der besten Sorte. Auf der Szene erschien Bommi danach regelmäßig mit der Bemerkung, der Verfassungsschutz hätte wieder die Spendierhosen angehabt. Weshalb Horst Mahler weiterhin Vertrauen in Urbach setzte, ist allen anderen stets ein Geheimnis geblieben. Erst nachdem Urbach Baader hatte

hochgehen lassen, kamen Abgesandte der späteren RAF zur Szene-Zeitung 883, um einen Steckbrief mit Urbachs Foto veröffentlichen zu lassen. Das Foto sollte mit dem Spruch versehen werden »Zum Abschuß freigegeben«. Die 883 hatte glücklicherweise bessere Stories parat.

Die griechischen Genossen wurden unterdessen nicht vergessen, aber sie kümmerten sich selbst um die Italienkontakte. Inwieweit sie Erfolge in ihrem Sinne erzielten, kann nicht mehr beurteilt werden, da sich ihre Spur in der Klandestinität verloren hat. Vergessen werden sollte aber nicht die Bedeutung, die die Existenz des griechischen Faschismus für die Diskussion in der Berliner Linken in jener Zeit hatte. Das INFI (Internationales Nachrichten- und Forschungsinstitut des SDS) hatte immerhin eine umfangreiche »Analyse Griechenlands – Geschichte und Struktur der Junta, mögliche Formen des Widerstands« erstellt. Gert von Paczenskys Deutsches Panorama überschrieb einen Artikel Serge Mallets mit: »In Griechenland droht ein zweites Vietnam«. (Vgl. Deutsches Panorama Nr. 11/1967, S. 16) Die Furcht war allgemein verbreitet, daß sich der Faschismus von Südeuropa ausgehend auch nach Mittel- bzw. Westeuropa ausbreiten könnte. Portugal und Spanien waren noch fest im Griff der altfaschistischen Garde, und in Italien waren verschiedene Gruppen, am spektakulärsten die Gruppe um den Fürsten Borghese, damit beschäftigt, einen faschistischen Putsch vorzubereiten. Es ist zu vermuten, daß Feltrinelli eventuell diese Gefahr überschätzt hat und sich deshalb in subversive Aktivitäten verwickeln ließ, die ihn letztlich das Leben kosteten.

II. Kick Out the Jams, Motherfuckers!

Die endsechziger Jahre in den USA waren nicht nur geprägt durch den ständig sich eskalierenden Vietnamkrieg und den Protest dagegen, sondern auch von dem Versuch der schwarzen Bevölkerung, die eigene Identität zu finden, und von dem Versuch, sich von der täglichen »weißen« Repression zu befreien. Dieser Versuch gipfelte einerseits in verschiedenen Ghettoaufständen, andererseits in dem Versuch, sich auch bewaffnet zu verteidigen. Dieser Versuch nahm organisatorische Gestalt in der Gründung der »Black Panther Party« an. In der »Motor

Jim Morison

City« Detroit machten sich auch weiße Jugendliche diese Strategie zu eigen, sie bildeten eine »White Panther Party«. Musikalisch wurden diese Jugendlichen von der Rockgruppe MC 5 begleitet, die aus heutiger Sicht ein Vorläufer des Punk gewesen sein könnte. MC 5 forderte auf zur völligen Befreiung von allen hergebrachten Zwängen: Kick out the jams, motherfuckers! Die MC 5-Musik fand auch ihren Weg nach Berlin. Vor jeder militanten Demo oder Aktion suchten deren Protagonisten Aufmunterung beim Abspielen der MC 5-Scheibe.

Bisher wurde sozusagen der »Sommer« der Bewegung beschrieben, der aber näherte sich bald dem »Indianersommer«.

Summer's Almost Gone

Der ultrarechte Reagan-Unterstützer Senator Jesse Helms und dessen »moral majority«-Prediger Jerry Falwell sind auf der US-politischen Bühne keine Neuheit. Rechte Bürgerinitiativen, wie zum Beispiel die Liga für den Anstand, zogen auch in den Sechzigern gegen den Sittenverfall zu Felde. Ein beliebtes Angriffsziel war die kalifornische Rockgruppe The Doors, Gegner des Vietnamkrieges und Propheten der sexuellen Revolution. Ihr romantisch-aggressiver Rocksound, gepaart mit Jim Morrisons Charisma und Sex-appeal, wirkte zudem besonders anziehend auf junge US-Amerikanerinnen. Auch aus Berliner SDS-Stuben waren die Doors nicht wegzudenken, ihre Frage konnte aber hier gleichfalls nicht beantwortet werden: »Where will we be when the summer's gone...?«

Die Jahreswende 1968/69 markiert das Ende einer Phase, in der der Protest gegen autoritäre Herrschaft und neoimperialistische Politik in der Dritten Welt hauptsächlich von Studenten getragen wurde. Der SDS löste sich formell auf, die übrig gebliebenen Kader sammelten sich entweder in dem ebenfalls niedergehenden Republikanischen Club oder versuchten unters Volk zu gehen, indem sie Basisgruppen initiierten oder »proletarische« Parteien gründeten. Kommunikationsforum wurde die *Rote Presse Korrespondenz*, gemeinsame Praxis konnte aber nicht mehr hergestellt werden.

In einer solchen Phase, in der sich alles umorientierte, niemand mehr so recht wußte, was richtig oder falsch war, gab es keine Verbindlichkeit oder gar Verantwortung mehr gegenüber den anderen. Dies förderte natürlich auch den Zerfall der Sitten, bzw. der Solidarität. Beispielsweise entschlossen sich die Wielandkommunarden, die Fernsehapparate des Republikanischen Clubs zu »enteignen«, nur weil es Spaß brachte, auf fünf verschiedenen Bildschirmen gleichzeitig fünf verschiedene Programme im Berliner Zimmer der eigenen Kommune laufen zu lassen. Immerhin bot sich Polizeispitzel Urbach hier erneut Gelegenheit, sich Liebkind zu machen, das heißt, »Vertrauen" zu erwerben, indem er im RC den Tip gab, wo die Geräte zu finden wären.

Mother's Little Helper

Genau wie die kleine Pille im Stones-Song in den Haushalt der Mütter fand, zogen die Drogen in die Kommunen ein. Zunächst sah es so aus, als ob dem Aktionismus der Kommunen mit der angepriesenen »Bewußtseinserweiterung« der Todesstoß versetzt worden wäre. In Wirklichkeit bereitete der Drogenkonsum den Boden für eine gefährliche und selbstzerstörerische Phase. Diese Phase ermöglichte die Verschmelzung zwischen der aktionistischen Kommunebewegung mit der drogenkonsumierenden Subkultur. Die wichtigste Figur in diesem Prozeß war zweifel-

los Bommi Baumann. Er war in beiden Gruppen zu Hause und wurde als integrer Typ überall akzeptiert. Es kristallisierten sich zwei Gruppen heraus, aus deren Reservoir später die Bewegung 2. Juni hervorgehen sollte.

Eine Gruppe fand den Weg über die Knastwoche in Ebrach/Bayern nach Nahost zur El Fatah und zurück in den Berliner Untergrund. Fortan fanden Aktionen unter dem Namen Tupamaros Westberlin (TW) statt. Die andere Gruppe konstituierte sich inmitten der Subkultur. Sie wollte es nicht länger hinnehmen, Joints versteckt rauchen zu müssen. Sie propagierte den massenhaften Bruch des bestehenden Opiumgesetzes, das auch das Rauchen von Marijuana und Haschisch verbietet. Als Persiflage auf die Politgruppen nannte sie sich »Zentralrat der umherschweifenden Haschrebellen«, figurierte aber auch als »Vampirvollzugsausschuß« und unter ähnlichen Namen.

War, children, it's just a shot away
(The Rolling Stones in *Gimmie Shelter*)

Das Erlebnis des nicht so fernen Krieges in Nahost hat die TW-Gruppe in ihrem Glauben bestärkt, daß die Zukunft dem Kampf der Palästinenser gehöre. Vietnam verlor in ihren Augen an Wichtigkeit, war doch die Niederlage der USA angeblich schon unabwendbar. Aus welchen Gründen die TW-Gruppe sich fast ausschließlich auf klandestine Operationen verlegt hat, läßt sich schwer nachvollziehen. Offenbar hat sie das nahöstliche Milieu dermaßen stark

Tommy Weißbecker, zeitweilig »Stalin« betitelt, Georgs »doppeltes Lottchen«. Er tauschte nach seinem Freispruch im Gerichtssaal seinen Platz mit dem verurteilten Georg von Rauch, woraufhin dieser entlassen wurde. Als man Tommy, der für Georg gehalten wurde, abführen wollte, gab er sich als Tommy zu erkennen und mußte freigelassen werden.

»Haschrebellen« auf einer Demo am Ku-Damm

beeindruckt, daß eine andere als die Guerillakampfform für indiskutabel gehalten wurde.

Vielleicht war ihre Geisteshaltung auch ähnlich derjenigen, die Boris Sawinkow in seinen »Erinnerungen eines Terroristen« (Berlin 1929) bei seinen russischen Terroristen Anfang des Jahrhunderts beschrieben hat: Sie liebten die Revolution so tief und innig, wie sie nur diejenigen lieben, welche ihr Leben für sie geben. Terror verglichen sie mit religiösem Opfer. Den Terror stellten diejenigen in den Mittelpunkt der Revolution, die sich psychisch nicht mit Propaganda und Agitation beschäftigen konnten, ohne sich dabei selbst zu zerbrechen.

Wie auch immer, die erste Aktion, die den Tupamaros Westberlin zugeschrieben wird, der Anschlag auf das Jüdische Gemeindehaus in der Berliner Fasanenstraße, der glücklicherweise schiefging, erwies sich für die Gruppe als fatal. Die Ablehnung dieser Tat war so total, daß die Gruppe dadurch auch innerhalb der Linken vollkommen isoliert blieb. Einige folgende, weniger spektakuläre Aktionen, die mit dem Kürzel TW in Verbindung gebracht wurden, konnten das Scheitern der Gruppe aber nicht mehr verhindern. Sie löste sich auf und ihre Spur verlor sich in der vorher so belächelten Subkultur.

Hard Rock Café

Auch in Berlin hätte Jim Morrison sein Hard Rock Café finden können, im Zeichen der 12 Tierkreise, im *Zodiac*. Es war eine der größten Merkwürdigkeiten der endsechziger Jahre. Oben befand sich die inzwischen berühmte Schaubühne am Halleschen Ufer, in der die Truppe um Peter Stein Brecht und Gorki spielte, und unten im Theater-

Café hatte sich das *Zodiac* eingenistet, durch dünne Türen getrennt vom hinteren Saal, in dem sich Edgar Froeses Tangerine Dream in höllischem Krach übte. Im *Zodiac* tranken nicht nur die Theaterfreaks ihren Pausendrink, sondern es traf sich dort im Neonlicht die Scene der Ausgeflippten, die Scene der alternden Gammler der Frühsechziger, die Scene der Undergroundmusikfreunde, die Scene der Anhänger Schwarzer Messen, die Scene der Freunde des roten Libanon und der roten Banderolen (gängige Shit- und LSD-Sorten jener Zeit), die Scene der Individualisten und Existentialisten aller Art.

Einige *Zodiak*-Stammgäste sollten es noch zu Berühmtheit bringen: Von Bommi Baumann war schon die Rede, Berni Braun und Bär Reinders hängte man später Mitgliedschaft in der RAF bzw. Führerschaft in der Bewegung 2. Juni an, Karl Pawla genoß schon durch seinen Schiß vor den Richtertisch im Moabiter Gerichtssaal hohes Ansehen, Löffel wurde später des Mordes an drei Geldtransporteuren bezichtigt und beging im Knast noch vor der Verhandlung Selbstmord. Hier lernte Bommi seine Freundin Hella kennen, die schon damals harte Sachen konsumierte und dadurch für die Polizei erpreßbar für diverse Aussagen werden sollte.

Hier im *Zodiak* begann es, setzte sich fort im *Mr. Go* unter den Yorckbrücken und im *Unergründlichen Obdach für Reisende* am Fasanenplatz, bis es in der *Teestube* in der Xantener Straße und im *Park* am oberen Ku-Damm verebbte. Die Freaks versteckten sich nicht mehr, sie rauchten ihren Shit in aller Öffentlichkeit. Ihre Moral war einfach: Vorhandene Bedürfnisse müssen ausgelebt werden, egal was die Gesellschaft oder ihre Gesetze dazu sagen. In diesem Klima wuchs der Gedanke der offensiven Verteidi-

Ein Smoke-in ist keine Veranstaltung.
Was passiert, hängt von un=
seren Einfällen ab.
Darum:
Kuchen besonderer Art backen, soviel wie möglich,
damit jeder einmal abbeißen kann. Auch
Candies sind zum Verteilen vorzüglich
geeignet. Bringt alles mit, was man
zum Musik machen gebrauchen kann.
Und natürlich alle Uten=
silien zum Rauchen einstecken.
Wer Stoff hat und damit knausert,
der wird im Kanal gebadet!

Smoke-in im Berliner Tiergarten

gung. Was lag auch näher, als sich gegen Razzien mit Klamotten zu wehren? Die Situation erforderte geradezu ihren publizistischen und organisatorischen Ausdruck. So gesehen war der Zentralrat der umherschweifenden Haschrebellen fast so etwas wie eine historische Notwendigkeit.

Die Szene politisierte sich. Sie organisierte öffentliche Smoke-ins im Tiergarten, beteiligte sich an einer Vietnam-Demo (die alten SDS-Kader, die inzwischen dabei waren, diverse »proletarische« Parteien zu gründen, wunderten sich, wo plötzlich so viele Freaks herkamen) und verbreiteten ihre Parolen über die »883« (so etwas wie Zitty, TAZ und Radikal in einem). Ihren absoluten Höhepunkt erreichte diese Bewegung im Mai 1970, als die Amis auch Kambodscha überfielen. Der Blues aus dem *Zodiac* bestimmte qua 883 die Protestformen: Die TU wurde zum Bollwerk gegen die Bullen proklamiert, von wo aus das Amerika-Haus angegriffen werden sollte. Die Schlacht tobte stundenlang, drei Polizeipferde mußten wegen gebrochener Beine erschossen werden, Hunderte Demonstranten wurden eingelocht.

III. The Winter 's Coming On

»We had some good times
but they're gone
the winter 's coming on«, sang Jim Morrison. Wie Rudi Dutschke starb auch er in der Badewanne, Pamela nebenan im Bett, wie auch Gretchen, ahnungslos. Rudi starb an den Spätfolgen des auf ihn verübten Attentats, Jim

vermutlich an den Folgen zu starken Alkohol- und Kokaingenusses. Die beiden so unterschiedlichen Protagonisten des antiautoritären Protests starben beide fern der Heimat, der eine in Aarhus, der andere in Paris. Jim wurde im Juli 1971 auf dem Friedhof Père Lachaise nur im Beisein von fünf Freunden beerdigt.

Am 4. Dezember 1971 ging ein anderes Kapitel des Antiautoritarismus zu Ende. Georg von Rauch, Bommi und zwei weitere »Blues«-Typen tappten in eine Bullenfalle. Georg wurde von einer Kugel direkt zwischen die Augen getroffen, die anderen drei konnten entwischen. Am 2.3.72 wurde in Augsburg Tommy Weißbecker, der unbewaffnet war, aus drei Metern Entfernung von Bullen erschossen.

Zu dieser Entwicklung trug ein saublödes Ereignis entscheidend bei: Zwei Brandbomben aus Urbachs oder anderen Beständen wurden bei Bär und Berni unterm Bett gefunden. Über Nacht waren die beiden zu Top-Terroristen in den Medien avanciert, obwohl sie eigentlich mit der Politik überhaupt nichts am Hut hatten. Die beiden konnten sich bei *Zodiac*-»Bräuten« wie selbstverständlich verstecken. Sie hegten die nicht unbegründete Hoffnung auf friedliche Klärung des Sachverhalts, zumal ein berühmter Anwalt eingeschaltet wurde. Doch daraus wurde nichts. Bommi und Georg nahmen sich der Sache an. Nach ihrem Bruch in der Wielandkommune hatten sie sich im Dunstkreis der »umherschweifenden Rebellenhaufen« wieder versöhnt. In der richtigen Erkenntnis, daß erst die Medien Berni und Bär zu »Terroristen« gemacht hatten, wollten sie ein Exempel statuieren. Den reißerischsten Artikel hatte die Illustrierte »Quick« verzapft. Obwohl der Artikel namentlich nicht gezeichnet war, konnten die beiden annehmen, daß ihn Horst Rieck geschrieben hatte, ein Journalist, der sich zuvor zu den Zielen des SDS bekannt hatte und im SDS ein- und ausgegangen war, jetzt aber bei der »Quick« unter Vertrag stand. Die geplante Strafaktion ging jedoch schief, alle vier Beteiligten wurden in Riecks Wohnung festgenommen.

Bommi mußte 18 Monate absitzen. Georg kam durch einen grandiosen Coup erstmal wieder frei. Während der Gerichtsverhandlung tauschte er mit dem freigelassenen Tommy Weißbecker die Plätze und konnte ungehindert den Gerichtssaal verlassen. Die Ordnungshüter hielten Tommy für Georg und wollten ihn einlochen, mußten ihn aber freilassen, als sich Tommy zu erkennen gab.

Der Untergrund begann sich durch derartige Ereignisse aufzufüllen. Aber wie sollten die Abgetauchten dort leben? Spenden flossen allzu spärlich. Geldbeschaffungsaktionen wurden so fast zur Notwendigkeit, damit offenbar auch die Bewaffnung. Einige liefen über zur »marxistisch-leninistischen« Konkurrenz, zur RAF. Die anderen blieben sich selbst treu und versuchten auch im Untergrund ihren Antiautoritarismus aufrechtzuerhalten. Mit geringem Erfolg allerdings, wie Bommi es eindringlich beschrieben hat. Die Kritik der Waffen hat eben ihre eigenen Gesetze, nicht in jedem Fall ist sie der Waffe der Kritik überlegen. Die Niederlage begann mit der Abwendung vom Blues, der mit den Worten Jim Morrisons die Richtung wies:

> They got the guns
> But we got the numbers
> Gonna win, yeah
> We're takin' over
> Come on!

Eckhard Siepmann
1969 – Die große Sonnenfinsternis

Pünktlich zum Ende des bewegenden Jahrzehnts begannen die Antiautoritären mit ihrem Turmbau zu Babel. Der gewaltsame Versuch, eine neue Qualität des Kampfes zu erzwingen, den scheinbar erratischen Block der Wirklichkeit mit neuen, verzweifelten Mitteln aufzubrechen, führte zu einer allseitigen Sprachlosigkeit, die bis dahin unerahnbare Kostüme provozierte. Eine zentrifugale Bewegung, die den SDS in nichts auflöste, zersplitterte den projektierten Neuen Menschen in voneinander isolierte Über-Ich- und Es-Bereiche und hinterließ, jenseits der Schauseite plausibel erscheinender Massenaktionen, eine Wüste, in der keiner mehr den anderen verstand, jeder jeden verdächtigte und kein theoretischer Stein mehr auf dem anderen stand.

Es schellt an der Tür von Bahman Nirumand, vor der Tür steht sein alter Freund Jürgen Horlemann.
Jürgen: Guten Tag, Herr Dr. Nirumand.
Bahman: Hahaha, komm' rein, Jürgen.
Jürgen: Herr Nirumand, wir möchten Sie bitten, auf einer Veranstaltung der Kommunistischen Partei Deutschlands über Iran zu referieren...
Bahman: Sag mal, was ist los mit dir...
Jürgen: Um es kurz zu machen...

Es war das Jahr der nichtwiederzuerkennenden alten Freunde. Ein anderer alter Freund hatte plötzlich in der folgenden Weise sein Zimmer umgeräumt: Genau in der Mitte einer Wand war ein Tisch plaziert, auf dem ein makelloses rotes Tischtuch lag. Genau in der Mitte des Tisches lag das kleine Rote Buch des Vorsitzenden Mao. Zur Linken und zur Rechten des Buches gelbe Papierbögen in unübertrefflicher Symmetrie. Auf dem einen stand, daß, um eine Revolution zu machen, man sich mit den wahren Freunden zusammenschließen und die wahren Feinde bekämpfen müsse; auf dem anderen, dem Sinn nach, daß die Volksmassen großartig seien und wir selbst, ja, so hieß es, wir selbst oft lächerlich bis zum Gehtnichtmehr oder so ähnlich. Unweigerlich prangte über der Mittelachse des Büchleins ein DIN-A-1-Poster eben jenes Vorsitzenden. Als er nun gefragt wurde, ob er nicht noch die vier Buchstaben INRI dazusetzen wolle, bezeichnete er den Unwissenden, übrigens ohne jede Gemütswallung, als schwarze Ratte.

Eine gewaltige Menge an »Matten« ging zu Boden, es war die Zeit des Erstschlipses, Wohngemeinschaften wurden aufgelöst, es wurde geheiratet, daß sich die Balken bogen.

Kleine ärmliche Wohnungen in den Arbeiterbezirken hatten Hochkonjunktur. Merkwürdigkeiten chinesischer Übersetzungen ins Deutsche wurden plötzlich Umgangsdeutsch, in den Losungen wucherte der Infinitiv. Die Initialen der Nachnamen von Marx und Lenin wurden zur Grenzlinie zwischen Gut und Böse. Zur Äquatortaufe für eine ML-Partei wurde die Gründung hauseigener Studentenorganisationen. Die, die gerade selbst noch Studenten gewesen waren, ergingen sich in umständlichen Belehrungen, wie das Bewußtsein von Studenten herauszubilden sei und wo die Grenze von Studenten und Kleinbürgern liege.

Daß es so, wie es war, nicht mehr weitergehen könne, meinte auch eine andere Fraktion, allerdings schlug sie, sowohl ästhetisch als auch politisch, genau entgegengesetzte Wege ein. Es bildeten sich umherschweifende Rebellenhaufen ohne festen Wohnsitz. Statt der lichten Höhen der reinen Leere wurden die verräucherten Höhlen der Subkultur bevölkert. Anstelle von Abstinenz, Fleiß und Askese der Maoisten bestanden die umherschweifenden Rebellen auf dem sofortigen Glück, das sie vor allem im Zündeln, Koksen und Rauchen fanden. Das Vakuum, das durch die chinesische Sprachauszehrung entstand, füllte der umherschweifende Blues, aus Reiseerfahrungen schöpfend, mit immer neuen Wendungen. Der einzige Verzicht, den man übte, war der Theorieverzicht.

Noch bevor im Verlauf des folgenden Jahrzehnts die maoistischen Parteien zerfielen, hatten sich die umherschweifenden Rebellenhaufen aufgelöst bzw. zu einer anderen Qualität weiterentwickelt: In der Stadtguerilla war Disziplin wieder angesagt.

Eine dritte Fraktion bildete Basisgruppen, organisierte sich in den Arbeiterparteien, machte Gewerkschaftsarbeit oder verfolgte den von Rudi Dutschke propagierten Langen Marsch durch die Institutionen.

Die Zersplitterung der Antiautoritären, die Anfang 1970 mit der Selbstauflösung des SDS auch einen aktenmäßigen Abschluß fand, gab dem »Establishment« das Zeichen für das langersehnte Herausholen des großen Knüppels. Mit Mord und Totschlag, Gefängnis und einer endlosen Kette von Berufsverboten wurde der zunächst begeisterte und später verzweifelte Versuch geahndet, die Versprechungen der bürgerlichen Gesellschaft, Freiheit, Gleichheit und Brüderlichkeit, hier und jetzt zu verwirklichen.

Das Berliner SDS-Zentrum nach seiner Auflösung

Was drin ist
und *was fehlt*

"Sehen Sie
den Gartenzwerg
dort oben —
der war auch
auf meiner Schule."

1960
7. 5. *Breschnew Staatsober-
        haupt der UdSSR*
30. 6. *Kongo unabhängig*
25. 7. *Hans Albers gestorben*

1. 9. *Armin Harry Gold-
        medaillengewinner
        über 100 m in Rom*
7. 9. *Wilhelm Pieck
        gestorben*
28. 9. Erste Lesung der
        Notstandsgesetze im
        Bundestag

1961
20. 1. Kennedys Amtsantritt
12. 2. *Lumumba ermordet*
12. 3. *Erste Besteigung der
        Eiger Nordwand*
12. 4. Gagarin erster Mensch
        im All
22. 4. Schweinebucht
23. 5. Schwere Rassenunru-
        hen in Alabama
13. 8. Mauerbau

22.10. Beginn der Entstalini-
        sierung mit dem XXII.
        Parteitag der KPdSU

1962
17. 2. *Flutkatastrophe in
        Schleswig-Holstein
        und Hamburg*
28. 2. *Eckhard Siepmann
        macht Abitur*

24.10. Beginn der Blockade
        Kubas (Kuba-Krise)
26.10. »Spiegel-Affäre«
11.12. Koalition CDU/FDP

1963
1. 4. ZDF beginnt
28. 3. *Kilius/Bäumler Welt-
        meister im Eiskunst-
        lauf*
7. 5. Ende des Metallarbei-
        terstreiks in Schwaben
1. 6. *Kenyatta wird erster
        Premierminister des
        unabhängigen Kenia*

---

23. 6. Kennedy besucht die
        BRD und West-Berlin
5. 7. *Khomeini in Ghom/
        Persien verhaftet*
15.10. Adenauer tritt zurück.
        Erhard Bundeskanzler
1.11. Diem in Vietnam
        ermordet
22.11. Kennedy in Dallas
        ermordet
17.12. *Erstes Passierschein-
        abkommen für West-
        berliner*
20.12. Beginn des Auschwitz-
        Prozesses

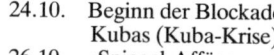

1964
1. 2. *Beatles erstmals Nr. 1
        in den US-Charts*
25. 2. *Cassius Clay Boxwelt-
        meister aller Klassen*
10. 7. *Tschombé neuer
        Ministerpräsident des
        Kongo*
20. 7. *Fluxus-Veranstaltung
        im Audimax der TH
        Aachen*
2. 8. Tonking-Provokation
        in Vietnam
6.10. *Lübke stiftet erste
        Truppenfahnen für
        Bataillone der
        Bundeswehr*
15.10. *Chruschtschow ge-
        stürzt, nun Breschnew
        & Kossygin
        Wilson (»Hey,
        Mr. Wilson«)
        britischer Premier*

16.10. *China zündet erste Atombombe*
10.12. *Sartre lehnt Literatur-nobelpreis ab*

1965
20. 1. Amtsantritt von Lyndon B. Johnson
21. 2. Malcolm X ermordet
24. 2. *Walter Ulbricht in Ägypten*
2. 4. Erste Luftkämpfe in Vietnam
28. 4. *US-Intervention in Santo Domingo*
24. 6. Verabschiedung der Notstandsgesetze im Bundestag gescheitert
4. 8. 1000 Luftangriffe der USA auf Ziele in Nord-Vietnam
19. 8. Urteile im Auschwitz-Prozeß
14. 9. *Rolling Stones in der Berliner Waldbühne; 400000 DM Sachschaden*
1.10. *Massenmorde in Indonesien an Kommunisten und anderen Linken (ca. 500000 Opfer)*

1966
3. 2. Luna landet auf Luna

15. 4. *Maruta Schmidt erste Studentin der Kunstwissenschaft im Hauptfach an der TU Berlin*
31. 5. Beginn der Kulturrevolution in China

15. 6. Provo-Rabatz in Amsterdam
1. 7. Frankreich scheidet aus der Nato aus
30. 7. *England nach Sieg über die BRD Fußballweltmeister*
12. 8. *60. Starfighter abgestürzt*
28. 8. *Maruta Schmidt auf dem ersten von elf LSD-Trips*
1.10. Speer und Schirach freigelassen
21.10. *Baron Rothschild heiratet Platzanweiserin*
8.11. Ronald Reagan Gouverneur von Kalifornien
1.12. Große Koalition CDU/SPD. Kiesinger Bundeskanzler
14.12. Albertz Regierender Bürgermeister von Berlin (West)

1967

17. 3. *Eckhard Siepmann wird für dieses Buch fotografiert*
19. 4. *Adenauer †*
3. 5. *Postraub in England*
21. 5. *Militärputsch in Griechenland*
2. 6. Benno Ohnesorg erschossen
5. 6. *Beginn des israelischen Sechs-Tage-Krieges*
24. 7. Ghettoaufstand in Detroit
16. 9. Albertz tritt zurück
9.10. Che Guevara in Bolivien ermordet

1968
5. 1. Alexander Dubček Parteichef der KPČ
17. 1. *Schülerdemo in Bremen*
30. 1. Beginn der Tet-Offensive in Vietnam

29. 2. *Irene Lusk heiratet*
1. 3. *Heintje baut deutscher Oma ein Schloß*
8. 3. *Studentendemonstrationen in Warschau*
4. 4. Martin Luther King ermordet
11. 4. Attentat auf Rudi Dutschke
28. 4. NPD gewinnt in Baden Württemberg 12 Landtagsmandate
9. 5. Generalstreik in Frankreich
14. 5. *Andreas Baader im Kaufhausbrandprozess zu 3 Jahren Zuchthaus verurteilt*

30. 5. Notstandsgesetze vom Bundestag angenommen
21. 8. Invasion in der ČSSR

29. 8. Blutige Unruhen in Mexiko-City
11. 8. *Rotes Kreuz stellt Hilfeflüge für Biafra wegen Beschuß ein*
26. 9. Gründung der DKP
5.11. Amtsantritt Richard Nixons
7.11. Beate Klarsfeld ohrfeigt Kiesinger

1969
3. 2. *Arafat wird PLO-Vorsitzender*
5. 3. *Heinemann Bundespräsident*
25. 3. *Grenzkrieg am Ussuri zwischen der UdSSR und der VR China*
18. 4. *Straßenschlachten in Londonderry/Nord-irland*

3. 5. *Gabi Dietz wird konfirmiert*

10. 5. *Jürgen Holtfreter erreicht neuen Tramprekord: Berlin – Barcelona über Lyon in 20 Stunden*
14. 7. *Kriegsausbruch nach Fußballänderspiel zwischen Honduras und El Salvador (1000 Tote)*
20. 7. Landung des ersten Menschen auf dem Mond
2. 8. Woodstock beginnt
6. 8. *Adorno †*
9. 8. *Manson-Morde*
3. 9. *Ho Chi Minh †*
21.10. Willy Brandt Bundeskanzler, Koalition SPD/FDP

Sach-, Personen- und Ortsregister